恶　女

普通女性为何化身连环杀人狂

Female Serial Killers

How and Why

Women Become Monsters

[加] 彼得·佛伦斯基 Peter Vronsky | 著
崔玲 | 译

北京时代华文书局

致中国读者

连环杀手的历史如同洋葱一般，被一层层揭开面纱，逐渐浮显于世。自“连环杀手”一词于 1980 年代中期在英语国家被广泛使用以来，无数的犯罪学家、社会学家以及历史学家都不断尝试，想回望与探索那些在还未盛行“连环杀手”这种说法的年代出现的连环谋杀事件。

起初，人们认为连环杀手是资本化和工业化后现代都市社会的产物，其中美国、英国及德国是这些嗜杀魔头的主要催产地，不仅如此，这些连环杀手几乎均是白人男性。1888 年夏末秋初时发生在伦敦的所谓“开膛手杰克”屠杀妓女、血染白教堂的惨案（2014 年已宣告侦破），时常被称为“第一起”现代连环谋杀案。

过去几十年来，我们开始收集有关连环谋杀案件的种种数据，事实也随之逐渐明朗。显而易见，连环杀手的滋生根本无所谓社会制度之分，无论是工业化社会还是农耕社会，无论是资本主义经济还是社会主义经济，抑或是第三世界落后的社会经济形态，均不能幸免于连环谋杀的灾难。它可能发生在人口密集的城市，也可能发生在人口稀少的乡村；可能发生在富裕的上流社会，也可能发生在贫穷的底层社会。似乎任何社会或国家均会受到连环谋杀的侵害。

在 1970、1980 年代的冷战时期，当美国正深陷连环杀手这场“流行病”的泥潭时，与之对立的苏联，就得意于其“先进的”社会从未出现过有关连环谋杀案报道的“事实”。西方批判家虽接受了这一见解，但却将其归因于共产主义国家的严苛监管。如今身处开放时代的我们已经意识到，也许确实并无报道，但这不意味着苏联过去没有连环杀人案发生，可见即便苏联宣称自己的法治制度极其健全，还是发生过许多未经报道的连环杀人案件。

1990年代以来，德国和中国均已承认从古至今出现过大量的连环谋杀案。如今，两名中国籍连环杀手还跻身了十大最凶残连环杀手排行榜：排行第五的杨新海（外号“魔头”）被控于2000年至2003年间分别在安徽、河北、河南及山东等地谋杀了共计67位受害者。另外一位是排名第十的恋尸癖患者王强，于1995年至2003年间在辽宁省杀害了45人。这两位曾逍遥法外的杀人狂魔在2003年被绳之以法，至此，中国也无法回避遭受连环杀手侵害的事实了。不仅如此，如同世界上其他国家一样，古代中国也在连环杀手的孕育史中占有一席之地。

直到20世纪后期，我们才开始意识到连环杀手并无人种与性别之分，他们并非均是白色人种，也并非均为男性。数据证明，至21世纪，美国几乎每六名连环杀手中就有一位是女性，她们要么单独作案，要么与其他女性或男性同伙合谋作案。对连环杀手的这一认识令人震惊，原因如下：

首先，在深受女权主义思潮影响的现代北美社会，人们普遍认为男性群体通常是好攻击的加害者，而女性群体则是被动的受害者。其次，在人们的传统价值框架中，母亲、姐妹、妻子或女儿只是扮演对家人关怀备至的母性角色，无论男性或女性都难以将上述人物构想成潜在的恶性攻击者。

当我们开始承认好攻击的女性有成为连环杀手的潜在危险时，我们最初认为这些女性连环杀手仅仅是前现代连环杀手的典型，是患有虐待狂精神障碍的贵族掌权暴君。每每谈及贵族连环杀手时，本书中描写的匈牙利“吸血女伯爵”伊丽莎白·巴托里便会跃然眼前。而在谈及典型的后现代女性连环杀手时，进入人们头脑的则是所谓的“黑寡妇”，勾引男性，与其成婚或成为恋人关系，想方设法获取其财富，在谋财害命后便继续寻找下一位受害者。除此之外，人们还会想到疯狂的医护型连环杀手，譬如护士或专门照顾老幼的护理工，她们专以毫无抵抗能力的婴儿、儿童或老人为加害目标。

起初我们认为女性连环杀手不同于男性，她们不是因为譬如性变态或对个人权力、性虐待（巴托里例外）的自我主张等病理心理学原因而走向杀戮，而是因追求政治权利、复仇、精神疾病（本书中描述的所谓“代理型孟乔森综合征”），或对物质财富的渴求而误入歧途。

如今，我们对女性连环杀手有了更进一步的认识，本书主要记述在北美和欧洲地区出现过的女性连环杀手，她们的杀人手法和男性连环杀手截然不同，但杀戮动机却如出一辙：为满足对权力的渴望和对掌控地位的渴求。以往我们认为女性连环杀手主要以其配偶、恋人或受其照顾的家人为目标，但如今我们认识到，在所有已知的女性连环杀手中，有一半均偏于向以素不相识的陌生人为目标，且其受害者中至少有一名女性或儿童。这些女性连环杀手和我们以往的认知大相径庭。

已经意识到国内存在男性连环杀手的中国，如今也逐渐开始认清女性连环杀手存在的这一事实。尽管目前还未充分收集并公开有关中国女性连环杀手的数据，以供辨析其与本书中所述北美及欧洲女性连环杀手相似的作案模式，然而从公之于世的案件，及对中国历史的回顾中，可以明确看出相似的模式在对中国女性谋杀案件的评估中逐渐显露。

首先，历史学家正在辨识那些通过其政治权力而过度实施杀戮的残暴女性贵族统治者的历史案件。譬如，武曌（武则天，公元 624 年—705 年），她是唐朝皇帝唐太宗（李世民）的爱妾，在追求权力的道路上踩着尸体，蹚着鲜血一路向前，她甚至被指亲手掐死自己刚出生的女儿，并将所有罪责推脱给皇后。最终她成功登上君主宝座，并以其软弱丈夫的名义统领大国，毫无缘由地将成百上千的受害者置于死地。然而，如同本书所述人们对于“女吸血鬼”伊丽莎白·巴托里案件的指控一样，某些历史学家争论称关于武曌的历史只是夸大其词的政治宣传，意在丑化其人物形象。

其次，正在被辨识的第一拨女性连环杀手通常与典型的黑寡妇、复仇型或医护型女性连环杀手等人物角色相符。譬如乡村女性张宗琴，她因在十年间接连毒杀七名受害者而于 2006 年被缉拿归案，其中七名受害者均为她的家族成员，包括儿童。而她的杀人动机只是基于自己认为被受害者辱骂或轻微冒犯的各种心理想象。张宗琴以熟人和家人为目标及其采用毒杀手段的行为模式与女性连环杀手的传统人物模型相符。正如英国在维多利亚时期颁布法条，以在英国女性杀手投毒案件频发的当时，禁止将已普遍售卖的砒霜作为家用产品出售

[1851年的砒霜法案（Arsenic Act 1851）]，中国也在1970年代针对“毒鼠强”老鼠药的售卖颁布了限制条例，但该限制条例松懈的执行力度使得罪犯张宗琴仍能获取足以毒杀受害者的用药量。

在中国台湾地区，28岁的南投县居民林于如于2010年被控为筹集钱财偿还因购买六合彩所欠下的赌债，而对其母亲、婆婆及丈夫实施连环谋杀，以此实施保险诈骗，获取保险理赔金。2008年，林于如将53岁的母亲侯月云推下楼梯，致其死亡，而后因此在保险理赔中获得总额为五百万新台币的赔偿金。2009年，林于如进入47岁婆婆郑惠升所在的病房并向其静滴液中注入压碎后的安眠及抗抑郁药片，受害者身亡后，林于如成功获得七百四十万新台币的保险理赔金。同年，林于如故伎重施，将其丈夫刘宇航杀害后再次获得四百七十五万理赔金。此后，在林于如企图对其年仅四岁的儿子痛下毒手，以通过她早前为儿子购买的人身保险筹集钱财时被警方抓获。林于如最终因接连犯下三起故意谋杀案而被定罪，并被判处死刑。

2001年，河南省的李慧杰及其母亲田雪芹因于1999年至2001年间合谋杀害李慧杰的四任丈夫而被绳之以法，这对母女杀手在四场婚礼中获得巨额礼金后便用老鼠药毒杀新郎。“毒鼠强”这种老鼠药再次成为首选的杀人武器。

2015年，45岁的何天带因涉嫌在2013年6月至2014年12月期间谋杀十名老年受害者而被中国警方逮捕，当时的何天带是一位自由职业的护理工，专为那些为家中老人寻找价格低廉的护理人员的家庭提供护理服务。何天带案件的最后一名受害者是一位70岁的女性。罪犯何天带用混合了杀虫剂和安眠药粉末的汤喂食受害者，并将汤直接注射到受害者的血管中，随后将其勒死。之后，何天带将受害者为数不多的财产洗劫一空，并坚持认为即使受害者在月初时已身亡，但其家人仍应足额支付她当月工资。由于中国老年人口的增多，雇用护理工的费用也逐渐上升，因此许多家庭不得不寻找无管理无组织的自由职业护理人员，而这无疑存在很大的隐患。

我们研究北美和欧洲史上女性杀手的行为模式便会发现，中国近期公开的女性连环杀手案件实乃不祥之兆，即是说，在中国，这样的情况可能会愈演愈烈。我们开始明白谋杀行为并非和政治或社会因素存在必然联系，而是具有全球性的人性特征。除此之外，原始的农耕社会也好，工业化的数据科技时代也罢；社会主义社会也好，资本主义社会也罢；民主社会也好，独裁社会也罢；无论什么样的社会均不能免受连环谋杀现象的困扰。在中国，似乎不仅仅男性罪犯犯下大量连环谋杀案，而且还包括女性罪犯。

对于调查机构而言，要克服所谓“联动盲点[①]”的调查障碍以甄别连环谋杀案并非易事。美国的调查机构利用电脑数据库分析未结谋杀案件中的各类因素，以识别可能将某些谋杀案件与某一罪犯相联系的模式，这种模式被称为连环杀手的“标志”（即使连环杀手的作案模式或手法有所改变，但其作案幻想却始终一成不变，而“标志”便是反映连环杀手作案幻想的一种微妙模式）。将前述操作程序用以识别女性连环杀手的案件颇具挑战，因为女性杀手不太可能如男性连环杀手一样，受性爱幻想的驱使而作案。

此外，通常而言，发生在女性护理人员、母亲、护士和妻子周围的死亡事件并不会让人心生怀疑，就好比有护士在的地方就会随时有病人死亡，这是再平常不过的事了。只有当出现大量病人离奇死亡的情况时，调查机构才会将怀疑的矛头指向护士。社会历来对女性群体的刻板印象，通常使得女性连环杀手可以在引起他人怀疑前肆意作案却始终安然无事。

本书不仅对谋利或复仇型女性连环杀手有所研究，还探讨了北美及欧洲地区那些在怒火、虐待欲及性欲驱使下作案的女性连环杀手的堕落过程，正因为如此，本书也是对中国读者的警示，警醒他们中国今后或许会出现更多的女性连环谋杀案件。最后，本书总结称，发生在北美及欧洲地区的大量女性连环谋杀案件显示，女性连环杀手的杀戮动机与男性连环杀手并无差别，只是她们的作案手段和“标志”不同罢了。

彼得 · 佛伦斯基

---

① 一种典型的能力缺失，无法将一系列未结的谋杀案件与某一连环案件中的某一个特征联系。

无论男女，

无论老幼，

无论生死，

无论无辜与否，

皆是刀下猎物。

目　录

引言

斯巴达克斯主义系列案件
女性攻击的政治主张

你能说出从处在4000尺高空执行任务的军用直升机背后进行袭击的连环杀手的名字吗？能说出杀死两名受害者的11岁小孩的名字吗？同加州政府的官员打交道，并出席舞会的杀手的名字呢？有些人知道珍妮·琼斯、玛丽·贝尔、多罗西娅·普恩特这三位女性杀手，但其余的人甚至从不知道这世上竟存在身为女性的连环杀手。换言之，除了其事迹被拍成电影《女魔头》的同性恋妓女——艾琳·沃尔诺斯之外，人们几乎对女性连环杀手一无所知。即使泰德·邦迪、约翰·韦恩·盖西、杰弗里·达默，还有“波士顿勾魂手”、“萨姆之子”、“绿河杀手”或“BTK”这些名字已经皆为人所知，可一旦要求让人们列举出几个女性连环杀手时，大家脑海中浮现的却往往只有艾琳·沃尔诺斯。所以，还有其他的女性连环杀手存在吗？

其实还有很多。大约每六个连环杀手里就会出现一名女性。[1]

过去我一直忽视她们的存在，而如今我找到了许多如同艾琳、琼斯还有玛丽一样的女性连环杀手。

我起初写作关于男性连环杀手的书，是在偶遇了两位连环杀手之后，那时他们还没有被定性为连环杀手（一个是1990年在莫斯科圣瓦西里大教堂遇见的，另一个是十多年前在纽约一家饭店的大堂里碰见的）。[2]那时候我并不知道他们二人是连环杀手，在数月、数年之后，我通过媒体报道才得知他们的杀手身份和残忍行径。这一经历让我不禁开始猜想，自己有可能以这样的方式偶遇过更多的连环杀手却不自知。任何事情发生一次也就罢了，但当我意识到自己竟遇见过两名连环杀手时，就另当别论了。于是这便引发了我对现实生活中可能出现的一些事情的诸多遐想。我开始猜想人们曾在巴士或火车上与连环杀手邻座而浑然不觉的几率是多少；或是在人潮拥挤的大街上与之擦肩而过；或是购物或停车时在其旁边；抑或排队等候时就站在某一名杀手的身后。

就我个人两次遇见连环杀手的经历而言，我自身是一个性取向比较传统的中产阶级男性，我居住的地方远离尸首遍地的公路，远离房租低廉的贫民窟，也远离连环杀手实施可怕行径的昏暗地窖。我可以沾沾自喜地说，之前我与两位连环杀手的偶遇并不说明我当时被当作潜在目标，因为我不合他们的一贯口味，我不是独身一人在外游荡的年轻女性，不是工作到深夜的服务行业工作者，不是站街妓女，也不是淫乱之人或儿童。

在纽约某个靠近妓女所在大街的地方遇见第一位连环杀手后，我曾将自己形容为擅闯了一位连环杀手的猎杀宝地，在我本不该出现的地方撞见了一位魔头。

但这大错特错了。当我警觉地回头找寻小镇周边衰败地区来自男性杀手的威胁时，我其实更应该离家近一些，更贴近那些我安歇过的床榻和那些曾在我房间安睡过的人。倘若一位性取向正常的中年白人男性被谋杀，那么凶手极有可能是与之关系亲密的女性。若接连被杀的均是拥有住房和存款的中产阶级单身男性或猥亵好色的老鳏夫，那么这样的谋杀背后隐藏的则是一段亲密无间的关系。

在我的想象中，自己在街上偶然遇见的连环杀手通常都是男性，在我看来，女性均是受害者。我已习惯于认为连环杀手都是“他”，而“她”是“他”的受害者。

这不仅仅只是一个站在男性立场上的观点，在此之前，女人也抱有同样的想法。一个陌生女性的出现给人们所带来的内心恐惧感，远不如和一个陌生男性独处时来得强烈。无论是男性还是女性，均被女性生来无害这一刻板印象误导了。

女性连环杀手究竟有多少？

在美国，几乎每六名连环杀手里就有一名是女性，她们要么是犯罪行为的主犯，要么就是犯罪同伙。在 1800 年至 1995 年间所认定的约 400 位连环杀手中，将近有 16% 是女性，总数达到 62 人。[3] 这个数字并不占多数，但也不容小觑。这 62 个女人加起来一共杀害了 400 至 600 人，其中包括男人、女人和小孩。仅珍妮·琼斯、贝尔·冈尼斯和简·托帕这三名女性连环杀手就犯下了总数达 200 起的谋杀案。另外一项包括其他国家连环杀人案件统计在内的研究指出，有 86 名为人所知的女性连环杀手。[4] 本书最后的附录中共列举出了 140 名已知的女性连环杀手及其受害者总数。更让人忧心的是，四分之三的女性连环杀手出现在美国，她们于 1950 年代起开始混迹于世，其中有一半都出现在 1975 年之后！[5]

迄今为止，女性连环杀手的概念仍旧未能引起如同男性连环杀手一般的普遍恐惧或警惕。对多数人而言，女性连环杀手似乎只是喜剧中引人发笑的人物罢了。男性连环杀手的江湖名号（开膛手杰克、勾魂手、恶夜狂魔、贫民窟砍人狂、卧室杀人狂、奴隶教主）与女性连环杀手（蓝胡子女人、冷笑奶奶、寂寞芳心杀手、堕落夫人、黑寡妇、死亡天使、芭比杀手、死囚外婆）相比，就能看出人们并没有把女性连环杀手当回事儿。

女性连环杀手的谋杀对象及犯罪地点可以被视为这一现象的部分原因。很多女性连环杀手是在家中实施谋杀，且她们的谋杀对象通常是家庭成员，诸如丈夫、情人、子女等关系亲密的人。家并不总是最安全的地方，不过我们当中又有多少人曾设想自己的母亲是连环杀手呢？

还有一些女性连环杀手是护士、保姆、药剂师、厨师以及社会服务承包商等，她们为人们生活提供照顾和便利，是博得人们信任的人，却均在其职业范围内实施谋杀。护士在病人于生死之间实施杀人行为，手拿导尿管和注射器的她们被视作死亡天使，没有人会将怀疑的矛头指向她们，对于受害者的死亡，人们能想到的最多只是一场医疗事故罢了。

在人们的普遍认识里，连环杀手通常会在入夜后带着许多绳子和胶带，偷偷潜伏在受害者的车里。我们几乎想不到这些杀手会是给我们抽血的那位身着白色工作服，性感冷艳的护士；口口声声叫着老爷爷，惹人爱的家庭护理工；在熟食柜台后给面包刷着酱汁的甜美女孩儿；从事理发工作的迷你短裙女孩儿；或是桌对面那位一边品酒一边向我们暗送秋波的女人。

魔头——高调的杀手

令人惊叹的是如今的电影作品仍能在顷刻间改变一切。2003 年，一部由查理兹·塞隆和克里斯蒂娜·里奇主演的电影《女魔头》的问世，以及媒体大肆报道一部关于在佛罗里达州被判谋杀七名男性的站街妓女艾琳·沃尔诺斯的纪录片，都让人们对女性连环杀手的普遍认识上升到一个新高度。与该案件有关的许多宣传和评论均说沃尔诺斯是“美国史上第一位女性连环杀手”。但事实与之相悖，其实她很有可能是第 57 位。

沃尔诺斯顶多算是第一位被美国媒体大肆报道的女性连环杀手。她在 2002 年被处以注射死刑之前，接受了大量媒体及纪录片导演的采访。沃尔诺斯之所以独具一格，是因为她的谋杀手段恰如男性连环杀手一般穷凶极恶：她在车里用手枪射杀陌生人后，将其尸体丢弃在公共场合。

倘若大多数人对女性连环杀手的看法有哪怕一丁点儿共识的话，那必定是认为她们偏好于使用毒药杀人，且其受害者均是与之熟识或相识的人。男性连环杀手跟踪并追杀陌生人，而女性连环杀手则设陷阱并毒杀关系亲密之人。例如在自己家中或在与受害人同处的地方实施杀人行为。数年来，人们关于女性连环杀手的唯一一个普遍概念就是那个为金钱利益而杀死众多丈夫或情人的女人，甚至还有专门为她而起的绰号：黑寡妇。

出于某些原因，人们总是认为“黑寡妇”是属于遥远时代的人。在那个时代，毒药可以随处买到，婚姻只是一纸合约，公民身份记录也杂乱无章。所以她才能多次勾引男人并与之迅速成婚，其后直接杀掉，在无任何人察觉的情况下消失得无影无踪。人们认为倘若如今黑寡妇再现，其故事也仅仅只会出现在由莎朗·斯通、凯瑟琳·特纳等艳星出演的好莱坞大片里。为性而死，这样的情节挺令人兴奋。

女性杀手中最为少见的是男性杀手中如泰德·邦迪或绿河杀手那样，在杀人后留下尸体线索的类型。沃尔诺斯是最接近此类型的女性杀手——“高调杀手”。典型的女性连环杀手会将受害者的尸体留在自家的床上或是埋葬在后院中，而与此大相径庭的是，沃尔诺斯将受害者尸体丢弃在休息站及佛罗里达州的州际公路旁。想想吧，在去迪士尼公园的路上惊现尸体！此外，与大多数女性连环杀手不同，沃尔诺斯并不是以妻子、情人、保姆、护士或房东的身份进行谋杀，她与受害者之间除了搭便车、兜风散心偶然碰见或街边召妓外，几乎从无任何交集。讽刺的是，这样的关系竟与许多男性连环杀手在杀害女性受害者时所利用的身份关系如出一辙。

然而，沃尔诺斯颠覆了人们对于现实生活中女性连环杀手的想象，她是同性恋，而且是很特殊的同性恋类型。她外表并不漂亮，也不具女性的温柔气质；而是属于身体健硕、嗜酒成性、邋里邋遢，让人轻易联想到男性的类型。作为一名连环杀手，沃尔诺斯让人更容易将其犯罪行为与雄性激素过多联想起来，而非女性内在温柔气质的扭曲。

女性犯罪的本质

人们对于沃尔诺斯的普遍看法揭示了我们感知上的核心问题——我们总是将犯罪与男性联系在一起。人们认为这是男性体质，也就是睾酮功能不言而喻的隐藏部分：男人犯罪，女人和儿童受罪。

女性犯罪的唯一解释即：她是非自愿犯罪，是出于自我防卫、由于精神疾病或女性生理上的激素失调而导致的犯罪行为。为人所知的女性杀手中就包括患有产后抑郁症、经前综合征及处在更年期的人。女性被认为只会实施“表达性”暴行，即极度愤怒或恐惧下不可控的宣泄，这种情况通常都是被男性长期虐待导致的，也被称为“受虐妇女综合征”或“被殴配偶症候群”。在人们的普遍认识中，女性罪犯均是在毫无预谋的情况下实施的非自愿杀人行为。

同时认为“工具性”犯罪这样带有明确目的的犯罪行为则属男性杀手所为，譬如为了政治权力、强奸、施虐快感、抢劫或其他基本满足。毕竟，生性好战的男性几乎每个人都是潜在的杀手，而且一个男人只有在出于卑鄙、邪恶及不适当原因的情况下，错误运用其与生俱来的体魄和交际能力实施杀人行为时才成为一个谋杀犯。男性生而为破坏，而女性是为创造、养育及建造温床。或者说只有这样，事情才说得通。

当然，历史上并不乏实施“工具性”犯罪的女性：瓦莱瑞亚·麦瑟琳娜、布狄卡女王、小阿格里皮娜、卢克雷齐娅·博尔贾、叶卡捷琳娜二世、伊丽莎白一世、果尔达·梅厄、玛格丽特·撒切尔。这当中的某些女性可以被定性为连环杀手，许多曾多次连续杀人且实施酷刑，或是以政治名义、爱国主义名义、复仇名义或出于物欲及色欲而下令杀人。她们的这些暴行和同时代的男性一般残忍，有时甚至更胜一筹。

但这当中的大多数女性从文化、时代及阶层上来说都离现代西方女性太过遥远，无论是靠福利维持生活，混迹于自助洗衣店的母亲还是商场里带着子女或没有子女的中产阶级妇女。有人提出作为女皇或高级女技师，她们的身份已经超越了普通的性别之分，她们生而将权力作为其政治地位的象征。权力胜于生死，这就是众多痴迷的连环杀手试图通过谋杀获得的神圣力量，几乎皆是有关权力之争。但最终，当我们略过女性这一特征后，剩下的就只是潜在杀人犯罢了。

有关女性攻击的研究

人们对于女性犯罪的了解并不多，事实上，直到最近人们才开始关注女性犯罪。在 1974 年发表的 314 篇有关人类攻击性的科学研究中，仅有 8% 的内容记录了女性犯罪。[6]但那是在美国频繁出现女性连环杀手之前，这一数据在过去二十年间猛增，在 1975 年时出现的女性连环杀手的数量已翻倍，且又在 1995 年继续翻倍增长！[7]

就比例而言，1976年到2002年这25年间，连环杀手中女性所占数量（16%）超过了纯粹杀人犯中的所占数量（11.4%）。[8]总体来说，女性实施的犯罪行为大量增多。在 1987 年，美国女性因恶意伤害罪和抢劫罪被逮捕的比例与 1978 年相比增长了 17.6%，且在某些地区，如纽约市，这一数据增长更为显著：恶意伤害罪增长 47%，而抢劫罪则增长 75.8%。尤其是 1992 年至 1996 年间，女性的犯罪逮捕率增加了 22.8%。[9]

连环恶行的深度解析

连环杀人，无论其实施者为男性还是女性，皆可谓是特殊的犯罪恶行。大多数人能理解实施一次杀人行为的情形。我们可以想象犯罪实施者由于极度嫉妒、恐惧、绝望、愤怒或贪婪而错手犯下的杀人罪行。大多数谋杀者并不知道自己会犯下这样的行径，也就是说，他们并非计划或有意而为之。很多罪犯在事后都会对当时的冲动行为感到后悔不已，且不会试图逃避司法制裁，再次实施杀人行为的更是少数。然而，连环杀手却与普通类型的罪犯截然不同。

连环杀手早在实施犯罪行为前便已经意识到自己的意图，甚至有些连环杀手数年来一直抱有杀人的幻想且为其精心策划。在第一次成功杀人，且从导致杀人行为的情绪中平复下来之后，他们便会病态地准备实施更多犯罪，或者如某种观点所说，他们被迫不断重复着杀戮（他们已经嗜杀成瘾）。他们没有丝毫的懊悔或自责，或者说这种懊悔或自责还不足以改变其残忍行径。很多连环杀手会仔细回味他们的犯罪行为，在下一次谋杀中改进计策，长时间逃避焦虑情绪。重复杀戮的意图或渴望来源于内心的邪恶，这并非理性科学解释的可控范围。我们的社会尚且不能解释男性的邪恶本性，更不要说女性了。

女权主义和女性连环杀手

倘若被关系亲密的女性所杀是中年男性受害者的特性，那么在这些悲剧中女权主义也承担了不可推卸的责任。问题在于人们对始于 1950 年的社会女性连环杀手数量稳增的理解，因为一些所谓“第二波女权主义”的新激进运动分析而变得混淆不清，这是斯巴达克斯主义①的一种表现形式，也是一种将女性犯罪与女性试图挣脱家庭统治者的奴役与压迫，重获自由的渴望相联系的趋势。

安·琼斯是一位研究女性犯罪的女权主义历史学家，她曾宣称“每次女权主义浪潮都会唤起人们对于女性犯罪的关注，在我们了解自由的人并不具危险

---

① 斯巴达克斯，古罗马时期英雄，反抗寡头政治的压迫，为自由而战。

性这一真理之前，这样的情况依旧会持续上演。”[10]她的主张也就是女性犯罪即为奴隶反抗。

早期的第一次女权主义浪潮是针对女性在具体的法律规定和宪法挑战中的“解放”和平等权利，譬如投票权、同等工作获得同等报酬的权利、家庭权益、公平雇佣、平等地位、平等机会等等。

第一批女权主义者（也就是所谓的“自由派女权主义者”）将女性犯罪案例的增多与女性主张享有与男性平等的自由这一看法相提并论。因此，弗雷达·阿德勒于1975年创办的《犯罪写作姊妹会》上将猛增的女性犯罪解释为自强。如同女性在商业、体育、艺术或是科学领域不甘次于男性，在犯罪等级中，女性也同样争求平等。根据阿德勒的说法，女人已经做好在男性擅长的领域，遵照其规则并与之匹敌的准备，而这当然也意味着如同男性罪犯一般残暴且具攻击性。这一观点被称为“解放假说”。

然而，阿德勒领导的越战时代女权主义的反主流妇女解放论者，却在其书籍问世时渐渐衰退。此外，保守党派从中作梗，利用阿德勒的文章以反对女性平等这一举动，更是离间了阿德勒的解放假说与新一波女权主义浪潮的关系。女权运动中某些年轻的激进分子，甚至因阿德勒的作品被保守党派大肆引用，以将女性犯罪率猛增及其他家庭或社会病态问题归咎于女权主义，而认为阿德勒是危险人物。

此后掀起了第二波更加激进的女权主义浪潮，此次浪潮也提出了更加无知的主张，即女性及成年女性长久以来一直是男性所谓“男权制”或“男性优越地位”这一生物文化阴谋的牺牲品。这一派别的女权主义者认为，在男性被转化为与其如今社会角色不同的其他角色前，女性将会一直受其压迫。

此次第二波女权主义浪潮反对男女平等的简单概念，宣称第一波女权主义浪潮留存下来的思想是——所有女性都渴求能像男人一样，拥有他们的机会，能融入他们的世界，能遵照他们的规矩，跟他们平起平坐。他们认为这与所有非裔美国人只想要成为白人的想法如出一辙。第二波女权主义浪潮呼吁女性不仅要以个体身份解放自我，还应置身于特殊女性文化立场，要在力求推翻压迫性的男性霸权的同时创立自身身份。

第二波女权主义观点认为女性皆是受害者，而男性则是压迫者，且女性攻击并不等同于女性对与压迫者保持平等关系的任何渴望类型。

有人提出女性暴行只是出于男性攻击女性时的自我防御，这是解放性的。确实，女性杀手转换成受害者，受害者转换成攻击者。如某位女权主义者所言："女人的确会杀人。她们的杀人动机通常都源自于某种极其特殊的情况，这背后潜藏的是美国在经济和财产归属方面的原则，媒体报道中称美国女性似乎拥有一种趋于谋杀的特殊取向。杀人动机会随着社会、政治及司法的循环反复而一直重复，但最基本的问题却总是生存。"[11]

帕特里夏·皮尔逊在其最近关于女性暴行的研究中总结道："在1980年代，握拳挥拳已经不再是荣誉徽章的象征，在治疗专家的办公室挥泪才更受人尊敬。因此女性不会想要做犯罪那样反社会和攻击性的行为。女性不应该同男性一样邪恶，她们皆是男性毒手下的受害者。"[12]

1975年以前对于女性攻击及暴行研究的缺失很快就被新的女权主义分析填补了，该分析的基本观点认为所有女性皆是"父权制"及"男性主义"机制的受害者。它主要将女性杀人解释为一种自我防御和反抗长期以来忍受的男性殴打及强奸的行为。这种观点在1970年代中期的畅销书中颇受年轻女性读者的追捧，如苏珊·布朗米勒在1975年出版的《违背我们的意愿》和德尔·马丁于次年出版的《被殴打的妇女》《第四夜》。受虐妇女综合征出现在司法领域，解释了女人如何在其丈夫熟睡时出于自卫而将其杀死。美国公民自由联盟称："每一个女性死囚都曾杀死过一任对其施虐的丈夫。"[13] 真的是这样吗？

几则关于女性死囚的故事

自1976年美国死刑制恢复以来，到2005年为止，共有63名女性罪犯被处以死刑①，其中11名女性被处决（在1976年以前处决的最后一个女人是伊丽莎白·邓肯，她因雇凶谋杀被其活埋的孕期儿媳妇而于1962年在加州毒气室被处

① 美国司法部、司法统计局、死刑统计数据来源：http：//www.ojp.usdoj.gov/bjs/cp.htm

以死刑）。以下是这11名被处决的女性囚犯的案件简介，你就是法官，你来判决。

- 第一例女性死刑发生于1984年。美国北卡罗来纳州52岁的玛吉·维尔玛·巴菲尔德不仅用砒霜毒死了自己的丈夫，还分别谋杀了三名雇佣其为家庭护理员的雇主（其中两名男性，一名女性）、未婚夫及自己的亲生母亲。一共六名受害者，可能还有第七名——她的第一任丈夫被火烧死，她声称火灾是因为丈夫疏忽大意未熄灭烟头所导致的。（后文再详细介绍维尔玛）
- 第二名女性死刑犯是得克萨斯州37岁的卡拉·费伊·塔克，她于1998年被处死。塔克和男友在吸毒兴奋后双双来到一位熟人——杰里·林恩·迪恩的公寓，二人试图偷走迪恩摩托车的车钥匙。在其男友用锤子将迪恩打昏后，塔克在公寓内找到一个鹤嘴锄，并用其将迪恩杀死，只因为迪恩醒后一直发出咯咯声。在审判中，塔克解释道："我只是想让他安静。"之后她注意到32岁的德博拉·桑顿用一条毛毯掩盖着身体，蜷缩在床上，于是她又上前去用鹤嘴锄将桑顿活活打死，并将鹤嘴锄插入她的身体。在警方的审讯过程中，塔克曾提到自己每次将鹤嘴锄伸向两名受害者时都达到了生理上的高潮。
- 同年，佛罗里达州54岁的朱迪·布恩诺阿诺因用砒霜毒死自己的丈夫而被判处死刑。她开着雪佛兰科尔维特，是一位事业成功、外形美丽的发廊老板娘。这起案件一直没有得到警方关注，直到布恩诺阿诺因采用汽车炸弹装置谋杀其男友而被警方逮捕，警方随后又意外发现了她犯下的另一起谋杀案——她杀死了自己身体残障的19岁儿子，随后，她之前谋杀丈夫的罪行才公之于众。布恩诺阿诺第一次试图毒死儿子时失败了，导致儿子部分瘫痪，因此他不得不戴上笨重的金属支架。之后她又带着儿子乘独木舟旅行，在划桨时，她故意将船翻倒，二人双双落水，导致了儿子的"意外"溺亡，于是她获得了一笔数目可观的保险理赔金。她杀死丈夫、儿子和身在科罗拉多州的男友后，一共获得数额为240,000美元的保险理赔。而她于佛罗里达州被处死后，科罗拉多州的法院拒绝了起诉。

- 第四例死刑案件的主角是因射杀第五任丈夫——达拉斯市消防队长吉米·唐·比茨而于2000年在得克萨斯州被处死的62岁曾祖母，贝蒂·卢·比茨。她将丈夫尸体埋在房子后院，并将丈夫的心脏病药撒在其私人船艇上后任其漂流，之后，她报案称丈夫失踪了。随后她要求获得人身保险理赔和消防员退休养老金。警方花了两年时间才申请到搜查令，并在草坪底下发现了比茨丈夫的尸体。在搜查过程中，警方还发现了比茨另一个失踪的丈夫——道尔·韦恩·巴克——的尸体，同样被用于杀死吉米的0.38英寸口径手枪射杀后，埋在车库地底下。在审讯中，比茨声称自己曾经遭到丈夫虐待，她是出于自卫而将其杀死的。在比茨被处决的当日，国际特赦组织认为比茨是一位家庭暴力及性虐的幸存者，并宣称："自从她被定罪后，著名心理学专家丽诺尔·沃克诊断比茨夫人患有受虐妇女综合征和创伤后应激障碍。"[14] 国际特赦组织并未提及埋于其车库底下的另一任丈夫的尸体。
- 同年，美国阿肯色州判决了第五例女性死刑案件。28岁的克里斯蒂娜·玛丽·里格斯因谋杀自己的两名子女：5岁的贾斯汀·托马斯和2岁的谢尔比·亚历克西斯而被判处死刑。里格斯试图将子女哄睡着后对其注射氯化钾。在一阵笨拙的尝试后，她最终决定用枕头将两名子女捂至窒息而亡。之后她企图自杀却并未成功。里格斯对自己的死刑判决毫无怨言。
- 俄克拉荷马州41岁的旺达·珍·艾伦因谋杀同性恋女友于2001年被处以注射死刑。在这之前，艾伦曾经因为在一次争论中杀死自己的儿时女性玩伴而被定罪服刑。1983年被释放，在刑满释放五年后，她又一次犯下杀人罪行，这次是开枪打中其恋人格洛丽亚·莱瑟斯的腹部。她是美国自1976年恢复死刑以来首个被处死的黑人女囚。
- 2001年俄克拉荷马州又出现了第七例女囚被处以死刑的案件。40岁的玛里琳·凯·普兰兹为获得300000美元的人身保险赔偿金，雇佣其青少年时期的男友克利福德·布莱森和朋友克林特·麦克金贝尔谋杀自己的丈夫吉姆。吉姆在夜班换岗回家后被布莱森和克林特偷袭，二人用儿童棒球棒将其打昏，而此时在隔壁房间的玛里琳却假装熟睡，全然不顾丈夫的拼命呼救。随后玛里琳便起床，指使布莱森二人将丈夫烧死在自己车里以伪装成交通事故。于是他们载着意识模糊的受害者来到一个人迹罕至的地方，将他和他的小卡车浇满汽油后便一把火烧了。案件中的克林特在诉讼时出庭作证并被判处终身监禁，而玛里琳和布莱森同时被审判，布莱森于2000年被处死。

■ 第八例女囚死刑又于2001年发生在俄克拉荷马州。61岁的洛伊斯·纳德安·史密斯因谋杀一位21岁女子辛迪而被制裁。根据检察官给出的说法，“辛迪是史密斯夫人的儿子格雷格·史密斯的前女友。案发当日早晨，史密斯伙同儿子及另外一个女人一起在塔勒阔一家汽车旅馆接走辛迪。在驾车离开汽车旅馆的途中，史密斯夫人就辛迪已安排谋杀格雷格·史密斯的谣言跟辛迪当面对质，辛迪否认后，史密斯夫人在开车前往前夫家的途中掐住辛迪并刺伤她的喉咙。进入房子后，史密斯夫人强迫辛迪坐在一张躺椅上并用手枪威胁，最终她对着辛迪开了几枪。辛迪中枪倒地后，史密斯的儿子上前重新上膛，就在这时，史密斯夫人大笑着跳到辛迪的脖子上，对着她的胸膛开了四枪后又朝着后脑勺开了两枪。”[15]（母亲对儿子的爱永无边界。）

■ 第九起女囚被处以死刑的案件发生在2002年的阿拉巴马州，这可能也是最后一个坐上电椅的女囚。54岁的琳达·莱昂·布洛克是前童子军的母亲、动物保护协会志愿者、图书馆之友的会长，参加了右翼爱国者运动。当时她带着9岁的儿子与同样身为爱国激进分子的男友乔治·西布利正开始逃亡之旅，因为他们二人涉嫌参与财产抢夺，刺伤布洛克的前夫波特而被定罪，逃窜时男友西布利带着武器。当他们在欧佩莱卡的一家沃尔玛超市停车区停下，布洛克下车打电话时，一位路人注意到这两个人行为怪异，因为担心随行的小孩，路人便向欧佩莱卡警局报了案，处理报案的是当时正在商场购买办公用品的警员罗格·莫特利。于是这位警员在丝毫没有察觉布洛克就在车子一旁打电话的情况下慢慢靠近车子，并要求西布利出示驾照。西布利立马拿出随身携带的枪支与莫特利展开了一场激烈的枪战。琳达·布洛克听到枪响后立马挂断电话，跑到莫特利身后朝警员开了一枪。当中枪的莫特利艰难往警车方向爬行时，琳达·布洛克又接连朝他开了几枪。由于欧佩莱卡警局预算短缺，所以莫特利在案发前一周将自己的防弹背心给了新来的警员。在写给朋友及支持者的信中，布洛克形容莫特利为一个“坏警察”，并指出莫特利长期殴打妻子，且身上背负多起指控。对于某些反对她说法的人，她表示自己没办法把这些数据资料带上法庭。然而，莫特利的个人档案里并未记录任何不良行为，此外，他的妻子也声明莫特利是一位善良耐心的好丈夫。布洛克的同伙也因参与此次谋杀于 2005 年被处决。

- 2002 年，艾琳·沃尔诺斯成了第十个被处以死刑的女性罪犯，她因实施七起连环谋杀而在佛罗里达州被处死。后文将对艾琳·沃尔诺斯的案件作详细介绍。
- 最后，得克萨斯州 40 岁的弗朗西斯·牛顿因使用 0.25 英寸口径手枪杀死自己的丈夫、7 岁的儿子奥尔顿和 21 个月大的女儿法拉而于 2005 年被处以死刑。牛顿试图利用他们的死以获得高达 100000 美元的理赔金。在这十一名女性罪犯中，她是第二个被处死的黑人女性。

除了假设的施虐丈夫之外，事实上，以上案件中的许多受害者都是儿童、其他女性或无辜男性。这十一起案件中的四起——甚至有人坚称五起都涉及一名连环杀手，且其中至少四至六起案件，涉及人们认为只存在于遥远过去或电影情节里的物质至上的黑寡妇类型杀手。其中三起案件的辩护人提出被告人是因被丈夫施虐而犯下罪行但并未靠这一主张胜诉。

事实上，美国史上为人所知的女性连环杀手中，超过一半的罪犯（53%）杀死过至少一名成年女性，32% 的罪犯所杀死的受害者中至少有一名是女童。[16]

迄今为止，社会上仍有一种观点坚持认为女性杀人是出于自我保护，或用政治解读其行为。例如，一项针对 50 起女性杀人案件的研究指出，谋杀对于女性而言即是“一种自我保护的资源”。[17] 目前，这些案件中只有18起提供了被害人虐待罪犯的证据。另外的32起案件则涉及杀害其他女性、儿童及无辜男性。该研究报告的作者却假装这32起案件从未发生过，对此数据抱以置之不理的态度。[18]

在20世纪80年代末90年代初，即新女权主义鼎盛时期，有断言称女性不可能成为连环杀手。有人提出：“只有男人才是痴狂孤独的狩猎者，他们受欲望唆使而杀人——在谋杀中实现对性欲的渴求。”[19]

另一位女权主义批评家简·卡普蒂反对连环杀人案分析中所使用的中性语言，她认为这模糊了真实情况，因为“采用这种方式折磨、杀害、摧毁受害者的都是男性，然而这些女性罪犯的受害者绝大多数却为女性和女孩，还有少部分是年轻男性。”[20]

卡普蒂解释说：“如同所揭示的，这些犯罪都是与性及政治相关的，如同私刑是基于白人优越论一样，这些案件根植于男性霸权体制中。[21]

安·琼斯也同样反对“家庭暴力”这一中性表达，她争论道：“我怀疑这一表达是某些学者杜撰出来的，他们惊愕于所有被殴的妻子都是女人这一事实。”[22] 在《女人杀戮：美国女性杀手历史》这本书的引言部分，琼斯写道：“倘若这本书给你留下的印象是男人一定会让女人伤心，那这恰恰就是我想传达的……”[23]

琼斯书中的历史事迹写道：“对女人社会待遇及法律待遇的掠夺迫使其走上女权主义道路，也将其他人推向杀人的深渊……我们的社会害怕女权主义者，也同样害怕杀人犯，因为这两者中任意一方都是对既成社会边界的考验。女权主义者与杀人犯的利益有时候会不谋而合让人并不惊奇……”[24]

哇！的确如此，不是吗？

将这段话与她之前提出的关于女性犯罪及自由的人并不危险的说法放在一起分析，在每一次女权主义浪潮之后，接踵而来的是对女性犯罪的关注，且在我们掌握自由之人并非危险之人这一真相之前，这种情况会一直持续。当一个人以自由那样高尚的理由为名犯下杀人罪行时怎么能被赦免所有罪责呢？有一个词语怎么说的，女权主义？或者说简单点，正如安·琼斯写道的“女人杀戮的故事就是女人的故事。”[25]

第二波女权主义浪潮将发生在女人身上的性侵犯视为“父权制”的政治体现，而连环杀手则被视为“父权制”的工具。一位女权主义理论家坚称如若男性连环杀手是父权社会的烈士，那么就不会出现女性连环杀手了。

> 恰如美国国徽上鹰的雕像预示了这个国家剥夺了荒野一样，女性在父权文化（性爱谋杀、淫秽、妇科医学、强制性“男上女下体位”性交）里的神勇也表明了对女性持续且有条不紊的惩罚。[26]

政治化的术语代替了“连环杀人”，也暗示了攻击者均是男性，而受害者皆是女性。如“种族灭绝”、[27]“男性恐怖主义”[28]、“屠杀女性”[29]。

但 1990 年出现的艾琳·沃尔诺斯一案——数年来的谋杀狂热使得她在街边杀死了七名中年男性，其中包括一名传教士，一名虐童调查员，一位正赶往女儿毕业典礼的父亲以及一名预备警察——改变了人们的传统看法。如今女权主义需要表明立场。的确，女权主义者采取了明确的立场，他们坚决拥护艾琳·沃尔诺斯的这场解放之争。

一位致力于同性恋暴力研究的女权主义理论学家在其书中题下这样的献词：“献给艾琳·沃尔诺斯及所有被丑化、被归于病态及为了自我防卫而采取任何必要谋杀手段的女人。”她在书中声称：“艾琳·沃尔诺斯的故事平淡无奇，只是增加噩梦的偏执男性幻想文化的普通重复罢了。而这次，可能有人会说这种幻想已经跨越了某种界限——幻想成为了现实。”[30]

倘若连环杀手是父权社会的烈士，那么艾琳·沃尔诺斯就是第二波女权主义浪潮的烈士。对于杀害并抢劫七名受害者的犯罪事实，沃尔诺斯本人给出的辩解是他们都曾试图强奸自己。她在审讯中做出这样的声明：“每个人都有自我保护的权利。而我做的事正是如此。他们都对我实施了暴力至极的强奸行为，而对于其他没有如此做的人，我却不得不求他们放我一条生路。”

在一次接受《日界线》的电视采访中，沃尔诺斯情绪激动地宣泄道：“我有一条消息要传递给所有受害者的家庭：你们欠我的。你们的丈夫对我实施了暴力强奸。马洛里、卡斯卡登，还有其他五个被我惩罚的人，我经历了一场恶战才赢得胜利。是你们欠我，而我什么都不欠你们。”

女权主义（他们并不是唯一感到愧疚的）分析有时会通过引用不可信且言过其实的受害者数据的方式歪曲连环谋杀的范围。有人宣称一年中约有 5000 起连环谋杀案，而这其中大多数受害者都是女人。[31] 这真是一个可笑的数据，但这个数字直至今日还会偶尔被引用，而引用者也不只是女权主义者。[32] 在 1800 年至 1995 年这长达 195 年的时间里，美国为人所知的连环杀手受害者最多只有 3860 名。[33] 我们离每年 5000 名受害者还有很长一段距离！其他一些女权主义学者在遭遇需要解释女性杀手显然残酷野蛮地杀害无辜男人、女人和儿童的这一事实时却总是默不作声。

我想说的是，所有的这一切并非为了表明，女人频繁被其亲密男性伴侣杀害是女权主义者的虚构。在美国，1976 年至 2004 年间所有被害女性中的 30.1% 均是被其现任或前任亲密伴侣所杀，而男性受害者中的这一数字只有 5.3%。[34] 问题不在于女权主义者如何描述男性谋杀罪犯及其受害者，而在于他们对女性杀手及其受害者的分析。我们都期待女权主义者能给出一个解释，因为他们身在大学里的所有女性研究部门中，因此他们对这个问题的思考肯定比我们多得多，不是吗？答案显然是否定的，他们似乎会令我们大失所望。我们期待的解释好过于“女人杀戮的故事就是女人的故事”。

这种认为女性杀手是受害者的扭曲思想，在当今新兴的新女权主义一代（“后女权主义”，最近的新兴术语）中并不乏批判意见——9/11 后千禧年浪潮。这些大胆的新声音提出，当女性杀手在媒体报道、法律或女权主义对话中总是被解释为受害者时，其实就是对其作为人的自由的否定。贝琳达·莫里西认为：

> 譬如，倘若一个女人杀害了自己的男性伴侣，且能够证明对方曾有过极端虐待行为，那么她也许在为自己辩护的过程中会赢得不被当作积极参与者的权利。这也就意味着她的伴侣必须为她及自己的暴力行为承担责任。换句话说，人们会认为他对自己被杀害的后果负有罪责。最终决定采取措施保护自己，抵抗攻击者且成功击败对方，人们就会立即认

为被虐待的女人根本没有犯下杀人罪行。她最终也失去了自己曾努力想要获取的力量和自决权。[35]

或许这将会导致未来令人惶恐的女权主义浪潮的持续，正如莫里西书中的观点被其出版者所描述的那样："女权主义理论学家否定女性力量在伤害、强奸及谋杀罪的潜在可能，实际上是意在否定女人作为人的完全自由。"

拜托，那我们整个人类都少一点自由和人性好了！

总体说来，第二波女权主义意在无视或鲁莽地对不符合受害者特征的女性杀手进行重新分类。譬如，艾琳·沃尔诺斯是一名连环杀手的可能性就被她其中一个政治拥护者驳回了，其认为："这个国家认为她是一名连环杀手。这样的指控似乎不合情理，因为连环杀手的定义，是一个人在特定权力失衡的情况下因性冲动而杀人。"[36]

女权主义批评家琳达·哈特提醒人们沃尔诺斯"因为杀死七名中年白人男性"而成为一名死刑犯，仿佛这句话能解释一切。据哈特所言：

> 沃尔诺斯是男性幻想的现实版，她的行为跨越了现实与虚幻之间的界线。沃尔诺斯毁掉了这保留着男性象征的障碍，让不可能成为了现实。我认为，也正是因为如此，她才会被处以死刑。[37]

定义女性连环杀手

无论是男性连环杀手还是女性连环杀手，目前对这二者均没有一致认可的单一定义。致力于此领域的专家很多，因此各种定义也层出不穷，目前得出的所有定义如下：

- 在超过 30 天的时间内至少杀害 3 名受害者。[38]
- 至少两起强迫性谋杀案发生的时间及地点互不吻合，且罪犯与受害者之间并无关系，与拥有共同特征的受害者之间也并无物质利益往来。[39]

- 两起或两起以上的独立杀人案中，当个人或与人勾结在一段时间内犯下多起杀人案件，且各杀人事件之间存在时间间歇。[40]
- 某一时段内，在独立事件中于生活场所选择谋杀手段蓄意谋杀三名或三名以上的受害者。[41]
- 在某一时段内至少犯下十起杀人案件。杀人行为暴力，杀人者生性凶残，但他们讲究仪式感——他们对于连环谋杀有自己的理解与方式。[42]
- 谋杀两名或两名以上受害者，且各谋杀案之间存在平静期。[43]

主张男性连环杀手只为性而实施杀人行径，且只杀害陌生人的概念早已过时。不仅仅是性爱而已，连环杀手还会为了权力、利益、信仰以及政治原因而实施残忍杀戮，某些连环杀手也会杀害朋友、邻居甚至家人。女性连环杀手的杀人目的与男性连环杀手也可以如出一辙。

因任何原因在独立场合杀害两名或两名以上受害者的情形就是连环谋杀，实施该行为的杀手也被定义为连环杀手。这代表了最近针对连环谋杀分析所达成的共识，即连环谋杀不一定皆是因为情色，也不一定非是受杀人幻想摆布，且并非只针对陌生人。连环杀手包括有组织的契约杀手——这一类型是最难使人信服的，因为契约杀手并非自己选择受害者而在相当长一段时间内都被排除在连环杀手的定义之外。此外，进行灭绝式大规模屠杀的人（战争罪犯）也被排除在外，人们认为他们只是遵照意识形态及军规而杀戮罢了。而在最终的分析中发现，契约杀手与战争罪犯的心理和某些“普通”连环杀手大同小异。

根据连环杀手最近且最简洁明了的定义——行为实施人在不同场合谋杀两名或两名以上受害者，且各谋杀案之间存在平静期即为连环杀手——得出本书中所探讨事迹的女人均是连环杀手的结论。这些杀手在进行一次次残忍杀戮之前都仔细思考过自己的行为。

女性连环杀手分类：FBI 划分的经典有组织型 / 无组织型

对女性杀手的分类如今已发展成一个高度进化的系统。女性连环杀手能频繁与男性连环杀手的档案系统相融。连环杀手最基本的分类为：有组织型、无组织型以及混合型。这一系统最初是由 FBI 行为科学组基于对连环杀手留下的犯罪现场评估而创立发展的一种调查工具。

有组织型的杀手倾向于谨慎挑选、追踪受害者。他们制定谋杀计划，带上凶器，严格把控犯罪现场，通常情况下，他们会将受害者带至另一地点，最后他们会小心翼翼地处置尸体并掩盖证据。而无组织型的杀手总是随机行动，快速对受害者实施攻击后匆忙逃逸，留下狼藉的犯罪现场。他们通常会将案发现场就地找到的物体当作杀人凶器，且往往不会谨慎处理尸体及证据，将尸体暴露在外的同时留下大量关键性证据。这些无组织型的杀手有时会被诊断出患有临床精神疾病。

连环杀手的这两种分类都各自拥有特定的人格特点及性格特征——有组织型的杀手可能在智力上更胜一筹，他们风度翩翩，时刻保持房间的整洁。他们会利用个人魅力引诱受害者。他们通常会驾驶干净整洁、保养良好的汽车，坐拥个人财富且拥有一份薪酬颇丰的工作。而无组织型的杀手在智力上则稍显逊色，他们不善交际，邋里邋遢，且往往会对受害者使用暴力。他们驾驶废旧汽车，生活混乱如麻，公寓环境脏乱，所受教育不足，工作时有时无。

因为女性连环杀手在更多情况下杀害的均是熟识或关系亲密的人，因此她们或许更符合善于交际的有组织型杀手侧写，即她们是靠狡黠而非暴力杀人，二者之间也存在迥异之处。

对于那些不符合有组织型与无组织型这两者中任一分类的杀手类型，FBI 给出了第三种分类——混合型，这类型杀手同时具有两种类型的特征。某些持批判观点的人认为这种分类毫无意义，并以此证明 FBI 有组织型与无组织型侧写系统的薄弱。

倘若用这一系统进行分类，那么所有女性连环杀手都将被归于混合型的范畴。如同有组织型的杀手一样，女性会谨慎计划及挑选杀人时机并提前准备好杀人凶器，她们通常会选择毒死受害者，并且在完成杀人行为之后掩盖证据。同时，很多女性杀手与其受害者并非互不相识，且在杀人后会将尸体留在案发现场，这就符合无组织型连环杀手的特征了。女性连环杀手只在极少数情况下才会移动并掩藏尸体。不幸的是，FBI 给出的混合型连环杀手类型在甄别连环杀手的本质问题上是最难令人满意的。

最新的女性连环杀手分类系统

犯罪学家不太关注调查性问题，而更多地倾向于按照既成动机对杀手进行分类。在这种分类方法中，动机满足的概念根植于整个连环杀手分类范围内。是否连环谋杀均是以性爱为动机，这一论题在犯罪学家间引起了争议。这场争论尤其针对女性连环杀手，因为她们的杀人罪行很少能被定义成无偿性爱享受或如男性连环杀手般虐待性的性行为。在连环杀手分类范围里，动机才是关键。“契约杀手”类的暴徒算是连环杀手吗？种族灭绝的刽子手或恐怖分子算是连环杀手的一种吗？根据犯罪学家罗纳德和斯·霍姆斯的说法，其实这些人都是连环杀手。霍姆斯对连环杀手的分类是严格以满足动机为标准，即连环杀手是为了怎样的利益、物质或精神目的而实施杀人行为？[44]

根据这种分类法，连环杀手可被分为四类主要范畴以及三类子范畴：

- 追逐权力型
- 幻想型
- 传教士型
- 享乐主义型
  - 享乐欲望型
  - 享乐安逸型
  - 享乐快感型

在这些分类中，只有一种是以性为动机的连环凶杀：因为追逐权力型杀手从权力以及控制受害者的过程中获得性满足，他们只会犯下以性为主导因素的凶杀案。

在享乐主义型杀手的三类子范畴中，有一类仍将性当成一项重要动机，即享乐欲望型杀手。在这类型杀手犯下的案件中，罪犯通过毁坏、奸淫尸体、喝受害者的血液或吃他们的肉而寻得快感。杀戮本身并不能给他们带来快感，但却是其寻求快感的手段。这种类型的杀手通常不会渴望杀死受害者，他们只想占有被害者的身体或割下身体的某一部分。埃德蒙·肯珀就是典型的享乐欲望型杀手。他杀死了包括自己母亲在内的八名受害者，吃了她们的肉，并与各个受害者的残缺尸首发生了性行为，他自己这样解释道："我很抱歉自己对于这件事的态度如此冷漠，但我需要的是与一个人的特殊经历，并且用我想要的方式拥有她们。我必须将她们从其肉身里驱赶出来。肯珀将自己的谋杀形容为用人类身体"制作娃娃"。[45]

至今为止并没有关于女性享乐欲望型连环杀手的犯罪记录，但有两起例外案件：一个是文艺复兴时代，德古拉伯爵夫人伊丽莎白·巴托里（1560—1614），据称，她专用女人的血进行血浴。另一个是 20 世纪 80 年代中期发生在得克萨斯州的一桩案件。分别杀死了两名男性和两名女性的瑞奇·格林声称自己的妻子莎伦（一位牧师的女儿）参与了强奸、刺杀及用锤子敲打两名女性受害者的过程，此外，夫妻二人在用受害者的血液涂抹、浸湿对方身体并做爱后会继续寻找受害者实施谋杀。对此，莎伦·格林承认谋杀，但声称自己是因被丈夫殴打才被迫参与奸杀。后来瑞奇被处以死刑，而莎伦被判以十年的缓刑，并于 1991 年 11 月 12 日作为节目嘉宾参与录制了电视节目《奥普拉脱口秀》。[46]

在德古拉伯爵夫人伊丽莎白·巴托里的案件中，她血浴的动机也是令人费解的，下文再详细论述。据传言，她相信血浴会维持自己年轻的美貌，而非为了从中获取任何特殊的性快感。

因此，当女权主义分析家坚持主张女性连环杀手不存在时，他们表达的真实意思是不存在追逐权力型或享乐欲望型的女性连环杀手。然而，自从他们在 20 世纪 80 年代与 90 年代做出这些判断以来，情况已经发生了巨大转变。

除了追逐权力型和享乐欲望型这两种杀手分类以外，还有几个关于连环杀手的分类范畴及子范畴，这些杀手并非为了性冲动而杀人（当然这并不意味着他们在杀人时完全不会实施性行为）。

幻想型杀手会因为视觉或听觉因素而谋杀受害者。大部分情况下他们都处于精神病理学和法律认可的疯癫状态，他们患有器质性脑障碍，经常产生幻觉，他们往往被认为是极其无组织型的杀手。这种杀手类型很少见且极易被正法。

传教士型杀手因政治、道德、伦理或其他某些名义上的动机而实施谋杀。这类型杀手通常是以他们认为应该被毁灭、惩罚或从社会除名的特定类型的受害者为目标，譬如无家可归的流浪汉、堕胎医生、老年人、同性恋或某特定种族成员。

享乐快感型杀手从绑架、折磨及杀害受害者行为内在的罪恶中获得满足感。强奸是这类型凶杀案的普遍特征，但这只是杀手对罪恶的表达方式而非受情色诱惑。

享乐安逸型杀手只是为了从受害者的死亡中获取物质利益。毋庸置疑，以往的人们常常将女性连环杀手与此类型相联系。这类女性连环杀手的典型代表就是黑寡妇——利用女性魅力接近男性受害者，掌握经济大权后将他们杀死，然后继续寻找下一个目标。

最近，在密歇根州立监狱工作的心理学家理查德·沃尔特和调查过 50 起连环杀人案件（包括泰德·邦迪案、亚特兰大儿童谋杀案以及绿河杀手案）的退休犯罪学家罗伯特·凯佩尔博士提出了一种新的分类系统。他们的体系将更多关注点放在对单个和连续谋杀案二者均进行分类，这一体系的提出是受到 20 世纪 80 年代由 FBI 的罗伊·黑兹尔伍德和安·伯吉斯博士创立的强奸犯分类方法的启发。[47] 为便于调查，沃尔特和凯佩尔提出以下包含四个范畴在内的性爱连环杀手分类：

- 力量自信型：其动机是为了对女性或男性受害者施以男性力量。
- 力量安慰型：他们从受害者处寻求安慰，以显示自己能“取悦”受害者或比其他情人更优秀。
- 愤怒报复型：他们对某位无意冒犯自己的女性或其替代者有报复欲。
- 愤怒激发型：他们的主要动机是为了达到自身性满足而对男性或女性受害者造成痛苦或带来恐惧。

然而，以上所有不同的侧写描述都只针对男性心理。于是一种致力于更具体描述女性连环杀手的最新分类范围横空出世：

- 黑寡妇型：传统上为了金钱利益或出于其他动机而杀害自己丈夫、情人或其他亲属。
- 死亡天使型：出于各种动机（有时是为了利益，但多数情况下都难以解释）而杀死自己的病人或负责照看的孩子。
- 狂热信徒型：被感召力非凡的领袖指使杀人（曼森家族的女人最为符合这类型女性杀手的侧写）。
- 配合同伙型：不抗拒参与其丈夫或情人主谋的杀人案。
- 堕落同伙型：积极参与其伴侣实施的强奸及谋杀行为。
- 爆发性复仇型：锁定的杀害目标是特定类型的受害者，这些受害者使其回忆起过去生活中曾虐待过她们的人（艾琳·沃尔诺斯极其符合这一类型的特征）。
- 追逐利益型：为了物质所得而杀害陌生人（艾琳·沃尔诺斯也符合这一类型的特征）。
- 传教士型：企图通过杀害某一特定类型的受害者而实现其政治或社会目的（譬如纳粹党内参与对残疾儿童或成年人实行医疗谋杀的护士）。
- 追求权力型：女性罪犯企图在政坛或个人生活中获得某种形式的掌控力或权力。
- 代理孟乔森综合征型：这是一种复杂的类型，为了得到同情和关注而对孩子痛下杀手的母亲和照料者或杀害自己病人的护士都属于此类型。[48]

还有一种可根据女性连环杀手的性格特征类型对其进行分类的方法。一项研究指出了在加州被判同时犯下连环杀人案及单个杀人案的女性的六种行为个性类型：

- 受虐狂型：此类型女性杀手往往精神状况稳定，拥有良好声誉和严格的宗教信仰，但偏好结识虐待型或暴力型的亲密伴侣，最终将他们杀害。

- 公然敌对的暴力型：精神状况不稳定，暴力且具有强迫性。此类型的女性杀手通常有殴打他人的历史，她们并未计划杀害受害者，但她们的暴力发泄往往会造成受害者的意外死亡。
- 暗怀敌意型：此类型女性杀手压抑愤怒情绪，往往通过杀害自己的孩子或其他弱小受害者以默默发泄情绪。
- 能力不足型：这类型的女性杀手缺乏应对技巧，智力不突出且自尊心薄弱。她们主要是为了取悦伴侣，所以有时会参与伴侣主谋的谋杀或性虐待犯罪。
- 精神异常型：与幻想型连环杀手类似，这类型的女性杀手患有精神疾病，因听觉因素或幻觉而实施杀人行为。
- 道德感缺失型：此类型的女性杀手出于个人或物质所得目的实施预谋杀人，且毫无愧疚之心，可将她们形容为精神变态者或反社会者——她们具有人格障碍而非患有精神疾病。她们知道自己的残忍行径却毫不在乎。大多数连环杀手，无论男女，均可被认定为反社会或者具有反社会型人格障碍（简称 ASPD）。[49]

此外，另一项研究致力于罪犯—受害者的关系分析，并将女性杀手分类如下：

- α 型女性：此类型的女性杀手使用暴力以保护自己或其他人免受伤害。这些案件都是针对其受害者是施虐者的自我防护。
- β 型女性：在譬如嫉妒和厌恶的情绪激发下杀人，或在一定层面上认为自己被害而导致被迫杀人。
- Ω 型女性：利用情色诱骗受害者，在情感上与受害者之间保持独立性，通常为了个人物质所得而将其残忍杀害。[50]

以上所有这些各不相同的范畴互相排斥或重合。连环杀手的定义并不是单一的，且无论是对于男性还是女性连环杀手，都不存在单一通用的分类范畴。然而，有一件事是显而易见的：连环杀手定义及分类范畴的广泛性，反映出女性连环杀手的存在远比人们一贯认为的要广泛且多样。

女性连环杀手的总体特性

针对所有女性连环杀手可做出某些总体评论。从数据上来说，女性连环杀手在实施杀人行为上比男性连环杀手略胜一筹。男性连环杀手在被正法前平均会进行 4 年的杀戮行为，而女性连环杀手的杀戮时间段则是男性的两倍：超过 8 年。[51] 某些女性连环杀手被证实已在超过 30 年的时间内不断实施谋杀。

这在一定程度上是由于人们不愿承认女性有能力进行长期施暴，以及人们不会认为家里或医院内出现的死亡是人为造成的这一事实，所以女性通常选择这些特殊场所作为作案地点。此外，人们还倾向于认为女性出现在案发现场与整个案件并无关联。女性连环杀手很少会将引人注意的年轻女性或青少年尸体扔在路边，由此也被形容是“低调的杀手”，她们在暴露之前可以施行长达数年的谋杀。

女性连环杀手施暴时间比男性更长的另外一方面因素或许与性别更有关联。男性连环杀手，尤其是以性为目的的杀手，总是突然爆发，然后在 40 岁之后停止杀戮。

而要找到 50–60 岁却依然热衷于杀戮，且仍未达到杀戮顶峰的女性连环杀手并非难事。多罗西娅·普恩特在 1988 年被指控杀害 9 名男性及女性受害者时已将近 60 岁高龄。即使进了监狱，普恩特也不自甘寂寞：最近她积攒的全套菜谱也出版了。

南希“老祖母”在 1954 年因毒杀丈夫被捕时也是将近 50 岁。警方在调查中发现这位祖母级杀手在长达 28 年的时间里用老鼠药毒杀了来自四个国家的四任丈夫、自己的母亲、两个女儿、一位婆婆以及其他家庭成员。

本书中也写到，73 岁的奥尔加·鲁特斯切米特和 75 岁的朋友海伦·戈利为从 73 岁的保罗·瓦多和 51 岁的肯尼思·麦克戴维的死亡中谋取金钱利益，而分别于 1999 年 11 月和 2005 年 6 月犯下两起凶杀案以及两起共谋谋杀案。我几十年前在保健俱乐部遇到的女人，被指控主谋了一起涉及保险金额为 230 万美元的谋杀计划，在这场计划中，多名流浪汉死于故意的肇事逃逸交通事故。[52] 电影《毒药与老妇》远不如我们想象中那般陈词滥调。

约 68% 的女性连环杀手都是单独行动，而余下的 32% 则通常与主谋男性同伙一起参与犯罪，不过也有男女合谋的案件中是以女性为主谋，以及犯罪团伙涉案人员均是女性的案件。在男女合谋的犯罪团伙中，女性往往会参与被认为只与男性杀手有关联的奸杀犯罪。女性连环杀手是一种独具特色的分类范畴，本书在接下来的几个章节中会详细探讨这一复杂的问题。

关于锁定受害者这一点，我们认为女性连环杀手通常倾向于杀害家庭成员以及熟识之人。至此以前这样的看法都被普遍接受，但如今继家庭成员或关系亲密的人之后，陌生人竟然也成为了女性连环杀手的偏好对象。[53] 明确界定罪犯与受害者之间关系等级的问题在于，许多女性连环杀手选择的受害者范围也与男性连环杀手一样出现了混合态：陌生人 / 家庭成员或熟识之人 / 陌生人等等。

* * *

出于各种动机而分别杀害至少两名受害者的女性连环杀手的分类范畴较为广泛，且事迹各有迥异，本书将针对这一迥异的历史事迹进行探讨。以上所述其实皆是连环杀手，因为她们在一次谋杀后再次指使或选择了谋杀。

杀手们的动机和心理千差万别，但多样的范畴间又有着共通的特性，本书将会论述罪犯的不同心理及其各自的童年生活。如同男性连环杀手一样，女性连环杀手也极有可能是天性使然或被逼至此，只是目前针对女性杀手所具备的先天及心理特点的研究，还未能像男性杀手研究那样集中。

本书将重点分析女性连环杀手的邪恶心理及文化发展。女性连环杀手不仅挑战了人们对于善恶的一贯标准，也颠覆了普遍为人们所接受的关于性别角色与身份的基本观点，以及对人性的所有理解。在了解男性连环杀手的过程中，并未遭遇女性连环杀手分析中所包含的政治因素。男性连环杀手似乎是男性中的败类，但对于女性连环杀手而言，这一问题的答案则并不明确。女性连环杀手否定了女性气质吗？还是说她们也是女性中的败类？女性的攻击性是与生俱来的吗？如果是，演变过程又是什么样的呢？对女性连环杀手问题的研究不应仅仅局限于政治或性别层面，而应置于整个人类范畴中。

第一部
女性连环杀手的病理心理及简要历史

小阿格里皮娜、瓦莱里娅·麦瑟琳娜、伊丽莎白·巴托里、拉·托伐妮亚、玛莉玛德莲·玛格丽特·德奥贝、简·斯科特、伊丽莎白·埃克尔斯、萨拉·达兹利、伊丽莎·乔伊斯、萨拉·弗里曼、玛丽·安·米尔纳、萨拉·切舍姆、玛丽·梅、玛丽·埃米莉·凯奇、凯瑟琳·威尔逊、玛丽·安·科顿、凯瑟琳·弗拉纳根、玛格丽特·希金斯、凯特·本德、帕蒂·坎农、莉迪亚·谢尔曼、萨拉·简·罗宾逊、简·托潘

第一章

女魔头的本质

女魔头的病理心理

如何至此，又是何以至此呢？女性是如何成为连环杀手的？又为何会走上杀戮这条不归路呢？理由很简单：她们实施残忍杀戮行径的原因和男性连环杀手如出一辙：为追逐权力、为情色欲望、为寻求快感、为掌控、为利益、为自尊、为复仇、为执迷。

但值得注意的是，男性和女性连环杀手的动机依旧存在迥异之处。男性连环杀手通常实施绑架、监禁、强奸、愤怒发泄型及追求掌控权型的破坏性犯罪，而女性连环杀手却在杀戮这条路上执迷不悟，并不会因为遭遇伤害或阻碍而停止杀戮行为。不在案发现场拍照或自慰，也不奸淫尸体①，女性连环杀手皆是商业型杀手，所涉罪行也均是谋杀。因此与幻想型的男性杀手相比而言，女性杀手无疑更为致命。

女性连环杀手如何比男性杀手更致命

男性连环杀手有时并不会杀害某些受害者，因为谋杀并不是他们幻想中的最终目的。他们的幻想可能是通过身体伤害或性虐待的方式操控受害者，而将其杀害并非他们计划中的必要组成部分。他们在一旦达到了伤害这个目的，便不会再过多关注受害者的生死。倘若受害者在被实施身体伤害后依然存活下

① FBI 对于男性连环杀手的一项研究表明：42% 的强奸行为发生在受害者死亡后，56% 发生在死亡前。剩余 2% 的情况中的犯罪本质虽是性交，但并未发现任何强奸迹象。

来，那么罪犯可能为避免其日后成为伤害或强奸罪行的证人而杀人灭口。男性连环杀手可能会残忍地杀死受害者，也可能根本不会，有些甚至会因为心生怜悯而放受害者一条生路。

譬如，20 世纪 70 年代末期，理查德·科廷厄姆连续几个小时对街边妓女进行麻醉并折磨后，砍下某些受害者的头和手，并将所有受害者伤痕累累或残缺不堪的尸体丢弃在酒店及汽车旅馆房间内。[54]试问有谁能从这般嗜杀成性的狂魔手中逃生呢？但有些女性受害者却幸存下来。这些被丢弃在路边或汽车旅馆房间地板上的受害者后来恢复了意识，虽全身淤紫、伤痕累累，但保住了性命，这是为什么呢？凶手之所以没有将她们杀死，是因为她们并没有在他实施攻击的时候死掉。简而言之，凶手从来都不是为了夺走她们的性命，只是为了折磨、侮辱她们罢了。一旦他的目的达成，受害者是生是死便毫无意义。于他而言，此时的她们都只是一堆垃圾而已，所以他像处理垃圾一样把咽气的和没咽气的人统统丢掉。有些受害者在被虐待的过程中就死掉了，这些街边妓女只食用可乐和薯片，身体瘦弱，根本抵挡不住凶手的暴力伤害。凶手毁损受害者尸体并非出于享受，而是为了销毁受害者的身份证据，也就是说，砍下受害者的手或头并不是为了收集战利品，而是为了干扰警方调查。而凶手选择杀掉某些人只是为了达到清除案件证人的目的。对凶手来说，这是一项必须完成的任务，而非乐事。

某些受害者有时会因为男性连环杀手对她们逐渐丧失兴趣，或突如其来的微弱愧疚感而幸存。这种情况时有发生，或许是受害者的某些言语或行为削弱了凶手的杀害意图。在我曾经关于男性连环杀手的写作中，我用一章内容总结了如何提高从连环杀手手中逃生的几率，这些方法都是以幸存受害者的记述，以及凶手自身对于为何选择放某些受害者一条生路的解释为基础而提出的。而本书对于女性连环杀手的分析论述中并不会安排这一章节。

除这些男性杀手手中的受害者以外，几乎没有来自女性连环谋杀案件幸存者的记述。女性杀手一旦下定决心便绝不悔改，且她们在杀戮过程中通常不会采取任何幻想折磨仪式，而是直入主题，直接置被害者于死地。（不过目前所知的一些女性连环杀手会在毒杀被害人时控制毒药剂量，以延长某些被害者的死期，个中原因至今尚无定论。）

除非有男性犯罪同伙，否则女性连环杀手通常不会对受害者实施绑架或强奸，也很少会为得到尸体或受害者身体的某个部位，以满足自我享乐欲望而进行杀戮。她们在杀死受害者之前几乎从不对其实施追杀、捆绑、监禁及酷刑折磨。女性连环杀手的满足感源于被害者的死亡本身，且她们在自此以后的几天、几周或几月内会继续实施杀人行为。对许多连环杀手而言，被害者的死亡只是其幻想的一种结局或功能，但女性杀手却是为杀戮而杀戮。这就是她们的表达模式。

男性连环杀手就为何不杀死个别受害者给出的最为常见的理由，是他们从这些受害者身上了解到某些东西，这就触发了受害者在凶手想象中的人格化，并且消除了其杀戮欲望。这一现象反映出男性连环杀手将自己的杀戮幻想强加到陌生受害对象身上的倾向。而一旦他们了解真实的受害者后，幻想便可能破灭。

FBI 行为分析专家提出，从连环杀手攻击中逃生的最佳办法就是尝试与他们沟通，让他们了解到你是一个有血有肉的人，打破他们将你视为受害者的幻想。

所有这些逃生技巧对于典型女性连环杀手的受害者来说毫无用处。首先，有可能女性连环杀手已相当熟悉其受害者，他们之间是同事、伴侣或枕边人。她对受害者已有了解，即对这些女性杀手而言，根本不存在受害者幻想一说。

其次，因为女性连环杀手往往会利用与受害者之间的既有关系掩盖其杀戮意图，因此受害者不太能够意识到自己正置身于危险之中。譬如护士杀害病人，母亲杀害子女，妻子杀害丈夫，女房东杀害租客。因此杀人行为通常发生于既有的社会或职业关系之间，且作案手法较为私密，比如毒杀或使受害者服用过量药物，抑或使其突然窒息而亡。这样的谋杀行为是无形的，且女性杀手往往不会选择填埋或将尸体丢弃在路边，而是将其留在受害者生前所在的地方。

最后，因为女性连环杀手不会折磨受害者或刻意完成某种仪式，而是直接实施杀害行为，因此即使不明所以的受害者意识到自己身处险境，也几乎没有时间做出任何反应。谁会想到自己的妻子、爱人、母亲或女儿要置自己于死地呢？正是这一点让艾琳·沃尔诺斯如此与众不同。她锁定陌生人为杀害对象，几乎一经认识便即刻取走对方性命。

和某些女性连环杀手共处一室，你可能直至死亡前的最后一刻才会明白自己被谋杀了。你只是生病了，身体变得虚弱，到了第二天傍晚，突然就不能活动，也不能说话了，夜幕降临，你躺在房间内，大门紧闭，在黑暗中孤独地死去，除了自己阵阵的呜咽声稍显安慰以外，周围空空如也。这似乎就是一桩自然死亡的案件，甚至没有人会怀疑你会不会是被谋杀致死。两三个电话，几个小时之后，一位夜班人员来到现场，把你的尸体抬上车运走，到了第二天早晨，你的尸体会被涂上防腐香料或药材。最孤独的死亡莫过于此。

具有女性标识的谋杀

“标识”是犯罪手法的对立面。侧写人员仔细分辨了标识与犯罪手法的罪案现场特征。

犯罪手法是指罪犯为了完成犯罪而必须实施的行为，譬如佯装成修理工、用力打开窗户、让旅行者搭顺风车、使用武器以控制受害者、戴面具、消除证据、为了便于处置而分尸、纵火烧毁现场证据等。犯罪手法往往灵活多变，罪犯会随着时间而改进其手法，因为连环谋杀基本上就是一个学习的过程。随着时间的推移，连环杀手必须改进战术，因为重复的杀戮增加了他们被抓捕的风险。同时，他们也沉迷于缩小幻想与现实间的差距——缩小幻想中的强烈快感与现实中的不满之间的差距。他们永远不满于自己的表现，认为最终行为与理想程度之间依然有差距，因此他们需要再次尝试，但必须做得更好。上述所有原因证明了连环杀手是受需求与欲望唆使之下沉迷于幻想的杀人机器：实用主义且狂悖无道。

连环谋杀需要的是一种特殊的勤奋训练。有人的确能做到，但男性连环杀手通常只会活跃四年。四年时间往往也等同于成功维持婚姻、商业或伙伴关系的时间（至少和连环谋杀具有同等难度的挑战性），因此罪犯必须在一次次的杀戮中不断改进犯罪手法以提高打破四年瓶颈的几率。

标识之所以是犯罪手法的对立面，原因在于它并不是罪犯为了完成犯罪而必须实施的行为。譬如，捆绑一名毫不反抗的受害者、折磨一名放弃抵抗的受害者、将尸体摆弄成某种特殊形状，不是为了便于处置的其他目的而分解尸体、取走一件战利品、故意留下某种信息或线索。犯罪手法定义的是凶手如何进行犯罪，而标识则通常说明凶手为什么犯罪，而且犯罪标识几乎是一成不变的。

女性连环杀手通常会留下相同的简易标识——实实在在的谋杀。有时，杀人行为会被误解为判断该女性杀手属于譬如黑寡妇或死亡天使等何种分类范畴的部分犯罪手法。谋杀行为本身被视为达成其他目的的途径（利益就是最为常见的杀人动机）。深入研究后则发现谋杀行为并不是达到其他目的的必要手段。比起杀死受害者来说，偷窃似乎更简单也更安全，那么为什么要置他们于死地呢?

这样的问题毫无价值。因为当我们说出“偷窃更简单”这样的话时，便给人的生命赋予了不同价值。在女性连环杀手看来，人的生命价值就如同用过的纸巾。杀戮于她们而言其实更简单。物质所带来的享受远比人的生命更有价值。

然而，许多女性杀手走上这条路只是因为心之所向。

是因为杀人所带来的快感——她从中感受到的力量与兴奋。在这场掌控一切的盛宴中，得到物质财产只是一道略微增色的小吃罢了，无关痛痒。

这就是为何有人因吸烟或为数不多的钱财而杀人的动机所在了。

很多类似黑寡妇一样的女性杀手，其杀人动机远不止为获得物质利益那样简单，事实上，与获得财富的渴望相比，愤怒以及控制欲往往更胜一筹。

然而，以上所有论述并未对案发现场分析中的女性杀手侧写起到特殊作用，因为通常情况下，根本没有可供分析的案发现场，其原因在于根本没人知道发生了谋杀案。女性杀手通常不会被当作犯罪嫌疑人，因为太多人认识她，而且她与受害者有关联。也就是说，是否有人意识到发生了凶杀案即是问题的关键，因为极有可能在很长一段时间内都不会有人发现。

男性及女性连环杀手的调查

1979 年至 1983 年间，来自美国联邦调查局行为科学部门的几位探员，在监狱内分别与 36 名性谋杀男性罪犯进行了密切交流与深入对话，其中有 29 人均是连环杀手。[55] 几位探员对这些罪犯进行了详细彻底的提问盘查：从记事起的童年记忆到残忍的犯罪细节及犯罪动机。

探员们与各罪犯幸存的家人、朋友及熟人集中会面。此外，还仔细研究了 118 名死亡受害者的职业、生活方式、关键性的统计数据、与罪犯的相识地点、尸检报告，以及尸体被发现的现场情况。

目前尚无针对女性连环杀手的类似研究。与此最类似的是德博拉・舒尔曼 – 考芙琳博士所从事的研究，她曾接触 26 名犯下多重杀人案的在押女性罪犯，其中有 7 人表示愿意配合研究。[56] 这 7 名罪犯并非都是连环杀手，其中至少有一名——或许更多——是大众型杀手，该名罪犯在一夜之间折磨并杀死了 5 名受害者。男性连环杀手和女性连环杀手之间显而易见的区别在于女性连环杀手不愿谈及自己的罪行，也不愿与研究者正面接触，而男性连环杀手则更为健谈，急于讲述。

舒尔曼 – 考芙琳调查的这 7 名女性罪犯一共杀死了 36 名受害者，即平均每个人杀死了 5.14 位受害者，这个数字远远超过 FBI 研究 29 名男性连环杀手后得出平均每人杀死 3.8 位受害者的结果（假设其他 7 名罪犯每人杀了一位受害者）。

位于弗雷斯诺市的加州大学的埃里克・希基分析了 1800 年至 1995 年以来，美国所有连环杀手的数据，他的这项研究也许是该领域中最为全面的数据研究。希基指出，这几十年间美国出现的 337 名男性连环杀手一共杀死了约 2613—3807 位受害者，即每名男性杀手平均杀死约 7.8—11.3 位受害者，[57] 同时研究还表明，这期间的 62 名女性连环杀手一共杀死了 417—584 位受害者，平均每个女性杀手杀死了 6.7—9.4 位受害者。[58] 女性连环杀手平均受害者的峰值超过了男性连环杀手预估平均受害者谷值。

另一项针对 14 名女性连环杀手的数据研究显示，这 14 名罪犯一共杀死了 62 位潜在受害者，即每个罪犯平均杀死了 4.4 个人[59]（但这些女性罪犯被定罪谋杀的实际受害者共有27位，多数是连环谋杀的起诉，尤其是那些在几个不同管辖区犯下的案件，并非罪犯犯下的所有谋杀案都经过了审讯，这一现象更是给数据分析制造了麻烦）。看来人们对女性连环杀手了解甚微。

平均年龄

男性连环杀手首次实施谋杀的平均年龄是27.5岁。[60]这与他们在青春期受到的严重心理创伤有关，此外，与罪犯的自我封闭以及其在青春期、青少年时期和二十几岁时的性幻想进化也有关联。

B.T.基尼和K.海德在女性连环杀手研究中发现，女性连环杀手首次谋杀的平均年龄是32.9岁，其中年纪最大的罪犯53岁，而最小的年仅19岁。[61]舒尔曼在调查中也指出，年龄跨度从17岁到58岁的女性连环杀手的首次谋杀平均年龄是32.5岁。[62]从上述数据可以得出结论：女性首次谋杀的起始年龄更晚，且在中年以后会继续杀人。某些女性连环杀手在六十多岁甚至七十多岁高龄时还会持续杀戮。而男性连环杀手因其中年时期病理心理明显好转的缘故，他们一旦年满40岁就很少再实施谋杀，人过中年的男性连环杀手逐渐变得温驯，而更年期却使得女性连环杀手的疯狂谋杀愈演愈烈。

* * *

但当我们以为已成功用年龄对女性连环杀手加以界定时，在英国却出现了不合常规的11岁杀手：玛丽·贝尔。1968年5月，小玛丽诱拐一名4岁小男孩进入废弃大楼后将其勒死。尸体在案发当日被找到，但当时警方将此次事件判定为意外事故。次日，玛丽再次企图杀死一名11岁女孩时，被该女孩的父亲制止并赶出家门。小孩的父亲从未想过玛丽当时的确企图杀死自己的女儿。没有人怀疑这个看似天真烂漫的小女孩。

玛丽来到死去的4岁小男孩家门前，敲门称要见他。当男孩的父母告诉她小男孩已经去世时，她回答说："哦，我知道他死了，我想看看他躺在棺材里的模样。"

九周后，玛丽和另一个女孩合谋勒死了一名 3 岁小男孩，并将破烂的剪刀刺进他的腹部，玛丽企图用剪刀阉割小男孩但最终失败后，便在他的腹部上刻下了自己名字的首字母“M”。小男孩的尸体在一块荒地的混凝土块间被找到。当玛丽指责其他小孩杀了这些受害者时，人们怀疑的目光落在了她身上。警察半夜叫醒熟睡中的玛丽并将她带回警局进行询问，然而，这个 11 岁的小女孩一言不发，并提出除非警察为她请一名律师，否则自己将拒绝回答任何提问，这着实让负责审讯的警察大吃一惊。

参与玛丽·贝尔案件审理的英国法院将其定罪为“责任感缺失”的过失杀人。此后，小玛丽于 1969 年被送往精神病疗养院进行不定期的看管治疗。

玛丽·贝尔的母亲有精神病史，且在年仅 17 岁时就生下了玛丽。她的母亲是一名妓女，经常把玛丽交给亲戚代为看管，甚至曾经企图将她送人。1998 年，成年后的玛丽·贝尔在接受吉塔·塞雷尼[①]的采访时，称自己幼年时期曾被母亲逼迫为其客户口交。

玛丽被描述为智力超群且工于心计。她曾对看守她的警察说自己想成为一名护士，因为可以用针扎人。“我喜欢伤害别人。”在审讯过程中，玛丽说道，“如果我是负责相同案件的法官，我只会判被告人八个月的刑期。谋杀并没有那么糟糕。反正最终我们每个人都得死。”[63]

玛丽·贝尔于 1980 年刑满释放，当时她已 23 岁，随后于 1984 年生下一女。当所涉权力机关准许她独自抚养女儿的要求后，她便精心呵护女儿成长。2003 年，英国高等法院下达强制令：任何媒体不得披露玛丽及其女儿的现居地和个人身份。时至今日，玛丽也一直隐姓埋名地生活着。她是史上为人所知年龄最小的连环杀手。

选择受害人

男性连环杀手与女性连环杀手对受害人的选择截然不同。从历史案件来

---

① 奥地利传记作家、调查记者。因采访玛丽·贝尔和纳粹集中营指挥官等争议人物而闻名。

看，至少 70% 的男性连环杀手的屠刀只伸向陌生人，而另外 16% 的受害人中既有陌生人，也有熟人或家人。约 8% 的男性连环杀手只杀害熟人，剩下 3% 则只对家人痛下狠手。[64]

相比之下，34% 的女性连环杀手只杀害家人，只将熟人锁定为受害者目标的女性杀手占比 19%，此外，24% 的女性连环杀手的受害者名单中只有陌生人，而 32% 的女性连环杀手则至少杀害了一名陌生人。50% 的女性连环杀手表示至少杀死了一名家庭成员，另外还有 35% 表示其锁定的受害者目标中至少有一位熟人。[65] 这些历史数据基本可以敲定，女性连环杀手偏好将魔爪伸向与自己相识或关系亲密的受害者。

然而，自 1975 年以来，在所有女性连环杀手的受害者中，陌生人的比例不断上升，如今，对女性连环杀手而言，陌生受害者似乎成为了首选目标：数据显示，24%—30% 的受害者都是陌生人，而受害者为家人及熟人的比例则分别为 22%—25% 和 11%—15%。[66]

就受害者类型的选择而言，男性连环杀手在选择陌生人及熟人为杀害目标时，首选那些只身一人的年轻女性，其次分别是男性儿童、女性儿童、旅客和只身一人的年轻男性。而女性连环杀手则将丈夫和子女列为首选目标，其次是朋友、男性追求者、姻亲、母亲、医院或疗养院的病人以及租客。

图表 1. 连环杀手单个类型受害者比例（1800—1995）

受害者	男性连环杀手	女性连环杀手
儿童	4	19
青少年	6	0
成年人	43	32
老年人	3	13
女性	40	10
男性	22	18
全部	37	66

图表 2. 连环杀手各类型受害者比例（1800—1995）

受害者	男性连环杀手	女性连环杀手
儿童	21	39
青少年	45	8
成年人	82	60
老年人	16	29
男性	78	53
女性	58	61

从以上图表中可以看出，男性连环杀手倾向于选择年轻的成年女性作为其受害者，而女性连环杀手则偏好于成年男性和女性，其次是儿童。相比较而言，女性连环杀手也经常将受害者目标锁定为老年人。

谋杀地点

男性连环杀手中，只有 10% 的人选择某一特定地点实施谋杀：16%—19% 的受害者被凶手诱拐至某一特定地点或就在该地点被找到并锁定为受害目标。而女性连环杀手中，32% 的人会锁定某一特定犯罪场所：譬如在自己家中或疗养院实施谋杀。被诱拐至案发地或偶然经过该地的受害者比例为 42%。偏好特定谋杀场所的女性连环杀手“拔得头筹”，平均每人所杀的受害者数量为 9 到 13 人。[67]

45% 的女性连环杀手选择在同一州或城市的不同地点实施谋杀，其受害者所占比例为 33%—35%，少于在特定场所被谋杀的受害者数量。同时，该类型女性连环杀手的平均受害者数量也低于前者——6 到 8 名受害者。（男性连环杀手中，55% 的人不会锁定特定谋杀场所，其受害者数量所占比例为 45%—48%。）

23% 的女性连环杀手在旅游或迁移途中寻找受害者，其受害者所占比例为 23%—24%，平均受害者数量为 7 到 10 人，略高于前者。（在旅游或迁移途中实施谋杀的男性连环杀手占比 35%，其受害者比例为 36%—37%。）

凶器选择

女性连环杀手往往会选择毒药作为其谋杀工具，偷偷加入饭菜或饮料中。至少 45% 的女性连环杀手在某些谋杀案中使用毒药，35% 则只选择毒药；20% 的女性连环杀手有时会使用枪支射杀受害者；棍棒有时也成为 16% 的女性连环杀手的作案工具；16% 的女性连环杀手有时会选择让受害者窒息而亡；11% 的女性连环杀手有时会选择刺死受害者；5% 的人有过让受害者溺水而亡的经历。只选用让受害者窒息而亡这一作案方法的女性连环杀手占比 11%，枪杀占比 8%，刺杀占比 2%；此外，33% 的女性连环杀手使用过以上多种作案手法。

与女性连环杀手迥然不同的是，男性连环杀手通常在谋杀中使用暴力、凶器、绳索、铁链、胶带以及其他使得受害者失去行动能力、难以脱逃的控制工具。相比之下，女性则倾向于易于控制或毫无戒心的受害者，譬如儿童、老年人或身体虚弱的人，且往往选择譬如毒药、药物或让熟睡中或意识模糊的病人窒息而亡等私密性较高的作案方式。

女性连环杀手和个案女性杀手的比较

女性连环杀手和只犯下一次杀人案的“普通”个案女性杀手之间有着天壤之别。

一项针对所有在押女性杀人犯的研究表明，平均 77% 的女性杀手在犯罪时是无业游民，65% 是非裔美国公民，76% 已有子女，研究中所有女性杀手的平均年龄为 27 岁。[68] 其中多数女性杀手虽然年轻但生活一贫如洗，她们通常选择在人际暴力事件频发的社会经济环境下作案，在这种环境中，人际暴力被视为恭敬与恐吓并存的街头文化的一部分。

针对女性连环杀手的研究数据显示的结果却截然不同：95% 的女性连环杀手都是白人，平均年龄为 30 岁，公众已知的女性连环杀手中，仅有 8% 为无业游民，而 10% 均是专业人士，5% 是技能熟练的工人，15% 是较为合格的工人，10% 是没有特殊技能的工人，还有 11% 的女性连环杀手从事其他工作，如个体经营或自主创业（有 41% 的人职业不详）[69]。由于其所处的较高社会经济地位中并不推崇人际暴力，因此这些女性杀戮背后的真正原因应该是某种病理心理。这些频繁出现的中产阶级女性连环杀手没有来自街头环境的压力，小心翼翼地策划及操控每次谋杀。

此外，女性连环杀手与个案女性杀手的杀戮动机也有不同。此次研究数据显示，平均 74% 的女性连环杀手至少出于部分个人利益动机而实施过谋杀，这在悲哀地反映出中产阶级强烈渴望金钱的同时，也是那些渴望在受害者死后通过独占其财产而掌握控制大权的女性的行为缩影。[70]

男性连环杀手和女性连环杀手的童年成长经历比较

FBI 的研究显示，男性性犯罪杀手及连环杀手通常在不稳定的家庭环境中成长，或许自幼遭遇双亲离异。在所有被作为研究对象的男性性犯罪杀手及连环杀手中，仅有 57% 的人出生于健全家庭，47% 的人的父亲在其年满 12 周岁前便离开妻儿，另外，66% 的男性杀手表示自幼由其母亲抚养成人，44% 的人称与其母亲关系并不融洽，男性性犯罪杀手中有 72% 的人表示与其父亲或男性监护人关系不和。

基尼与海德针对 10 名拥有可查证童年数据记录的女性连环杀手进行研究，该研究数据显示其中 40% 的人被领养，40% 的人在非传统家庭中成长（家庭成员包括亲戚及非亲戚），自幼生活在传统家庭，由其亲生父母抚养至 18 岁的仅占 20%。[71]

父母自身的经历对于孩子的成长也是至关重要的。一项由华盛顿大学医学院进行的研究表明，自身有犯罪记录的双亲生下的孩子，其成年时的犯罪几率是普通双亲孩子的四倍，即使其自幼被身为合法公民的父母领养，最终结果也同样如此！ FBI 的研究显示 50% 的男性杀手的父母曾有过犯罪记录，此外，53% 的人出生于有精神病史的家族。[72]

舒尔曼－考芙琳在其研究中指出，71% 的女性连环杀手的家族成员有吸毒史且嗜酒成性，然而，只有 14% 的人出生于有精神病史的家族或其亲生父母有犯罪记录，但由于这一数据只占研究对象总数的七分之一，因此尚不能妄下定论。

童年创伤

许多男性连环杀手确实有过童年创伤：42% 的男性连环杀手称自己曾遭遇过身体凌虐；74% 的人曾遭遇精神虐待，此外还有 35% 的男性连环杀手称其幼年时曾亲眼目睹过性虐场面；甚至有 43% 的人称其惨遭性虐；73% 的男性性犯罪杀手表示其经历过“性紧张”；另有 50% 的人坦言其在 12—14 岁之间实施了第一次性侵。

在基尼与海德的一项研究中，所有的女性连环杀手（7 名）均坦言其在童年时期曾遭到过身体虐待及性侵；71% 的人表示在青春期遭遇过上述悲惨经历。4 名（占比 57.8%）研究对象透露称施虐者与其是非亲属关系，而另有两人（占比 29%）表示其施虐者均是亲属。另有一项针对 8 位女性连环杀手的研究显示其中 5 人（占比 63%）坦言遭遇过性侵，其中 4 人的悲惨经历发生在 18 岁之前；4 人（占比 50%）称其遭到过身体凌虐；另有 2 人（占比 25%）表示其在家中亲眼目睹过性侵犯或性虐待事件。

麦克唐纳症状：虐待动物、纵火、尿床

连环杀手童年经历中最为普遍的三种行为就是虐待动物、纵火及尿床（被称为麦克唐纳症状）。若某人在儿童时期均实施过以上三种行为，则标志着其在成年后极有可能形成残暴的性格。连环杀手童年时期最为常见的行为之一是虐杀动物。FBI 的研究显示，36% 的男性杀手在其童年时有过虐待动物的经历，而 46% 的人在其青少年时期尝试过该行为。

目前尚无针对女性连环杀手童年时期行为的研究，但舒尔曼表示，其研究的女性连环杀手也曾有过虐待动物的经历，其中 2 名女性称其吊死过猫，1 人称其溺死过猫；2 人将猫扼死；还有 1 人称其用小刀切除了猫的内脏，最后 1

名女性连环杀手表示她用袜子杀死了妈妈养的小狗。

年轻女孩攻击性的本质

我们找不到女性连环杀手童年及青春期经典行为表现的原因之一，或许在于年轻女孩攻击性的表现形式不尽相同，且在其成年后也并非完全一致。女性的攻击行为中通常有他人参与，譬如指使他人做出暴力行为或操控潜在被害者的生活环境，使其受到伤害。

一项针对原始及现代社会女性暴力的新兴研究揭示出，学前年龄段的女童表现出与其兄长一样的暴力倾向，他们都会为达成目的而挥动拳脚或使用暴力。但当他们年满 10 周岁或 11 周岁时，女童使用身体暴力的倾向会逐渐下降。

这并不意味着该年龄段的女性不再具有暴力倾向，仅仅表示她们的暴力表现形式和男性出现了差异。男性往往公开实施攻击行为，而女性则开始倾向于运用自己新掌握的语言及社会技巧私密地进行暴力攻击。此时的女性开始实施间接或“伪装”的攻击行为，如指使他人攻击或利用人际关系伤害目标受害者。[73] 制造绯闻、流传丑闻、拉帮结派、孤立受害者、组织吐槽小组以及最近新出现的吐槽网站，均是青春期女性实施攻击的常见手段，这些手段有时甚至会导致恶劣的身体伤害。

人类学家伊尔斯·格莱泽指出，赞比亚及以色列两国的女性领导人往往为避免某位野心勃勃的女部下当权，而散播关于该部下的流言蜚语或将其当作替罪羊铲除掉。而在邻国巴勒斯坦，女性经常被其父亲或兄长以“守卫家庭荣誉”的名义杀害。格莱泽发现，事实上正是因为这些女人一开始广为散播关于受害者的控诉性谣传，被唆使的男性心生杀念，该受害者才招致杀身之祸。[74] 在对北美地区少年帮派的研究中发现，年轻女孩有时通过故意向其男友传播“恶语”而唆使其实施暴力行为。这方面的证据指明长久存在的女性“伪装犯罪”这一概念，即女性罪犯往往被视为犯罪行为教唆者或激发者，而非直接参与者。[75]

女性连环杀手中的过度肥胖、孤独与幻想现象

舒尔曼还表示，她所接触的所有女性杀手均坦言自己在儿童时期过度肥胖，且其中 43% 的人称其在青少年时期有过痤疮困扰。在当今社会，过度肥胖者并不鲜见，而过度肥胖连同痤疮的问题却给这些女性杀手的成长造成了极大困扰，以至于她们的社会孤立感更加强烈。

社会孤立感，简单来说也就是孤独感，被认为是连环杀手（无论男女）童年时期最常见的性格特征。这些日后的连环杀手在被玩伴及同龄人孤立时，由于自卑，便开始投身到复仇与统治的暴力幻想中。幻想似乎是导致其成为连环杀手的一个关键因素。FBI 的研究否定了连环杀手将谋杀行为视作对其生活中被虐经历的防御性回应这一概念。令 FBI 的分析人士费解的是，他们接触的所有连环杀手并非均在童年时期遭到过虐待。于是 FBI 得出结论：连环杀手在童年时期因其愈发强烈的持续幻想而自我限定或“设定”成杀人犯。连环杀手在其童年、青少年及成年时期最常见的特点是好做白日梦和沉迷手淫。研究中针对空想这一概念给出了这样的定义：白日梦是“任何从某事上转移注意力的认知能力”。幻想是需要全神贯注的精细想法，有时只表现为情景或感受，属于白日梦过程。[76] 研究指出，82% 的罪犯表示其在童年时期有过白日梦经历，同样也有 82% 的罪犯坦言曾沉迷手淫（或许是伴随白日梦一起进行），[77] 而在研究中，仅有 1% 的罪犯表示其在青少年及成年时期仍有相同行为。

幻想能缓解焦虑或恐惧情绪，每个人或多或少都有过幻想经历。被虐待的儿童产生攻击幻想，幻想自己拥有摧毁施虐者的某种力量或某种手段并非易事，但这些幻想的诱发因素不一定非得是一次极其粗鄙或暴力的事件，相关的普通事件，譬如父母离异、家人生病，甚至是遭到朋友的拒绝都可导致儿童萌生无能为力、焦虑及恐惧的情绪，由此还可能激发儿童产生攻击幻想以处理情绪上的压力。

连环杀手童年时期导致其坠入杀戮深渊的其他因素只有在这一点的基础上才成立。与他人缺乏交际的儿童会沉迷于自我幻想，且模糊幻想与现实之间的界限。沉浸在自我世界的儿童开始反复将幻想精细化，在不断缩小幻想与现实

之间差距的同时寻求安慰。在FBI接触研究的杀人犯中，71%的人表示在其童年时期曾有过孤立感，而表示到了青少年时期被人孤立的罪犯比例增加到77%。[78]与日俱增的社会孤立感只会引发他们更加依赖幻想，从而代替人际交往。舒尔曼指出，她在研究中接触的所有女性连环杀手均称其曾在童年、青少年及成年时期被人孤立，并表示她们独处的时间都在进行暴力幻想。

个人性格的形成变为依赖于幻想及其主题而非社会交际了。儿童在幻想世界中的彻底释放与完全的掌控力使其沉溺，特别是当该儿童在生活中持续感受到压力时会对幻想世界尤为成瘾。

幻想中所包含的暴力、复仇或谋杀是让人成瘾的部分，且伴随手淫行为的发生时，性即成为幻想的一部分。这一过程是幻想暗示与生理高潮反复结合后，导致罪犯产生性激发性的根深蒂固的调节形式。通常不为人所知的是暴力及性欲共同融合于谋杀痴迷中。FBI研究中一位未透露姓名的杀人罪犯说过："没人寻找过我的问题所在，也没人了解幻想世界。"

我们在女性连环杀手幻想经历方面的数据稀缺，也几乎没有针对女性青春期幻想与手淫的关系研究。而在舒尔曼研究中的7名女性杀手，表示在童年时期曾有过杀人幻想。研究表明，幻想是女性杀手童年时期的必要组成部分，且幻想源于社会孤立感的同时也促使孤立感不断增强。舒尔曼指出，其研究对象中至少有一位坦言曾意识到自己对于他人的谋杀幻想并不适宜，而结果却导致自己的社会孤立感更加强烈，更脱离社会接触。[79]显而易见，这确认了女性连环杀手不好妄想的本质：她们清楚知道自己的幻想对象。

舒尔曼还表示，许多女性连环杀手首次简单模糊的幻想中均包含谋杀他人的情节。这些幻想中甚至包括某种具体的谋杀手段。5名女性连环杀手表示曾有过勒死受害者或让其窒息、死亡的幻想，1名女性杀手说幻想过射杀受害者，而剩下的则拒绝探讨其具体幻想细节。这些幻想在早期阶段并未锁定明确的某个人。幻想受害者通常为儿童、男人、老年人、女人等。但这些女性杀手表示在连续几个月的幻想后，她们会开始锁定某一特定目标，通常是其认识的人。[80]

越是一步步向杀戮靠近，头脑中的幻想就越是清晰精细，最终形成了避免侦查且不留证据的实际作案手法。幻想愈演愈烈，日益暴力、详尽、反复且具侵害性，直至最终衍生为一项实施计划。当幻想已足够精细时，罪犯便会跨入下一个阶段——将杀人幻想付诸实践。

研究中的部分女性杀手坦言，自己曾仔细研究过法医病理学、侦查程序以及犯罪心理学。她们还称，成功实施多起谋杀案件令其自尊心增强，因为她们正做着其他任何人都办不到的事。

最终，所有女性连环杀手都置身于同一种典型模式：日常生活中的烦忧会吞没成功谋杀后的幸福感。她们再次沉浸到郁郁寡欢和自我封闭的状态中，并再次依赖幻想寻求慰藉，于是新一轮杀戮又开始了。

基尼与海德依赖历史记录及媒体报道收集与女性杀手相关数据的研究方法，也并非毫无漏洞。尽管如此，这些针对女性连环杀手的研究仍是最值得认可的，且迄今为止，尚未有任何针对女性杀手的研究，能达到 FBI 在集中接触 29 名男性连环杀手时所做研究的高度。

纵使目前针对男性 / 女性连环杀手的研究在程度上尚有悬殊，性别问题也不应模糊我们对女性连环杀手的理解。不可否认，男性 / 女性连环杀手的病理心理各有不同，但存在诸多相似之处（我们对于男性连环杀手的了解同样也适用于女性连环杀手）。

连环杀手的诞生

我们知道，绝大多数的连环杀手在童年时期通常都经历过身体凌虐及性侵创伤。它同时适用于男性 / 女性连环杀手的成长经历（男性连环杀手的女性同伙除外）。该评论的提出并非意在为连环杀手辩解（很多曾遭到虐待的儿童并未成为连环杀手），其重点在于被虐儿童形成的特殊心理状态可催生连环杀手的诞生，尤其是精神病态，下文将针对这一问题做出详述。

大多数连环杀手都曾在动荡混乱的家庭环境中成长。他们的家庭因其父母染上毒瘾、常年嗜酒成性及走上犯罪道路而分崩离析。

不仅是凌虐，自幼失去母亲或者父亲的身心关爱与呵护，也会导致一生的行为障碍。曾有过这样的案例：某儿童自幼被领养，在温暖稳定的家庭环境中长大，但最终却成为了连环杀手。该儿童在被领养前的婴幼儿时期已经遭到了不可弥合的伤害。但需要再次说明的是，以上任何独立因素都不能充分解释连环杀手的心理，毕竟，这世上有成百上千被领养的儿童并没有成为连环杀手那样的魔头。

脑部损伤可导致受伤者遵循暴力的行为模式，许多连环杀手在其童年时期曾遭遇过大脑损伤。如上所述，这并不是引发其谋杀行为的单独因素，连环杀手还存在其他诸多行为问题。大多数受过脑部创伤的人并没有走上杀戮之路。

在对连环杀手的身体进行测试时，我们发现许多连环杀手体内与抑郁或强迫行为相关的化学元素含量异于常人，譬如单胺氧化酶（简称 MAO）和 5- 羟色胺（血清素）。其他异常的生化和生理状况包括皮层下觉醒、脑电图异常、[81] 多余 Y 染色体以及 2,4- 二甲基 -3- 乙基吡咯含量过高（胆汁——严重心理功能障碍中一个罕见的生化标志：人类有机代谢产物和类似于致幻剂的人造物质有着相似的化学结构）。[82]

有证据显示，许多连环杀手的脑部损伤往往可能导致某种先天性遗传异常。某项研究发现了 23 项连环杀手普遍具有的身体异常，其中包括指尖增生，无法向下梳理的汗毛或如电线一般的刚硬毛、头发漩涡异常、头围异常、耳朵畸形、五指弯曲、下唇瓣呈尖塔形、有横向掌纹、第三根脚趾长于第二根脚趾或与第二根脚趾一样长，以及牙齿和皮肤纹理异常。[82]

最后，孤独、不合群、社会排斥以及伴随幻想产生的社会孤立感也是大多数连环杀手在童年时期的普遍性格。这是一个类似于“先有鸡还是先有蛋”的窘境：到底哪一个是母体？是同龄人排斥导致了行为障碍？还是行为障碍才是导致遭遇同龄人排斥的罪魁祸首？抑或是二者相辅相成？同样，并不是所有孤独的儿童都会变成连环杀手，有些孤独的孩子成了致力于描写这些连环杀手的作家。

主流理论认为，混沌或充满暴力的童年、和父母及同龄人的疏离与诱发谋杀行为的生化因素之间保持着微妙的平衡。健康的社会因素可以影响一个生化元素不稳定的个体，改变其犯罪倾向；或另一方面，健康的生化元素可避免一个拥有苦难童年经历的人走向杀戮。

当大多数或所有因素失衡时，暴力杀手就孕育而生。但该理论还远不能解释为什么有些童年混沌的人最终没有成为连环杀手，或为什么并非所有头部受过损伤的人都走上了犯罪道路这两种情况。不过，它的确就连环杀手的类型或人物侧写给我们提供了线索，这就好比是对音响系统进行高低音量调节。某些连环杀手自信且具有高度组织性；而某些则极度羞涩且心理混沌。上述童年因素不同程度的结合，不仅能孕育出一个连环杀手，还将成为决定连环杀手类型的主导因素。

对连环杀手的诊断：精神病态和 ASPD（反社会人格障碍）

绝大部分男性 / 女性连环杀手都患有精神病态。精神病态在当前被称为反社会人格障碍（ASPD），不过也有人提出二者是两种截然不同的概念。“精神病态”只是一个流行的警用术语，它并非精神疾病诊断的官方术语，在《精神疾病诊断和统计手册》① 第四版中也找不到这一术语表达。

精神病态并不等于偏执妄想、遭受如精神分裂症等大脑器官损伤的精神病患。患有精神病的连环杀手极为罕见，因为对精神病患来说，实施长期性的连环谋杀并不现实。精神病患在医学和法律上都被认为是精神处于疯癫状态，与对他人构成威胁相比，他们自己通常才是自身疾病的受害者。精神病患意识不到现实状况和自身行为，且经常出现幻觉幻听的症状。这些症状有时可通过药物控制。精神病患几乎无法一直隐于所谓的“正常面具”之下（表面云淡风轻，实则暗潮涌动，这是连环杀手才能做到的）。

精神病态

精神病态者是与精神病患迥然不同的存在。精神病态的人对现实状况有深切意识。他们完全理解自己所实施行为的伤害性，只是毫不在乎罢了。精神病

① 简称 DSM，由美国精神医学学会组织专家编撰，第一版于 1952 年出版。本书用于诊断精神疾病，多年来不断修订，最新版为第五版。

态者所具有的与精神失常最接近的特点是他们经常幻想，且无法抵挡住将幻想变成现实的冲动。但这些幻想并不是妄想。连环杀手清楚地知道自己幻想犯罪与杀人的暴力本质。

精神病态者无法感知正常范围内的情绪，远不止如此，他们还善于在各种时段模仿这些情绪。他们表现出的同情、爱意、迷恋和关爱极具迷惑性，这就是所谓的“正常面具”。精神病态者为取悦他人而学会模仿一系列情绪，但实际上自己内心却毫无感觉或产生完全对立的情绪。这一点在针对女性连环杀手的理解上至关重要，因为她们大多残害的都是和自己关系亲密的人。女性完全可以伪装这种亲密感。

人们对于精神病态者的独特本质研究至少已经持续了三个世纪之久。在18世纪末期的法国，被誉为“现代精神病学之父”的菲利普·皮内尔指出，他负责的某些病人在意识到自己行为的非理智性与伤害性本质的情况下，仍会实施这些冲动的破坏性行为。这些病人的推理能力并没有被削弱，皮内尔将这一病症称为“非谵妄性躁狂症”。

关于神志正常的问题

刑事司法中将精神失常这一概念用于辩护理由的情况可追溯到中世纪，但其最初形成于1843年，英国的现代法律条例——《米克诺滕氏条例》中。该条例以一位名叫丹尼尔·米克诺滕的精神病患命名，此人被指控谋杀，但最终因为发现其精神失常而判定无罪后被送往精神病院。这一条例如今在定义精神失常时，适用于包括美国在内的很多西方国家的法庭审理中。该条例利用精神失常以建立有效辩护：

> 必须明确证明被告人在行为当时因精神疾病而产生精神错乱，并不了解该行为的本质，或即使了解也不清楚自己正在实施错误行为的事实。[84]

显而易见，《米克诺滕氏条例》并没有对那些完全理解自身行为本质的精神病态者做出描述。然而，曾经有法庭认可了某精神病态者提出的精神失常辩由，理由是该被告人声称其无法抗拒内心的杀戮冲动。在19世纪，将精神病态者形容为“悖德狂”或“悖德痴愚”，并被视为精神失常辩护的理由。

到了20世纪70年代，美国法院在面临日益增多的连环杀手时，因担心其均被送往精神疾病疗养院而最终获释，否定了“无法抗拒的冲动”这一精神失常辩由。1984年，在约翰·辛克利企图射杀罗纳德·里根总统后，因为其精神失常被无罪释放后，美国国会便通过了《精神错乱辩护改革法案》，该法案彻底否定了“无法抗拒的冲动”这一精神失常辩由。

该辩由最后一次使用是在1992年杰弗里·达默犯下的重大连环谋杀案件审理中。当时，达默被指控谋杀了15名受害者，皆为成年男性和男童。他将受害者的某些肢体存放在冰箱内以供食用。此外，他还用受害者的头盖骨摆祭坛，并用储存在卧室的酸性液体泼洒尸体以加速腐烂。他还企图通过在某些受害者头盖骨上钻孔和向其脑部注射蓄电池酸液的残忍手段将其变成活死人，以便实施性侵。有人会想，倘若这都不算是疯癫，那什么才算？这也恰恰是当时的被告辩护律师提出的辩护理由，但最后审理以败诉告终。

迄今为止，我们所知道的女性连环杀手中，没有任何一个杀手的凶残程度能与杰弗里·达默相提并论。如今，不管连环杀手的行为如何疯癫，多么令人毛骨悚然，都极少会在其案件审理中使用精神失常的辩由了，男性/女性连环杀手案件审理皆是如此。然而，某些女性连环杀手却在其辩护中称自己因患有“受虐妇女综合征”而导致暂时性的精神失常。

精神病态的本质

现代对于精神病态的定义源于美国佐治亚州一位名为赫维·克莱克利的精神病学教授所做的研究。克莱克利教授在1941年出版的《正常的假面具》一书中论述了这一定义，该书内容至今仍被不断研究。克莱克利教授在书中指出，精神病态者极度傲慢、生性冷酷、肤浅且善于摆布他人。精神病态的人通常表现为：脾气暴躁易怒；容易产生厌烦情绪；无法与他人建立强烈的情感纽带；缺乏同情心、负罪感和愧疚感；常做出不负责任的冲动行为（经常违反社会及法律准则）。

克莱克利教授在其早期的作品中提出，精神病态实则是精神病的一种形式，只是尚未经过严格论证且隐藏于功能完整表面之下（正常面具），只在具体行为中方才有所体现。这一观点在20世纪50年代遭到了质疑，因为一位名为理查德·詹金斯的批判家指出：

> 精神病是一种主要精神障碍，而精神病态型人格表现出的并非人格障碍，更多的是一种附带一系列辩解的人格缺陷。这一缺陷与人格中最核心的要素——社会本质息息相关。精神病态的人，简而言之，就是不具备人类品性这一成熟本质的不合群或反社会个体。[84]

1952年，美国精神医学学会的诊断手册上将术语“精神病态”替换成“反社会病态人格”，此后，精神病态者被正式称为“反社会者”。当时“精神病态者”和“反社会者”二者定义中存在的主要问题之一，在于其没有涉及犯罪行为，且并未适用于司法系统。很显然，并不仅仅只是连环杀手和性侵罪犯与该术语的定义相符，就连运营主管、医生、法官、政治家、电影明星和其他一系列社会上的“成功人士”都与该定义内容轻松契合。克莱克利教授自己也承认了这一问题：

> 必须指出，即使是情况最严重且表现最明显的精神病态者也会显露出正常的一面，他们通常拥有较高的智力水平，短期内不会在商务或专业活动领域大展宏图，某些则相当长一段时期都不会在所述领域有所成就。虽然他们看似是社区内的成功人士，比如律师、主管或医生，但他们似乎并不能从自己的成就中找到满足感或幸福感。即使在暴露自我后，他们在普通活动中也找不到这样的感觉。在提及普通活动时，我们不需要假定普通人认为的道德或得体条件，而可能涵盖任何反社会，甚至带

有犯罪性质的活动类型。[85]

由于相关专业人士在对这一障碍病症下定义时各抒己见，未能达成一致，所以在20世纪90年代又出现了另外一个术语——反社会人格障碍（简称ASPD）。这是目前对于曾经在《精神疾病诊断和统计手册》第五版中被描述为精神病态者的官方定义。《精神疾病诊断和统计手册》对其病症描述如下：

A. 无视及侵犯他人权利，年满15周岁后，至少出现以下3种行为：

1. 不能遵守社会中的合法行为准则；
2. 不诚实，经常撒谎、使用化名、为个人利益或自我愉悦哄骗他人；
3. 冲动或不做事先计划；
4. 情绪易怒且具攻击性；
5. 肆意妄为，毫不顾忌个人及他人安危；
6. 缺乏责任心，工作频繁懈怠或不承担经济义务；
7. 缺乏歉疚感，对自己伤害、虐待他人或偷盗他人财物的行为无动于衷或认为其合情合理。

B. 个人至少已年满18周岁。

C. 行为发生在精神分裂或躁狂性发作阶段之外。

D. 证据证明其在15岁之前曾有过障碍发作经历。[87]

精神病态及反社会人格障碍定义过程中出现的问题

某些精神病专家指出，对于反社会人格障碍的诊断过度依赖行为本身且忽视长久的性格特征。精神病学的某一派系提出反社会人格障碍事实上是某些精神病态者所患的一种疾病，换句话说，所谓反社会人格障碍其实是精神病态的症状之一，而非疾病本身。在20世纪七八十年代，加拿大心理学家罗伯特·黑尔在对克莱克利的《正常的假面具》进行研究时发现，虽然所有精神病态都可被诊断为反社会人格障碍，但并非所有被诊断为反社会人格障碍的都是精神病态。

为区分精神病态和反社会人格障碍，黑尔创建了一种不同类型的精神病态诊断测试，该测试被广泛用于测试精神病。该测试被命名为“病态人格测试”（简称 PCL-R）。测试减少了根据被测试者给出的回答对其病症进行评分的提问——据黑尔所言，精神病态的人知道如何正确回答这些提问——而更多地依靠一种评分矩阵进行测试，该评分矩阵侧重于那些治疗专家在不寻求被测试者合作的情况下也能收集并评判的可观察因素。

病态人格测试基于某些具体标准对精神病态做出评判，譬如花言巧语或外表迷人、狂妄自大、病理性谎言、善于哄骗或摆布、缺乏歉疚感或负罪感、感情淡薄、冷淡麻木或缺乏同情心、不承担自身行为责任、经常需要启发、易产生厌倦情绪、过度依赖的生活方式、控制行为能力低下、早期行为问题、缺乏现实的长期目标、冲动、不负责、青少年犯罪、缓刑撤销、性行为淫乱、短期关系频多、犯罪多变等。诸如此类的众多因素被分为三个评分等级（0 表示不符合；1 表示较符合；2 表示完全符合），总分达到 30 及以上即表示被测试者是精神病态。

黑尔发现根据《精神疾病诊断和统计手册》给出的标准，几乎 50%—80% 的罪犯可被诊断为反社会人格障碍，而这其中却只有 15%—30% 的人符合病态人格测试中所规定的精神病态标准。[88] 反社会人格障碍与精神病态在疾病定义方面的差异，远大于二者在病症诊断间的不同。据黑尔所言，反社会人格障碍在《精神疾病诊断和统计手册》中的定义标准过度依赖于犯罪行为和不良交际行为的发生，而病态人格测试则将判定标准延展至长久的性格特征，而非过分集中在对人际行为和犯罪历史的考究上。这几种判定标准虽都已留存至今，但当今社会却将病态人格测试作为精神病态的诊断工具，且适用于具体的罪犯庭审场合。

精神病态的成因

人们认为自幼与母亲丧失情感联结或遭遇童年创伤（通常是身体凌虐或性侵犯）是诱发人类动物本能（要么起来抗争，要么落荒而逃）的罪魁祸首。显然，儿童无力抗争，除了积累、转移或压抑住想要抗争的愤怒，进入主观消除或麻木对待情感联结丧失及创伤伤痛的逃跑模式之外，别无他路。

人类大脑无法在这种情绪分离中随意切换，这与对象主体的人格，以及上述其他许多从幻想到其他性格特征的防卫机制紧密联系。精神病态者的大脑神经被重新连接，就好像某根特定的情绪神经像枝干一样被切断，无法愈合，也无力弥补。时至今日，仍没有针对精神病态的“解救方法”。唯一值得欣慰的是，精神病态者到了中年时期（至少男性精神病态者如此），其行为方面的障碍会逐渐减少。

然而，中年时期杀戮欲飙升的女性一旦过了44岁，反而很少在反社会人格障碍诊断测试中表现出病症。这就引发了一个疑问：倘若精神病态并不是驱使她们走向杀戮的幕后黑手，那究竟会是什么呢？

精神病态的发展与发展心理学家约翰·鲍尔比于20世纪50年代提出的依恋理论息息相关。鲍尔比在仔细观察依恋心理对二战期间英国那些因战争而与其主要照顾者突然分离的儿童产生的影响后，深信应对心理失常的儿童精神病患时，应看重他们的幻想而不用过分关注其在现实生活中的经历。鲍尔比说过：“儿童对于母爱的渴望就如同对食物的渴望那般强烈。”[89]他还指出，儿童的健康发展完全取决于其对于主要照顾者的依赖。倘若这份依赖被阻隔，该儿童会建立能在情绪上帮助自己克服分离伤痛的防卫机制，但这会对儿童的社交能力以及其在成年时期普通情绪程度的发展造成不可挽回的损害。

20世纪70年代，一项名为“陌生情绪法”的实验在婴幼儿身上开展，实验中，婴幼儿的主要照顾者与其分开，随之代替的是陌生人，在对婴幼儿的反应进行评估后发现，这些反应表现出以下三种截然不同的依恋模式：

1. 安心（63%）：婴幼儿因主要照顾者的离去而表现出痛苦，寻找照顾者以求慰藉，一旦照顾者出现，便平静下来。

2. 不安心 / 回避反应（21%）这些婴幼儿对分离表现出些许痛苦或毫无痛苦表现，未进行寻找，注意力从照顾者身上转移，集中在玩具或者其他物体上。

3. 焦虑 / 矛盾（16%）：这些婴幼儿在分离之前就已经表现出痛苦，哭泣次数比其他实验对象更多。[90]

实验对象中，会人担忧的是被归于不安心 / 回避反应范畴的婴幼儿。这些婴幼儿在之前离开的照顾者重新回来后不再对他们表现出依恋，也不会对其他任何人重新产生依恋情感，而是将注意力集中到物体或自己身上，且与他人之间只进行短暂敷衍的交流。有人推论，这些婴幼儿将依恋视为敌对状态的先兆，且会对那些与自己情感亲密的人进行防卫性的“先发制人攻击”。

这些婴幼儿在其青春期及成年时期会成为缺乏同情心、依恋情感和歉疚感的人，也不关心家人、同龄人、邻居、学校、上司或社会对他们的评价。再次申明，连环杀手的最终形成并不归因于这一单独因素，且该独立因素也不是导致精神病态的罪魁祸首，但当与其他情形结合时，这一因素的影响就显得尤为重要。倘若一名儿童自幼与双亲分离；遭到身体凌虐或性侵犯；被同龄人排斥；生物化学元素失衡；脑部曾受过损伤；或是以上任意几项因素不同程度的结合，将最终孕育出一个执迷于连环谋杀的魔头。[更为复杂的是，《精神疾病诊断和统计手册》第五版中还提出“反应性依恋障碍”（简称 RAD），这一病症被描述为“在年满 5 周岁前出现较多明显失常和发育不良的社会关系，并接受过大量病理治疗”。[91] 因此又出现一项导致精神病态的因素——一种儿童时期的精神病态。]

我们并不清楚精神病态甚至连环杀手的警戒线在哪里，因为如前所述，并非所有精神病态者都是连环杀手，也并非所有遭受过童年创伤或与父母分离的儿童都会成为精神病态者。还有很多与形成精神病态相关的其他因素，其中包括产前激素、产后激素、产前酒精中毒、神经递质周转以及脑部创伤，但目前尚无针对上述任何理论的完美解释。[92]

总而言之，童年虐待和创伤并不是连环杀手诞生的唯一幕后推手，它们可能会造就出精神病态，而某些精神病态最终会走向杀戮，但还有一些人可能被我们选举到美国国会去了。造就连环杀手的道路旅途漫长、路程崎岖，在奔向终点的途中还会出现很多小径、停靠点和弯路。并非所有精神病态的人都会到达终点，而一旦到达，必将彻底致命。

女性精神病态和反社会人格障碍（ASPD）

女性精神病态独具特色。首先，美国人口中，约 0.5% 的人可被诊断为反社会人格障碍，即每 200 个人中就有一人患有反社会人格障碍。[93] 倘若这些人全都是连环杀手，那美国人民的生活显然将处于水深火热的境地。而事实上，他们可能是我们正投票选举的对象、努力讨好的上司、雇佣的律师，也可能我们正在看他们主演的电影，听他们的音乐或读他们的书，又或许他们只是社会上的无名小卒。

然而，女性中患有反社会人格障碍的人口比例明显较低，只有 0.2%，即每 500 名女性中才会出现一名反社会人格障碍患者。相比于女性而言，男性中患有反社会人格障碍的人口比例为 0.8%，是女性所占百分比的四倍，即每 125 名男性中就有一名患有反社会人格障碍。在 20 世纪 60 年代，一项针对被诊断为反社会人格障碍的对象研究表明，女性在童年时期出现行为问题的时间比男性更晚，但更容易做出性越轨行为。[94] 相比之下，多次纵火、虐待动物、身体攻击、以强凌弱的行为在男性儿童中则更为常见。（不过舒尔曼反对称，至少她研究的 7 名女性连环杀手均坦言曾在童年和青少年时期杀死过动物。）不得不说，观念正是问题所在，女性攻击不引人担忧的原因在于其早期攻击行为的实施通常借助社会或言语行为方式。当今社会，很少有人否认女孩实施身体欺凌这一事实。最近，学校女生霸凌现象成为一个重大的青少年问题。以往，女性倾向于首先在同龄人中采用散播谣言及拉帮结派的方式实施攻击，而如今这样的行为表达则普遍成了身体暴力的先兆。

1997 年，不列颠哥伦比亚省发生的 7 名女孩和 1 名男孩合谋杀害年仅 14 岁的里娜·维尔克一案就是当今青春期女性暴力本质的最好诠释。当年案件中的 7 名女孩在对熟人维尔克实施殴打后，用点燃的香烟戳烧其身体，随后又点燃她的头发。在第一轮殴打结束后，大多数女孩失去兴致并离开，此时的维尔克仍有生命迹象，但随后留下的 1 名男孩和 1 名女孩又对其实施了第二轮毒打。这两名罪犯在未向其他人说明的情况下再次殴打维尔克，并将受害者的头部按压至溪水中，致其溺亡。此后，所有涉及此案的青少年彼此发誓对该事件只字不提，直到 8 天后，受害者维尔克的尸体被找到，案件才被公之于众。致受害者实际身亡的两名 14 岁罪犯被判终身监禁，但其中的女孩凯莉·玛丽·埃拉德提出上诉并获得法院再审批准，在等待再审期间，埃拉德又和本案其他女性同伙被指控殴打一名 58 岁的女性。[95]

案件再审期间，目击证人指证，案发当时，埃拉德一直叫嚣着要“解决掉”受害者维尔克，并将谋杀现场拍摄给朋友观看。在上诉法院做出无效审判后，第三次审理最终于 2005 年作出判处埃拉德终身监禁的审判裁决。两名因参与首次殴打行为而被定罪的女孩辩解称，维尔克偷窃了其中一名女孩的电话簿，并拨打通话记录中的电话向其朋友散播谣言。那名女孩用香烟戳烧了被害人维尔克的前额。

性别观念定式仍是全面诊断女性精神病态的主要绊脚石。悉心操劳、消极被动仍是人们对于女性的一贯看法，而将女性归类为危险的连环杀手有悖于女性在人们传统观念中的形象。此外，某人被诊断为精神病态意味着此人将被排挤到应受道德谴责的分类范畴中，无法治愈、危险至极、终身不得回归常人。

性别偏见导致女性经常被诊断为患有名为“表演型人格障碍”（简称 HPD）的行为障碍，该行为障碍包含以下 5 个及以上诊断症状：

a）在自身不是关注焦点的场合中感到不适。

b）与他人的交流接触常常伴有不适宜的性引诱或挑衅。

c）情绪转变快、情感表达淡薄。

d）一贯利用外在吸引他人注意。

e）说话方式粗略，缺乏细节。

f）自吹自擂，富有戏剧性，情绪表达夸张。

g）易受他人或环境影响。

h）夸大想象与他人关系的亲密度，往往超乎实际情况。

1978 年，有人以 175 名精神健康专家为研究对象进行了一项实验。实验内容是给予这 175 名实验对象假定的事实情况，其中包括反社会人格障碍和表演型人格障碍的相似混合症状。当这些治疗专家得知诊断对象是女性时，其诊断结果为，22% 的专家认为病人患有反社会人格障碍，而剩下 76% 的专家则倾向于表演型人格障碍。然而，当假定病人为男性时，同样的症状却出现了迥然不同的诊断结果，41% 的专家认为病人属于反社会人格障碍，而 49% 的人则选择表演型人格障碍。（除上述两种病症以外，实验中还提供给这些治疗专家另外 6 种可能的诊断结果。）[96]

显而易见，精神健康专家倾向于将男性症状归因于精神病态，而将女性症状归因于癔病。女权主义者对此提出了合情合理的辩驳：对于女性的精神诊断完全依赖于社会对女性既成的观念定式。（记得“女色情狂”吗？这一术语在精神疾病列表中已不复存在，现被改为“性爱成瘾症”，且同样适用于男性和女性病患。）

* * *

一项针对两组人数相等，且均被诊断患有反社会人格障碍的男女组合的研究显示，所有研究对象都有特定的社会特征。[97] 患有反社会人格障碍的已婚女性，其婚姻破裂的几率高于平均值，且高于患有反社会人格障碍的已婚男性。同时，女性反社会人格障碍患者接受福利支付的几率是普通女性的四倍。相比而言，女性反社会人格障碍患者接受教育的程度可能更低，失业的几率更高，且往往居住在出租屋内。患有反社会人格障碍的男性和女性未被其父母抚养至 15 岁的几率也可能更高。另一项研究发现，男性缺乏与其父亲的接触增加了其患反社会人格障碍的可能性，而女性的影响因素则是与母亲的疏离。[98] 患有反社会人格障碍的女性往往容易被情感问题、工作问题、暴力及谎言所困扰。[99]

患有反社会人格障碍的男性和女性通常还会面临与反社会人格障碍没有直接关联的某些问题。二者自杀的几率更大。患有反社会人格障碍的女性嗜酒成性或染上毒瘾的几率是普通女性的十倍。（而男性比较结果则为三倍）。[100] 与反社会人格障碍男性患者不同的是，反社会人格障碍女性患者相比普通女性而言，更易产生抑郁情绪，且患上恐惧症的几率也更大，这与早期提出的精神病态患者因情绪麻木而更难产生焦虑或恐惧情绪（至少对女性而言）背道而驰。[101]

* * *

人们就精神病态与连环杀手之间的关系问题做了大量研究。因犯下杀人案件而摊上牢狱之灾的男性罪犯与因其他非法行为而被关押的男性罪犯相比，前者表现出精神病态症状的几率更高。[102] 目前美国还没有针对精神病态与女性杀人犯之间关系的主要研究，不过最近芬兰发布了一项相关研究，研究表明，芬兰女性人口中，患有反社会人格障碍者占比 0.6%，而女性罪犯中患有反社会人格障碍的比例则为 12.6%。[103] 该研究的发起者指出，该研究结果适用于暴力犯罪率低下的国家，然而并不适用于美国。

迄今为止，我们对于精神病态和反社会人格障碍的关系问题尚无任何定论。其中一个是否为另一个的症状体现，或二者是否为用于诊断相同事物的不同方法尚无从知晓。最终，精神病学方面的研究共识将如同量子物理学中的弦理论一般捉摸不定。

章节小结

- 大多数男性或女性连环杀手实施谋杀的原因在于对权力的渴求。连环杀手普遍从权力掌控和对被害者的控制中（掌控生杀大权）获得满足感。受权力掌控或权力自信唆使的性虐谋杀罪犯在男性杀手中最为常见，2500 名在押性犯罪杀手（包括连环杀手和个案杀手）中有 38% 均属于这一常见类型。[104]
- 性满足并非诱发此类型杀手实施性虐的主要动机，而追求凌驾于受害者之上的掌控力才是真正的幕后推手，性虐只不过是罪犯用于凌辱及摆布受害者的手段之一罢了。这在部分程度上也解释了为何这些罪犯有时不会在强奸时射精这一事实。（实际情况永远达不到幻想中的满足感。）
- 对某些连环杀手而言，谋杀受害者并不是其幻想的一部分。而最终的实际谋杀只是他们对受害者实施控制、占有及凌辱等暴力行为升级后的附带行为罢了。罪犯有时会在完成虐待行为后才心生杀念，有时甚至完全将杀念抛之脑后，因为虐待受害者的目的一旦达成，他们便会对其失去兴趣。此时的受害者是生是死对罪犯而言毫无意义。
- 上述所有研究内容导致人们对女性连环杀手的动机理解产生了疑问。倘若我们像认为对性的渴望是每个强奸犯的主要幻想那样，得出杀戮是每个连环杀手最主要的幻想，那就大错特错了，它只是针对部分连环杀手，不能一概而论。权力才是其中的关键。过去我们一直假定，女性罪犯的动机与男性罪犯截然不同，因为女性罪犯将性虐待作为其攻击和控制被害者的媒介的情况极为少见，我们甚至不愿将这一理由作为女性连环杀手的判定特征，可是这种局限思维在如今对于连环谋杀的法庭分析中被逐渐削弱，我们开始理解女性杀手的杀戮动机也和男性连环杀手的诸多杀人动机完全吻合这一事实。

■ 更确切地说，男性和女性连环杀手的动机具有相似性，不同的是各自的表达模式。受权力控制唆使的男性通过性虐的方式实现其幻想中的主导权，最终可能会也可能不会置受害者于死地，而大多数女性罪犯则略过"表达性"的性部分，直截了当地实施谋杀和盗窃行为。追求权力控制的男性杀手的满足感，来源于对被害者实施强奸或身体凌虐过程中的主导控制权，而女性杀手则从被害者的实际死亡或财产掠夺中获得满足。男性罪犯往往会在其犯罪过程中约束、监禁及虐待受害者，而女性罪犯则倾向于对受害者投毒、指使或雇佣他人为其完成杀人行为。在整个犯罪中，女性罪犯更享受于结果而非过程。正是因为女性杀手对犯罪过程毫无兴趣，因此除了谋杀本身以外，她们几乎不会在案发现场留下任何标识。

第二章

对权力、利益和欲望的追求

女性连环杀手简史

我们错误地认为连环杀手是现代性的征兆，是新兴工业化城市社会的产物。在这样一个社会中，众多无名小卒身上散发的猎物香气吸引着那些病态彷徨的人，无从抗拒的他们终于在软弱无力的猎物面前显露出最原始、最黑暗的狰狞猎杀本性，于是暴行发生了。随后，大众媒体开始争相报道，以满足越来越多旁观者对杀人魔头及其刀下猎物的贪婪想象。

从有历史记载以来，连环谋杀就已经席卷人类社会，其出现远远早于工业时代，且在城市及乡村地区都曾爆发过类似事件。连环谋杀在不同时期、不同社会阶段逐渐退潮。当我们回首寻找连环杀手的最早历史踪迹时发现，其存在遍布于古代暴君、独裁统治者、君主以及掌握他人生杀大权的贵族行列中。这当中很多人的杀戮只是因为优越地位赋予他们的权力，而这种至高无上的霸权也恰恰是当今社会许多连环杀手幻想施加到受害者身上的权力。

在过去，身份普通的人会谋杀他人吗？多年前的普通人正忙于那些我们认为理所当然的事：寻找食物；搭建避难所；防止瘟疫和疾病发生；缴纳捐税；与杀人魔头、入侵者和奴隶商人抗争，或许很少有幻想强制性杀人或性侵的闲暇。只有那些贵族才能享受这样的闲暇时光。

此前尚未有关于布衣平民间是否也存在连环杀手的报道或记载，直至近日，多数作家向世人呈现了过往上层名流的权力故事，皆与小国君主、帝国国王和富人有关，普通人的生活除了在收割或纳税日串场之外，无关痛痒。

无可厚非，布衣平民也会杀人，在我们印象中，他们似乎总是被套以妖魔化的形象，而其案件也早已在我们头脑中形成烙印，譬如狼人撕扯、毁损、吞食人肉；吸血鬼撕咬受害者，吸干他们的血。这些只是连环杀手在现实生活中可怕行径的一小部分而已——现实恐怖故事。同那时一样，这些流传至今的行为几乎依旧被认为是不可思议的妖魔所为。而现代连环杀手却是当今现世实实在在的魔头。

直到 18、19 世纪，人们才开始尽力搞清楚这些魔头的名字及身份，而对于那些信息掌握尚不明确的杀手则分别给予绰号。“开膛手杰克”在 19 世纪 80 年代的伦敦（号称“世界新闻中心”）出现绝非巧合。廉价印刷业的出现导致小说、手册，以及最终诞生的报纸等大众媒体不断增加，这才使得这些杀人魔头的现实身份逐渐明朗，而不再是某种潜伏在漆黑丛林中，如同野兽般的神秘生物。

虽然在“开膛手杰克”前曾出现过很多其他的连环杀手，且多数是女性，但“开膛手杰克”实际上是工业时代首个广为人知的连环杀手。[105]

“开膛手杰克”的事迹让人们对连环杀手有了普遍观念上的认识，其影响几乎长达整整一个世纪。直到 20 世纪 70 年代，连环杀手泰德·邦迪的出现才为连环谋杀开启了一个新纪元。他是史上第一位后现代连环杀手。他面容俊俏，是拥有大学学位的邻家男孩，谁曾料想这样的纯洁之人会成为连环杀手呢？他跟我们中大多数人都太相似！（与之截然相反的艾琳·沃尔诺斯则是后现代主义女性连环杀手的典型。后文将详细阐释。）

历史早期的女性连环杀手

谈及最早出现的女性连环杀手，非贵族名门莫属。某些留存的历史记载正是从这里开始。

那些杀戮成性的暴君姓名历历在目：罗马皇帝卡利古拉、伊凡四世、匈奴王阿提拉、弗拉德四世、希特勒、斯大林、波尔布特、皮诺切特、萨达姆·侯赛因。与上述统治者同样残暴的女性君主鲜有人知，因此人们认为她们其实根本就不存在。这是因为（还记得前面的讲述吗？）在人们的普遍观念中，女性只会在情感驱使下实施“表达性”的暴行。

《圣经》是对西方文化内在心理的最好体现。其中记载了莎乐美的故事：这位女杀手因施洗约翰蔑视她母亲与希律王的“淫乱”婚姻而砍下其头颅。莎乐美的形象正是西方文化中根深蒂固的女性表达性暴行思想的典型例证。[106]约翰被砍下头颅是因为莎乐美一时过于情绪化。

但人们仔细研究历史记载后发现，历史上存在诸多女性精心策划的“建设性”暴行，她们用尽各种手段实施谋杀。女性杀手不择手段渴望达成的最终目的与男性杀手内心所向往的如出一辙：掌控、权力和财富。那些女王和皇后们如何被畸形的精神病态所腐化，或者说她们就是当时时代的产物呢？

《圣经》中记载的西方文明精神集中出现在罗马帝国。罗马是探秘女性连环杀手的胜地。

死亡王国：古代世界中的女性连环谋杀

约两千年前，罗马皇帝卡利古拉和尼禄在基督耶稣死后（约公元33年）的几年间相继坐上王位。卡利古拉和尼禄是将罗马帝国一步步推向覆灭的狂暴君主代表，这两位精神病态的统治者为了权力和欢愉与亲人成婚，强奸并最终置她们于死地，正是他们骇人听闻的杀戮将罗马帝国推向没落的深渊。

罗马帝国王朝是培育连环杀手的最佳温床。罗马文化远不止为夺得个人地位和政治权力的冷酷和残暴，在这个领土从英国地区一直延续到北美地区的巨大王国里，有将近200个竞技场，花钱观看血淋淋的生死对决也已成为观众和宾客的消遣方式。建有7000个观看席位的罗马斗兽场每天都会举行万众期待的超级杯生死对决，风雨无阻。与其他同样上演血腥对决的竞技场相比，这几乎是最大的竞技场了。这里整天都在上演着训练有素的战士和奴隶（角斗士）间的残忍厮杀，在中午时分的中场休息时段，为娱乐吃饭的观众，这里还会举行对遭人唾弃的无助阶下囚施以酷刑的表演。[107]基督徒便是这些残暴中场表演的受害者，野兽撕扯他们的身体，之后，这些动物再被残忍杀害，只为娱乐热潮澎湃的观众。

对于参与这些杀人游戏的女性（除了作为受害者以外）记载甚微，只是偶尔会出现一名女性角斗士。此外，还有关于妓女在斗兽场拱门之下与被厮杀对决激起性欲的客户行淫乱之事的描述记载。我们除了了解女性观众并不少见以外，几乎对其一无所知。

但在恺撒王朝统领期间出现的女性却是历史的主要记载对象。她们的名字和生平事迹都为人所知。在某些遗留下来的罗马古币和雕塑上甚至还能看见她们的面容。

毒后小阿格里皮娜

外表光鲜、内心阴暗，梳着一头卷发的小阿格里皮娜大概是罗马古币肖像上的女性里最残忍也是最权迷心窍的一个。有“毒后”之称的她是卡利古拉的姐姐、克劳狄乌斯的妻子、尼禄的母亲，牵扯三代罗马皇帝。

小阿格里皮娜，有时也被称为“母狼”，于公元 15 或 16 年出生于莱茵河畔。其身为罗马统帅的父亲残忍镇压了该地日耳曼原始部落的反叛（电影《角斗士》里对此有些许描述）。小阿格里皮娜有着罗马时期某些尊贵名门望族的血统：她是马克·安东尼的曾孙女，恺撒·奥古斯都的孙女。她出生在一个统领罗马帝国的乱伦家庭。家庭里血亲相奸，执迷权力的各家庭成员为夺得大权互相折磨厮杀，生活变成了无休止的腐败、谋害和背叛，满目疮痍。

在小阿格里皮娜 3 岁的时候，在位皇帝提比略因为害怕她父亲在元老院和民间的威望对自己构成威胁而将其杀害。之后的几年，小阿格里皮娜同兄弟姐妹一起不断流连于各大皇室家庭，目睹了其母亲为受害父亲报仇雪恨的精心谋划。最后，在小阿格里皮娜 17 岁时，她的母亲和两位兄长因谋害皇帝提比略被处以死刑。出人意料的是，几乎对小阿格里皮娜一家赶尽杀绝的提比略其后收养了小阿格里皮娜幸存下来的年纪最小的弟弟——昵称为卡利古拉的不安青年，并最终收其为继子。

和姐姐小阿格里皮娜一样，卡利古拉也在父亲的军营里长大，儿时常在罗马军队间无忧无虑地奔跑玩耍，时常还会穿上军队盔甲。正因为如此，他被亲切地称为卡利古拉，意为“小军靴”。（他的真名是盖乌斯。）收养卡利古拉的罗马军团将其视为某种吉祥物。卡利古拉在儿时目睹了德国的罗马军队对异教部落的残暴行径。他在兵变叛乱中因被当作人质劫持而幸存下来，但他的父亲、母亲和兄弟们在这场叛乱中都被暗杀了。之后，在提比略的统领下（卡利古拉被灭门仇人收养），卡利古拉解放了自己的性虐天性，执迷于折磨遭人唾弃的阶下囚，并瞒着提比略偷偷奸淫男女。

卡利古拉这个堕落、恶毒成性的赌徒和双性恋者最终将性虐的魔爪伸向了三个幸存的姐姐——茱莉娅、德鲁西拉和小阿格里皮娜。究竟是卡利古拉强行奸淫了三个姐姐还是她们出于自身考虑，自愿与心理变态但仕途光明的弟弟卡利古拉发生了乱伦行为，这一点尚不明确。但当皇帝提比略得知他们之间这种淫乱行为后，为了掩盖丑闻，立即安排卡利古拉的三个姐姐成婚了。甚至连腐朽的罗马思想都无法忍受这样的乱伦行为。

小阿格里皮娜嫁给了一位比自己年长 25 岁的贵族后，很快便生下一个儿子，并以故去弟弟的名字将其命名为尼禄。据记载，他就是后来“放火焚烧罗马城”的臭名昭著的皇帝。

公元 37 年，提比略死后，疯狂的卡利古拉继承了王位，并立即将他最喜欢的姐姐德鲁西拉收为自己的情妇，同时也与姐姐小阿格里皮娜恢复了乱伦关系。为掩人耳目，德鲁西拉嫁给了卡利古拉的政治盟友，或许也是他的男性情人——雷比达。卡利古拉皇帝的这三个姐姐——茱莉娅、德鲁西拉和小阿格里皮娜均靠着他享有了极高的地位，且卡利古拉在位期间还将其三人的肖像刻印到当时的罗马古币上，这是史无前例的事。

公元 38 年，德鲁西拉因发烧不幸离世后，小阿格里皮娜盼望自己的儿子尼禄能在日后继承皇位，于是便企图代替德鲁西拉的位置，成为卡利古拉最钟爱的情人，然而却遭到了卡利古拉的断然回绝。正是从此刻开始，年仅 22 岁的小阿格里皮娜的杀戮生涯开始发酵。罗马历史学家塔西佗将其动机归咎于渴望掌权，即她“对权力的渴望”（渴望主宰一切）。

在被弟弟卡利古拉拒绝后，小阿格里皮娜开始投靠刚刚丧偶的姐夫雷比达，并提出，倘若他愿意在暗杀卡利古拉这件事上助自己一臂之力便与他成婚（小阿格里皮娜的第一任丈夫因病去世，或许也是拜他所赐）。后来卡利古拉发现他们的阴谋后处死了雷比达，并流放阿格里皮娜。小阿格里皮娜的儿子尼禄被带走，由她的妯娌同时也是对手的多米达·雷比达照顾。卡利古拉逐渐嗜杀成性，忧心忡忡的近卫军终于群起而攻，在公元41年将其暗杀，小阿格里皮娜也因而结束了18个月之久的流放生涯。

此后，元老院将卡利古拉（和小阿格里皮娜）50岁的舅父克劳狄乌斯推举为皇帝，他也因罗伯特·格雷夫斯创作的历史小说《我，克劳狄乌斯和神化的克劳狄乌斯》和1970年英国广播公司与美国公共广播协会联合推出的电视剧而闻名于世。克劳狄乌斯成熟、智慧且随和，却因为自身语言障碍而一度被认为是愚昧之辈，不受重视（他也因而得幸，在罗马皇室中存活下来）。

小阿格里皮娜和瓦莱瑞亚·麦瑟琳娜——花季杀手

克劳狄乌斯赦免被流放的小阿格里皮娜后，便和其妯娌15岁的女儿瓦莱瑞亚·麦瑟琳娜成婚，并于次年喜得一子——布里塔尼居斯。尽管小阿格里皮娜时来运转，终于摆脱悲惨的流放生活，但布里塔尼居斯的出生意味着她的儿子尼禄登上皇位的希望日渐渺茫，这一切让她很挫败。

正值花季的麦瑟琳娜与小阿格里皮娜可谓是天生一对。同样聪颖、残暴且工于心计，她嫉妒小阿格里皮娜和她的姐姐茱莉娅。小阿格里皮娜说服茱莉娅勾引克劳狄乌斯的举动让局面更加狼藉。当麦瑟琳娜听闻此阴谋的风声后，便劝说克劳狄乌斯继续流放茱莉娅，随后将其秘密杀害。有人推测是小阿格里皮娜劝诱茱莉娅以身犯险的动机招致了茱莉娅的杀身之祸。茱莉娅一死，小阿格里皮娜就成了已被暗杀的父亲唯一幸存的孩子。

作为克劳狄乌斯的妻子，花季少女麦瑟琳娜开始了其可怕的行径。有一次，她渴望得到罗马元老院一位杰出议员名下的漂亮花园，于是便告诉克劳狄乌斯这位议员正在策划谋反。信以为真的克劳狄乌斯对议员步步相逼，最终他不堪压力自杀身亡，其后他的花园被征用并顺理成章归于麦瑟琳娜名下。

麦瑟琳娜情人众多，当她对这些情人感到厌倦的时候，便指控他们心怀不忠或私占国家资金，最后不仅亲手将他们置于死地，连他们的朋友以及其他任何知道她和受害者奸情的人都难逃魔掌。而此时，完全被年轻妻子美色所诱的克劳狄乌斯对麦瑟琳娜的这些指控深信不疑。麦瑟琳娜在 15 到 22 岁的这 7 年间残杀了众多帝国朝臣，这其中的许多人历尽千辛万苦才从变态的卡利古拉手中逃生，却仅仅因为自己是麦瑟琳娜私密情人的朋友，或曾经目睹她的某些不当之举而死于其任意妄为的暴行。

当恐惧万分的朝臣正共谋合力将麦瑟琳娜和克劳狄乌斯双双杀害之时，不料却被麦瑟琳娜先发制人，她发动屠杀，铲除罗马贵族并查抄他们的住房和财产。将克劳狄乌斯玩弄于股掌之间的麦瑟琳娜不仅掌控了死亡名单，还将帝王关切之物（公民身份、建筑契约和官职）出售给出价最高的人。将一切质疑她权威的人赶尽杀绝之后，麦瑟琳娜建立了属于自己的王国。

与此同时，小阿格里皮娜再次成婚，并花大量时间认真收集麦瑟琳娜的淫乱证据，且发誓要为被害死的姐妹茱莉娅报仇雪恨，全然忘记自己才是茱莉娅死亡的幕后推手。终于，公元 49 年，22 岁的麦瑟琳娜非但未悬崖勒马，反而做出了更加越轨的行为。麦瑟琳娜趁克劳狄乌斯暂离期间，与她的一个情人举办了一场假婚礼，这场盛会中宾客满堂。小阿格里皮娜得知后立刻向克劳狄乌斯的左膀右臂抱怨，并劝诱其游说皇帝，不该受此大辱。此后，克劳狄乌斯将当时参加婚礼的所有相关人员都处以死刑，面对心爱女人的背叛，伤心欲绝的他正不知如何是好时，他的一个亲信大臣已将麦瑟琳娜处死。

诡计得逞的小阿格里皮娜开始勾引处于丧偶之痛的克劳狄乌斯，并让其在克劳狄乌斯身边的同盟帮助劝说他与自己成婚。不过问题之一在于小阿格里皮娜不久前刚刚再婚，但很快，她的丈夫莫名其妙生了一场大病后不幸离世，于是这一问题便轻松解决了。但二人成婚还有一个阻碍，克劳狄乌斯毕竟是她的舅父，但不甘就此放手的小阿格里皮娜全然不顾这场婚姻的乱伦本质，从元老院征得了准予她和克劳狄乌斯成婚的法令。

在 33 岁与克劳狄乌斯成婚的小阿格里皮娜终于成功坐上皇后的宝座，她是为人颂扬的罗马将领的女儿，是上任皇帝的姐姐，在位皇帝的妻子，下任皇帝的母亲。小阿格里皮娜用了比麦瑟琳娜的谋杀阴谋更残忍狠毒的方法以清除异己——毒杀。第一个死于她毒手的是卡利古拉的上一任妻子，她在麦瑟琳娜被处决后曾是克劳狄乌斯的成婚对象之一，也就成了小阿格里皮娜的竞争对手。于是小阿格里皮娜便恶意指控她使用巫术及邪恶方式诅咒王国，说服克劳狄乌斯命令元老院没收其全部财产，并将其流放，之后，小阿格里皮娜又派人到其流放地逼迫其自杀。就这样，小阿格里皮娜成功地除掉了第一个祸患。

随后小阿格里皮娜又将魔爪伸向了自己的妯娌——麦瑟琳娜的母亲多米达·雷比达，她接连处死或秘密杀害了雷比达以及她的所有亲信、助手以及同谋。只要与雷比达有一丝关联的人都没能逃过此劫，有的被杀害，幸免于难的全都被驱逐出国。

小阿格里皮娜的目标是将自己年轻的儿子尼禄扶上皇帝宝座。为巩固尼禄在皇室中的地位，小阿格里皮娜企图让其与克劳狄乌斯和麦瑟琳娜的女儿奥克塔维亚成婚。而问题在于当时奥克塔维亚已为人妻，但这丝毫未影响小阿格里皮娜的原定计划。为铲除奥克塔维亚的丈夫，她指控其与自己姐姐通奸（讽刺的是，这与她自己和卡利古拉之间的奸淫关系几乎一致），最终导致其惨遭流放。

尼禄与奥克塔维亚一经订婚，小阿格里皮娜便开始催促克劳狄乌斯收尼禄为长子，这样一来，继承皇位一事才可稳操胜券。不过这又导致了新的问题，即这样做会使得奥克塔维亚和尼禄成为法律上的兄妹关系，二人的婚姻也因此归为乱伦，但很快小阿格里皮娜便让另一个家庭收养了奥克塔维亚，顺利解决了这一难题。

小阿格里皮娜集聚了大量权力与财富，还时常在克劳狄乌斯当朝执政时与其并排而坐。让生性温和的克劳狄乌斯更加心烦意乱的是管理罗马帝国的零碎琐事——从纳税到港口和渡槽的建造。这样一来，克劳狄乌斯很乐意将王国内权力、政治及安全问题全权交给小阿格里皮娜处理。恰因如此，小阿格里皮娜才有机会在掌权过程中清除所有异己之人。

公元 54 年，克劳狄乌斯的亲生儿子布里塔尼居斯已年满 12 岁，按照罗马传统，即将成年。而此时已 64 岁的克劳狄乌斯身体状况日益消沉，据传他原定等布里塔尼居斯成年后便任命其为皇位继承人。早已厌倦任由小阿格里皮娜摆布的克劳狄乌斯打算终止这段婚姻并剥夺笨拙鲁莽、只热衷唱歌表演的尼禄的继承权。

许多罗马历史学家认为此时的小阿格里皮娜将从铁杉、乌头或紫衫木中提取的颠茄碱毒剂混入克劳狄乌斯最爱吃的蘑菇菜肴中，致其中毒身亡。据罗马历史学家苏埃托尼乌斯所言，吃下有毒菜肴的克劳狄乌斯说不出话，陷入暂时昏迷状态。清醒后的克劳狄乌斯即刻尝试吐出胃中的食物。小阿格里皮娜见状便再次使其喝下有毒的稀粥帮助其“恢复”或在灌肠剂中加入新一剂毒药，表面装作试图帮助克劳狄乌斯清理胃部，使其毫无防备地喝下。无论小阿格里皮娜使用的是哪一种方法，都达到了她的最终目的。克劳狄乌斯在次日早晨离世，此后很快尼禄便继承了皇位。

有人认为亲生骨肉当上皇帝，小阿格里皮娜定会享有至高无上的权力。的确如此，此后小阿格里皮娜被奉为奥古斯塔太后，和当年小阿格里皮娜的弟弟卡利古拉在位时一样，她的肖像再次和尼禄一起被印在罗马古币上。

事情发展到这一步，我们可以轻易想象从小在这般充满血腥杀戮的皇室中成长的孩子拥有怎样的心理。尼禄完完全全是小阿格里皮娜疯狂追逐权力的产物。最初并不向往权力的尼禄本渴望成为一名歌手或演员，但希望破灭的他在权力掌控中发现了自己内心的阴暗欲望。他奸淫男女，挥金如土。在他统领期间的公开生死断杀游戏也达到了前所未有的残忍和血腥程度。此外，尼禄还将那时罗马的新兴教派——基督教作为攻击对象，他设计了一场于夜间进行的公开表演：将基督教徒埋于沥青之下，并将其当作火炬点燃。

脱下皇帝外衣，回归家庭的尼禄与一位女奴隶的奸情触怒了小阿格里皮娜，她认为尼禄这样的行为是对自己以及对她所安排的其与奥克塔维亚之间婚姻关系的不尊重。之后，尼禄流放了小阿格里皮娜的亲信帕鲁斯（或许也是小阿格里皮娜当时的情人）。被彻底激怒的小阿格里皮娜在与尼禄争吵时表示“水能载舟，亦能覆舟”，她威胁尼禄退位，并提出由克劳狄乌斯的亲生儿子布里塔尼居斯接替皇位。小阿格里皮娜并非虚张声势，尤其是当她开始将希望放在倒霉的 14 岁布里塔尼居斯身上时。

尼禄先发制人。他在毒死布里塔尼居斯后便将目标转向小阿格里皮娜，随后他又杀死帕鲁斯，在剥夺小阿格里皮娜的所有头衔后将其驱逐出宫，并下令其不得再踏入皇宫半步。小阿格里皮娜不甘示弱，此时的她企图煽动政变，但计划很快便败露了。最终，她的花言巧语和之前盟友的劝说助其免遭流放或死在亲生儿子刀下。

此时已丧心病狂的小阿格里皮娜再次走上获得权力的老路——乱伦。她企图勾引尼禄，却被尼禄的左膀右臂阻止了，他们劝诫尼禄：军队不会容忍这样的行为。最终尼禄选择将自己的母亲小阿格里皮娜置于死地。

尼禄三次企图毒杀小阿格里皮娜，均被毒杀老手小阿格里皮娜一一识破。之后，提出和解的尼禄邀请她到自己正在度假的小岛一同游玩，并派遣一只小船去接她，这只小船经过特别制作，一旦沾水便会即刻散架。然而，小阿格里皮娜不但游回岸边捡回一条命，还目睹一位正在呼救并自称皇帝母亲的女人非但未获救，反倒被人用船桨殴打致死的场面。小阿格里皮娜决定假装对尼禄想要谋害自己一事毫不知情。于是她给尼禄回信称得天相助，自己在沉船“意外”中躲过一劫。此时的她清楚尼禄定会提出前来看望的请求，因而便在信中主动要求尼禄在其彻底恢复后再登门探望。

然而，收到来信的尼禄立马派遣士兵前去除掉小阿格里皮娜，并命令其将他杀伪装成自杀。事件具体经过尚不明确，但骇人听闻的小阿格里皮娜却在44岁时死于她自己一手培养的魔头之手，还因此连累了一大帮受害者。据传，尼禄仔仔细细检查了母亲的死尸，以确认其是真的死亡。

* * *

不可置否，小阿格里皮娜和麦瑟琳娜的成长环境及经历造就了她们的魔头本性。她们之所以杀戮是因为有能力，也因为从此前的亲历事件中获得了经验。杀戮不仅满足了她们对于权力的渴望，还填补了她们情感和物质上的需要。二人相继做出“建设性”和“表达性”暴行，且正是因为她们对此毫无悔恨之心，才会遗臭万年。

小阿格里皮娜和麦瑟琳娜可被视作是后续历史中出现的诸多女性统治者的“典范”。[108] 俄罗斯的叶卡捷琳娜二世和英国的伊丽莎白一世皆喜欢以残忍的手段折磨对手并置其于死地。英国都铎王朝的“血腥玛丽”在试图将天主教重新引入英国时，对成百上千的新教徒处以火刑。在1830—1860年间，马达加斯加的腊纳瓦洛娜女王在除掉基督教徒岛屿的运动中，通过扔下悬崖、砍头、火烧或活煮等残忍手段，杀死了数以万计的传教士和信奉基督教的当地人。

然而，我们时常将这些掌权的连环杀手（以政治权力为杀人动机）视为各个时代的产物。他们的罪行缺乏人们观念中现代连环杀手的性因素。符合现代女性连环杀手经典标准的第一位女性杀手是伊丽莎白·巴托里——女吸血鬼。

伊丽莎白·巴托里——吸血女伯爵的真实故事

几乎所有人都听说过17世纪出现在特兰西瓦尼亚的女吸血鬼连环杀手——吸血女伯爵、女吸血鬼伊丽莎白·巴托里的故事。

曾有人指出伊丽莎白是史上第一位“真正的”女性连环杀手，她的杀戮动机是虐待性的性享乐欲望，而非对政治或个人权力的追求。其受害者也不是其竞争对手，而大多是她雇佣的乡村女孩或没落贵族家庭的女儿。伊丽莎白·巴托里的与众不同之处在于，她是迄今为止（距离那时的400年之后）为人所知的为性而杀的所有女性连环杀手中，唯一一个没有男性同伙的女杀手。在此之前从未有过类似案例。

据说，她将自己的身体浸泡在被杀害的年轻仆人女孩的血液中以永葆青春。她被指控杀害了共计650名年轻女性受害者（其中许多人被残忍地折磨致死）。

* * *

从伊丽莎白伯爵年轻时期的肖像可以看出，她是一个美丽精致的女人，乌黑亮丽的秀发从高高的前额披肩而下，带有烟熏妆的杏仁状眼睛炯炯有神，闪着智慧知性的光，性感的嘴唇微微撅起。但她的唇形并不柔和，脸上闷闷不乐的表情也暗示了她埋藏于心的愤怒。

伊丽莎白于1560年出生于神圣罗马帝国东部地区［大致为如今的匈牙利、奥地利、前捷克斯洛伐克、罗马尼亚、巴尔干半岛诸国以及德国和波兰部分地区的联合领域。包括与匈牙利和罗马尼亚接壤的特兰西瓦尼亚（因吸血鬼闻名，且并非巧合，后文会做详细介绍），享有权势的巴托里一家就生活在这里］有钱有势的巴托里家族。

按照当地贵族家庭的传统，年仅11岁的伊丽莎白与一位比自己大5岁的匈牙利伯爵费伦茨·纳达斯第订婚，双方约定将于伊丽莎白年满15周岁时完婚。就在婚约履行的前一年，伊丽莎白因在其未来婆婆家中与一位乡村少年偷食禁果而怀孕。随后伊丽莎白到某个遥远的地方生下小孩并将其送给当地一户人家，然后于1575年如约与纳达斯第伯爵成婚。

伊丽莎白的丈夫有一段时期长年离家，前往南方地区参加与土耳其的战争并在当地享有勇士美誉，而二人的婚后生活还算幸福美满。夫妻二人独霸了布拉格、维也纳和其他城市的大批城堡、农场庄园和宫殿。身为田庄和城堡主人的他们掌控了下属仆人和农民的生死大权。青年时期的伊丽莎白因长期使用残暴手段惩戒女仆而臭名远扬。

伊丽莎白用骇人听闻的暴虐手段将女仆——大多为乡村女孩——折磨至死：用蜡烛灼烧她们的外阴；将她们刺痛至死；将手强行伸进她们的嘴巴，让其无法闭嘴；用烧热的金属棒和金属铆钉灼烧她们的皮肤；用鞭子、棍棒或铁条殴打她们；刺穿、切割她们的身体；将她们裸体扔在雪中，并往其身上淋洒凉水；将开水倾倒在她们身上并撕扯其皮肤；把她们抬上内有长钉的悬浮桶，旋转摇滚，使其身体被刺穿后流出的血液滴落到底下的浴缸中，并浸入浴缸享受血浴；或如同大蒜被放入压蒜器一般，将她们关进内有长钉的“铁处女”（一种酷刑工具）中。

整整35年里，大约有650个女孩及年轻女性死在伊丽莎白的屠刀之下。50岁的伊丽莎白在于1610年被捕前的最后10年间不仅继续屠杀乡村女孩，甚至还将魔爪伸向出身名门的年轻女孩，残忍杀害了至少37到51名受害者。这也恰恰招致了她的沦陷。

据传，执法人员在1610年圣诞节对伊丽莎白的城堡进行搜捕时，发现许多女孩的残缺尸体散乱分布在庭院及地下室。当搜捕人员闯入她的房间时，她正坐在凳子上咀嚼一位卧倒于前的女孩的残缺干尸。事后，匈牙利有关当局下令将伊丽莎白终身监禁在只留有取送食物小口的城堡小间内。四年后，即伊丽莎白54岁时，她还仍旧保持着用残忍杀戮换取的青春容颜。当然，真实的伊丽莎白·巴托里的故事虽稍显复杂，但其细节却着实令人更加毛骨悚然。

巴托里在连环谋杀史上的地位

此前并没有出现过与伊丽莎白·巴托里类似的女性连环杀手，因为就你们所了解的，她要么是收集鲜血以供血浴之用的享受欲望型杀手，要么是沉迷折磨年轻女性并追逐权力掌控的施虐变态。美国史上有许多诸如此类的女性连环杀手，尤其是近期，但几乎所有案件中均有男性主谋同伙参与。而伊丽莎白案件并非如此。丈夫远征出战，这一切的残忍行径皆是她一人所为。伊丽莎白从偶尔回家探访的丈夫身上学到战场上的许多酷刑手段，在其丈夫于 1604 年离世后，她将家中许多身强力壮的老仆和一位男仆变成自己的同谋，并命令其中的一位随从引诱乡村女孩到自己家中做仆人，随后将其杀害。数十年来，成百上千的女孩就这样被杀害。

纵观历史，伊丽莎白是出现在现代化之前的连环杀手。于她之前公之于众的著名连环杀手是法国贵族吉尔·德·莱斯，人称“蓝胡子”。他因折磨和谋杀成百上千被仆人同谋引诱至家中从事家政服务的男童并实施奸尸而于 1440 年被处决。二者杀人手法如出一辙。[109] 伊丽莎白出现于中世纪的贵族连环杀手和工业现代化时期的杀手“开膛手杰克”（1888 年开创了连环杀手新纪元）之间。在 1440 年的吉尔·德·莱斯和 1888 年的“开膛手杰克”之间，除伊丽莎白·巴托里以外，并未出现任何引起公众轰动或刷新公众对连环杀手既成观念的杀手。

巴托里所处时期和“开膛手杰克”的新纪元千差万别。巴托里来自一个迥然不同的文明时期，她生活在大多数人未受教育且远居乡村的农耕时代，而“开膛手杰克”则出生于人们生活在城市中心、从机器印刷的便宜报纸上获取新闻的工业时代。“开膛手杰克”的事迹闻名于世并非巧合，因为当时的伦敦正是世界的报纸出版中心。我们对连环杀手以及任何犯罪学、病理心理学或社会现象的了解皆离不开读写能力、便宜报纸以及高速印刷科技。

事实上，我们差点与伊丽莎白·巴托里的事迹失之交臂，因为对她的审讯于 1611 年在斯洛伐克一个偏远的小城镇上秘密进行，且其势力雄厚的家族立刻封存了案件记录。没有报纸，没有宣传册，也没有任何公开报道。统治家族中无人希望针对伊丽莎白的惊人指控公之于众，也不希望君王将伊丽莎白的房产没收充公或抵消其所欠巴托里家族的债务。伊丽莎白甚至被禁止在公堂之上露面。因此，她也没有被公开处决，伊丽莎白伯爵的仆人及同谋均被一一处死，而她本人匿名存活下来，被终身监禁在其偏远城堡的其中一间房内。直到 1615 年，有人在房间地板上发现她的尸体。

伊丽莎白的家人在其死后瓜分财产时，将其罪行与审讯彻底从公开记录中抹去。控告记录、审判笔录及判决书均被封存在档案中。伊丽莎白的名字就此被人遗忘。只有关于吸食人血的女性吸血鬼的民间传说流传在特兰西瓦尼亚山脉。时隔两个世纪后，类似布莱姆·斯托克这样的作家们采用这些民间传说并在此基础上重新改编，创作出《惊情四百年》这样的小说。（受特兰西瓦尼亚另一位暴君弗拉德三世·"穿刺王"·采佩什或弗拉德二世的启发，伊丽莎白成婚后与其成为远亲）。

血　浴

倘若不是一位耶稣会学者拉斯洛·图罗兹在 1720 年，即伊丽莎白离世约 100 年之后，发现了当时案件的审讯记录，或许伊丽莎白·巴托里这个女魔头的名字永远不会为世人知晓。图罗兹将这位传奇女吸血鬼具化为人，冠以真实姓名、身份后将其事迹以及犯罪细节创作成书后出版，不过该书只有拉丁文版本。[110]

迈克尔·瓦格纳是史上首位将伊丽莎白血浴是为了永葆青春的动机公之于世的人，他于 1796 年在其名为《哲学人类学》的书中写道，一位女仆注意到伊丽莎白的头饰周围有散乱的发丝后被她暴打，女仆的鼻子当场被打出血，血液甚至溅到了伊丽莎白的脸上。当伊丽莎白伸手擦拭脸上的血液时，竟感觉自己的皮肤恢复了年轻时的细嫩。自此以后，伊丽莎白便将整个身体浸泡在新鲜血液中。[111]

然而，这些细节尚无明确定论，在不同资料中的描述也各有迥异。最为普遍的说法是女仆的血溅到了伊丽莎白的手上。而且，在伊丽莎白看来，拥有神奇养颜功效的血液必须出自处女或出身贵族的女孩。真相究竟如何？

20世纪70年代，波士顿大学教授、富布赖特奖学金获得者雷蒙德·T.麦克纳利及同事拉杜·弗洛雷斯科共同努力找到了匈牙利和罗马尼亚档案馆的资料（资料记录的仍是铁幕之后的历史事件），并根据资料记载，创作出畅销一时的《寻找吸血鬼》，这是一部描写特兰西瓦尼亚王子弗拉德，人称“德古拉”（“恶魔”或“龙”）生平事迹的书。他就是启发布莱姆·斯托克将其小说命名为《惊情四百年》并使其前往特兰西瓦尼亚城堡的历史人物。

《寻找吸血鬼》大获成功之后，麦克纳利回到特兰西瓦尼亚的档案馆并找到了众多与伊丽莎白·巴托里审讯相关的原始文件资料。[112] 直到1983年，我们才对“吸血女伯爵”犯下的罪行有了更加准确的了解，血浴也因而成为首个被打破的民间神话。档案资料中没有任何与血浴相关的记载，这只是18世纪的作家未经求证而采信的民间传说以及当地谣传而已。但该民间神话形成的最可能的原因仍然根植于伊丽莎白的阴暗事迹，之所以会出现伊丽莎白血浴的谣传可能是因为她在折磨完受害者后，浑身沾满他们的鲜血，仿佛整个身体浸泡在受害者的鲜血中一般。

逮 捕

伊丽莎白于1610年被捕。当时，路德教会一位名为亚诺什·伯尼肯尼思的牧师被委任管理卡契蒂斯的斯洛伐克村庄的一座教堂，此时，在当地作威作福的伊丽莎白独身居住在高耸的城堡内。亚诺什牧师被派去顶替一位刚刚离世的牧师的职位。前往卡契蒂斯的路途就像是恐怖电影里的情节，他越靠近卡契蒂斯，从村民那儿听到的关于吸血鬼、年轻女性的死亡以及城堡内邪行的风言风语就越多。

在前往村庄的路上，亚诺什看见传言中那座被阴郁气氛笼罩的城堡矗立在一座险峻陡峭的山崖上，居高临下地俯瞰着整个村庄。踏进小镇的那一刻，亚诺什便感受到空气中弥漫着的惶恐与不安。当地百姓个个表情沉郁，一副担惊受怕的样子，田野间或街道上极少能看见年轻女性的身影。亚诺什在告知巴托里伯爵自己将登门拜访后，便踏上那条通往伊丽莎白所在城堡的陡峭小路，一路上人迹罕至，像是被遗弃的荒径。此时大病初愈的伊丽莎白虽已是50岁的中年女性，却依旧拥有传说中让人赏心悦目的芳容。与亚诺什会面时的伊丽莎白表现出一副彬彬有礼的样子，但亚诺什却俨然觉察到家中仆人的不安与异样，他还注意到城堡的庭院几乎了无生气，仿佛这座城堡的某些部分被遗弃了，神秘、无声，安静得可怕。

随后，亚诺什在整理前任牧师留下的教堂记录和账目时，找到一本上锁的笔记本，打开后发现里面记录的全是山上城堡里骇人听闻的事迹。他在笔记本中找到一份记录伊丽莎白雇佣期故去女仆的死亡名单，名单极长，且均为年轻女性。他从笔记本记录的内容中发现，前任牧师只在夜深人静时，才心不甘情不愿地偷偷将这些年轻女性的尸体下葬，且每位逝者姓名的旁边除了一些奇怪的解释话语之外，均未详细注明死因。其中一篇笔记中提到前任牧师在最近一个晚上，刚刚将9名女性尸体埋葬在靠近城堡墙壁的教堂地下室内。于是亚诺什带着地下室钥匙，孤身前往坟墓，准备一探究竟。就在他打开地下室大门的一瞬间，一股死尸的腐臭味扑面而来。进入昏暗的地下室，亚诺什发现了9个杂乱堆放在角落的箱子。据亚诺什后来在法庭上的证词，这些箱子甚至连箱盖都未上锁紧闭。亚诺什上前接连打开9个箱子后，哑口无言。他被眼前的这一切震惊了。9个箱子里装的均是女性尸体，但没有一具尸首是完整的，有些身体部位被烧毁，凝结成黑色的干了的血块。令亚诺什感到恐惧的是，某些尸体上甚至还能清晰看见人的咬痕和肉体被生生撕扯咬掉后参差不齐的伤口。显而易见，这些女性的死亡并非是由疾病或猛兽攻击等自然原因导致的，受害者尸体上的咬痕俨然来自于人类，她们是被残忍折磨致死的。

得知这一情况后的亚诺什立即派遣一名送信者将报告送至远在省会教会的主教那里，但很快送信者便返回告知亚诺什，伊丽莎白伯爵在出镇沿路的守卫阅读报告后将其没收了。这个可怕的女魔头已经知晓报告一事，担惊受怕的诺亚什决定逃离村庄，不料却在半途遭到伊丽莎白守卫的拦截，并被下令即刻返回教堂且不得离开半步。250年后，布莱姆·斯托克在《惊情四百年》中介绍了乔纳森·哈克这一人物，他是一位英国的房地产经纪人。乔纳森在商务出差时来到特兰西瓦尼亚，却被吸血鬼囚禁在自己的城堡内。牧师亚诺什就是现实版的乔纳森·哈克——被一位女魔头囚禁在恐怖城堡高墙下的教堂里。

亚诺什逐渐认清局势后，便开始将在村民中流传的所有细节整合起来：前任牧师多年来一直偷偷埋葬离奇死亡的年轻女性尸体，直到死亡事件频发，尸体越来越多，他开始厌烦，拒绝再做这般鬼鬼祟祟的事后便突然离世了；该地区横尸遍野，到处都是被丢弃的尸体：谷粮仓发现了4具残缺尸体，城堡后面的水道也发现了几具，还有一些被丢弃在稻田内，樵夫们在丛林里找到新挖掘的坟墓堆；所有死者在生前都曾遭受到残忍凌虐，尸体残缺不全。此时亚诺什才意识到自己并不是第一个发现伊丽莎白城堡内惊悚秘密的人。想到这里，他不禁沮丧哀叹。

多年来，皇家不断收到来自百姓的告发与申诉。众多将自己女儿送往伊丽莎白城堡做工的家长公开申诉称，伊丽莎白并没有就自己女儿的死亡给出合理的解释。数年来，关于伊丽莎白残忍折磨并无情杀害乡村女孩的报告虽层出不穷，却始终无人问津。在17世纪，人们认为惩戒仆人，将其折磨至死是极为严酷且无礼的，然而，这似乎却成为了贵族的特权。但渐渐地有其他贵族家庭陆续报告称自己的女儿前往伊丽莎白·巴托里的城堡后便杳无音讯，这些来自贵族家庭的报告均被筛选出来——不能对他们坐视不管。

在伊丽莎白落网的前一年，某些25岁左右的年轻女性被邀请到伊丽莎白的城堡，她们均来自没落的小贵族家庭。其中某些家庭抱着巴结伊丽莎白伯爵以提高自己家族声誉的希望，欣喜地将自己女儿送往伊丽莎白的城堡。但这些女孩很快便人间蒸发了。当担忧女儿安危的家长向伊丽莎白询问情况时，伊丽莎白告知他们说，其中一些女孩为了珠宝将另一些女孩杀害后，选择自杀了结自己的生命。而当这些家长要求伊丽莎白归还自己女儿的遗体时，却遭到拒绝，伊丽莎白解释说人自杀后，其尸体必须立即下葬，且不能做任何标记。她还将其他一些女孩的死亡解释为突发疾病，并宣称因害怕疾病传播引起恐慌，所以偷偷埋葬了这些可怜女孩的尸体。

在牧师亚诺什终于成功向有关当局私递信件后，却已不幸患上创伤性妄想症并深受折磨。20世纪70年代，麦克纳利教授在匈牙利档案馆找到一封亚诺什写给上级的信件，信中描述了伊丽莎白半夜派遣 6 只肉眼看不见的黑色猫狗到他家中突然袭击。而当他一边回击一边咆哮着“你们这些恶魔去死吧！”的时候，他的仆人却说并没有看见什么动物。“如您所见，”亚诺什在信中写道，“这就是那些恶魔所为，是它们蒙蔽了这些仆人的双眼。”[113]

当时在布拉迪斯拉发（匈牙利首都布达佩斯被土耳其占领）办公的匈牙利国会一度对农民家庭的申诉视而不见，却对这些有关贵族家庭女孩失踪的报告展开了调查。国会在经过一整年的调查后，收集了来自贵族和普通阶层的众多目击证人对伊丽莎白伯爵案件的证词。1610 年 10 月 27 日，当国会再次收到亚诺什派人偷偷送来的紧急报告，并接到消息称再次发现 4 名女性尸体被丢下城堡高墙后，随即下令派遣伊丽莎白的上级乔治・图尔佐王子前往卡契蒂斯搜查伊丽莎白的城堡及庄园住宅，并将伊丽莎白伯爵绳之于法。

当时正值圣诞假期，伊丽莎白在镇上的庄园住宅中欢庆佳节。12 月 29 日傍晚，沉浸在节日欢乐氛围中的她发现仆人中一位来自乡下克罗地亚小镇，名叫多瑞沙的年轻女仆正在偷庄园中的梨子。怒不可遏的伊丽莎白下令将女仆带到洗衣房，扒光衣服后用绳索将其捆绑，随后，伊丽莎白及其他女仆围成一团，接连对犯错女仆实施殴打，试图将其活生生打死。据传，当时伊丽莎白浑身被鲜血浸湿，不得不重新换上干净衣服。求生意志坚强的多瑞沙在遭到轮番毒打后依旧勉强幸存下来。天色渐晚，此时已厌倦反复殴打的伊丽莎白最终命令其中一位女仆用剪刀刺死了多瑞沙。之后，多瑞沙的尸体被拖出并丢弃在庭院门前。几乎同一时间，图尔佐王子带领的从布拉迪斯拉发出发的搜捕队经过两天跋涉后，终于到达伊丽莎白的庄园。王子命令屋内所有仆人让出道路，站到一边，当搜捕队来到庭院后，映入眼帘的是被杀害女孩伤痕累累的尸体，血淋淋的尸体上甚至还散发着余温。随后，搜捕队又在屋内发现了另外两具被残忍杀害的女性尸体。据传，搜捕队在前往伊丽莎白山上城堡搜寻后发现多具隐藏在高耸城堡下的腐烂尸体，皆是牧师亚诺什之前拒绝埋葬的女性尸体。

伊丽莎白・巴托里被监禁在卡契蒂斯的城堡内，而她的 4 名仆人（3 名年长女仆，1 名男仆）均被图尔佐王子押送至自己统领的斯洛伐克镇进行审问，他们 4 人最终因参与谋杀而受到指控。伊丽莎白・巴托里案件审讯故事的阴谋正是从这里开始。

审 讯

图尔佐王子与颇有权势的巴托里家族间有姻亲关系，当时的他也深知议会对此事的顾虑。（伊丽莎白也深信自己可以全身而退。）倘若伊丽莎白最终因谋杀或邪术（血浴谣传）而被定罪，那么对巴托里家族而言，岌岌可危的就远非家族声誉了。若伊丽莎白因上述罪行被处死，那其名下的所有财产将被匈牙利国王没收充公。

除此之外，匈牙利国王在伊丽莎白丈夫在世时曾向其借取钱财，其丈夫过世后，国王所欠债务便自动转移到丧偶的伊丽莎白名下。如若伊丽莎白被就此处决，国王非但不会将所欠债款归还至其他在世家庭成员，还会直接宣布取消债务。图尔佐王子拥有天赐神权，这意味着他在自己统治的领域内享有与国王同等的司法权力。于是图尔佐王子在自己管辖范围内审理案件，以确保伊丽莎白名下的财产与债款可归其在世家庭成员所有。匈牙利出现了很多主张伊丽莎白·巴托里无罪的文字资料，尤其是在民族主义兴盛的20世纪，这些资料认为伊丽莎白其中一个受害者图谋掠夺她的财富。因为获取了更多关于庭审记录、证人证词、图尔佐王子本人回应的资料以及20世纪70年代间的其他档案馆记录，当今的我们才得以对伊丽莎白·巴托里故事的真相有更深刻的了解。

伊丽莎白被捕并受到指控的消息并没有被广而告之。当时一位牧师的日记详细记录了整个事件经过，却只给出了这样简短的注释："1610年12月29日，伊丽莎白·巴托里因杀害女仆而被囚禁在城堡的高墙之下。"

1611年1月2日，在伊丽莎白被捕仅几天时，图尔佐王子在斯洛伐克法院对其案件进行了秘密审理。出庭的所有法庭官员和陪审团成员皆是效忠图尔佐王子的追随者。不难看出，图尔佐王子打算趁议会成员欢度假期时依据案件事实判处伊丽莎白伯爵终身监禁后迅速结案，以确保伊丽莎白名下财产不被没收或国王所欠其债务被清除。

伊丽莎白被囚禁在卡契蒂斯，而她的4名仆人却被带到斯洛伐克进行审讯，他们被严刑拷打后交代了案件所有细枝末节。庭审运用调查审讯的方法（据说这是史上第一次在调查程序中使用相关数据库），让各罪犯回答同一问题，并将他们各自给出的答案进行交叉比对。一番交叉询问结束后，虽然这 4 名仆人极力抗辩称自己除了遵照伯爵指示外别无他法，却仍被指控为伊丽莎白杀人案件同谋。

庭审证词

在伊丽莎白被捕三天后，即 1611 年 1 月 2 日，图尔佐王子对抓捕来的 4 名仆人进行了审讯。他们的庭审证词被作为指控伊丽莎白罪行的证据。据这 4 名被告所言，女仆凡犯下一丝一毫的错误均会遭到伊丽莎白伯爵的惩罚和虐待。曾有一次，一位年轻女仆在缝纫时不小心出错，伊丽莎白便亲手撕裂了她的嘴唇。凡是犯错的年轻女仆均会被关到地下室接受伊丽莎白的凶残折磨，日复一日。折磨女仆对伊丽莎白而言乃是一大乐事，她从不会放过任何一个机会。在 17 世纪的匈牙利，折磨仆人并不构成任何犯罪，而只是被视为“无礼之举”。因此当伊丽莎白旅游或拜访其他贵族家庭时，她所做的第一件事就是打造一个私人空间，这样一来，她既可以私下折磨女仆，又不显得冒犯无礼。被告在审讯时提出被挑选出接受“惩戒”的女孩通常是身材凹凸有致的年轻女性，伊丽莎白会在凌虐之前扒光她们的衣服。

4 名同谋给出了这样的证词：

伯爵用针扎这些女孩，用手掐女孩的脸以及身体其他部位并撬开她们的指甲盖。之后她会将这些赤身裸体的女孩拖至大雪中，命令老仆往她们身上浇淋凉水。在这个过程中，她会帮助老仆，直到受害者身上冻结冰块并最终死亡。伯爵暴打并残忍地杀死受害者后，浑身沾满鲜血，所以她经常需要换上干净衣服，她也时常会清洗沾满鲜血的过道。伯爵将这些赤身裸体的女孩一把扔到地上后，便开始对其实施暴打，如果有人经过这些女孩的身边，一定可以伸手捧出一摊鲜血。她有时还会用牙直接生生咬下她们的肉。此外，还会用刀袭击女孩，她有很多折磨这些受害者的手段和方法。她甚至用蜡烛烧女孩的私处。有一次，伯爵卧床不起，没有力气殴打任何人，于是她便强迫一位仆人将受害者带到她的床前，她慢慢起身，一点一点撕咬下女孩脖子、肩膀和胸部的肉。

受害的女孩们被折磨得太久，以至于她们的脚底和手面都麻木了，每个被折磨的女孩至少都遭到了同谋女仆连续不断的暴打。如若没有将伯爵的衣服叠放平整、没有成功生火，或没有熨烫伯爵的外衣，那么负责这些工作的女孩会立刻被折磨至死。伊丽莎白伯爵本人或其同谋有时会用烙铁灼烧女孩的鼻子或嘴唇。伯爵还会将自己的手伸进受害女孩的嘴巴，不停地撕扯她们的嘴部。若这些年轻女仆未能在晚上10点前完成缝纫工作，便会立即遭到伯爵的折磨。伯爵会亲手将钥匙烧红后用其灼烧女孩的手。

人们最初认为，伊丽莎白是在经历丧夫之痛后才开始走向杀戮，但证人证词却表明其丈夫在世期间，杀戮就已经开始，且其丈夫知晓此事并曾参与其中。

夏天在沙尔堡度假时，费伦茨·纳达斯第伯爵让一位年轻女孩一层一层脱掉衣服并一直目不转睛地盯着，后来这个女孩全身被涂满蜂蜜后站了整整一天一夜。（这样她的身上就会爬满被蜂蜜吸引而来的蜜蜂。这个女孩后来在蜜蜂的叮咬下昏厥过去。）费伦茨·纳达斯第伯爵告诉夫人伊丽莎白说，这时应该将一张滴满油的纸放在女孩的脚踝之间，然后将其点燃，这样一来，即使女孩已经奄奄一息，也会马上跳起来。

被指控参与谋杀的女仆们服侍伊丽莎白已有5到16年的时间了，她们在庭审中证实自己这些年来亲眼目睹了36到51名甚至更多受害者死于伊丽莎白的屠刀之下。

伊丽莎白伯爵的落网

1607 年，伊丽莎白开始杀害来自上层贵族家庭的女儿，这也是她会落入法网的开始。伊丽莎白突然变换目标受害者范围的原因尚不明确，不过或许是因为当地平民百姓对她的可怕行径口口相传，其早已臭名远扬，略有耳闻的人都不敢去她的城堡当仆人。事实上，伊丽莎白的最后一位受害者来自遥远的克罗地亚，在那里，无人知晓她的恶魔本性。伊丽莎白在引诱贵族家庭的年轻女孩时使用了截然不同的手段，她的受害者通常来自逐渐没落的小贵族家庭，狡诈的伊丽莎白向这些贵族家庭的家长提出让其女儿与位高权重的自己接触，以帮助提高他们家族的声望。然而，这一说法也并非毫无漏洞。有证人指出，仆人们有时会对乡村女孩精心梳洗一番，指导她们在见到伯爵时要表现出贵族气质。出于某些原因，那段时期的伊丽莎白将目标锁定在出身尊贵的女孩身上。当然，这也引发了人们对于她认为唯有出身名门的女孩的鲜血才能让自己永葆青春容颜的推测。不过问题在于，在口供或审讯时的证人证言中并未找到任何与血浴有关的内容。这或许是 100 年后的人们编造的民间传说，且描述伊丽莎白案件的宣传手册及书籍也对其进行了加工。

在伊丽莎白杀戮生涯的后期阶段，她开始变得愈发马虎且厚颜无耻。当她在维也纳时，曾邀请了来自圣母玛利亚教堂唱诗班的著名歌手罗娜·哈奇到她位于奥古斯丁大街的公寓内为她做单独表演。之后这个女孩再也没有出现过。有目击者称伊丽莎白在女孩不能为她歌唱时（或是恐惧，或是害羞）将其残忍杀害。

如其他案件一样，对伊丽莎白案中 4 名同谋的审讯只持续了一天。在庭审结束后，其中两名女仆被用拔钉钳扯掉指甲，随即被活生生扔进大火中。年纪较小的男仆被斩首后也被丢进火中。另外一名 14 岁的同谋被判无罪释放后，其记录被彻底抹去。几个月后，巴托里家族的另一名仆人受到指控，并在庭审后被处以死刑。

5 天后，即 1 月 7 日，高级法院复审了伊丽莎白·巴托里一案，图尔佐王子本人作为案件证人亲自在 20 位评判员和陪审员面前提供证词。与 1 月 2 日的审讯不同，高级法院的庭审资料均以拉丁文抄写。图尔佐王子和搜捕队成员皆描述称在伊丽莎白所住庄园的庭院中找到多瑞沙尚有余温的尸体。随后法院又分别提取了 13 名证人的证词。一位名为“未婚苏珊娜”的证人证实说伊丽莎白的衣柜里存放着一份名单，上面皆是她所杀害的受害者，共计 650 人。苏珊娜还指出自己服侍伊丽莎白已有 4 年之久，4 年来，她亲眼目睹了 80 名女孩被残忍杀害。听证会由国王主持，其目的在于收集足够证据以置伊丽莎白伯爵于死地，没收她名下的所有财产并抵消国王所欠的债务。因此苏珊娜的证词或许完全是事先预谋好的，为的就是达到最终目的。巴托里不甘放任事情如此发展，于是拼命请求法院，希望其准许自己出庭辩护，却被家族阻止。最终高级法院判决如下：

> 在卡契蒂斯镇寡妇纳达斯第名下的庄园入口处，他们发现了与本案相关的重要证据。一位名叫多瑞沙的处女被痛苦折磨至死，同时，该庄园中还发现另外两具女性尸体，二者均被残忍杀害。图尔佐王子目睹了上述残暴行为，鉴于寡妇纳达斯第罪大恶极，图尔佐王子即刻将这位血腥残暴的女人监禁在城堡内，并令其终身不得离开。

高级法院维持原判，即伊丽莎白仍被判处终身监禁，终生不得踏离城堡半步。虽然国王试图重审案件后将伊丽莎白处以死刑，但最终并未得逞，图尔佐王子和伊丽莎白家族之间达成的协议占据上风，保住了伊丽莎白名下的财产及债权。当伊丽莎白对图尔佐王子表示不满，挑战其权威时，图尔佐王子当着在场几位伊丽莎白的亲戚谴责道：“你，伊丽莎白，你就像是一头野兽。你的生命只剩下最后几个月了。你不配呼吸地球上的空气，也不配享受大地圣光。你应该从这个世界上永远消失，永世不得超生。你会被阴影笼罩，那时，你将会有大把时间反省忏悔自己的卑劣生活。卡契蒂斯城堡的主人，我现将你终身监禁在自己的城堡里，永世不得离开。”

于是，伊丽莎白·巴托里被监禁在城堡房间内。房间的所有窗户均被砖块围砌，只留下几个很小的开口以供通风和送取食物，她和外界的所有接触就只有那几个小开口。1614年8月21日，一位看守发现伊丽莎白死在了房间地板上。此后的100年，伊丽莎白的名字在匈牙利成为禁忌，任何人不得谈及。岁月流逝，人们关于这位笼罩在特兰西瓦尼亚流传的吸血鬼和狂魔谜团之下的女伯爵的记忆逐渐模糊。她的身份直到1720年才重新为世人所知。

悬而未决的疑团

诸多问题尚待解答，且本书中阐述的几桩备受瞩目的女性连环杀手案件也存在同样的疑团，其中包括艾琳·沃尔诺斯和纳粹集中营魔头伊尔斯·科赫（也被称为“布痕瓦尔德的娼妇”）的案件。对于上述二者连环杀手身份的定义是建立在社会紧急事件层面、政治紧急事件层面，还是宣教性紧急事件层面呢？匈牙利国王试图没收巴托里财产的动机是显而易见的。此外，当匈牙利议会大力举行反宗教改革和复兴天主教活动时，伊丽莎白却恰恰是一名新教徒。当时，宗教狭隘的政客一致将敌对矛头指向巴托里家族。

再者，当时的欧洲正经历巫术危机，成千上万的女性因被定罪为异教徒或邪魔而遭受火刑或绞刑。

与此同时，巴托里背负的指控中并不包含使用巫术。因为没有任何与伊丽莎白血浴相关的证据或证人证言，因此在针对伊丽莎白的所有庭审中并未就血浴事件进行审判。

然而，当我们将研究范围缩小至伊丽莎白背负的杀害约50名女性的指控时，即发现各证人的描述在逻辑上皆具有一致性。20世纪70年代，有研究学者在匈牙利国家档案馆找到两份新的档案资料。[114]其中一份资料的记录时间是1610年9月16日，恰恰是伊丽莎白被捕4个月之前，资料记载了34位指控伊丽莎白·巴托里折磨并杀害“许多女孩和处女”的证词。另一份资料的记录时间是1611年7月26日，这是国王试图重审伊丽莎白时所记录的资料，上面收集了224名案件目击证人的证词，指控伊丽莎白伯爵在“恶魔本性”的驱使下杀害了“许多无辜处女，包括出身卑贱的乡村女孩和出身名门的贵族女孩”。[115]

倘若伊丽莎白·巴托里的确自青春时期起便已施虐成瘾，那么35年的时间内谋害共计650名受害者即意味着平均每年皆有19名无辜女性遇害。从伊丽莎白掌控所有仆人的生杀大权这一点上来说，犯下如此多杀人罪行是完全可能成立的。指控中所描述的她虐待受害者的所有行为从病理学的角度看，完全符合追求权力掌控的虐待型杀手或性享乐型杀手的特征，特别是她只选择年轻女性为其受害者目标，且个人偏好撕咬受害者肩膀和胸部的两种行为尤为符合。伊丽莎白独自或指使同谋一同犯下的这些罪行，与近几十年女性连环杀手的某些罪行大同小异，只不过现代女性连环杀手通常只是协助男性主谋的同伙而已。但伊丽莎白·巴托里不同，所有残忍行径皆是她一人所为，这使得她在女性连环杀手中独树一帜。

工业时代的女性连环杀手

在小阿格里皮娜、伊丽莎白·巴托里和“开膛手杰克”出现的工业时代之间，偶有出现女性连环杀手的案件报道。据说，苏格兰加洛韦的索尼·比恩及其生活在窑洞且食用人肉的家人，在1560年至1610年这50年间杀害了成千上万的旅游者并食用了他们的肉。他的子孙皆是近亲通婚后所生，包括8个儿子、6个女儿、8个孙子和14个孙女，这些孩子自幼食用人肉长大。这一家人的可怕行径被偶尔到窑洞里喝酒或吸烟的士兵发现。事情败露后，他们未经任何审讯就在利斯被处以死刑。然而，这段历史的真实性尚待考究，目前尚未找到与该事件相关的任何文件记载。[116]

据说在意大利的那不勒斯，一位名为拉·托伐妮亚的女性在1670年至1719年间通过售卖一种名为“托法娜仙液”的毒药而杀死了共计600名男性受害者。她将这些毒药免费赠送给企图杀害自己丈夫的女人。毒药瓶上贴着“巴里圣尼古拉的天赐甘露”的标签。这是传说中从圣尼古拉滴落的一种神油的名字，包治百病。[117] 托伐妮亚的动机源于她对男人的厌恶。据传，她曾劝说顾客减少毒药用量以延缓受害者的死期，慢慢看着他们的生命被一点一点消磨殆尽。当那不勒斯有关当局面临多起已婚男人被害案件调查，而最终追查到托伐妮亚所售毒药与案件相关时，她已是70岁高龄。警觉自己即将落网的托伐妮亚企图躲进修道院内避难，却被抓捕人员强行拖出，这一切让当时的教堂管理人员惊慌失措。之后，在严刑拷打下，托伐妮亚招供称自己杀害了数百名男性。1723年，托伐妮亚被勒死，随后，其尸体被扔到她生前寻求庇护的修道院内。

在法国，贵族出身的玛莉玛德莲·玛格丽特·德奥贝在1664年至1672年间毒杀了至少50名受害者。在毒杀反对自己婚姻的父亲以及有遗产继承权的两名哥哥之前，玛莉玛德莲主动要求照顾医院爱心病房里的病人，此后，她使用男友制作的毒药一遍遍在这些病人身上做实验，不断调整剂量，观察效果。行径败露的玛莉玛德莲为了躲避抓捕，开始了逃亡生涯，最终于1676年被抓获并在巴黎被斩首。

现代女性连环杀手的兴起

在伊丽莎白·巴托里所处时代被历史浪潮掩埋之后的200年里，整个世界发生了前所未有的巨变。地主从农民手里收回土地的决策以及18世纪中期工业时代的到来，迫使数百万人民离开农村，远走他乡。短短几十年间，越来越多的农民为求生存不断涌入城市。

以往，穷人进入城市只是一种季节现象，人们会随着工作的变动而移居，夏天和秋天时期，通常会待在农村。但随着工业时代的发展，工厂不断增多，大量穷人开始涌入人口密集的工业化城市定居。

往日，那些定居乡间的贫困之人可以向家人、教堂慈善活动以及其他小型社区援助机构寻求救助。而随着进城人口的大量涌入，城市教堂无法容纳一时间大量涌进城市的穷人，他们断绝了所有家庭或社区帮扶。来到摩肩接踵的城市，被困于拥挤破旧的城市住宅区，没有国家福利，没有流动厨房，也没有健康或残疾保险。一次受伤、一点收入或开销上的小误差，一次失业或一场疾病都会迫使一个人及其供养的家庭穷困潦倒，深陷泥潭，最终死于饥荒。更糟的是，18世纪进入市场、价格低廉却让人成瘾的杜松子酒摧毁了无数生命及家庭，让他们的生活更加颠沛流离。

处于那个时代的女性格外弱势，直到进入 19 世纪才得以翻身。此时的她们刚开始有机会在服装厂打工，在商店当收银员，最终走上秘书岗位。在那之前，女性仿若回到中世纪，要么沿街兜售商品及农产品，要么在那些因工业化发展而迅速崛起的中产阶级家庭里当女佣。

然而，女佣工作存在很多戒律，并非易事。年轻女性（通常是农村女孩）为生计远离家庭，背井离乡，在别人家中当佣工，每天当牛做马，鞠躬尽瘁，只为换取简陋的食宿。工作中一丁点微小失误皆会导致这些女性被赶出雇主大门，无处可去。女佣一旦怀孕，就等于是对自己连同未出生的孩子双双判处死刑：她们会因为不洁行为而立即被辞退，找不到工作，也无处寻求救助。整个 18 世纪以及 19 世纪早期，在城市街道、小巷或空地上随处可见死婴的尸体。颠沛流离的怀孕母亲杀死婴儿的事件频繁发生，因此英国颁布了一项法律，明令禁止“隐瞒婴儿出生”，如若发现孩子死亡，母亲将被判处绞刑。

在整个 18 世纪以及 19 世纪早期，即使是最轻微的财产犯罪也会被公开处决，这种现象让工业社会愈加残暴。成千上万为求生计的女性除了冒着被绞死的风险偷盗钱财，或冒着被杀害或患病的风险当街头妓女之外，别无他法。这些走投无路、一贫如洗的底层妓女恰恰是 1888 年出现的“开膛手杰克”的受害目标，而在当今世界，吸毒成瘾的街头妓女也成为现代连环杀手的囊中之物。

大众传播和真实犯罪文学作品的产生

在英国，往昔那些年代里的绝望与残忍均通过新兴出现且急剧膨胀的报纸这种大众媒体传播。耸人听闻的真实犯罪案件是深受大众喜爱的题材之一。在 18 世纪，木刻印板的小册和版面上登载的皆是与谋杀案及最新处决相关的哗众取宠的报道。1772 年，《警察公报》开始在英国出版，而美国的《国家警察公报》则在 1845 年创刊。

据估计，到 1830 年时，约三分之二至四分之三的工人阶层可浏览这些报道。这加速了以真实犯罪为主要题材的媒体的急剧膨胀。[118]19 世纪 40 年代，备受欢迎的《星期日报》横空出世，而《印花税法案》于1855年被废止。1861年，报纸价格降至1便士，而后又于1868年降至0.5便士。

这些报纸与当代真实犯罪文学作品及电视报道如出一辙，皆专注于报道各类案件中耸人听闻的犯罪细节。英国出版物《潘趣》在1849年调侃道：

> 一旦某位罪犯被绳之于法，我们便不遗余力地向国民提供他的个人信息，雇佣教育良好，且对人性颇有研究的文学人士调查罪犯的出生地及教区记事录，拜访其父母、兄弟、伯伯、伯母，设法获得与罪犯上学时期、疾病经历、儿时性格特征有关的情报。此外，我们还会雇佣声名显赫的艺术家在罪犯出席治安法庭庭审时手绘其肖像，或素描出该罪犯实施残暴行径的农场小屋或后厨的情景画像。更有甚者，我们讨好监狱高墙内的看守、监狱长以及其他掌权人士，从他们口中获取情报，实时掌握罪犯在监狱内的所有行为；身体状况、睡眠状况甚至食物消化状况；外貌变化；每次对话；穿着；所写信件以及一日三餐…[119]

虽然《潘趣》在文章中使用的是男性代词（he），但在19世纪的真实犯罪报道中，女性罪犯与男性罪犯在数量上势均力敌。事实上，女性罪犯因其犯罪行为与同时期女权主义理想完全背道而驰而更受公众瞩目。1849年，玛利亚·曼宁与其丈夫弗雷德里克因杀害玛利亚前男友而被审讯并处决，当时《电视法庭》对该审讯进行了独家报道。据19世纪研究英国真实犯罪新闻的历史学家朱迪思·科尔曼所言，令人叹为观止的是，刊登该类事件的某出版商的读者数量竟达到了250万，超过当时英国总人口的10%。[120]

1888年"开膛手杰克"出现在公众视野中时，新闻媒体开始大肆报道他的可怕罪行。"开膛手杰克"总是被视为史上"首个"连环杀手。至少作为专以陌生人为猎杀对象的城市狩猎者，他是第一个臭名远扬的。但19世纪时，人们对于连环杀手的真正恐惧早在"开膛手杰克"出现的数十年前就已经开始显露，这种恐惧主要是由当时偏好使用毒药迫害受害者的女性连环杀手引起的。

新闻媒体对于女性使用砒霜实施连环谋杀的报道引发了英国国会的担忧。英国出现的这一危机与美国在20世纪80年代兴起的“连环杀手传染病”类似，当时，美国每年有成千上万的小孩因这场“传染病”而丧命。很快，警觉的英国国会便急切地颁布了相关法律以应对这一危机。[121]

19世纪早期，女性连环杀手的案件突然出现在真实犯罪文学中，而自19世纪40年代以来，类似案件与日俱增。

简·斯科特

21岁的简·斯科特大概是19世纪最早为人所知的女性连环杀手之一。这位年轻的女性杀手因毒杀其亲生母亲而于1828年被判处死刑。此外，另有指控称她杀死了自己的父亲和4岁的私生子，并在与其姐姐发生争执后出于报复心理，杀害了仅18个月大的侄女。据简·斯科特本人所言，婚期将近的自己因为想得到父母的家具而对其痛下杀手。

为获取绵薄利益及逃离抚养孩子带来的经济负担而实施杀戮的简·斯科特，可被视为19世纪早期女性连环杀手的典型。但出于报复而杀害侄女的行为并不多见。贪婪和绝望是当时女性连环杀手的主要动机。绝望有时会迫使父母亲手断送一个或多个子女的生命以确保其他孩子得以存活。在那个不存在强制教育的年代，孩子死于亲生父母之手这种事并不引人注目，也不会引起社区警觉。单身母亲总是身陷绝望。

丧葬保险以及女性连环凶杀案的增加

19世纪40年代出现了某种新现象。工人阶级为了解决缺失国家福利、健康或人身保险的问题，开始将钱财投入到各种互助、福利及医疗保险机构。上述保险机制中包含被称为“丧葬俱乐部”的葬礼保险，即投保人每周缴纳小额费用，待到该投保人去世时，丧葬俱乐部会为其置办葬礼并承担葬礼所有相关费用。当然，葬礼费用将支付给距离死者生前住所最近的亲戚。由疾病或意外事故引发的死亡在19世纪并不鲜见，上述机制意在保护那些穷困潦倒的家庭，使其免于承担高额葬礼费用。但该机制中存在一个漏洞：若保险签署人在加入俱乐部后不久便不幸离世，那么俱乐部为其置办葬礼的费用将远远高出其生前所缴纳费用。丧葬俱乐部每三个月收取 7 便士，却要因一场葬礼花费至多 10 英镑（开销数额取决于俱乐部大小）。最好的工人阶级葬礼服务只需花费上述金额的一半，这意味着相当数额的利益可归自己所有。

母亲开始以生病子女的性命为筹码，算计好时间后及时让子女加入丧葬俱乐部，以在其故去后获得最大数额的葬礼赔付金。有时候她们甚至会同时在好几个丧葬俱乐部为子女投保。当生病的子女逐渐恢复时，某些即将输掉筹码的绝望母亲便会利用砒霜帮助其赢得这场金钱赌博。家庭成员在亲戚全然不知情的情况下为他们投保丧葬俱乐部。因为在当时没有法规明令要求死亡证明需由医疗人员签署并注明死因，因此要掩盖谋杀并非难事。在以往那些年代，经常致人死亡的疾病种类繁多，因而即使病人死亡时有医疗人员在场，也极易在诊断其他疾病过程中忽略中毒迹象。

饥饿 40 年代猖獗的女性连环杀手“流行病”

19 世纪 40 年代，女性连环杀手案件与日俱增。1843 年至 1852 年间，至少 9 名女性因连环谋杀而被处以死刑。1839 年，英国的丝绸业、棉花业和羊毛制品工业日益衰退，当时的英国正处于经济大萧条时期，这场“流行病”也随之孕育而生。1842 年，国民购买力创 15 年历史新低，食物供给也因而变得稀缺。那些年里，英国财产犯罪案件的数量急剧上升。1843 年至 1845 年，英国经济状况虽有所好转，但次年的粮食歉收连同棉花价格上涨和铁路投资股份的崩塌共同迫使英国经济进入了又一场为期十年的低迷，这场经济萧条后被称为“饥饿 40 年代”。

伊丽莎白·埃克尔斯

伊丽莎白·埃克尔斯是饥饿 40 年代里首个声名狼藉的女性杀手，将近 40 岁的她于 1842 年秋季上报了年仅 13 岁继子的死亡（看似完全正常的自然死亡）。其继子在工厂工作，每周 3 先令（英国 1971 年以前的货币单位）的工资会立即上交伊丽莎白·埃克尔斯。同样，他也加入了丧葬俱乐部。在继子离世后，埃克尔斯向其生前所在工厂申请葬礼赔付，并获得了 50 先令。其后不久，她再次要求工厂支付 50 先令用于埋葬几乎同时故去的女儿。因其女儿并非工厂职工，因而工厂拒绝赔付并就此事上报了有关当局。一位验尸官在对两具尸体进行检验时发现死者体内均含有砒霜成分，且在其 1840 年去世的另一名女儿体内也发现了同样的毒药成分。后来伊丽莎白·埃克尔斯坦白称，因继子威胁要将自己酗酒并因贪图钱财而杀害亲生女儿的事告诉丈夫才痛下杀手。1843 年 5 月，伊丽莎白·埃克尔斯因谋杀罪被处以绞刑。

毒药砒霜及其对人体产生的影响

19 世纪 40 年代，砒霜是一种在任何大街小巷的药店都能买到的普通家用材料。它是老鼠药的常见成分，且因具有治疗粉刺或其他皮肤缺陷的功效也常被当作美容产品使用。此外，砒霜价格低廉，购买一盎司砒霜大约需要 10 便士。无色无味且可溶于水，2 至 4 颗（茶匙一勺的分量）可致命。（1 盎司里有 437.5 颗）

人体摄入砒霜 1 小时内将出现可怕的毒发症状：先是喉部出现灼烧感，随即产生难以忍受的恶心感，接着中毒者会持续不断地呕吐，直至胃中空无一物。中毒者吐出掺杂血液的白色液体，口部干痛，舌苔分泌大量液体，喉部紧缩。同时会极度口渴，但一喝水便会立即呕吐。之后，中毒者出现急剧的腹痛腹泻症状，呕吐不止的同时排出大量血性粪便，全身产生剧烈灼烧感。尿液减少且伴有血丝。还可出现心律失常及导致误诊中毒者为心脏病突发的心室纤维性颤动。此外，中毒者指甲上还会出现看似外伤性损伤的白线（米氏线）。

在砒霜中毒的后期阶段，中毒者面色开始变得苍白；皮肤呈蓝色；汗液发臭；呼吸微弱且急促紊乱；手脚冰凉麻木；心跳减速。最后，中毒者因双腿痉挛而出现四肢抽搐。中毒者摄入砒霜后的死亡时间取决于摄入量及本人身体状况，最快 6 小时，最慢的长达几天。

砒霜从本质上影响人体细胞功能，阻碍细胞吸收并运用蛋白质和维持人体生命的必要化学元素。

砒霜中毒的症状和当时一种常见的致命传染性疾病极为相似，而这种名为霍乱的传染病直到19世纪80年代才被医学界破解。（人们发现饮用水或饮水器具及食物器皿上的细菌感染常是引发霍乱的罪魁祸首。）由于砒霜无色无味，因而尸检时肉眼很难发现，然而，通过化学测验却能准确测试出死者体内是否含有砒霜，有时甚至还能重新挖掘出几年前的死者尸体进行砒霜检测。但当验尸官恍然大悟，了解到这一系列谋杀案件皆是由同一女人悄然所为时，通常已是距案发时间好几年之后。砒霜检测由此成为破获疑似案件的常用方法。1847年，《每日新闻》夸大其词地发文："填埋死者再也不能销毁毒杀证据，化学检测会找出尸检遗留的真相。"而英国医学期刊《柳叶刀》在1862年才宣布称："中世纪时期的秘密毒杀只能是一个谜团，因为那时的化学分析技术极不完善。"[122]

萨拉·达兹利

与此同时，多起连环毒杀案陆续被揭发。1843年3月，有关当局指控萨拉·达兹利谋杀。年仅二十几岁的萨拉先后已有过7次婚姻，且最后3任丈夫均莫名其妙地突然离世。当她准备开始第8段婚姻时，其未婚夫偶然听到邻居称未婚妻萨拉为"女性蓝胡子"后，便决定取消婚礼，并向警方报案。随后，萨拉最后3任丈夫的尸体连同在1840年去世的一名婴儿尸体一起被挖出。经化学检测，在其中两位丈夫体内均找到致命剂量的砒霜，而另一具尸体由于过度腐烂而无法进行砒霜检测。萨拉多次犯案的动机并非出于金钱利益，她的谋杀似乎出于茫然若失。据萨拉自己交代，她杀害多任丈夫只是因为他们不允许其想与他人结婚的念头，而她为了扫除障碍便将其杀害，一了百了。1843年8月5日，萨拉被当众处以绞刑，而行刑现场有10000人围观。

伊丽莎·乔伊斯

酗酒成性的伊丽莎·乔伊斯企图在1842年9月杀害继子，最终因谋杀未遂于1843年7月接受审讯。此前，她已被怀疑于1841年10月杀害18个月大的继女，并于1842年1月再次杀害3周大的亲生女儿。因化学检测并未在死者体内找到任何砒霜成分，伊丽莎·乔伊斯被无罪释放。然而，她的家人却彻底与其断绝来往。独自带着一名婴儿在救济院浑浑噩噩地过了一年之后，彻底崩溃的乔伊斯主动向警方交代称，自己使用过量鸦片酊毒杀了上述受害者，那是一种含有鸦片成分的药物，主要用于舒缓疼痛，是一种缓解病痛不适的止痛药，成人、小孩均可使用，小到感冒、滑膜炎，大至心脏病均可使用此药物缓解不适。

伊丽莎·乔伊斯最终于1844年8月2日在5000名民众面前被处以绞刑。

萨拉·弗里曼

于1845年被处决的29岁的萨拉·弗里曼案件让人想起20世纪的一名女性连环杀手，她相继杀害自己的家人却未遭受任何处罚。弗里曼在13个月的时间里先后杀害了7岁的私生子、丈夫、母亲以及亲弟弟。上过7年学的弗里曼在当时虽算是受过良好教育，却患有某种人格障碍。据称，她脾气极其暴躁，后被其父母驱逐出门。

离开家门独自生活的萨拉靠卖淫维持生计，并先后生下两名私生子。1840年，萨拉与一位名叫查尔斯·弗里曼的工人结婚。婚后，萨拉在丧葬俱乐部分别为其丈夫及儿子投保。为获取葬礼赔付，她于婚后不久便对被投保的丈夫及儿子痛下杀手，并最终获得20磅的丧葬赔付金。她用赔付金开了一家小店并搬回家与父母和弟弟们同住。但好景不长，萨拉丝毫未减的暴躁脾气使得父母再次逼迫其离开。随后，怒火中烧的萨拉杀死了自己的母亲与弟弟。直到第四名被害者出现，验尸官才对查尔斯的胃部及肠道进行化学检测，并最终在其体内发现大量砒霜。

当时的新闻媒体报道称：其家人虽皆死于同一种方式，但法医并未就此展开任何调查。法医部被指控为节约测试开支而牺牲工人阶级。法院虽只就最后一起谋杀案对萨拉·弗里曼进行了审讯，却最终判处其死刑，听到最终判决结果的弗里曼一定会诅咒法院及陪审团吧。而后，杀人犯萨拉·弗里曼于1845

年4月23日被当众行刑，行刑现场共有10000名民众。

玛丽·安·米尔纳

1847年7月，玛丽·安·米尔纳因毒杀婆婆及嫂子接受法院审讯。法院最终认定其蓄意谋杀嫂子罪名成立，此外，玛丽·安·米尔纳还坦白称曾向嫂子还处于婴幼儿时期的孩子喂食掺杂砒霜的谷物致其死亡。不仅如此，她还曾在公公的大米布丁中下毒，其虽最终幸免于难，却因此而导致脑部永久性损伤。米尔纳似乎患有智力残障且极为情绪化，她几乎无法读书或写字。显然，这样的她和姻亲家庭“相处并不融洽”。玛丽·安·米尔纳最终于绞刑执行前一天，即7月29日自寻了断。

萨拉·切舍姆

在农村发生的毒杀案更加令人惶恐不安，因为凶手的邻居们不仅知道自己身边有投毒者存在，甚至还会借助其服务达成自我目的。《泰晤士报》在1851年报道称，使用砒霜已然成为一种家庭秘密，弱者将其当作武器以对付令人不快的丈夫或了结颠沛流离的家庭。这些案件指控的矛头皆指向35岁的萨拉·切舍姆。她被指在克拉夫林村一位父亲的恳求下毒杀私生子。被害者的母亲称切舍姆曾两次突然到访，并给受害者“喂食”糖果，但每次都会致其身体不适。根据《泰晤士报》的报道，村民们知晓切舍姆毒杀自己孩子一事。

> 她不介意铲除任何耗费钱财或令人生厌的人。克拉夫林村的村民们似乎很早以前就已知晓凶手毒杀了自己的亲生孩子，却一直不以为然。且直到案发，只要自己家没有遭受利益损失，他们也不愿过多谈及。毋庸置疑，一位众所周知的女性谋杀犯大摇大摆行走在村里，村民们却置之不理，且周围所有住户均看见受害者尸体被埋葬，没有评头论足，也没有哗然抗议。[123]

上述婴儿受害者的死亡并未发现异常，但警方随后挖出切舍姆两个已故儿子的尸体，这两名受害者死因可疑，且死期相近。第一个儿子死亡时，一位在场医生回忆称切舍姆不愿为其订购棺材，并解释称一口棺材可以容纳两具尸体。几天之后，她的第二个儿子也突然离世，两具尸体被放置在同一口棺材里。两名受害者生前都加入了丧葬俱乐部。当警方对两名受害者尸体进行化学检测时，发现其体内均含有过量砒霜，但问题在于，警方并无证据证明这些砒霜出自切舍姆之手，因此作为犯罪嫌疑人的她被无罪释放。之后，切舍姆回到了之前的村庄，她曾在此地教授他人如何制作能减轻家庭经济负担的"特制"百果馅饼。（20 世纪 20 年代时期，在匈牙利的提扎泽科地区也发生过类似的乡村掠夺性连环谋杀，警方逮捕了一个由女性罪犯组成的小型犯罪团伙，她们专向那些想要摆脱拖累家庭的亲人的人提供毒药。警方因而破获了将近 40 起谋杀案件。）[124]

次年，萨拉・切舍姆再次回到公众视野。切舍姆在其丈夫理查德生病后坚持要亲自照料，而之后不久，丈夫便与世长辞，她也因而被指控谋害丈夫理查德。此后，切舍姆曾教授邻居使用毒馅饼的新闻成为所有义愤填膺媒体报道的焦点。萨拉・切舍姆再次接受审讯，这次被成功定罪的她于 1851 年 3 月被处决。

此后不久，媒体便煽风点火，在其文章报道中暗示称女性连环杀手的秘密组织相互交换有毒菜肴的食谱，以置丈夫、子女或其他家庭成员于死地，从而获得丧葬赔付金或将自己从这些拖累中解救出来。目前英国国会已通过一项法案，明确规定支付予未满 10 周岁已故儿童家属的保险赔付金不得超过 3 磅。1855 年，国会对法案进行了修订，将 5 周岁以下儿童的保险赔付金增至 6 磅，而 5 到 10 周岁儿童则为 10 磅。此外，受益人需在赔付金发放之前提供一份医生所开的死亡证明。

玛丽・梅

与此同时，同样 30 多岁的玛丽・梅因在其同父异母的弟弟毫不知情的情况下加入丧葬俱乐部为其投保，并用混有砒霜的饮料将其毒杀致死而于 1848 年 8 月被处决。她计划用丧葬赔付金购买一匹马和一辆运货马车以便自己能往返各村兜售商品。玛丽・梅有过 16 个子女，其中 14 个皆不幸离世。就在行刑前不久，她坦言曾谋杀自己的丈夫，却始终否认杀害子女一事。

《砒霜销售法案》(1851)

在切舍姆等待处决期间，英国国会上议院讨论拟定《砒霜销售法案》，其中明确规定，砒霜购买者应提供身份证明，且卖方应对其购买数量及购买用途连同购买者姓名一同进行登记。此后，砒霜被着以警示的颜色，任何人不得在无担保人担保且未针对购买无色砒霜提供书面解释的情况下购买。由于媒体大肆报道且集中关注切舍姆向村民提供杀人方法的事迹，上议院因而提出修订《砒霜销售法案》，增加一项附加条款，规定砒霜售予对象仅限成年男性。上议院中一位提出法案修订的议员就底层农村女性一事警示道："人们对毒药使用有一种莫名恐惧，这似乎吸引了某特定阶层的人。"

有些人则对这项限制规定持以反对态度。19 世纪自由主义哲学家约翰·斯图尔特·密尔曾游说议员反对该修订，他争论道：

> ……单独挑出女性是为了贬低她们。该修订增加了一项特殊限制，一项只针对女性资格取消的特殊条款。这是在假设女性比男性更沉迷于实施谋杀犯罪！犯罪史或治安法庭程序有显示出女性在大多数臭名昭著的罪犯中占据多数吗？
>
> ……倘若最后两三起案件的罪犯均是红头发男人，那或许国会会立即通过一项法案，禁止所有红头发男人购买或持有致命武器。[125]

事实上，众议院集中收集了 1840 年至 1850 年来英国所有司法管辖区犯罪案件以及罪犯性别的数据。纵观这一时期的历史，女性罪犯除了在谋杀儿童案件中的比例超过男性之外，其在所有定罪案件中的占比仅为 10%—11%。然而，若从该时期英国毒杀犯罪数据来看，女性罪犯则在英格兰、威尔士、爱尔兰和苏格兰地区总计 235 名因毒杀或毒杀未遂而被审讯的罪犯中占比达 54%。[126]（一项最新研究显示，1750 年至 1914 年间，仅在英格兰地区就有 342 起毒杀指控。其中被指控的女性多达210名，占比62%。）[127]虽然调查数据不容乐观，但法案投票中头脑冷静的人更胜一筹。最终，未附加禁止女性购买砒霜限制条款的《砒霜销售法案》于1851年5月23日正式施行。该法案中唯一的限制条款即是购买者须为成年人。

玛丽·埃米莉·凯奇

玛丽·埃米莉·凯奇因毒杀丈夫于1851年8月被处以绞刑，而在19世纪40年代，一名女性连环杀手通常不止犯下一起单独案件。玛丽·埃米莉·凯奇共有14名子女，而在其被绳之于法的6年前，其中5名子女在两周内相继离世，死因不明，但并无重要证据显示玛丽·埃米莉·凯奇与上述死亡案件有关联。

我们对于19世纪40年代的女性连环杀手了解甚微，只知道她们皆是底层女性，生活一贫如洗，受教育水平有限或未受过任何教育。她们通常居住在乡村地区或偏远小镇上，用毒药谋杀与其有来往的男性及女性受害者。其杀人动机往往是为获得丧葬赔付金或让自己从丈夫、孩子或其他家庭成员的负担中脱身。

凯瑟琳·威尔逊

到了19世纪50年代，女性使用砒霜进行连环毒杀的纪元似乎已然消逝了。这一时期并未出现和19世纪40年代相类似的案件，但这是否是《砒霜销售法案》施行后的结果，或是女性杀手变换了犯罪手法而导致案件未能侦破还尚存争议。于1862年被逮捕的凯瑟琳·威尔逊显示了女性连环杀手全然不同以往的新特征。

和那些生活卑贱、未受教育，因贪图丧葬赔付金而对穷困潦倒的家庭成员痛下杀手的女性迥然不同，从事家政或护士工作的凯瑟琳·威尔逊轻而易举便跻身于中上阶层。她资质聪颖且诡计多端，为争夺继承权或偷盗受害者财产而先后杀害了家庭成员、熟人以及病人。拥有护士身份的凯瑟琳·威尔逊让病人逐渐对自己产生信任并最终说服其将自己纳入遗嘱名单。她不用砒霜，却偏好让病人服下过量药物或喝下硫磺酸而亡。受害者日益增多，她不断变换住所，最终在伦敦定居。警方在对凯瑟琳·威尔逊进行调查时发现，其最早犯下的谋杀案可追溯至 1854 年。最终，凯瑟琳·威尔逊因谋杀房东被定罪，并于 1862 年 10 月 20 日在 20000 名民众面前被公开处决。

玛丽·安·科顿

凯瑟琳·威尔逊一经处决，便出现了另一个女性杀手——玛丽·安·科顿。玛丽·安·科顿曾是主日学校的一位老师，长相普通，随后在将近 40 岁时从事过一次性护理。科顿在 1864—1872 年以来的 8 年间谋杀了 15 至 20 名受害者，均是受其照顾的人。据称，她曾谋杀了自己的 11 名子女、5 名继子女、3 任丈夫、1 任嫂子、1 名房客以及自己的亲生母亲。依旧利用砒霜实施毒杀的科顿并未直接购买砒霜，而是购买含有砒霜成分的老鼠药，轻松规避了《砒霜销售法案》中限制砒霜购买的规定。多年来，玛丽不断变换住所，不停再婚，有时甚至重婚，她每杀害一名受害者便会使用新的名字及身份。为了摆脱子女束缚或争夺继承权，科顿选择走向杀戮。因为科顿频繁变换住所，不断搬入新的司法管辖地，因此有关当局并未留意其周围存在模式类似的死亡案件（多数死亡归因于“胃热”。)。

玛丽·安·科顿最终被抓获，是因其试图将其中一位奄奄一息的受害者丢给济贫院，而当该受害者死亡时，济贫院内心生疑念的医生对受害者尸体进行了砒霜检测，因而难逃制裁的科顿于 1872 年 7 月 18 日被绳之于法。因为玛丽·安·科顿被抓捕时已怀有身孕，所以审讯被延期。在监狱里生下一女之后，科顿于 1873 年 3 月 5 日接受审讯，因一起谋杀案被定罪的她最终于 3 月 24 日被处决。

科顿的事迹广为流传，甚至还有一首以其恶名为主题的童谣：

> 玛丽·安·科顿
> 她死了，腐烂了
> 她躺在自己的床上
> 死不瞑目

在玛丽·安·科顿的案件之后，丧葬保险法规加强了毒药测试的规定，且对砒霜零售的严格把控，减少了深陷泥潭的所谓外行用砒霜进行毒杀的案件。但却仍无法阻止那些本就生性残酷的女性杀手。

凯瑟琳·弗拉纳根和玛格丽特·希金斯

1884 年，利物浦的两个姐妹——55 岁的凯瑟琳·弗拉纳根和 41 岁的玛格丽特·希金斯因谋杀玛格丽特的丈夫托马斯·希金斯被同时定罪。这两姐妹成功在 5 个丧葬俱乐部为被害人托马斯·希金斯投保，赔付额总计 108 英镑。之后她们购买了含有砒霜成分且未规定限制销售的捕蝇纸，将捕蝇纸浸湿并析取出致死量的砒霜。希金斯的弟弟很早便意识到自己的两位嫂子为周围的贫困邻居购买丧葬保险，而所有被投保人似乎均过早死亡，两姐妹因此牟取暴利。在哥哥离世后，警觉的他迅速向警方报案，而得知风声的弗拉纳根在指使女儿取下且销毁挂在房子里的照片后，便和妹妹玛格丽特一起匆忙逃走。二人落网后，调查员指控其共同谋杀了包含托马斯·希金斯在内的 9 个人，其中包括玛格丽特的继女玛丽·希金斯、凯瑟琳的丈夫约翰·弗拉纳根以及寄宿在弗拉纳根家的一名女性及其父亲。然而，姐妹二人却只因谋杀托马斯而接受审讯并最终被处决。

另一种形式的连环谋杀与“育儿所”相关。女性索要小额费用后接收并承诺照顾那些无力负担的母亲的子女。很多此类案件中，负责照顾小孩的人直接杀死婴儿或任由其被饿死后依旧照常收取费用。在婴儿谋杀案件中，婴儿母亲本人是知情的，谋杀通常在母亲孕期就已经安排妥当。婴儿一旦出生便被带走且再也不会出现。

* * *

之后的一代女性毒师与饥饿 40 年代出现的截然不同。19 世纪 50 年代是往昔与当前的分隔线。当时，护士弗洛伦斯·南丁格尔成为英国维多利亚时代享誉全国的女性，其名声仅次于维多利亚女王本人。南丁格尔将女性护理的家庭手工业塑造成训练有素且相当受人尊敬的新兴职业，其在 1854 年克里米亚战争中和38名女性护理志愿者一起，极大减少了英国伤亡人数，英勇完成护理任务。

虽然护理等级存在严格的规章制度，但护士在维多利亚社会成为了独立女性的新身份和新职业。19世纪后期的许多女性连环杀手利用护士在当时享有尊崇与赞扬，努力成为护士或假扮成护士。这一新生代女性杀手并非工业化时代里那些未受教育、外表老气且穷困潦倒的乡下人，而是拥有专业护理身份的现代女性。当凯瑟琳·威尔逊被抓获时，英国的医学期刊《柳叶刀》评论称她的罪行令人尤为惶恐，因为其在护理病人期间实施谋杀，这完全颠覆了医疗和护理本身的道德准则。继弗洛伦斯·南丁格尔之后，有“死亡天使”之称的女性连环杀手进入公众视野，一直到21世纪。

“开膛手杰克”很快便会风靡英国。而美国的焦点始终在女性连环杀手身上。虽然美国罪犯一贯的作风是让罪行变得曲折离奇。

美国19世纪时期的女性连环杀手

某位社会批判家评论称，在美国西部，连环谋杀随处可见。[128]的确，我们在美国不期而遇了某些乡村边远地区的首个女性连环杀手。堪萨斯州的凯特·本德和其凶残的一家或许是流传度最广的。本德家族的成员包括60岁的父亲约翰和其50岁的妻子、25岁的儿子小约翰以及24岁的女儿凯特。没人知道带有德国口音的本德家族来自哪里。1871年，本德一家来到堪萨斯州切里维尔的一个铁路小镇后，便搭建了一间20×16英尺的简陋小屋。小屋的一边是他们的生活区，而另一边则用作杂货店、餐馆和便宜旅馆，中间用一块粗帆布隔开。

年轻的凯特·本德似乎是家庭中至关重要的成员。她独具魅力，且自称是灵媒医师，以凯特·本德教授的名义往返于该地区各城镇间，做公开演讲并组织降神会。凯特·本德当时使用的某些宣传单留存至今，上面写着她可以“治愈所有疾病，可以治愈失明、耳聋及所有类似疾病，还可治愈聋哑”。凯特·本德的父母通常不会公开露面，而据称，小约翰是低能儿。1871年到1873年间，本德一家杀死了许多到他们小屋吃饭或歇脚的人。当锁定受害者后，凯特便与受害者一同坐在背对着粗帆布的地方，施展个人魅力分散他们的注意力，而此时本德家其中一名男性成员则从粗帆布背后用大锤猛力敲打受害者头部，之后凯特会迅速趴到意识模糊的受害者身上，割裂其喉部。小屋后面特别挖掘的深坑和斜槽便于他们在下一位旅行者进屋之前快速处理掉被害者的尸体。

罪行败露是在 1873 年的 3 月 9 日。当天，受害者威廉·约克拜访完住在附近的弟弟后准备回家，却在经过本德小屋时，被本德一家用同样的方法谋害。所幸在离开之前，威廉曾告诉弟弟，途中打算在本德家的小屋吃午饭。得知哥哥威廉并未如期归家的弟弟在几周后带着一小队装备齐全的民防团沿路寻找威廉的踪迹时，发现其最后滞留地是本德一家的小屋。在民防团进屋询问完失踪威廉的情况后，本德一家便开始收拾行李，带走了小屋内的所有东西，并在 1873 年 5 月 5 日突然人间蒸发。

直至当时，所有可疑的事情才全部指向本德一家，人们开始思考那些受害男性是如何在进屋用餐时从帆布帘后突然消失的。有几个人称凯特与他们背对着帆布帘坐下后，便开始实施虐待，且在收银台就拿走了他们的饭菜。而另一个人则回忆称凯特的围裙被风撩开后，他看见其隐藏在围裙里的手上竟握着一把刀。

得知本德一家已经逃窜的民防团再次返回小屋进行搜查。很快他们便发现了屋后的深坑并觉察出里面飘散着浓浓的血腥味。在对深坑周围进行一番搜查后，他们找到了 10 或 12 具尸体（依计数的人而定）。所有尸体中，除一名女性和一名小孩外，其余均为男性。据估计，本德一家从受害者手中抢夺了共计 5,000 到 10,000 美元的钱财。

本德一家最后的命运至今不得而知。据传，民防团最终成功抓捕本德一家并将其全部杀害后，瓜分了从他们身上搜到的所有钱财。后来有人发现本德一家逃跑使用的四轮马车布满枪眼。当时民防团的两名成员分别于 1909 年和 1910 年临终时坦言自己杀了本德一家，并将尸体埋于一口 20 英尺深的枯井底部，但人们想方设法也未能找到那口枯井。

另一位鲜有人知的女性连环杀手是帕蒂·坎农。她于 1802 年至 1829 年间在特拉华州杀害了至少25名受害者，其中多数是贩奴商。帕蒂·坎农杀死这些贩奴商后带走他们手下的奴隶并重新倒卖以此获利。

莉迪亚·谢尔曼——美国的波吉亚

自从开始施行《砒霜销售法案》以来，英国国内的女性连环杀手数量便一度削减，而在19世纪60年代并未颁布相关法律的美国，曾经横扫英国的女性投毒案也席卷而来。第一批臭名昭著的女性杀手之一是19世纪60年代的莉迪亚·谢尔曼。人们参照文艺复兴时期意大利皇室贵族卢克雷齐娅·波吉亚在其家族争权夺位时毒杀多名受害者的历史事迹（不过尚无定论说明波吉亚在这些毒杀案中的角色），将莉迪亚·谢尔曼称为“美国的波吉亚”。

1824年出生在佛蒙特州柏林顿的莉迪亚9岁时失去双亲，成为孤儿。之后她与弟弟被一位叔叔抚养成人，他是虔诚的卫理公会派教徒。叔叔在莉迪亚16岁时带着她和弟弟移居到新泽西州新不伦瑞克省，莉迪亚在当地找到了一份裁缝师的工作并怀着赤诚的心加入了卫理公会教派。之后，莉迪亚在教派内遇到了38岁的爱德华·斯特拉克，他是一名铁匠，丧偶后独自抚养着6名子女。1843年，年仅19岁的莉迪亚嫁给了斯特拉克。

两人虽有年龄差距，婚姻却似乎幸福美满。婚后，莉迪亚生下7个子女（爱德华与前妻所生的6名子女不包括在内）。背负着13位子女养育负担的爱德华夫妇为赚钱养家搬往纽约城，最终在当时是白人中产阶级居住区的哈莱姆125号大街定居。

1857年，53岁的爱德华在纽约警局找到一份“铁饭碗”工作，且倘若警局官员贪腐，还可借机贪图额外钱财。然而，让管辖区内贪腐的同僚官员惊奇的是，爱德华并不与其同流合污，在纽约警局工作的6年来，他为人正直诚恳。这或许就是爱德华于1863年秋季被突然辞退的幕后动机，当时爱德华被指因怯懦而未能参与阻止其管辖区内的一场酒吧斗殴事件。爱德华虽曾就此指控争辩说自己到达现场时，斗殴群众便已经散去，但最终还是没能逃脱被辞退的厄运。[129]

爱德华和莉迪亚结婚后相安无事地度过了20年。13个子女中，7个子女（其中 6 个皆是爱德华与前妻所生）皆已长大成人，离家独自居住，但夫妻二人仍需继续抚养 6 个儿子和 1 个女儿，其中最小的是几个月前才刚出生的男婴，名叫威廉。

失业后，爱德华萎靡不振，且因被指怯懦而羞愧无比。此时的爱德华已年过半百，59 岁的他在当了半辈子铁匠后，本打算在纽约警局从事一份普通工作，安度余生，退休后还能享受市政养老金，但现在这一切皆化为泡影。爱德华不敢想象一切又从头开始的生活。同年冬季，爱德华变得郁郁寡欢。一蹶不振的他无法找工作，甚至无法踏出家门一步。他曾经拿出手枪威胁家人说要自杀，就此了结自己满目疮痍的生活。1864 年入春以后，爱德华便终日卧床不起，不洗漱、不穿衣也不进食。

与爱德华携手走过 20 年夫妻生活的莉迪亚竭尽所能地帮助丈夫。为节约开支和照顾家庭，她开始在家中做缝纫工作。最终，不堪重负的莉迪亚去见了爱德华在警局的上司哈特队长，也是曾反对辞退爱德华的人，希望他能帮助自己丈夫重返警局。然而，哈特表示自己爱莫能助，在莉迪亚向其讲述爱德华如今的精神状态以及寄生虫般的生活后，哈特建议莉迪亚将丈夫爱德华送往医院治疗。莉迪亚后来在庭上作证时表示，哈特当时的原话是“除掉”爱德华。

莉迪亚证实说丈夫“这次的确给自己制造了大麻烦”。相伴 20 年之后，或许恰恰是因为如此，莉迪亚最终去当地药店花 10 美分购买了一盎司的白色砒霜。药剂师从未质疑莉迪亚购买砒霜的原因，毕竟这是一种用于毒杀家中老鼠或治疗皮肤丘疹的常用家用材料。第二天早晨，即 1864 年 5 月 23 日，莉迪亚给爱德华做了一碗麦片粥，并在粥内混入极少量的砒霜，之后她温柔地将丈夫扶坐到枕头上，亲手将混有毒药的粥一口一口喂给爱德华。当天下午，爱德华便出现了毒发症状，呕吐不止且腹痛难忍。到了晚上，爱德华浑身被臭汗浸湿，散发出一阵阵恶臭，而此时的莉迪亚再次将有毒的稀粥喂给爱德华后便坐在他身旁抚摸着他的脸颊，看着他在无尽痛苦中挣扎。莉迪亚后来解释说，这是自己能为丈夫做的最仁慈的事，因为“他只会永远这样萎靡不振，折磨自己也拖累莉迪亚”。

爱德华于第二天早上离世。参与尸检的医生认为其是死于“肺痨”，即当今所称的肺结核。当时是 1864 年，而医疗科学直至 19 世纪 80 年代才得以发现并理解细菌与特定疾病之间的关系。如今成为寡妇的莉迪亚已是 40 来岁的妇女，且独自抚养着 6 名子女，其中最小的是 9 个月大的男婴威廉，其次是 4 岁的小爱德华和 6 岁的玛莎。这样的日子持续了约 5 周后，心灰意冷的莉迪亚告诉自己“这些小家伙于我，于他们自己而言都毫无用处”。在前思后想了一天之后，莉迪亚最终在 1864 年 7 月接连杀害了三个最小的子女。莉迪亚后来回忆称：4 岁的儿子小爱德华“面容俊俏，在中毒后感到身体不适时没有一句埋怨，忍耐力很强”。

这三个子女都在痛苦中离世，但并未有人对他们的死亡产生疑虑。他们的死亡原因均被归结于“弛张热”和“支气管炎”。19 世纪 60 年代时期，死于疾病的儿童远远超过成年人，而当时的医学对此尚不能完全理解。

杀害了 9 个月大的威廉后，不用继续母乳喂养的莉迪亚觉得自己有能力抚养剩下的三个子女——12 岁的安、14 岁的乔治和 18 岁的同名女儿莉迪亚。此后，一位从医的邻居看见莉迪亚对三个子女无微不至的关怀和照顾后便雇佣其为专职护士。（尚无任何证据表明莉迪亚在其雇佣期间杀害了病人。）

莉迪亚从事护理工作后，儿子乔治成为一名油漆工助理，一周收入 2.5 美元，女儿莉迪亚则在哈莱姆的一家干货店做收银员，一家人的生活也算是不愁吃穿。但好景不长，之后不久，乔治就患上了被称为“油漆工胆汁”的疾病，这是一种在刷漆过程中由铅中毒引发的致残性疾病。莉迪亚悉心照顾儿子乔治一周后发现其并不能快速恢复健康并重返工作岗位，于是她再次萌生了“活着便是拖累”的念头。

莉迪亚后来坦言“我认为他会成为拖累我的包袱，所以我在他的茶里混入了砒霜。他是第二天早上死的”。

入冬之后，小女儿安频繁感冒和发烧，姐姐莉迪亚为照顾生病的妹妹请假在家，而此时的母亲仍在继续护士工作。最终，姐姐莉迪亚不得不辞去干货店的收银工作，在家中缝纫帽子和罩框，赚取微薄的收入。母亲莉迪亚在后来称：“我当时认为只要摆脱安，我和女儿莉迪亚便可以维持生计”。

于是，莉迪亚去药店买了一些感冒药，并在里面加入了砒霜。在母亲莉迪亚“照料”期间，小女儿安每天上吐下泻，腹痛难耐忍。雇佣莉迪亚的医生诊断其女儿患上了伤寒症并批准莉迪亚暂时请假回家“照顾”生病的女儿。四天后，痛苦不堪的安离世了。

这个家只剩下大小莉迪亚相依为命了。母女二人随后搬到百老汇一间空间更小、价格更低廉的公寓居住生活。但在当年5月，女儿莉迪亚突然发烧，一病不起。母亲莉迪亚竭尽全力想让女儿恢复健康，但最终还是没能力挽狂澜，女儿不幸离世。随后，她将女儿莉迪亚的尸体埋葬在皆死于她毒手之下的父亲和5个兄弟姐妹旁边。尽管女儿莉迪亚死亡时，现场有一位牧师亲眼目睹了她不停抽搐痉挛而死的惨状，但雇佣莉迪亚的医生依旧认定其死于伤寒症。而莉迪亚本人对其他谋杀罪行均供认不讳，却始终坚称自己和大女儿莉迪亚的死亡无关。

莉迪亚的成年继子被怀疑与其父亲以及同父异母兄弟姐妹们的陆续死亡有关。得知自己被列入嫌疑人名单的他恳请纽约地区检察官办公室挖出已故亲人的7具尸体并进行砒霜检测。但为时已晚，22年来第一次不用背负家庭义务的莉迪亚早已逃之夭夭。

哈罗德·谢克特在其针对美国女性投毒者的研究中写道：“这位42岁的前妻和母亲是独具特色的美国人：忠实地相信着自我无限重生、忘怀过去、重新拥抱生活的可能性。”[130] 莉迪亚辞去护士工作后便搬回市区，在运河街的一家缝纫机商店担任收银工作。之后，莉迪亚结识了一位来自康涅狄格州斯特拉特福德的顾客，该顾客被她讨人喜爱的性格及曾从事护理的工作经验吸引，因而雇佣莉迪亚到自己家中照顾体弱多病的母亲，每周工资8美元且提供食宿。在前往斯特拉特福德几周后，莉迪亚在当地认识了一位富有的老农丹尼斯·赫尔伯特。早年丧偶的赫尔伯特当时正在寻找一位女管家，于是莉迪亚一把抓住这个大好机会。后来莉迪亚表示，她只去了几天，赫尔伯特便要求与其成婚。

莉迪亚是一位极具魅力的女性。从当时的照片可以看出她身材纤细，面容精致，饱满的嘴唇和略带忧伤的双眼让她看上去比同龄人更显年轻。除了天生丽质的外表以外，倘若她是一位精神病患者，那她或许也有精神病患的典型人格魅力以迷住雇佣她为护士的医生，邀请其到自家照顾母亲的绅士以及如今想娶她为妻的寡居老农。

莉迪亚后来坦白称，她在要求赫尔伯特承诺“名下所有财产皆归我所有”后便答应了他的求婚。此后老农赫尔伯特签下遗嘱，承诺将自己所有家产全部留给莉迪亚。目击证人后来回忆称二人婚后一年多的时间里，莉迪亚每天都会在门前亲吻丈夫、为丈夫做饭、缝补衣服，甚至在老农赫尔伯特双手开始剧烈颤抖后帮他刮脸。

1868 年一个星期日的早晨，赫尔伯特一如往常准备去教堂时，突然感觉头晕目眩，随后便一病不起。日子一天天过去，他的身体状况每况愈下。觉察到赫尔伯特许久未去教堂的邻居们在第二天纷纷登门探望并送上了刚挖出的蛤蜊，莉迪亚以这些新鲜蛤蜊为食材精心炖制了一锅混有砒霜的海鲜杂烩浓汤。到了星期一，赫尔伯特开始上吐下泻，腹痛不止。第二天，赫尔伯特坚持要求莉迪亚为自己请来一位医生，该医生在后来回忆称他一进门便知道赫尔伯特命不久矣。医生看见莉迪亚对奄奄一息的丈夫关怀备至，温柔抚摸他的脸颊，不断给丈夫喂食肉汤和药物，帮助他恢复身体后深受感动，她小心翼翼地做好了丈夫即将离自己而去的准备。第二天，赫尔伯特痛苦而亡，医生将其死因诊断为“霍乱”。

46 岁再次丧偶的莉迪亚继承了巨额遗产——价值 2 万美元的财产和 1 万美元的现金。她无需再为生计奔波，也摆脱了丈夫或子女的束缚。莉迪亚回忆称其最后一个子女死亡时，她觉得“自己现在永远自由了，没有谁会再成为我的拖累”。

不到一年，莉迪亚盯上了另一个名为霍拉肖・N・谢尔曼的鳏夫。他性格外向，是一位嗜酒成性的机械工，妻子最近不幸身亡，留下 4 名子女，其中一个是体弱多病的婴儿，丧偶后与岳母一同居住。莉迪亚这次的动机令人匪夷所思，事实上当时的霍拉肖身负债务，莉迪亚最终甚至还替他还清了 300 美元的债务，他并不是莉迪亚理想型的摇钱树。或许如今的莉迪亚开始沉迷于掌控每位受害者生死的权力。

莉迪亚与霍拉肖・谢尔曼在 1870 年 9 月结婚。两个月后，莉迪亚在霍拉肖和前妻所生婴儿的牛奶中混入砒霜，婴儿喝下牛奶后腹痛不已，本就虚弱的孩子在当天晚上便不幸离开人世。次月，霍拉肖那漂亮听话、惹人喜爱的14岁女儿艾达在圣诞节突然生病，随后，莉迪亚竭尽全力悉心照料着艾达的饮食起居，每天让其喝下她精心准备的茶水，帮助她恢复活力。艾达身体素质较好且十分顽强，在连续经历了长达五天的呕吐不止、血性腹泻和疼痛难耐的腹部痉挛后，才最终在新年当天被死神打败。

据传，1871年4月，莉迪亚夫妻二人不再同床。因两个子女接连去世而萎靡不振的霍拉肖去纽黑文市痛饮消愁，莉迪亚得知后让其17岁的儿子找到他并将其带回家。第二天，霍拉肖开始回到工厂正常上班。当他下班回到家中，莉迪亚正端着一杯香气诱人的热巧克力等着他。后来，无论比尔兹利医生怎么设法挽救，喝下热饮的霍拉肖在经历4天的痛苦折磨后，最终于5月12日去世。

比尔兹利是一位经验颇丰的医生，曾治疗过几位砒霜意外中毒的病人，因而他一眼就辨别出霍拉肖砒霜中毒的症状。在治疗霍拉肖期间，比尔兹利曾询问他有无使用过除自己规定以外的其他药物，霍拉肖用最后一口气回答说："只吃了我妻子给我的。"

比尔兹利得到有关当局批准后便对霍拉肖的尸体进行了解剖，并将样本送至耶鲁大学的毒理学专家处，经检测，最终在霍拉肖的肝脏找到了足以置七人于死地的砒霜量。有关当局立马下达了对莉迪亚·谢尔曼的逮捕令，但此时的她早已逃回新不伦瑞克省。与此同时，霍拉肖去世的两个子女以及莉迪亚第二任丈夫赫尔伯特的尸体均被重新挖出进行化学检测，检测结果显示他们的体内均含有大量砒霜。很快，警方便获悉了莉迪亚在纽约犯下的另外7桩致死案件。

1871年6月7日，莉迪亚在从新不伦瑞克省乘车去纽约购物时被警方跟踪。当天下午，当莉迪亚乘车返回新不伦瑞克省时，刚一下车便被警方抓捕。法庭于1872年在康涅狄格州纽黑文市对莉迪亚进行了长达8天的公开审讯。有"美国波吉亚"和"毒后"之称的莉迪亚成为大量书籍、歌曲及诗歌的创作主题。这位心狠手辣的连环女杀手也吸引了美国民众的注意。

法院认为莉迪亚·谢尔曼的谋杀案令人费解且疯狂至极，不能指控其一级谋杀罪，因而宣判其在霍拉肖·谢尔曼案件中犯二级谋杀罪。莉迪亚为摆脱负担而对丈夫及子女痛下杀手的惨剧，让人想起南卡罗来纳州23岁的女子苏珊·史密斯，她在1994年将两名子女捆绑在车后座上并任由车子滚落到河中。莉迪亚庭审中的辩护律师试图说服法官其“不小心”杀害了霍拉肖，或许霍拉肖在痛失子女后选择自我了结，且并无明确证据显示莉迪亚曾对任何人投毒。

但最终，法官利用间接证据对莉迪亚做出有罪判决并判处无期徒刑。服刑五年后，54岁的莉迪亚于1878年5月在监狱因病去世。

萨拉·简·罗宾逊

莉迪亚·谢尔曼死后，很快又出现了另一女性杀手——萨拉·简·罗宾逊。谢尔曼生前的犯案动机令人费解，而萨拉·罗宾逊则不然，她所有的案件都直截了当，突显谋利动机。萨拉于1837年出生于爱尔兰，1850年，其父母在一个月内相继离世后，萨拉便带着9岁的妹妹安妮坐船到美国投靠在波士顿的哥哥。亲密无间的姐妹二人到美国后便开始各自生活。安妮·麦考密克结婚了，但其丈夫在一次工伤事故中不幸丧生。几年之后，她于1879年与一位名为普林斯·亚瑟·弗里曼的粗活工人再次成婚。夫妻二人的婚后生活一贫如洗，普林斯在一家金属铸造厂工作，每周仅有微薄的收入，安妮则以做裁缝谋生。在第二个孩子出生后，安妮于1885年2月患上肺炎，从此卧病在床。

萨拉得知此事后，便主动搬到弗里曼家照顾生病的妹妹，并解雇了弗里曼妈妈雇佣照料安妮的护工。同样靠裁缝维持生计的萨拉声称自己有护理经验。萨拉似乎是一位关怀他人、性格外向、富有活力、亲切友善且勤勉向上的女性，她还经常上教堂做礼拜，但麻烦却在悄然滋生。萨拉与工人摩西·罗宾逊结婚后生下8个子女，其中3个已不幸离世。虽然在周围人眼中，她是一位客户众多且值得信赖的裁缝，但她的财政状况却始终不为人知。她出租家具，并多次将其抵押给不同的公司，以此筹集钱财，最后被发现并落网。

据信，萨拉在1881年犯下第一起谋杀案。当70岁的房东奥利弗·斯利珀生病时，萨拉主动照顾。虽然萨拉终日在床边悉心照料，但房东最终还是因“心脏病突发”而亡。悉心照顾斯利珀的萨拉并未要求房东减免其房租，而是提出让斯利珀将房产以50美元的价格卖给她，后来萨拉以现金交易形式将房产折价卖给另一位租客。据说当时斯利珀手上有三千美元现金，却始终未能找到。

对于萨拉是否顺手牵羊拿走了现金尚不知晓。

次年，萨拉的丈夫摩西突然离世。摩西生前在保险公司以两千美元保险金为自己投保。萨拉准备收取保险金时，却发现一位代理人偷取了摩西的保险费，保险公司拒绝赔付保险金，于是萨拉将该公司告上法庭。然而，几年后，萨拉在诉讼还尚未结束时就以谋杀罪被抓捕。

在萨拉来到弗里曼的出租公寓时，安妮的身体状况已大为好转。但声称自己会通灵术的萨拉却坚持说，自己梦见安妮的身体状况每况愈下，最终被病痛折磨致死。随后的事情也就不言而喻了，在萨拉照顾安妮的第一个晚上，安妮突然腹痛难忍，且出现呕吐不止的症状。萨拉费尽心力照顾痛苦的妹妹，确保安妮喝下她为其准备的每一副药。在姐姐"悉心"照顾下的安妮最终于 1885 年 2 月 27 日逝世。

对妹妹关怀备至、慷慨大方的萨拉对安妮的家人说，妹妹的临终遗愿是希望自己的丈夫普林斯和两个子女——1 岁的伊丽莎白和 6 岁的托马斯能搬来和姐姐萨拉一同居住。惊愕于妻子突然离世的普林斯被萨拉的关爱和热忱深深打动，同年四月便带着子女搬进了萨拉的家。

三周后，悲剧再次降临。1 岁的伊丽莎白突然肠胃失调，不管萨拉如何细心呵护，努力挽救小女孩的健康，她最终还是不幸离世。事后，萨拉和普林斯敞开心扉地进行了一次交谈。萨拉解释说，死亡和疾病总是纠缠着穷人。普林斯也购买了两千美元的人身保险，而受益人安妮却不幸逝世。她告诉普林斯，让安妮作受益人并非明智之举，倘若儿子托马斯遭遇不幸，谁来照顾他呢？于是 5 月 31 日，普林斯将保险受益人改为萨拉。

目击证人称此后萨拉对普林斯一贯的善良关爱态度陡然转变，她开始变得尖酸刻薄。萨拉曾对朋友说普林斯根本"毫无用处"，她希望丧命的是他而不是自己的妹妹。之后，萨拉又开始看见家里有人死亡的通灵画面。

1885 年 6 月 17 日，萨拉劝告普林斯去看望自己的母亲，并声称以后可能再也没有机会了。对萨拉通灵力量深信不疑的普林斯立马赶回家中，看见母亲身体极佳才放下心来。

1885 年 6 月 22 日早晨，萨拉给普林斯做了一份燕麦粥和糖浆后目送他走出家门去上班。普林斯在上班途中突然一阵恶心。他坚持走到了工作地点却仍旧腹痛难忍，最后上司准允其回家休息。随后，两个医生分别来萨拉家中查看普林斯的情况，二人一进门便判断出其症状属于中毒，但由于二人均认为普林斯是在其工作的地方意外中毒，因而并没有人将怀疑的矛头指向关爱他人，慷慨大方的萨拉·简·罗宾逊。当普林斯的姐姐前来照顾生病的弟弟时，普林斯的身体状况日益好转，但得知这一消息的萨拉返回家中，亲自照顾即将康复的普林斯。于是6月27日当晚，普林斯离开人世。

萨拉得到了两千美元的保险赔付金，清偿债务后她搬进了更大的公寓、置办新家具、购买漂亮衣服，去威斯康星州旅游散心。萨拉预留下一笔钱为25岁的女儿莉奇买了人身保险。真是“恰到好处”，就在半年后，即1886年2月，莉奇患上某种胃病，在萨拉的耐心呵护下最终痛苦离世。

自从父亲普林斯去世后，萨拉便对7岁的托马斯不管不顾，且经常暴力相待。当周围的邻居议论小托马斯似乎营养不良时，萨拉则称其从小身体状况就一直不佳。1886年7月19日，小托马斯患上某种胃部感染的疾病，并于同年7月23日离世。

与此同时，萨拉已成年的儿子威廉在其姐姐死亡后不久便在保险公司投保，受益人为自己的母亲萨拉·简·罗宾逊。一个月后的某天，威廉在吃完萨拉为他精心准备的早餐后便呕吐不止。傍晚，喝下母亲端来的茶水后开始出现胃痉挛症状。

次日早晨，一位医生前来诊治威廉的病情。该医生是保险公司旗下的员工，他觉察到这个家庭购买保险的成员均接连离奇死亡的事实后，便悄悄取走威廉呕吐物样本并移送至哈佛大学的一位毒理学家，经检测，毒理学家在威廉的呕吐物中发现了大量砒霜。但为时已晚。当检测结果出来时，威廉已经死亡。目击证人听见他临终前说的最后一句话是：“那个老女人给我下药了。”[131]

有关当局挖出之前6名受害者的尸体（普林斯、萨拉的女儿莉奇、萨拉的妹妹安妮、外甥托马斯、丈夫摩西和之前的老房东）并分别进行化学检测后发现，6具尸体体内均含有大量砒霜成分，随后，萨拉·简·罗宾逊因为谋杀亲生儿子而被警方抓捕归案。

萨拉因谋取利益的明显动机被判处一级谋杀罪，而其辩护律师辩解称仅为获取金钱利益并不构成多起谋杀案件的唯一动机。律师坚称萨拉因“不可控制的堕落”而深受折磨。他提出“她是一个怪物，我不知道法律会制裁怪物”。虽然萨拉的辩护律师极力辩解，但陪审团却不为所动。最终，萨拉被宣判谋杀罪成立且被处以死刑，但之后法院又将最初的死刑改判为无期徒刑。1906 年，70 岁的萨拉在狱中去世，她直至生命的最后仍宣称自己是清白的。

简·托潘——美国史上女性连环杀手界的巨星

萨拉·罗宾逊犯下的几桩杀人案件皆与利益相关，但连环杀手简·托潘在 1880 年至 1901 年间犯下的 31 起或更多起案件的动机至今令人费解。和那些在社会底层过着颠沛流离的生活，为谋取小额金钱利益而杀人的穷苦女性不同，简是一位训练有素的护士，轻松跻身于中产阶层甚至中上阶层。我们对之前所讲述的诸多女性连环杀手的早年生活知之甚微，然而，对于简·托潘却不然。

简本名是霍诺拉·A·凯利，出生于 1854 年到 1857 年间（她的年龄尚不明确），其家庭是来自马萨诸塞州的爱尔兰移民，她是家中年纪最小的子女，家庭生活一贫如洗。简的母亲在其 1 岁时不幸离世，此后从事裁缝工作的单身父亲皮特·凯利一直独自抚养着女儿们。祸不单行，不久，父亲皮特精神出现问题，几年后被送往精神疗养院度过余生。此后，简的奶奶代替其父亲承担抚养义务，最终却因生活窘迫而无力负担。其后，简连同姐姐们以“贫穷女孩”的名义被送往波士顿女性庇护中心，并分别由不同家庭领养。

一个已有两位成年女儿的英国托潘姓氏新教家庭在简 5 岁时将其收养，条件是如若对养女简不满意，可在其年满 18 周岁前的任何时间将其送回庇护所。之后，简的姓氏被更改为托潘。简有着乌黑浓密的头发、橄榄色的皮肤、挺拔的鼻梁、棕色的大眼睛，庇护所对领养父母说她来自意大利，自幼父母双双溺海而亡。作为爱尔兰人的简在当时受尽凌辱。被简称呼为“阿姨”的暴躁继母安·托潘曾提醒简说，她不能因为生来是爱尔兰人就按照爱尔兰人的一贯作风行事。渐渐地，简愈发厌恶自己的领养家庭。

安·托潘待人严格、厉行纪律，将简视作家里的保姆。虽然简的姓氏随领养家庭更改为托潘，却始终未得到家庭成员应有的同等待遇。18 岁的简终于再也不用像寄生虫一样生活在领养家庭，托潘一家给了她 50 美元。如今生活自由的简却依然居住在家中，担任管家，换取食宿。

几年后，简的继母去世，她将所有财产统统遗留给自己的两个亲生女儿，而简的名字在其遗嘱中始终未曾提及。其中一个女儿伊丽莎白继承了房产。此后，简一如既往居住在家中，如同服侍继母一般，充当伊丽莎白的管家。和狠毒继母不同的是，伊丽莎白对简极为尊重且友好。

和简一同上学的证人回忆称，简善于社交、受人欢迎，却总是对自己的家庭夸夸其谈。她告诉同学其父亲曾环游世界，后在中国定居；盖茨堡的林肯总统曾亲自给她弟弟授勋；她姐姐嫁给了一位英国皇室成员，是家喻户晓的大美女。事实上，简的一位亲姐姐在 20 多岁时被送进精神病院。总而言之，同龄人都认为简的人生如派对一般精彩，她参加过各种野餐派对、滑雪派对及划船派对。

我们在简的童年生活中看到了精神病患萌芽的种子：自幼与生母丧失情感联结；童年或许经历过创伤性事件；家族精神病史；未得到领养父母的呵护与关爱；有幻想和撒谎倾向；无力感和羞耻感。未受领养父母极度凌虐的简虽看上去开朗友好，内心实则高墙耸立，封闭自我，隔绝他人。在简开朗外表和封闭内心的中间地带，幻想孕育而生，或许其幻想主要集中于她自身明显缺乏的权力掌控和自尊自信。简告诉他人的那些言过其实的谎言，恰恰映射出理想与现实生活间难以逾越的鸿沟。

简在领养家庭里的姐姐伊丽莎白嫁给了一位教堂辅祭——奥拉莫·布里格姆，之后，布里格姆便搬进了伊丽莎白的家。简和这对新婚夫妇住在一起，充当他们的女佣。简没有遗产、没有社会地位、没有专业知识、没有受过高等教育、没有丈夫也没有自己的家庭。布里格姆夫妇虽对简友善相待，但三人之间某种无法言传的敌对导致其友好关系逐渐扭曲，最终，简在 1885 年搬出了这个她生活将近 20 年的房子。尽管如此，伊丽莎白仍表示欢迎简随时来家中做客，并说“家中永远有她的一席之地”。

我们对简在之后两年内的生活几乎一无所知。那段时期，一位“受人尊敬”的单身女性可遇到诸如从事学校教师、裁缝师、女佣或纺织工的绝佳机会。但简似乎并未随波逐流，她始终抱着自己注定能成大事的宏大想法。1887 年，33 岁时精神病态的简决定开始护士生涯。她被波士顿剑桥医院的护理学院招录。

快乐的简

在 19 世纪，护理学院的学生在生活方式、投身程度以及严苛戒律方面与修女大同小异。事实上，这不足为奇，在中世纪时期，传统的教堂修道院本就是最初的组织性医院，院内的修女担任护理工作，而修道士则为医生。19 世纪 50 年代，弗洛伦斯·南丁格尔创立了专业护理的新标准，要求从事护理者严格遵守并一心投身于医救职责。

19 世纪 80 年代，美国从事护理的人员要经历长达两年的艰苦训练：终日工作，全年无休，圣诞节、复活节或感恩节均无假期；几个护理学生同挤在空间很小的房间内，睡在连翻身都困难的简易小床上；每天早上 5 点半就得起床整理床铺、换衣梳洗、准备各自的早餐；每 12 个小时轮一次岗，一天有 75 分钟的休息时间可用于午饭和晚饭；学院内饮食极差，学生们不得不自己额外采购以供身体之需；每个护士需照顾大约 50 位病人：为他们准备食物、喂食、洗澡、穿衣、清理伤口、更换绷带、清洗衣物及床单被褥；学生护理还需整理清扫自己负责的病房，清洗地板、擦拭窗户、给壁炉生火等。

护士长对学生们要求甚严，学生哪怕有一丁点诸如懒惰、未按要求清理、擅自离开病房甚至抱怨食宿等违反纪律的行为均会被开除或记过处罚。所有护士需签署一份合同，同意在护理院校接受为期两年的严苛训练。合同生效后，学院会向其提供食宿、一条围裙和护士帽。[132] 她们一周只能从学校拿到 7 美元的微薄收入，却要承担购买衣物、笔记本的花销和其他生活开支。学院要求所有护士每周必须参加一次傍晚举行的医学理论演讲会。两年期满后，院内医生将对这些护士的医疗及护理知识进行考核，如若通过考试，将授予其专业护士学位证书。

简·托潘同期的护士同学回忆称其开朗活泼，善于交际，却暗藏阴险。简时常散播与之关系不好的护士同学的谣言，且曾谎称几位同学违反纪律而致其被学院开除。当时与简关系较好的几位同僚于后来证实，每一位无辜学生在其怂恿下被护理学院开除后，简皆会组织欢庆。倘若我们认可人类学家的主张——散播谣言和恶意中伤是女性攻击的早期征兆，那么简与这一描述完美相符。

除散播谣言以外，简还对其个人生活夸大其词，譬如她曾声称俄罗斯沙皇邀请其到自家担任家庭护士。

虽未得到明确证实，不过简时常偷盗同学个人财物及医院供给，却能次次躲避调查。许多学生及监管人员逐渐开始对简产生憎恶，而高层管理人员和病人则完全倾心于她活泼开朗的性情和每日待人时的满面笑容。她甚至被亲切地称为“快乐的简”。

简对于某些病人给予她的赞赏深感欣慰。对这些赞赏过自己的病人心生青睐而依依不舍的她，每次只要得知其中有人即将康复出院，便会私自篡改其病历卡，谎称病人病情恶化，或故意对其使用某种稍过量药物致其出现病情恶化警示症状，被迫继续待在医院接受治疗。但对于那些简并不喜欢的病人，等待他们的则是另一种命运。

简的嗜杀成瘾

简被绳之于法后，调查员找到了大量笔记本，许多笔记本上凡记录与毒药和危险药品相关的页面均有特殊标记。尤其是记录吗啡的页面，这是一种用于缓解病痛的麻醉剂，但过量使用则会致人死亡。根据简·托潘之后的口供，她逐渐开始沉迷于看着病人因摄入过量吗啡而亡的过程。她会站在病人床边，看着他们垂死的眼睛，观察他们的瞳孔收缩，听着他们的呼吸逐渐急促直至最后完全停止。简说这些谋杀已成为她的“生活习惯”，且让她“倍感享受、沉迷其中无法自拔”。

终于，她开始进行调和不同药物的实验，譬如将吗啡和与其效果完全相反的阿托品混合调制。摄入过量阿托品会导致瞳孔放大、心率加速且伴有痉挛抽搐。通常情况下，病人在服用过量阿托品后会产生幻觉、四肢无力、精神恍惚且癫痫不止。简通常会先给病人注射吗啡，待到病人陷入昏迷时，再不断注射阿托品使其苏醒，最终致其死亡。她则静静地看着病人痛苦而亡。她甚至会给病人交替注射吗啡和阿托品，只为观察两种药物对病人瞳孔大小产生的截然相反的影响。简就像是一个几近疯狂的科学家，她将两种药物以任意量随意调配后注射入病人体内，致使医生无法从奄奄一息的病人身上诊断出任何已知病症症状。简在后来坦言称所有这一切都带给她一种“难以言表的喜悦”，如同维多利亚所说的“性爱享受”。

就我们目前所知，只有一位名为阿马莉·菲尼的病人从简的魔爪中逃生并讲述了当时的骇人经历。32 岁的阿马莉·菲尼因患有子宫溃疡而入院治疗，但疾病缠身的她疼痛难忍，根本无法入眠。某天，简进入她的病房，扶起她的头后将一个杯子放到她嘴边。简对她说只要喝下杯中的液体后即可“缓解病痛”。菲尼回忆称当时喝下简给她的液体后，口部和喉部异常发干，四肢逐渐麻木，感觉眼皮一阵沉重后便陷入了意识模糊的状态。之后奇怪的事发生了：她感觉盖在身上的被子被掀开，床发出吱嘎吱嘎的响声，床垫也逐渐往下陷。简睡到了她旁边，和她依偎在一起，抚摸她的头发甚至亲吻她的脸颊。菲尼记得简随后便起身跪在旁边死死盯着自己的眼睛，毫无疑问她是在观察菲尼的瞳孔状况。菲尼说服自己这一切都只是在做梦，但简竟再次举起玻璃杯让菲尼喝下杯中液体。此时的菲尼用尽全身力气转过身去。她记得的最后一件事便是简突然从床上跳下并偷偷溜出了病房。那时一定是有人过来了。

第二天早上，清醒过来的菲尼全身无力，她回想起前一晚的诡异经历，甚至不能确认那一切是自己的幻觉还是真实发生的事。而且，当晚的经历让菲尼觉得极为尴尬，因此直至简在几年后被抓捕归案，她才敢于站出来讲述了自己当年的经历。

“快乐的简”虽深受高级管理人员，尤其是那些与之接触甚少的医生们的喜爱，但她的顶头上司和同期同学却对其极为厌恶。她不断自吹自擂以及散播他人谣言的行为使得周遭的人皆对她冷眼相待。此外，她虽一度被怀疑偷盗医院供给和病人财物，却始终未得到明确证实，且她所照顾病人死亡异常频发一事也未得到任何举证。一个护士学生蓄意谋杀病患定会让人觉得不可思议。

尽管如此，或者说恰恰因为如此，简于1888年被转移到麻省综合医院的护理学院。此前她曾得到剑桥医院多位医生的大力推荐。但很快，简在麻省综合医院的顶头上司也因逐渐产生厌恶情绪而对她不予理睬。1890年夏季，简在顺利通过医疗专业测试不久后，就因被指未经允许擅自离开病房而遭到学校开除，且未被授予护士学位证书。

此后，简利用伪造的学位证书在另一家医院找到一份护士长的工作。但几个月后，她伪造学位一事因其再次被怀疑偷盗病人财物且擅自篡改病人病历而不慎败露，并当即被医院开除。

之后简决定不再进入任何一家医院任职，而是靠从事私人护士工作谋生。此时的她仍旧得到众多医生的大力赞赏及推举。在接下来的10年里，简不断收到来自许多医生的推荐书，她也因而成为剑桥最出色的私人护士。当上私人护士的简客源不断，大多客户皆是英国的名门望族，他们争相雇佣简。简每周25美元的丰厚收入远远超过当时美国女性每周5美元的平均收入水平。虽然当时的简在护理方面已大有成就，但仍不乏某些病人抱怨：借钱不还；总撒谎；偷取病人家中小额财物。然而，因为简·托潘在护理病人期间表现出的活泼开朗的性格惹人喜爱，这些错误做法似乎也无伤大雅，因此并未有人追究。简形成了双重人格：在病人面前故作正直、从不饮酒且表现良好，而在社交朋友面前则全然是另一副模样——撒谎、酗酒、对她自认为敌对的人怀恨在心、恶行相待。她毫无缘由地制造谎言、散播谣言、挑拨离间、让人们反目成仇，并从中获取极大的愉悦感。

受害者

简·托潘在护理学院学习和其后担任私人护士期间所杀的受害者数量尚不明确。最终，简坦白其在1880年至1901年间共杀死了31名受害者，并详细招供了具体谋杀细节。在杀戮的后期阶段，简将目标从病人转移到具体个人身上。在和房东夫妻二人（77 岁高龄的犹太人邓纳姆和其宝贝妻子）关系熟络后，简依次将二人置于死地。丈夫邓纳姆于 1895 年遇害，两年后，邓纳姆的老伴也未能逃脱简的魔爪。据简所言，他们夫妇二人“体弱多病还总爱挑剔”、“一把年纪且性情古怪”。简在护理学院和担任私人护士期间的证人均回忆称，简曾说出过“老年人一无是处，让他们活命毫无意义可言”的恶毒言论。

1889 年 12 月，70 岁的玛丽·麦克里尔在圣诞节前往剑桥探望自己的孙女时突感身体不适。责任医生委派自己名下“最好的护士之一”——简·托潘前去照顾生病的老人。经过“快乐的简”四天的悉心照料后，老太太最终于 12 月 29 日离世。葬礼之后，麦克里尔的亲戚注意到老太太某些最好的衣物无故消失，随即向派遣简的医生表明了内心的怀疑，而该医生却立即向其保证说护士简是“他见过最出色的女人，也是最优秀的护士之一”，这件事也就随之被搁置。

简不乏客户且薪酬颇丰。她不断实施谋杀的主要动机不大可能是为金钱所得。偷盗财物的行为必定是她对受害者实施掌控的最后练习，或者说如同某些连环杀手一样，是为了获取战利品。

冷酷的复仇

最终，简·托潘将杀戮的魔爪伸向领养家庭的姐姐伊丽莎白及其丈夫奥拉莫·布里格姆。“快乐的简”每隔一段时间便会接受伊丽莎白的邀请登门拜访，并在这个她成长的房子里待上几天。多年前紧张僵持的关系再也无人提及，之前的所有皱褶似乎均被简温厚的开朗性情一一抹平。伊丽莎白一家真心诚挚地欢迎她的每次到访。

但在 1899 年夏季，伊丽莎白发现自己始终无法摆脱冬季时节的阴郁惆怅。得知这一消息的简立刻赶来帮助姐姐，她邀请伊丽莎白到自己在马萨诸塞州巴泽兹湾租借的小别墅中度假，去沙滩野营，散心透气。对简深信不疑的布里格姆塞给妻子伊丽莎白 50 美元后，便于 8 月 25 日目送姐妹二人一同离开。不料两天后，布里格姆收到简发来的紧急电报，称姐姐伊丽莎白突然生病且病情严重。当布里格姆匆忙乘上前往巴泽兹湾的火车时，却得知伊丽莎白已陷入重度昏迷。据当时负责诊治伊丽莎白的医生所言，她突然中风，并于次日，即 8 月 28 日病逝。

伤心欲绝的布里格姆在收拾妻子伊丽莎白的遗物时发现其手包里竟只剩下 5 美元，其余 45 美元不见踪影，当布里格姆向简问及此事时，得到的回答却是“我并不知情”。在布里格姆准备离开时，简告诉他，姐姐伊丽莎白在临终前曾表示希望简能保留她的金手表以示纪念。感动于妻子对异父异母妹妹温柔关怀的布里格姆毫不犹豫地将手表送给了简。之后几年，布里格姆也同样因简不愿佩戴手表而深受感动，他认为那是简对故去姐姐生前珍贵物品的敬重之情，却全然不知简在拿到手表后便立即典当换取现金了。在简被抓捕的几年后，警方找到了当时的当票，当票日期显示的时间是在姐姐伊丽莎白逝世后不久。

几年后，简对自己当时邀请伊丽莎白到小别墅游玩是抱着“对其实施报复”的特殊居心一事供认不讳。简解释说，她多年来一直对姐姐伊丽莎白怀恨在心，她还声称伊丽莎白是她第一个“真正厌恶且为复仇而实施毒杀”的受害者。数年来，她不停哄骗伊丽莎白，好让其最终落入自己的圈套。她还坦言称自己曾有意延缓伊丽莎白的死期，看着她备受煎熬，她甚至与伊丽莎白一同依偎在床上，在其生命逐渐消亡时抚摸她的脸颊。简在审讯时说：“我将她拥入怀中，看着她一点点走向死亡，兴奋不已。”

简的落网

1901 年 6 月，在小别墅连续度过 5 个夏季的简拖欠戴维斯一家共计 500 美元的租金。戴维斯一家老小包括夫妇二人和两个对“快乐的简”友善相待的成年女儿。简所租赁的小别墅归两个女儿名下所有。然而，同年 6 月至 8 月，简接连谋害了戴维斯家中所有成员，将其赶尽杀绝。

随后，简收拾行李前往儿时生活的地方，也就是时值 60 岁的姐夫奥拉莫·布里格姆的家。简决定与布里格姆成婚。简在之后的供述中称“嫁给布里格姆先生有百利而无一害，我已经除掉了三个阻碍我的女人”。

第一个被除掉的受害者当然是她的姐姐伊丽莎白。第二个则是布里格姆长期雇佣的女管家——一位寡居的中年妇女。杀害这第二个绊脚石后，简在次年探望布里格姆时发现他依然记挂着这位长期以来的女管家。“我嫉妒她，我知道她想成为布里格姆先生的妻子。”

杀害戴维斯一家之后，8 月 24 日，简来到布里格姆的家，却发现他 77 岁的姐姐埃德娜·班尼斯特也在。虽然埃德娜早已打算几天后就离开，且并不对简想和布里格姆结婚的念头构成任何威胁，但最终竟还是难逃厄运，在简到达布里格姆家三天内便被害离世。一年前诊断女管家死因的医生将埃德娜的突然死亡归因于心脏病发。扫清所有障碍的简已经做好了与布里格姆结婚的准备。她终于可以成为这栋她从小被奴役长大的房子的女主人了。

而另一边，马萨诸塞州的调查当局怀疑戴维斯一家四口的突然死亡与和他们关系甚为亲密的简·托潘有关。8 月底，调查方终于决定挖出戴维斯一家的尸体并送往哈佛医学院进行检测分析。

与此同时，简再一次碰到了麻烦。虽然她在布里格姆家中表现得勤勤恳恳、任劳任怨，试图以此打动布里格姆，但布里格姆却明确表态并无雇佣简为管家甚至娶其为妻的想法。随后，简开始采取另一种策略，如同她自己所言，“为了赢得爱情”。她让布里格姆在无意中服下只会致其身体不适而不致死剂量的毒药，然后对他悉心照顾，使其恢复健康。尽管如此，心意已决的布里格姆却丝毫不为所动，之后简便开始威胁布里格姆说会散播他让自己怀孕的谣言，毁掉他的名声。

9 月 29 日，忍无可忍的布里格姆最终对简下了逐客令，而此时，简一气之下竟服用了大量吗啡。经过好几天的治疗和照顾，简才终于捡回一条命，之后，布里格姆将她的所有行李拿到了当地一家医院。在当时，马萨诸塞州一位调查员奉命在戴维斯一家尸检结果未出来之前跟踪简·托潘，监视她的所有行踪。调查员跟着康复出院后的简一路来到新罕布什尔州的阿默斯特市，简在当地联系到一位名叫萨拉·尼克尔斯的朋友及其弟弟乔治后，便住进他们家中。

最后的尸检报告在接近 10 月底才公布。验尸官在被挖出的 4 具尸体中均找到致命剂量的砒霜。1901 年 10 月 29 日，州警察和副警长在尼克尔斯家中抓捕了简·托潘。她仅被指控谋杀戴维斯夫妇的已婚女儿明妮·吉布斯。

警方抓获简的新闻被大肆报道，掀起一场轩然大波。几乎无人相信简会下此毒手。之前得到简悉心照顾且对其赞赏有加的病人源源不断地发来信件，纷纷赞扬简是一名优秀护理人员，令人愉悦、人格高尚、富有同情心且专业技能娴熟。而来自众多医生的夸赞信件同样接踵而至，大家一致认为简是一名专业又热爱工作的员工，且纷纷表示放心将自己的病人交由简照料。负责明妮葬礼的团队也指出他们在尸体防腐工序中使用了大量砒霜，这一切似乎都在为简开脱罪责。但随后检察官给出一记重磅炸弹，他指出简在谋杀受害者时并未使用砒霜，验尸官在死者尸体中找到大量吗啡和阿托品的混合制剂。

“别怪我，要怪就怪我的天性，我生来如此，江山易改，本性难移，不是吗？”

简的杀人动机令人困惑。最初有人认为简成为了依赖吗啡的瘾君子，但却并未发现相关证据。后来，认为简是因被利益蒙蔽双眼而最终走向杀戮的观点似乎勉强站得住脚，但随着受害者不断增多，很显然简在某些凶杀案中并非有利可图，所以这一观点也被推翻。难道是她疯了吗？ 1902 年的冬天，检察官和被告辩护律师同意让一队与案件无利害关系的“精神病学家”（这是在当时对精神病医生的称呼）委员团与简进行面对面接触交流，判断其精神是否正常。正是这些交流，让我们真正了解简的所有谋杀细节及其杀人动机。

简告诉委员团：“当我想在头脑中构建那个画面时，就对自己说‘我杀死了我的好朋友明妮·吉布斯；我杀死了戈登女士；我杀死了戴维斯夫妇’。但我对这一切没有丝毫感觉，而当我试图想象他们子女的处境和所有后果时，我也意识不到这是一件多么糟糕的事情。我为何没有丝毫悲伤和歉疚感呢？我完全不能理解。”

根据简对自己的描述，她对受害者无法产生怜悯，对于受害者因自己而遭受的所有痛苦也丝毫没有歉疚之心，而这些行为表现可根据如今《精神疾病诊断和统计手册》的病症描述，被直接诊断为患有精神病态及反社会型人格障碍。简极力想将自己的杀人动机解释为性冲动，她曾在交流中说：“渴望通过杀人体验性兴奋。”

波士顿拘谨的精神病医生对简的动机解释表示怀疑，并在报告中将简的供罪描述为“详述从将死之人身上获得性兴奋，伤风败俗。简对其冲动本性和行为表现的叙述与目前所知的各种性变态表现形式均不相符。因此我们认为她在交流中有所隐瞒和伪装”。

简本人给出了这样的总结：“我似乎得了某种思想麻痹，我杀人没有什么特别理由，只是无法克制自己不计后果毒杀他人的内心渴望。我并未刻意隐瞒自己的真实感受，只是连我自己都不了解自己在想什么。我也不知道自己为何会做出这些事情。”波士顿一家报纸在报道中引用了简的这样一句话：“别怪我，要怪就怪我的天性，我生来如此，江山易改，本性难移，不是吗？”

简对精神病医生说：“我杀的大多数人都一把年纪了，他们完全不用再活在这世上，还有些是本身已经患上可能导致死亡的疾病。我从没对儿童下过毒手，我爱他们。”

简受到一起谋杀案指控。她的辩护律师在庭审时承认简近年来共犯下 11 桩谋杀案。而在与精神病医生交流期间，简曾详细讲述杀害 31 名受害者的犯罪细节，多数是在其进入护理学院之后。简声称其在护理学院学习期间杀死的病人超过 100 个。

最终，简因患有精神病的抗辩理由而被判无罪。简本人对这一抗辩也存有质疑，她声称自己不可能是精神病患，因为她知道自己行为的危害性质。事实上，倘若如今对简进行再审，那患有精神疾病的抗辩理由必将不能成立，法律定义上的精神病要求被告人在行为当时不明确自己在做什么或对其行为的危害性质缺乏认识，而精神病态的连环杀手并不符合这一定义。连环杀手对自身危害行为有着清醒的认识，且费尽心思躲避抓捕。他们身上唯一存在与“精神病”相关的因素便是潜藏在其心里某处的冲动，这股无法克制的冲动驱使他们一遍遍地重复着杀戮行为。

1902 年 6 月 24 日，42 岁的简·托潘被强行送往一家精神病院。在长达

36 年的监禁生活之后，1938 年 8 月 17 日，84 岁的简在医院中去世。医院工作人员说，进入老年期的简不再闹事，但偶尔会讥讽医院护士，邀请她们“去拿一点吗啡过来，小乖乖，我们一起去病房，看着他们一点点死去一定很有趣”。[132]

简·托潘或许是 19 世纪时期诞生的最后一位女性连环杀手，而到了 20 世纪，许多接班人接踵而至。

第二部
对 20 世纪女性连环杀手及同谋的案例研究

艾琳·沃尔诺斯、维尔玛·巴菲尔德、多罗西娅·蒙塔尔沃·普恩特、珍妮·琼斯、玛丽贝思·廷宁、玛莎·贝克、迈拉·欣德利、卡罗尔·邦迪、查伦·加莱戈、卡拉·霍穆尔卡、伊尔斯·科赫、伊尔玛·格蕾泽、玛丽·布伦纳、苏珊·阿特金斯、帕特里夏·克伦温克尔、琳达·卡萨比恩、莱斯利·范·霍腾

第三章

艾琳·沃尔诺斯的信徒狂热与盛怒

后现代女性连环杀手

我在之前集中描写男性连环杀手事迹的书中称，泰德·邦迪是后现代时期出现的首个连环杀手，因为和以往那些与我们相差甚远的连环杀手不同，他与我们有很多共同点，或者说至少和我们当中有些人一样，相信大学教育，相信中产阶层的价值和雄心抱负。邦迪并非住在被人遗忘的偏远地区，没有颠沛流离的生活，不会将尸体挂在肮脏杂货店的挂钩上；也不是整天呆若木鸡，焦躁地躲在满是啤酒罐和肮脏破布的垃圾车里面，专门对搭便车的旅行者和亡命天涯之人下毒手的无业游民。邦迪拥有抽屉中装满亚麻细布、玻璃器皿和棒球帽的高级公寓。他独具魅力、受人欢迎、有礼有节，甚至满腹雄心，堪称 20 世纪 70 年代雅皮士的典范。但有时邦迪也会在公共场所劫持年轻女性，殴打她们至意识模糊后将其拖上自己的大众甲壳虫车，带往某个人迹罕至的地方。之后，他会将这些年轻女性杀死并奸淫其尸体。他是真正的“美国杀人魔”——一个讨人欢心的晚宴宾客和交往对象，一个面容俊俏，与华盛顿州共和党派有政治牵连的法律系学生。他本可成为州长候选人，或许还能攀上更高的政治地位。他的笑容和发型完全是为政客身份量身打造。

艾琳·沃尔诺斯

艾琳·沃尔诺斯和泰德·邦迪截然相反，而这恰恰使她成为后现代时期第一位女性连环杀手。在泰德·邦迪出现之前，我们认为男性连环杀手皆是令人毛骨悚然的魔头，而女性连环杀手则是致命的“女士”。女性连环杀手在我们眼中受人尊敬，有时甚至是掩藏在正常女性神秘面纱之下，怀有杀意的魅力女人：毒药与老妇、致命的年轻女性。她们在保持妻子、母亲、护士、婴儿保姆或寡妇形象的同时利用美貌、个人魅力和文雅举止将受害者引入自己的谋杀圈套（和邦迪如出一辙）。而艾琳·沃尔诺斯却与女性连环杀手这样的典型形象大相径庭。

在男性杀手泰德·邦迪和女性杀手艾琳·沃尔诺斯之间，我们对于连环杀手性别差异的看法完全属于两个极端。泰德·邦迪符合我们对于连环杀手的一般想象，而艾琳·沃尔诺斯则不然，她在夜晚毫无目的地用枪射杀陌生人，也完全颠覆我们想象中女性连环杀手对家庭生活的热爱。艾琳·沃尔诺斯轻松游走于那些其他女人惧怕前往甚至诸多女性遇害的场所：黑夜里在高速公路搭便车，偷盗骗取车主财物。她和以往出现过的女性连环杀手迥然不同，或许她正标志着此后所发生的事情——女性连环杀手从沉重负担和经济压力中解放的无限可能性，与作为传统受害者的女性相反，她是嗜杀成性的北极星。

和泰德·邦迪一样，艾琳·沃尔诺斯落入法网的新闻席卷了各大法庭电视台，她成为各大纪实节目的新星，每周采访报道的宠儿。艾琳·沃尔诺斯早在进入公众视野之前便声称，总有一天，有人会将她的生平事迹载入史册并拍成电影。她说得没错，事实上的确如此。艾琳·沃尔诺斯被捕后，有人创作了好几本关于她的书籍作品。但这些书仅仅只是个开始。一部以沃尔诺斯现象和其他罪犯为题材的文献片《谋杀追踪》在发现频道播出，这部文献片总共分为四个部分，是有关于沃尔诺斯的一系列电影和电视节目中的唯一一部文献片。除此之外，还有在 A&E 频道播放的《美国司法》以及法庭频道的无数报道。沃尔诺斯在节目《60 分钟》和《日界线》中的出镜率甚至比总统候选人更高。1992 年，由电视情景喜剧《钻石女郎》的演员琼·斯玛特出演的电视电影《杀人狂：艾琳·沃尔诺斯的故事》横空出世。此后，导演尼克·布鲁姆菲尔德也推出两部纪录片特辑：《艾琳·沃尔诺斯：连环杀手的诞生》和《艾琳：连环杀手的生与死》。

有很多专门报道沃尔诺斯的网站，在这些网站中，她被分别赋予了受害者、女英雄或女魔头的形象。洛杉矶的卡拉·卢塞罗甚至还以沃尔诺斯为原型创作了一部歌剧，她解释说："虽然不愿承认，但总感觉我和艾琳·沃尔诺斯之间有着无形却强烈的纽带联系。她的故事完美体现出每位受害者灵魂深处的黑暗以及每位幸存者转瞬即逝的幻想。艾琳·沃尔诺斯把我们引向了一个深渊，让我们自己寻求光明。也许那道光明就是我们选择了另一条路，我们挺过来了。"[134]

在沃尔诺斯被处决一年后，一部名为《女魔头》的好莱坞电影面世，扮演沃尔诺斯一角的查理兹·塞隆获得了奥斯卡金像奖最佳女演员的殊荣，沃尔诺斯也因此成为公众热议的焦点。

儿时的艾琳·沃尔诺斯

艾琳·沃尔诺斯的人生与那些在奥斯卡之夜走红毯的成功人士同样引人关注。她于 1956 年出生在美国密歇根州的特洛伊，一个距底特律北边 15 英里的偏远郊区。艾琳的母亲黛安 16 岁时便已经与其负债累累的 19 岁丈夫利奥·皮特曼分道扬镳，黛安称其丈夫冷漠无情且施虐成性，还坚持说自己在怀上艾琳几周后经常遭到丈夫的暴力殴打。总之，艾琳从没见过自己的亲生父亲。利奥因绑架并强奸一名 7 岁幼女而被判终身监禁，服刑期间他选择自杀了结自己的生命。连环杀手有时确会如此（但并不占多数），他们天生就是社会败类。

在怀上艾琳之前，黛安已经生下一个儿子，基思。她是独自抚养着两个子女的单身母亲，黛安虽带着两个子女，却并未尽到一个母亲应尽的责任。目击证人后来回忆称，黛安经常在兄妹二人哭闹时自顾自地睡大觉或干脆扬长而去，将兄妹二人留在家中，任其哭嚎。在艾琳 6 岁那年的某一天，母亲黛安出门赴宴时，将子女留给同屋室友照看，此后便一去不回。一周后，室友打电话给黛安的父母——旧福特厂工人劳里·沃尔诺斯和妻子布里塔，接到电话的夫妇二人接走了自己的孙子孙女。

黛安和父母关系并不融洽。黛安曾声称其母亲布里塔因丈夫劳里对自己有性爱兴趣而一直对身为女儿的自己怀有嫉妒之心。不过黛安声明说，父亲从未真正对自己实施过性侵，但经常意外触碰自己的身体，有一次甚至很激情地吻了自己。艾琳后来也声称外公劳里曾猥亵过自己，不过也从未实施可受指控的性侵行为，只是谈笑着讲述了和母亲黛安类似的激吻经历。

之后，黛安曾返回父母家中要求带走女儿和儿子基思，却在不久之后再次将兄妹二人丢弃给负责照看的保姆。倘若早期幼儿依恋理论与精神障碍及精神病态确有关联，那艾琳·沃尔诺斯无疑是潜在病患。除黛安之外，已另有两名子女的布里塔和劳里最终收养了艾琳和其哥哥基思，并视如己出。和泰德·邦迪一样，艾琳相信外公就是自己的亲生父亲，而自己与亲生母亲黛安则是姐妹关系。她认为自己的亲生父母是劳里和布里塔，而舅舅舅妈则皆是自己的兄弟姐妹。艾琳·沃尔诺斯在 11 岁左右从其他孩子口中得知了自己真正的家庭关系，这一点和泰德·邦迪的经历也大同小异。但之后二人便各自有了迥然不同的遭遇。

艾琳·沃尔诺斯学生时代的照片里，面容俏丽、皮肤白皙、金发碧眼，长有小斑点的小艾琳身穿 20 世纪 60 年代所有漂亮小女孩都会穿的裙子（白色的褶皱衣领、合成纤维布料、价格低廉），笑容灿烂。还有许多艾琳 6 岁时照的全家福，坐在脚凳上的她在照片最中央，而哥哥基思、“同母异父的哥哥”巴里和“同母异父的姐姐”洛里则站在艾琳身后，围成一个小半圆，照片里的每个人都笑容满面。另一张照片是艾琳在 13 岁的夏天和家人一起度假时的照片，照片上的她身着牛仔裤站在一艘小船的船板上，身材纤细，双腿美丽而修长，脸上依旧挂着笑容。还有她骑在自行车上的照片，仍是一副喜盈盈的笑脸。照片上的艾琳总是面带微笑，回忆是值得纪念的。[135] 但现实情况似乎却并没有照片中看上去那般美好。

邻居回忆称，沃尔诺斯家的房子总是窗帘紧闭，漆黑一片，从未有人被邀进屋。据艾琳自己的证言，劳里是一位专横的“继父”，他在管教艾琳时，常用皮带抽打她裸露的臀部和双腿。此外，劳里和布里塔夫妇二人对待艾琳和哥哥基思时，比对待自己的亲生子女更严苛，尤其是二人中年纪最小的洛里，即艾琳“同母异父的姐姐”，她虽只比艾琳大两岁半，却深得夫妇二人宠爱。后来，艾琳对其“继父母”终日酗酒且对自己暴力相待的控诉，与其“同母异父的姐姐”

和“同母异父的哥哥”二人否认劳里夫妇二人对子女实施虐待的说法背道而驰。

在如此小小年纪便遭到凌虐着实令人费解。身体凌虐和性侵之间的界限有时很模糊，儿童往往会刻意压制或篡改某些回忆。客观而言，用手打甚至用皮带抽打子女裸露的臀部和双腿在20世纪60年代早期并不常见。这种形式的惩罚，即使是用皮带在身体后部惯例性地轻轻击打，也足以让一个受惊吓的儿童认为自己被施以暴行。这取决于实施该行为的是母亲还是父亲。一位家长做出的打屁股行为在孩子看来可能是另一位家长的暴行。艾琳在家庭惩罚中似乎享有专人待遇，她总是被挑出来独自受罚。劳里甚至不允许她接受圣诞节礼物。有一次，劳里看见艾琳将一个没吃完的烤土豆随手扔掉后，便强迫她从垃圾桶里捡出来并吃掉。艾琳想养一只小猫，而对此表示反对的劳里竟逼迫艾琳眼睁睁看着自己把小猫溺死。

艾琳从小在唱歌和跳舞方面便有着过人的天赋，她甚至曾说过长大后想成为明星，她渴望成为别人关注的焦点。但艾琳在8岁时脾气逐渐变得暴躁，时常暴跳如雷、令人心生胆怯的她遭到了周围同龄儿童的孤立。洛里后来回忆称，虽然艾琳极力想融入大家，她甚至好几次向自己求助“变得友善”的方法，竭尽全力控制自己暴躁易怒的脾气和情绪，但却并未改善渐渐与周围人疏离的局面。洛里试图让艾琳融入自己的社交圈，但艾琳却始终牢骚不止、怒气不断，甚至挑拨离间，于是洛里的朋友便提出以后不准再带上艾琳的要求，洛里接受了。三十多年后，当艾琳因犯下7起谋杀案件而遭到指控时，洛里泪流满面地说：“当初我们在她还那么小的时候将她拒之千里，现在想起来我依然心怀愧疚。那时的她只是想玩耍，却遭到我们的无情拒绝。”

洛里回忆说，艾琳并非不能做到待人友善，但这种友善的态度似乎是被迫的，仿佛是因为她知道这是唯一能让人们接受并忍受自己的方法而刻意表现出来的。但她极易不受控制地大发脾气。洛里对艾琳深表同情，但却不愿为了她而牺牲自己的友情和社交圈。洛里称开始滥用毒品后的艾琳脾气愈发暴躁，好几次被姐姐洛里或哥哥基思惹恼后都拿起刀威胁要杀死他们。

进入学校后的艾琳在8岁之前一直表现良好且成绩优异。但自从8岁之后，因为自身行为问题，艾琳没有了朋友，成绩也一度下滑，甚至曾和学校老师发生激烈冲突。此外，艾琳还被诊断出视觉和听觉异常。但布里塔却拒绝带艾琳去医院进一步检查，她坚持称艾琳只是“没有注意看或注意听”罢了。艾琳的语言智力只有 80 分，但在行为方面一直异于常人的她却从未接受过任何咨询或治疗，这或许是由于布里塔的一贯抵制而导致的。在艾琳接受审讯期间，一位精神病专家证实其语言智力和功能智力指数相差甚远，功能智力指数高于常人。两种指数之间的巨大差距或许是导致艾琳产生无法控制的行为障碍的罪魁祸首。该精神病专家将此情形描述为运作引擎“燃料管线上的沙子”。艾琳的大脑一片混沌——不停地停止运转又重新开始，有时情绪正常，而有时又完全失控。

烟　奴

艾琳年满 11 岁时，做出了极端错误的行为。她为了零钱和香烟与附近的男生在周围树林里发生性行为。在如此小的年纪出现这种性行为无疑说明艾琳在其儿时曾遭到性侵。虽然艾琳有时会对此给出若有若无的暗示，但最终还是矢口否认。如若不是因为上述原因，那当时深陷泥潭的艾琳或许认为性是她摆脱遭到同龄人排斥的关键。

许多男性证人后来回忆称，自己 12 至 14 岁时将第一次给了艾琳。他们称当时艾琳几乎一言不发，因此整个过程很机械，且并未从中感受到任何快感，有时艾琳会同时和 6 个甚至更多男生性交。艾琳当时的这些行为被传开后，邻里和学校的男生因其以性换烟的癖好而给她起了“烟奴”的绰号。当艾琳试图与某些发生过性行为的男生建立真情实感时，却公然遭到无情拒绝。

这一切让人联想到照片里那个 13 岁可爱女孩的满脸笑容该是多么虚伪。

身处 20 世纪 60 年代底特律郊区的艾琳和其他许多同龄人一样，被触手可得的毒品和酒精包围。她吸食过大麻，服用过摇头丸，而最终选择用镇静剂和酒精麻醉自己。她进店盗窃，恰恰在布里塔工作的地方被逮个正着。羞愧难当的布里塔随后便辞掉了工作。艾琳与劳里和布里塔夫妇二人大吵大闹后和亲哥哥基思上了床。

艾琳 14 岁时怀上身孕。而关于怀孕的原因，艾琳·沃尔诺斯却前后给出了截然不同的故事版本。一次是家人的朋友，而另一次则变成了一位对她实施绑架及强奸的猫王模仿者。劳里对这一切无动于衷。1971 年 1 月 19 日，劳里驾车将艾琳送到底特律并将其丢弃在收留未婚母亲的弗洛伦斯·克里坦顿之家。3 月 24 日，沃尔诺斯顺利产下一名男婴。之后，不管沃尔诺斯如何苦苦哀求，劳里仍坚持说只要沃尔诺斯答应看望孩子便同意收养这可怜的小男婴。为向哥哥表示敬意，艾琳给儿子起名为基思。

回家后，沃尔诺斯再次进入高中，生活逐渐步入正轨，但这样的平静并未持续太久。她一次次离家出走，又并被卷入一场小小的法律纠纷。最终，劳里下令禁止其再踏进家门半步。此后，艾琳终日浑浑噩噩，吸毒酗酒，与搭车认识的各种男性厮混在一起，或睡在废弃的汽车甚至家旁边的树林中。此前，哥哥基思早已因惹上麻烦而离开家门。

艾琳 15 岁时，她唯一真正知道的母亲布里塔因肝硬化不幸离世。这一消息让布里塔多数子女尤为震惊，显然，布里塔隐瞒了自己的酗酒史。虽然艾琳内心对布里塔的感情矛盾不清，但那毕竟是自己的母亲，虽谈不上慈爱，却也别无选择。当艾琳独自待在单身母亲之家时，劳里禁止家人探望甚至打电话问候她，但布里塔却偷偷给艾琳写了许多信。而现在她去世了。

艾琳同母异父的姐姐洛里不得不到市郊的废弃汽车中寻找艾琳，告诉她母亲去世的消息。而得知母亲死讯后的艾琳穿着一身不合时宜的牛仔装来到葬礼现场，恶意调换男女卫生间的性别标志牌，且往躺在棺材里的布里塔脸上吐烟圈。在被众人赶出葬礼之前，沃尔诺斯忿忿不平地说："我要想往那个又老又懒的女人脸上吐烟圈就一定会吐！"布里塔死后，几乎再也无人管教过艾琳·沃尔诺斯。

艾琳·沃尔诺斯的亲生母亲黛安在布里塔葬礼开始不久后闻讯赶来，惊讶地发现自己的两个子女已从当年的弱小婴儿成长为如今身强力壮的青少年，却无家可归，流落街头。当年狠心抛弃艾琳和基思后，黛安又陆续生下两名子女，之后一家三口一直依靠社会援助支撑着在得克萨斯州的生活。黛安称得克萨斯州的社会服务机构不会准许自己再带两个孩子回家。"这听起来很残酷，连自己的子女都不能带。但我也实在无能为力。”黛安对艾琳和基思如是说。此后完全疏离的劳里、15 岁的艾琳和 16 岁的哥哥基思三人彻底分道扬镳。

那时的艾琳和她之后因谋杀罪被捕时截然不同。金发碧眼、待人友善的她魅力十足，却过着浪迹天涯的生活。艾琳在密歇根州的高速路上随意搭车，和搭车时认识的各种男性厮混或在肮脏的汽车旅馆卖淫，之后，她不再局限于密歇根州，而是前往俄亥俄州、宾夕法尼亚州，最终向南到达佐治亚州和佛罗里达州。艾琳还是习惯性地偷取客户和朋友的钱财。那段时间，她结交了很多朋友，但这般亲密的关系却往往会因为她突然的怒不可遏而戛然而止，因而并不长久。

决意彻底戒掉毒品和酒精的基思成功通过参军体检并于 1974 年正式加入军队，却在一个月后被诊断出患上癌症。在基思和癌症抗争期间，寡居的劳里于 1976 年自杀，据说他在密闭的车库内打开汽车引擎，最终因气体中毒而亡。基思和艾琳二人均未参加劳里的葬礼。那时的艾琳下落不明，即使能联系到她，她可能也丝毫不会关心这个继父 / 祖父的死活。而此时基思的癌细胞已陆续扩散到喉咙、大脑、肺部和骨头，情况不容乐观。

四个月后，基思最终被病魔夺去生命。

艾琳曾在这一系列事情发生的过程中有过一段婚姻。艾琳某天在佛罗里达州搭便车时，遇见了刘易斯·格拉茨·费尔，69 岁的费尔来自费城，是一位家财万贯的退休老人。当时的费尔想娶一位美丽的金发少女为妻，而艾琳恰好是她梦寐以求的伴侣对象。艾琳·沃尔诺斯想找一位“干爹”（施恩或送贵重礼品以博取年轻女人欢心，得到肉体满足的老色鬼），而费尔满足她设想的一切要求。此后，费尔给艾琳送了一颗镶有华丽钻石的订婚戒指，两人的婚讯登上当地报纸的社会新闻版，报道上是老夫少妻的一张结婚照。

婚后，艾琳返回特洛伊，向当地邻居炫耀手上的结婚戒指以及满头银发的丈夫，并宣称自己生活幸福，婚姻美满。但几天后，艾琳开始痴迷于酒精，并混迹于她熟悉的各种低端酒吧，这一切让新婚丈夫费尔恼羞成怒。很快，费尔独自回到佛罗里达，声称妻子艾琳用手杖对自己实施殴打的他向法院申请了一份限制令。之后不久，费尔便提出离婚。

艾琳的说法和费尔大相径庭，她指出，被殴打的是自己，但几位证人称艾琳曾向自己透露对“每次只给自己施舍30美元”的费尔早已厌倦。艾琳说她拿走费尔的拐杖并用其殴打丈夫。这段婚姻最终只维持了短短的一个月。

漂泊的岁月

在之后的十年里，艾琳浪迹美国各地，徘徊在高速公路的边缘——混迹于各种摩托车手酒吧，勾搭男性，偷盗钱财，偶尔投奔认识的人，譬如在得克萨斯州生活的母亲黛安和已经结婚生子的洛里。每次并不长久的相聚往往因艾琳的愤怒爆发而告终。

艾琳身上独有的魅力惹人喜爱，但她却会在眨眼间变得阴暗暴躁。这一点在布鲁姆菲尔德对她的采访记录中可深切体会。在艾琳审讯结束后等待处决的那段时间，布鲁姆菲尔德以她为人物原型拍摄了两部电影，也因此与艾琳有了接触。只要采访不违背艾琳的心意，她便在采访中表现得亲切友好，魅力十足，而一旦布鲁姆菲尔德未按原计划进行，艾琳的眼神则立即变得如同鲨鱼般冰冷锐利，鼻孔扩张，一副凶神恶煞的表情。在被处决的几个小时前，艾琳因布鲁姆菲尔德未严格按照约定在镜头中呈现出自己想要的样子而将其赶走，那也是布鲁姆菲尔德最后一次对艾琳进行采访。艾琳就如同斗牛犬，友善可爱，却突然扼住你的喉部，只是因为脑部的某根神经被瞬间触发。

二十世纪七八十年代，艾琳·沃尔诺斯使用各种假名接连犯下大量罪行：殴打、持枪抢劫、偷窃、非法持有枪支、醉酒闹事和酒驾。某次，她甚至持枪击中自己的腹部（不小心而为或企图自杀）。

1981年，艾琳终于和代托纳一位名为杰伊·沃茨的52岁汽车工人建立了亲密稳定的情感关系。艾琳和沃茨同居后，二人经历了两个月的幸福生活。这或许是第一段艾琳想要长久维持的关系。但某一天晚上，艾琳和沃茨起了争执。据沃茨所言，争执的起因完全是鸡毛蒜皮的小事，他后来甚至忘记了具体事件起因。沃茨证实当时的艾琳总是嘻嘻哈哈、性格外向且待人友善，和她在一起很轻松，他从未亲眼目睹过艾琳怒发冲冠的样子。争执当晚也不例外，艾琳似乎情绪有些低落，但未表现出任何暴力倾向。

而艾琳对整件事的记忆却迥然不同。她回忆称当晚自己思绪万千，头脑一片混乱的她询问沃茨能否让自己独自一人待在卧室。据艾琳所言，沃茨完全曲解她的意思并回答说："这样的话，你可以离开我的房间甚至离开这个房子！"

第二天，醒来后的艾琳认为自己和沃茨的感情走到了尽头，伤心欲绝的她买好 6 打啤酒，开着沃茨为她买的车来到海滩后，喝得酩酊大醉。之后她又买了更多啤酒和一把 0.22 英寸口径的手枪。她走进一家超市，购买了一些子弹，然后去一家酒行买了一些威士忌后将利眠宁（一种安定药）混入酒中。艾琳说她准备结束自己的生命。

随后，身穿比基尼的她踉踉跄跄地走进一家便利店，挥舞手中的枪支准备进行抢劫。据艾琳自己所言，当时的她一心想被警方抓捕，她认为沃茨得知后一定会前来解救她，缴纳保释金然后带她回家。这样一来，她便可以确认沃茨仍对自己心存爱意。

艾琳驾车上街后不出几英里便被警方成功抓捕。她因持枪抢劫被判处三年有期徒刑。得知这一消息后的沃茨到监狱探望艾琳并为她请了一位律师，二人再次有了联系。沃茨回忆称艾琳常常抱怨狱中的同性恋，并说自己不得不竭力摆脱令人作呕的她们。艾琳入狱后的第一年，沃茨常常会去监狱探望，但二人最后还是断了联系。清楚意识到沃茨不会再回头的艾琳在摩托车杂志上刊登了一条个人广告，此后便陆续收到成百上千的回复。

1983 年 8 月，刑满释放后的艾琳立即搭车前往华盛顿特区，她来到一位名为埃德的笔友家中，当时 47 岁的埃德来自马里兰州，是一位工程师。在告知埃德自己是同性恋，且二人之间必须完全保持纯友谊关系后，艾琳住进了埃德的家。此后的三个月，艾琳终日酗酒，日日怒气冲冲且沉溺幻想。这三个月间，她驾着埃德的车不断往返佛罗里达州与昔日爱人杰伊·沃茨同住，并趁机顺手偷走他的财物。

埃德后来回忆称，艾琳曾讲述自己用脚踩了一位试图对她实施强奸的摩托车手，但这一切都只是她的杜撰。艾琳甚至生动描述并当场演示了自己朝这位摩托车手的方向掀翻桌子，使他摔倒在地后用脚猛踩其头部的过程。她极易因为一些鸡毛蒜皮的小事而勃然大怒，有时甚至根本没有任何导火索。

艾琳曾和埃德有过一次性行为，当时的埃德因听信艾琳称其是同性恋而惊讶不已。面对惊愕的埃德，艾琳回答道："我是开玩笑啦！让你见识一下我在同性恋这条路上走得有多远。"在二人发生性行为的五分钟后，艾琳起床到厨房拿了一把刀，挥舞着威胁要杀死埃德。埃德虽成功劝说她冷静下来，但之后却不再与艾琳朝夕相处。

埃德和艾琳均回忆称，艾琳曾抱有成为邦妮和克莱德（雌雄大盗）的幻想，她景仰强盗残忍暴力、居无定所的职业生涯。艾琳幻想着不法分子和摩托车手的生活，幻想着包裹他们的暴力亚文化。

某次，烂醉如泥的艾琳突然病倒，被送往医院进行救治，而埃德也终于借此机会成功将艾琳赶出自己的公寓。摆脱了整日怒发冲冠的房客后，埃德倍感轻松。无家可归的艾琳再次踏上前往佛罗里达的路程，有时在高速路上勾引男性，有时偷取客户或让其搭顺风车的人的钱财。有一次，她甚至从一辆车仪表板上的小柜里偷走一把手枪。

之后的几个月，艾琳使用各种化名创下大量犯罪记录。她因驾驶偷盗车辆而被逮捕；还有一次她试图驶离一个证件检查站时被警察强制逼停，之后警方在车上找到了之前偷来的手枪和一盒弹药；几个月后，她再次因非法持有枪支而被抓捕；她还曾因伪造总价 5395 美元的支票而落网，但却并未遭到制裁。艾琳没有遭受牢狱之灾的唯一原因便是她身上令人不可置信的幸运，她总是能依靠不断使用各种化名成功逃脱制裁。

1983 年刑满释放后，艾琳便开始声称自己是同性恋。在 1984 年和洛里的一次通话中，艾琳说道："我是同性恋，我知道你不会喜欢的。"这次，艾琳和一位名叫托妮的女性开始了一段短暂而热烈的爱情纠葛。

泰丽雅・泰・摩尔：艾琳找到真爱

1986 年 6 月，艾琳在代托纳一家同性恋酒吧遇见了泰丽雅・泰・摩尔。以艾琳为人物原型的电影《女魔头》中生动演绎了二人之间的关系，当时泰的饰演者是克里斯蒂娜·里奇（不过电影中并没有使用泰的真名）。这段感情维持了4年半，这是艾琳有史以来最长久的一段情感关系，在这期间，艾琳曾犯下七桩杀人案。泰比31岁的艾琳小6岁，跟泰结识后，艾琳便将其名字缩略为李。两人很快便确定了恋爱关系。泰被嘻嘻哈哈、说话迅速且风趣幽默的李深深吸引，任其操控。

之后的四年，二人不断流连于价格低廉的汽车旅馆和空间狭小的秘密公寓，大部分时间均待在代托纳，但有时也会前往佛罗里达州的其他地方。泰丽雅在遍布佛罗里达高速公路的低档汽车旅馆当服务员，而李则终日在家酗酒。每次二人经济困难时，李便会出没于高速公路，一次次搭乘顺风车，偷取车主钱财。有时她只能偷到20美元，但有时却能到手300美元之多。

艾琳极端嫉妒泰丽雅，且占有欲极强，她认为自己整日在高速公路上不停欺诈车主以维持二人生活，而泰丽雅却游手好闲，终日待在房间内无所事事。据泰和李二人之前的某些房东回忆，有段时间，两人除了偶尔出门买啤酒、香烟和小吃外，整日足不出户。清洁工每次打扫二人房间时，都能看到堆积成山的空啤酒瓶和小吃包装袋。

除了有一次因欲从前情人公寓中拿走属于自己的东西而被指控擅闯民宅外，未有过其他任何犯罪前科的泰开始接连犯下轻微违法行为：驾车时关闭前灯、不遵守交通规则。1987年7月，泰在某酒吧与人发生口角后，被对方殴打至头皮开裂。所有这些事情与艾琳的所作所为相比，皆不值一提。

李和泰二人在素有“阳光之州”之称的佛罗里达州边缘地区过着阴暗虚无的生活，在车辆南来北往的高速公路世界艰难过活。她们的世界里充斥着昏暗肮脏的低端酒吧，令人作呕、价格低廉的汽车旅馆房间和离可购买啤酒香烟的小超市几步之遥的活动住屋。那是一个无需身份证明，只需手持现金的世界（只是房租要提前缴纳）。泰和李不停变换居所，或因犯下不法行为；或因二人频繁吵闹困扰邻居而被强制驱逐；或因无力承担房租或毁坏房屋设施后无力赔偿而偷偷搬离。

李对泰的爱热烈而疯狂，她依旧没有正式工作，将所有精力耗费在这个让她痴迷的爱侣身上，而泰则一边工作一边结交四方朋友。有时泰会邀请同事到自己和李同住的汽车旅馆做客。几乎所有接触过艾琳的人对她的印象皆如出一辙：她表面友善，但却散发着一种令人惧怕的黑暗气息。她是一个可怕的人。

1989 年秋季，李和泰二人生活在代托纳北部奥蒙德海滩维景湾畔汽车旅馆内，泰在附近一家名为卡萨戴尔马尔的酒店做服务生。11 月 23 日，临近感恩节，泰邀请金发碧眼、年轻漂亮的 29 岁同事桑迪·罗素到家中共进佳节晚宴。罗素后来回忆称，虽然艾琳表面和善，但自己却并未怎么动筷，而是呆呆地坐在那里看着她吃。到了傍晚时分，酩酊大醉的艾琳挥舞着手枪开始讲述她几年前用手枪射击自己腹部的经历。不出所料，艾琳的阴暗行为掩盖了她此前试图保持的友善形象，桑迪对艾琳的看法和之前泰带回家中的几位访客大同小异。

第一次谋杀

11 月 30 日，艾琳一如往常，到高速公路上搭车偷窃。她不再是 20 岁时那个长相可人、惹人喜爱的金发女郎，现在的她体形肥胖，性情古怪，且因常年滥用毒品和酒精，疏于打理，已牙齿黑黄，面容憔悴。艾琳身穿邋遢的牛仔短裤和无袖 T 恤，凸显出松弛的啤酒肚，她不再为讨好客人而精心打扮。

许多作家指出，艾琳的肥胖体型和邋遢外表必定对其卖淫交易产生了不利影响，而这或许便是她杀人的动机所在——对金钱的极度渴求。艾琳不是那些男人为感受“女朋友体验”而雇佣的举止优雅、面容娇美的应召女郎。她只是一个街边妓女，事实上，她越是邋遢不堪，面容枯槁，就越是吸引那些只想与下层女性发生性关系，之后永无瓜葛的特殊顾客。这些男性顾客并非寻求女朋友的替代品，他们只想得到性满足。而艾琳于他们而言，就好比是童年时期的“烟奴”，无论她多憔悴多粗犷，也总不乏这类型特殊客户的光顾。

泰丽雅在后来的证词中说，艾琳第二天一大早便开着一辆声称“借来”的凯迪拉克返回家中，满身酒气。二人那时正看上附近一家小型公寓，打算尽快入住，甚至已经打包好了部分行李。李跟泰说自己前一天晚上赚了很多钱，她们马上就可以搬往心仪的公寓居住。在把行李都安放好后，艾琳在汽车后备箱放入一辆摩托车后便开着借来的凯迪拉克去“送还原主人”了。

当晚，李和泰二人正坐在新家沙发上看电视，畅饮啤酒时，李突然开口道：“今天我杀了一个人。”泰没有说话，面无表情地盯着电视。艾琳继续自顾自地讲述杀人细节：她开枪杀死受害者后，将其尸体掩藏在树林中，随后用毯子盖上他剩余的私人物品。泰之前看见李带回公寓的那些陌生财物和衣服均是受害者的个人物品。李想给泰展示她从受害者钱包里拿出的照片，但泰却移开了视线。李解释说早上开回家的凯迪拉克也是受害者的，但她已经在下午丢弃了。

泰一言不发，甚至没有追问李杀人的原因。她只是像一头温顺的奶牛一样静静地看着电视。当后来警方询问泰是否从李口中得知杀人原因时，泰回答说她们从未谈及杀人动机。

12 月 6 日，李冒用泰前室友的身份信息在一家当铺典当了她从受害者车上拿走的相机和雷达探测仪，共换取了 30 美元。根据当地法律，到当铺典当成功后需在当铺收据签名处盖上指纹，于是艾琳在假名字旁边留下了自己的真实指纹。这枚指纹让身份就此明确的艾琳再也难逃法律制裁。之后警方根据艾琳在当铺留下的假身份信息找到泰的前室友，又找到泰，最后顺藤摸瓜找到艾琳并印证了指纹。这就是艾琳・沃尔诺斯最终落网的事件经过，不过那是好几年之后的事了。

警方先是在例行巡逻时发现了被艾琳遗弃的凯迪拉克汽车，车上空无一物，车上指纹均被小心翼翼地抹去。在对车辆识别号码和标签进行搜索查询后，警方很快便找到了 51 岁原车主理查德・马洛里的信息。在靠近汽车附近的一个小坑中，警方找到了一个装着几张过期信用卡和商业名片的钱包，还有两个半埋在坑中的塑料杯和一个装有半瓶伏特加的手提皮包。

汽车内驾驶座的距离很靠前，跟原车主的身高并不相符。令警方不安的是，驾驶座靠背上竟发现了血迹。

11 月 13 日，马洛里的尸体在距离汽车约 5 英里的地方被找到。几个男人在美洲蒲葵林一块小空地寻找可回收垃圾时发现了受害者马洛里的尸体。尸体被完全遮盖在一块巨大的毯子下面，受害者面朝地俯躺在地上，衣冠完整，牛仔裤拉链紧锁，皮带搭扣轻微歪斜。他的前口袋被人拉出，似乎有人曾在其口袋中寻找过某些东西。受害者胸膛连中四发 0.22 英寸口径镀铜子弹。其中一处枪伤似乎是其在驾驶座上时被击中后留下的。经检测，受害者血液中酒精含量并未超标，因此非酒精中毒。

马洛里是一家家电维修店的老板，据称，其生前经常召妓。艾琳被捕后声称自己杀死受害者，是因“意识到”受害者欲对自己实施强奸而采取的自我防御。

“拒绝内心救赎”——艾琳的第二次谋杀

距第一起谋杀案半年后，艾琳实施了第二次谋杀。这次的受害者是 43 岁的大卫·斯皮尔斯，他身材高大、说话温柔，被称为“大众好人”。他表里如一、兢兢业业、诚实正直、体贴大度且具有责任心。在诸多方面，斯皮尔斯都和第一位受害者马洛里截然相反。斯皮尔斯有 3 名子女，虽然他与前妻已离婚 20 年之久，但最近 6 年来，两人一直藕断丝连，甚至有复婚的想法，为此，斯皮尔斯特意买好了一枚新的求婚戒指。斯皮尔斯的前妻和子女居住在距离奥兰多约 100 英里的地方，他每个周末都会前往前妻家和子女们共度欢乐时光。1990 年 5 月 19 日，星期六的早晨，他一如往常，驱车前往前妻住所，这次的家庭聚会意义非凡，因为其中一个女儿正在举行 23 岁生日和大学毕业欢庆会。当天，斯皮尔斯带了大量现金准备送给女儿作毕业礼物，并和家人约定好下午 2 点准时到达。与以往大为不同的是，斯皮尔斯并没有按时出现，甚至没有给等待的家人打一个电话。

6 月 1 日，大卫·斯皮尔斯裸露残缺的尸体在位于查萨霍维茨卡南边，距离前妻家 80 英里的松树和美洲蒲葵林空地被找到。其尸体被附近的动物撕扯得残缺不堪，警方甚至未能立即判断出死者性别。验尸官在死者身上找到了至少 9 处枪伤和已经愈合的其他 6 处伤口，22 颗子弹。至少有一颗或两颗子弹击中斯皮尔斯的背部，而剩余子弹则分别从正面击中其身体和腹部。

在此之前，警方已经找到斯皮尔斯被洗劫一空后随意弃置的卡车，并在驾驶座前面的踏板上发现了血迹和一个空的包装袋。

根据艾琳被捕后给出的供词，斯皮尔斯在靠近 27 号公路的地方搭载了工寻找顺风车的艾琳，当时距离其前妻家仅有1/4的路程，换句话说，约30分钟后，他便能顺利到达等待他一起欢庆的前妻家。艾琳声称正直可靠的斯皮尔斯未给前妻打电话说明缘由后，便驾车驶离距其目的地80英里远的地方，在一个人迹罕至的地方停车后便要求与艾琳发生性行为，据艾琳所言，那时大约是凌晨1至2点，几乎在他约定和家人见面时间的9小时后。

艾琳称当时他们喝了很多啤酒，在斯皮尔斯的要求下，赤身裸体的二人便在卡车后座行不雅之事。之后，艾琳称斯皮尔斯愈发暴力，就在此时，她看见他手上拿着一根铅管，于是惊惶的艾琳立马从车后座跳起来，匆忙跑到副驾驶座拿回自己的包，然后对着站在卡车后挡板处的斯皮尔斯开了一枪。中枪的斯皮尔斯疯狂跑回驾驶座准备驾车离开。艾琳说之后自己站在副驾驶的方向再次对着驾驶座的他开了一枪，并大吼道："你认为你在干什么？老兄，我要杀了你，你刚才居然试图那样对我！"

斯皮尔斯从驾驶座出来，东倒西歪地准备离开卡车时，艾琳却趁机爬到驾驶座开了第三枪，再次中枪的斯皮尔斯倒地不起。艾琳并不记得自己往斯皮尔斯的胸膛开了第4枪后又朝其背部开了两枪。随后，艾琳从斯皮尔斯身上和车上拿了共计500到700美元的现金后，便匆忙驱车离开。她回到家中，从卡车后面拿出许多她认为可以卖个好价钱的工具后，便将车丢弃在一条偏僻的小路上。当天在上白班的泰回忆称，当时艾琳开着一辆声称"借来"的卡车前来接她，但自己并未上车。

从案发位置、案发时间线和斯皮尔斯对家人的一贯忠贞来看，斯皮尔斯在距家仅30分钟车程的时候突然改变主意，接下来9个小时均在离家80英里远的地方与一名街边妓女厮混在一起似乎不大可能。至少他不可能连一个电话都不给女儿打。

迈拉·欣德利（后文会有所讲述）的同谋，有"英国沼泽杀手"之称的伊恩·布雷迪曾写道，第二次谋杀是连环杀手最终进化的关键一环。连环杀手会在初次杀人后感到迷茫无措。据布雷迪所言，杀手：

> 过度沉浸于初次谋杀对自身心理和法律准则的挑战，更别说谋杀和处

理尸体所需要耗费的体力。因而他们无法淡然接受这种轰炸其思想的创伤性困扰。

第二次谋杀依旧会出现上述不利之处，使初次谋杀中的元素混乱，但混乱程度更浅。这让杀手对现实体验有更客观的感受和消化。此外，还会让杀手愈发得意忘形，着眼于更广阔的形而上学棋盘。

在诸多连环案件中，杀手在二次谋杀中不断提升的唯美主义所形成的印象会比初次甚至可能将来的所有谋杀都清晰。这不仅代表着认可仪式，还是对人性信仰的缺失，甚至是对享乐虚无主义的沉迷。

拒绝内心救赎。[136]

连环谋杀

艾琳的初次谋杀和二次谋杀间相距 6 个月。而第三次与第二次的时间间隔却明显缩短。如今的她已转变成骇人听闻的杀人机器。距第二次谋杀约两周后，沃尔诺斯在坦帕附近遇见了 40 岁的农民查尔斯·卡斯卡登，他是密苏里州人，并刚刚在当地找到一份冲床操作工的工作。当时查尔斯正驱车前往佛罗里达接未婚妻并与其一起驾车回密苏里州。艾琳在车后座开枪将查尔斯打死。根据艾琳自己作出的证言，谋杀查尔斯后，她便开始在车内四处搜索，结果找到一把 0.45 英寸口径的手枪。显而易见，查尔斯打算置自己于死地。艾琳解释称找到手枪后，她勃然大怒，于是掏出 0.22 英寸的左轮手枪再次对着查尔斯的尸体开了几枪。

一如从前，沃尔诺斯开走受害人的车辆，回家与泰会合。回到家后，二人一起用从查尔斯车上找到的 0.45 英寸口径手枪练习枪法。沃尔诺斯在案发约两天后，将受害者车辆丢弃。

一周后，沃尔诺斯在离邦内尔不远的一家咖啡店遇见了 65 岁的皮特·西姆斯，身为牧师的他带着《圣经》准备前往参加一个基督教主题的旅行活动，却在自己车内遭到沃尔诺斯毒手。据沃尔诺斯所言，他们二人赤身裸体，准备在一张地毯上进行性行为，而此时沃尔诺斯意识到西姆斯打算杀害自己，于是她先发制人，将其射死并弃尸荒野，此后便开着西姆斯的车回到家中。警方至今仍未找到西姆斯的尸体。

泰回忆说，当时她们房间中突然出现一本《圣经》。这次，艾琳并未像往常一样随意丢弃受害者的汽车，而是将其据为己有。她将车停在所住汽车旅馆的后面。当泰追问缘由时，李回答称她确实借了车，但现在无法归还。

一个月后，艾琳仍保留着这辆车，并经常开车接送泰。7 月 4 日，李和泰开车去度假。一路上，她们不断停车购买啤酒。对二人来说，一天之内喝完 3 打啤酒并非难事。烂醉如泥的艾琳意识到自己无法继续开车后便让泰代替自己驾驶。而此时的泰也早已酩酊大醉。最后，驾车的泰失去控制，车辆撞上靠近某些住房的沟渠。

人们听到动静后，纷纷出门准备伸出援助之手，艾琳和泰却逃之夭夭，但所幸有目击者看到了二人的长相。警方赶到后，发现该肇事车登记在西姆斯名下，而其家人曾向警方上报其失踪。之后，警方从目击者处收集了关于艾琳和泰的详细描述，并随即画出嫌疑人素描画像。不仅如此，在接下来的仔细搜查中，警方还从被遗弃车辆上找到了沃尔诺斯的手印。

有趣的是，警方已经怀疑这当中某些谋杀案件均是女性所为，不过因为案件发生在不同管辖地，因而并未被联系到一起。在马洛里遇害一案中，警方怀疑凶手可能是其最近约见的妓女，而在斯皮尔斯一案中，警方则对其前妻心生怀疑。警方断定，凶手枪击受害者身体部位的射杀模式显示其是一名女性。根据警方所言，女性即使是在枪击别人时也极少将射击目标对准头部，而倾向于射击心脏或身体其他部位。

第 5 名受害者是 50 岁的尤金·特洛伊·伯雷斯，当时的他是某腊肠公司的司机，据传，他在遇害当天，即 7 月 30 日并未返家，且未将送货卡车归还至公司。次日，其卡车在送货途中被找到。8 月 4 日，特洛伊的尸体被找到，脸朝下俯躺在一条狭窄泥泞的小路上，身中两枪。根据艾琳被捕后的供词，特洛伊在送货途中搭载艾琳，二人本已同意发生性行为，而特洛伊却丢给艾琳 10 美元，并声称要对其实施强奸。于是艾琳拿起枪击中特洛伊的胸膛。特洛伊倒地不起后，艾琳开了第二枪。尤金·伯雷斯婚姻美满，儿孙满堂，且并未有过任何恶习或不道德行为。伯雷斯的家人得知其死讯后悲痛欲绝，贴出赏金传单以悬赏提供任何与凶手有关线索的目击者。

9 月 11 日，艾琳杀害了第 6 名受害者，亚拉巴马州的迪克 · 汉弗莱斯，他曾是警察局长，现是一名虐童调查员。遇害当天，汉弗莱斯毫无预兆地彻夜未归，担心的妻子疯了似的不断给其工作单位和前同事打电话询问丈夫下落。次日，某些小孩到住宅社区后面人迹罕至的地区骑车玩耍时，在路边的田野中发现了汉弗莱斯的尸体，他几乎保持着坐姿，头部无力地下垂。汉弗莱斯衣冠完整，手上的手表和结婚戒指也并未丢失，但身上的钱包被翻了个遍。经检查，汉弗莱斯身中七枪，其中一处枪伤位于脑后。头脑右部有一处用手枪使劲抵住后留下的淤痕。毒理学检测结果显示在其体内并未发现大麻或酒精。如同艾琳上一名受害者一样，汉弗莱斯生前并无淫乱事迹，且拥有一个幸福美满的家庭。

1990 年 10 月 17 日，即感恩节前后，艾琳谋杀了 60 岁的沃尔特 · 杰诺 · 安东尼奥，他是一名卡车司机、安保人员，同时也是一名后备警察。根据艾琳的供词，安东尼奥在途中搭载了正在寻找顺风车的艾琳，随后安东尼奥同意在车后座与艾琳进行性交易以“帮助其赚取钱财”。而当艾琳赤身裸体时，安东尼奥却亮出警察 ID，并称如若艾琳在性行为后收取交易费，则将其逮捕。随后，二人下车并开始激烈的争吵。艾琳说在安东尼奥朝自己走来时，她掏出了 0.22 英寸口径手枪。二人大打出手，但艾琳获取了最终胜利，并在安东尼奥转身逃命时朝其背部开了一枪。之后，她又接连射中安东尼奥三次，一次是如同处决仪式一般，在其脑后，和上一名受害者迪克 · 汉弗莱斯如出一辙。逃跑前，艾琳取下了安东尼奥手指上的钻石金戒指，那是安东尼奥不久后将要迎娶的未婚妻送给他的礼物。

落网和被捕

导致艾琳被捕的最大失误是其在同一地区连续杀害了四名受害者。4 名中年男性受害者均在身中 0.22 英寸口径枪弹后被弃尸路边，显而易见，案件皆是同一凶手所为。最终，警方调查到发生在其他州的类似案件，并将其串联到一起。根据目击者对从皮特·西姆斯车中两名逃跑女性的描述和车内发现的掌印，警方追查到沃尔诺斯在因偶然持有0.22英寸口径手枪被捕时使用的假名。随后，警方在发现沃尔诺斯典当受害者马洛里的相机和雷达探测器时在当铺收据上所留下的指纹，并进一步查到其当时盗用了泰前室友的名字后，便将调查矛头指向了泰和沃尔诺斯。警方在相当长一段时间内均认为沃尔诺斯和泰是作案同伙，并派出警力分别搜寻两名女性嫌犯的下落。

1990年秋季，泰和李的感情开始出现裂痕。当得知警方公开声明搜捕两名女性嫌犯并附上二人素描画像后，泰终于和艾琳一刀两断并逃回家乡俄亥俄州。泰丽雅知道沃尔诺斯在那段时期至少犯下了三起凶杀案，她曾坐进李莫名开回家的那些车，也看见过那些抢来的东西。

1991年1月8日，警方终于追查到沃尔诺斯的行踪，并派出警力对其进行秘密监控。当天，沃尔诺斯在代托纳一家摩托车手酒吧参加一场宿醉派对，害怕因派对人声嘈杂而错失监控目标的警方决定在凌晨对其实施抓捕。事实上，刚经过一场畅饮后的艾琳在酒吧角落睡得不省人事，这是她最后一次在自由中安睡。之后，酒吧老板特意在店前挂了一张匾，证明该酒吧是抓捕地点。

被派往俄亥俄州的警力分队早已在宾夕法尼亚州斯克兰顿追查到与亲戚同住的泰并将其逮捕。

爱人的背叛

在泰和李分别被绳之以法后，泰丽雅·摩尔在警方的监听下给身在监狱的李打了无数次探视电话，以套出李的自我供述帮助警方判定其罪责。警方向泰承诺，若其能证明自己并未参与这些谋杀案件且协助警方定罪艾琳，则将免受牢狱之灾。在警方的怂恿下，泰丽雅开始通过电话对艾琳设陷：

沃尔诺斯：嗨，泰？

摩尔：是我。

沃尔诺斯：你在做什么？

摩尔：没什么。你在做什么？

沃尔诺斯：没什么，我正在蹲监狱。

摩尔：是啊，我也是这么听说的。

沃尔诺斯：你怎么……你来这里做什么？

摩尔：我来看看到底发生了什么事。

沃尔诺斯：没什么事，我之所以进来了，是因为……一个……那个……呃……秘密携带枪支，还被开了一张交通罚单。

摩尔：是吗？

沃尔诺斯：嗯。

摩尔：这些天，曾有警察找到我父母家调查问话。

沃尔诺斯：糟糕。

摩尔：而且我开始害怕了。

沃尔诺斯：嗯，好吧，我觉得没什么好担心的。

摩尔：呵，我他妈担心得要死。

沃尔诺斯：我不会让你有事的。

摩尔：那就好。

沃尔诺斯：我告诉你，我可以为你去死。

通话持续进行了好几天，皆徒劳无获，每次挂完电话的泰丽雅都担心自己会遭受谋杀指控。

沃尔诺斯：我……听着，你什么都没做，而且我……我一定会告诉警察真相的，好吗？

摩尔：你显然不再爱我了。你不再信任我了，你会把无辜的我拉下水。

沃尔诺斯：泰丽雅，我说了，我不会。听着，不要再哭了，听我说。

摩尔：我忍不住，我害怕死了。

沃尔诺斯：我爱你，我真的爱你，很爱你。

摩尔：我不知道自己是否应该继续爱你或应该……

沃尔诺斯：我不会让你坐牢的。听着，如果我必须向警方坦白罪行，我会这么做的。

摩尔：李，你到底为什么要这么做？

沃尔诺斯：我不知道。你是到这里来和那些警察谈话的吗？

摩尔：不是，我是自己一个人来的。快回答我你为什么这么做。

沃尔诺斯：泰，你听我说，我不知道该怎么回答，我只能说那是自我防卫。别担心，警方死无对证，我会告诉他们那是为了保护我自己而不得已做出的行为，好吗？

艾琳在通话中突然讲出了自己准备告诉警方的杀人借口——“自我防卫”。毋庸置疑，从某种程度来说，艾琳已说服自己她杀害7名受害者均是为了保护自己免遭侵害（并非出于幻觉，而是以理智的方式说服自己）。但其真实的杀人动机远不止如此简单，还掺杂着很多其他事情：

沃尔诺斯：我可能不会长命，但我不在乎。嘿，对了，我会名留青史。

摩尔：怎样名留青史？

沃尔诺斯：不，我只是说……如果我写本书的话，我会……把钱给你。我不知道，我只是……我告诉你我为什么这么做吧，好吧？

摩尔：嗯。

沃尔诺斯：因为我太……太他妈爱你了，所以我很担心我们两个不能拥有自己的公寓，我很害怕我们会无处可去，然后一拍两散。我知道这听起来很疯狂，但这是事实。

这或许是艾琳谋杀上一个受害者的原因，但并不足以解释之前所有受害者的死亡。在他人看来，艾琳在二人关系中扮演着丈夫的角色，而泰丽雅则是渴望安定的妻子。事实上，艾琳的确把泰丽雅当作自己的“妻子”。但依靠不起眼的工作赚取微薄收入以维持生计的却是泰，而挑剔的艾琳则一直保持着职业自由的生活方式。接连不断的移居和驱逐以及颠沛流离、混乱不安的生活折磨着泰丽雅，同时也威胁着二人的关系；动摇了艾琳作为“丈夫”的地位；威胁着艾琳此生唯一拥有的一段长期亲密关系；威胁着她认为自己拥有的唯一一个幸福家庭。这是一场百年难遇的希腊悲剧：在历尽被虐待和被抛弃的生活苦难后，艾琳却在最终找到所爱之人时变成了杀人狂魔。

怒不可遏的艾琳为爱而杀，而最终却恰恰是这份她不顾一切的爱背叛了她且亲手将她推向死亡深渊。艾琳曾坦言自己为保全泰丽雅，宁愿被判处死刑。

“我之所以杀害他们全是因为他们对我施加暴力，而我决定保护自己。”

1 月 16 日，在艾琳被捕且与泰丽雅进行通话约一周后，她的供述内容被警方成功录制。她首次犯下的谋杀理查德·马洛里一案因种种原因，成为其所有连环凶杀案中最重要的一起案件。首先，法院会对沃尔诺斯犯下的各起案件进行分别审判，而这将是陪审团面临的第一起案件。其次，这将是对她自称自我防卫成立与否的关键考量。

在极力声明解释称所有案件皆是自己一人所为，泰丽雅并未参与且素不知情后，艾琳不紧不慢地做出了长达三小时的自我供述。

艾琳回忆称，1989 年 11 月 30 日傍晚，经过一天劳累后的她在坦帕和代托纳之间的高速路段搭车，当时正赶往代托纳约见与自己分分合合的女友的理查德·马洛里同意顺路搭载艾琳。

据艾琳所言，刚开始二人相处很愉悦。马洛里一边吸食大麻、喝伏特加，一边和艾琳愉快地聊天。随后，马洛里邀艾琳一起吸食大麻，而艾琳断然拒绝后，将橙汁和伏特加混在一起喝。行车路上，马洛里在一家便利店门前停下，买了艾琳想要的东西——6 罐啤酒。二人在半夜时分到达代托纳，但马洛里未按计划让艾琳下车并自己驱车前往原定目的地，而是在离公路很远的一片荒地停车后继续与艾琳喝酒聊天。艾琳说她告诉马洛里自己是名妓女，并询问其是否愿意“帮自己赚钱”。在迅速商讨好价格后，马洛里同意了。

那时大约是清晨 5 点。沃尔诺斯说，马洛里同意交易后，她便脱下衣服，随后二人开始相拥亲吻。但当沃尔诺斯让马洛里也脱去衣服时却遭其拒绝，马洛里说他只解开自己的裤子拉链。这完全可以理解。认识马洛里的人均称他妄想成性且性格谨慎。过去三年来，马洛里曾换过 8 次门锁，且总说有人在跟踪自己。此外，吸食大麻后更会加重妄想。

二人虽欢度傍晚时光，但马洛里的妄想症和艾琳的怒不可遏相撞后，悲剧一触即发。根据沃尔诺斯的供述，马洛里拒绝脱衣服足以证明他准备对自己实施强奸。艾琳打开车门，赤身裸体站在车外，弯腰从车里捡起自己装着 0.22 英寸口径手枪的包。此时依旧坐在驾驶座的马洛里侧身一把抓住她手里的包，这一举动让艾琳更加确信马洛里打算强奸自己的意图。

艾琳说她从马洛里手中抢过包，并掏出里面的手枪对着坐在驾驶座上的马洛里胸膛开了一枪，她一边开枪一边大叫道："你这个狗娘养的，我知道你想强奸我！"

中枪后的马洛里摇摇晃晃地下车准备逃命，而艾琳则跑到车子前面瞄准马洛里蹒跚逃跑的方向说："你给我站住，不然我继续开枪了。"她随即开出了第二枪，马洛里倒地不起。此后，艾琳走到马洛里面前，再次对着其胸膛开了两枪。

其中一颗子弹穿过马洛里的肺部并在其胸腔留下一个弹孔，导致其内脏器官大量出血。二十分钟后，受伤严重的马洛里一命呜呼。而当马洛里咽下最后一口气时，艾琳就站在他身边静静地看着。

艾琳在供述中这样说：

> 所以，我对他说："经过这一晚上的愉快相处，我觉得你像是一个好人，那么好吧，我们……我们来找点乐子。"之后我便躺下来，而他则解开裤子拉链。然后我问："你为什么不脱衣服？"我的天，"你这样做很伤人。"之后他开始对我大吼大叫。他说着："去你的，宝贝，我现在就要在这里干你。"……之类的话。
>
> 于是我说："不，不，你不只是要和我做爱，你要付钱。"他听完后回答说："呵，胡说八道。"那时他就已经开始生气了。我继续回忆啊。之后，

我们开始争吵，然后我跳出了车。他抓住我的包，我也抓住自己的包不肯松手，我双手快要没力气了，但我再次抓回自己的包并从他手中一把夺过，之后，我拿出包里的手枪站在前座对着他开了一枪。

当我开出第一枪后，他就害怕了。然后我想……我自己在心里想：该死，我是应该放他一条生路还是干脆送他上西天？我不知道应该怎么办，所以我心想着：如果我放他走，他一定会告发我，而那时我就会因为谋杀未遂接受刑事处罚。之后我又想：好吧，目前最好的做法是继续开枪。然后我便开始遵从自己的想法继续朝他开枪。这个愚蠢的混蛋会杀了我的，所以我选择继续开枪。也就是说，我打中了他，然后我对自己说，妈的，如果我不打……打死他，他就会开枪打死我，因为他想猛揍我一顿，也许我当时神志不清。他会在我包里找到手枪然后开枪打死我。因为他可能想要强奸我，知道了吧？所以我开枪了，然后心想：我最好还是继续开枪。因为我必须杀死他，否则他会……他会……将这件事告诉别人或做出其他什么行为。之后我又想：这个下……下流的混蛋死不足惜，他竟然试图对我做那种事。

所以我每开枪杀死一个男人时，这三个想法都在我脑子里打转……我必须说，我之所以杀害他们全是因为他们对我施加暴力，而我决定保护自己。我不会让他们揍我，也不会让他们杀死我。我确信如果他们在争吵后发现我带着武器，他们一定会开枪打我。所以我就先发制人，开枪打死了他们。[137]

静静等待马洛里咽气后，艾琳翻找了他携带的钱包，拿走里面的钱和身份证件后便将尸体拖走，并掩盖在一张毯子和许多硬纸板下。此时依旧赤身裸体的她坐上马洛里的凯迪拉克，从犯罪现场驱车前往附近的另一片荒地。之后，她穿上衣服并喝完所有啤酒，拿走她认为值钱的所有东西后，将剩下的譬如马洛里的衣服之类的物品，扔到沿路的树林和一个大型垃圾装卸卡车内。太阳升起后，艾琳驾车回到汽车旅馆，此时泰还在熟睡。

对艾琳·沃尔诺斯的解读

几年后等待死期的艾琳说："我花了 17 年才终于迈出杀人这一步……终于忍心杀死一名强奸犯或其他任何人。但我最后变得铁石心肠并对他们说适可而止。"

在艾琳的供述中有某种让人难以信服的逻辑，马洛里的妄想与艾琳自身长期以来的怒火碰撞酿成了这样的悲剧。供述中，艾琳讲述了自己童年时期对待他人的态度从友善到险恶的陡然转变。虽然艾琳在很多年内并未对谁做过极具伤害性的行为，但她突然的勃然大怒却使得很多人心怀恐惧，无论是她同母异父的姐姐，还是朋友、爱人和其他熟识之人。艾琳对他人做出伤害行为只是时间早晚的问题罢了。

然而，一旦开始杀戮，她便跨入某个全新的宣泄领域——从某种意义上来说，她以女魔头的身份重生了。艾琳一生虽追逐杀戮，但她自 11 岁开始便遭受凌虐及性侵，这是无可厚非的事实。不管她发怒时在内心抑制了怎样的暴力幻想，最终皆被付诸现实，覆水难收。她已成为冷酷无情的杀手，多杀或少杀一名受害者也永远不能改变这一事实。在那之前牵制她不夺取他人生命的因素如今已毫无意义。

据泰给出的证词，艾琳在实施第一起谋杀案件后的早晨返回汽车旅馆后，并未向泰提及马洛里试图强奸自己一事，泰也未在其身上发现任何伤痕。事实上，艾琳从未对泰丽雅说起过自己在街边卖淫时遭到强奸或凌辱。在落网 13 个月后对警察招供时，艾琳首次声称自己杀害马洛里是因害怕其对自己实施强奸。

斯泰茜·希普利和布鲁斯·阿里戈在对沃尔诺斯的心理分析中指出，其事迹是研究依恋障碍引发病态心理的完美案例。艾琳的愤怒、寄生虫生活、依恋无能和极度自恋，在其功能障碍的童年时期如魔鬼般悄悄萌芽。艾琳的这些行为特性招致同龄人的排斥和凌虐，而所受排斥和凌虐又进一步加重其自身行为障碍。艾琳在童年时期的性行为使其遭受更多伤害。她在其青少年中期曾多次遭到凌虐、利用甚至强奸，成为了 11 岁的"烟奴"。事实上，艾琳直到 30 多岁才举起屠刀实属奇迹，这或许也是女性内心深处某种善良的闪光点吧。

如斯泰茜和阿里戈所说：

> 她在社交中通过分离他人关系调节自身情绪，通过攻击性和暴力行为掌控周围环境。艾琳虽屈于凌虐，却学会了分辨生活中的攻击者。这个世界上有两种人，一种是受害者，一种是施害者，而她选择成为后者。她刚强内心中自己的理想模型与现实生活间不允许任何事物存在。她不会再做受害者。[138]

德博拉·舒尔曼－考芙琳在对女性连环杀手进行调查后写道：

> 生活中的她们对某件可怕事情的发生无能为力，如同许多人依靠香烟寻求内心祥和一般，她们用夺取他人性命的方式重拾平衡感（至少在她们自己心中）……她们渴望杀戮，因为杀戮让她们感到平静，虽然她们深知这对自己并无益处，但这至少能在当下带来即时的内心愉悦。对女性连环杀手而言，掌控他人生死也是出于同一目的。她们在寻求一生中前所未有的平静，而实际上，她们也知道这并不能“挽救”自己的生活。[138]

我们永远也不会知晓理查德·马洛里一案的真相。马洛里真的试图强奸艾琳吗？当然，很多人会给出肯定的回答，他们认为即使艾琳事前已同意与其发生性行为，即使她已赤身裸体，即使艾琳在行为即将发生时突然被对方以不愿脱裤子的琐碎理由拒绝，但仍旧改变不了强奸的事实。不行就是不行。

而另外有些人可能说即使确是强奸，也并非足以招致杀身之祸的强奸行为。马洛里并未单方面做出令艾琳始料未及的性行为。他们二人事先已商量好进行性交易。问题并不在于他们是否准备进行性行为，而是如何进行性行为，即是说，马洛里是否准备脱下裤子或只是解开裤子拉链。

艾琳的抗辩——“我要反抗，不然只有死路一条。”

上述所有皆不成问题，然而一年后，当艾琳因谋杀理查德·马洛里而接受审讯时，其抗辩却与其之前讲述和马洛里相遇的内容大相径庭。以下是艾琳1992年1月25日在法庭上给出的证词：

> 我告诉他说不会和他做爱的。“是的，你会，婊子。你会按照我说的一切做，如果你不乖乖听话，你的下场将会和其他荡妇一样，我会杀了你，然后奸淫你的尸体。没什么关系，你的尸体还是热的。”他将我的双手绑在方向盘上，然后暴力地从后面干我。之后，他从卡车中拿出一个装有外用酒精的药水瓶。他说那个药水瓶是给我的惊喜之一。他将瓶内所有酒精全部倒入我的肛门。因为他之前干我的时候用力过猛，所以我当时真的很痛。他穿好衣服，拿上收音机，在汽车发动机盖上坐了大约1个小时。我怒火中烧，于是我开始冲他大吼大叫，并极力挣脱手上的绳索。
>
> 最后，他解开我的双手，将绳索套在我脖子上。他嘴里还在说着他想对我做的那些下流事。他让我转身对着他，躺下，然后张开双腿。我猜他会解开拉链然后操我。那时他穿着衣服。他抓着我脖子上的绳索就像抓着动物缰绳一样。我想，我要反抗，不然只有死路一条。
>
> 我迅速跳起来，朝他脸上吐口水。他说：“你死定了，你这个贱人，你死定了。”
>
> 我一把抓起我的包，拿出里面的枪对着他，他右手朝我伸过来，我马上朝他开了一枪。他又过来了，我再次开枪。然后他停下了，我用力把他推开，而他坐在驾驶座上。我匆忙打开副驾驶座的门，跑到驾驶座那边，迅速打开车门。我看着他，他准备起身出来。然后我说：“不要靠近我，我会再开枪的”，“不要逼我再朝你开枪”之类的话。但他还是冲着我扑了过来，于是我开枪了……他倒在了地上。

艾琳在审讯前一年被警方秘密录制的供述内容与此次庭审迥然不同，尽管其辩护律师竭力排斥辩驳艾琳之前的供述录音，但陪审团看出了艾琳所述供词中的故事进化，在之前的供词中，艾琳指出马洛里因同意与自己进行有偿性行为后却不愿脱裤子而导致被枪杀，而如今她在庭审现场却给出另一番说辞：马洛里捆绑艾琳双手并威胁将置其于死地，随后暴力强制其与自己进行肛交。此外，并不只是马洛里，据艾琳所言，她杀死的 7 名受害者皆是强奸犯，而她是出于自卫才下此毒手。艾琳不仅在保护自己，这些人都死不足惜。这一自我辩护应受斥责，因为它将所有真正的受害者均贬低为可憎的强奸犯，而将艾琳这个凶杀犯抬高为一名受害者。

“每个女人最不应产生的幻想”：女权主义火星人对艾琳的辩解

艾琳·沃尔诺斯的案件和其“面对强奸时的自卫”辩解与一部分激进女权主义者的思想臭味相投，而这其中呼声最大的非菲利斯·切斯勒莫属，她是纽约市立大学（史坦顿学院）一位致力于女性研究和心理学的教授，此外，她还是一名作家，同时也是受虐女性杀死男性施虐者的“专家证人”。面对切斯勒的观点，某位评论家指出：“这不是为懦夫提出的女权主义。”[140] 的确如此。

切斯勒向艾琳的辩护律师毛遂自荐，充当女性自卫杀人的“专家证人”，并游说媒体代表沃尔诺斯向《纽约时报》投递一篇名为《谋杀的双重标准？》的观点文章。[141]

在遭到艾琳辩护律师的断然拒绝后，她并未就此放弃，而是直接联系沃尔诺斯本人，最终，她见到了沃尔诺斯并对其表示支持，称她才是真正的受害者，她面对强奸时正当的自卫行为却被那些强调男权和父权主义的女性压迫者定义为有损正义，而错误地背负连环杀手的指控。

切斯勒在《一位专家证人的笔记》中讲述了自己在沃尔诺斯案件中的角色。[142] 切斯勒提出：就她所知，佛罗里达警方即便是在锁定并抓捕艾琳之前，都一直在寻找一连串高速路谋杀案件中的两名女性嫌犯，她认为这整个故事：

> 就如同 1938 年奥森·威尔士提出美国遭到火星人入侵般荒诞至极。

每个女人最不应产生的幻想是什么？每个男人在电视上最可怕的噩梦是什么？这是开玩笑吗？或许这些女人是在执行为格林河杀戮或蒙特利尔大屠杀报仇任务的女权主义火星人。① 如若不然，地球上真的存在女性连环杀手吗？[142]

根据切斯勒的说辞，女性不可能成为连环杀手，因为“连环杀手多数是男性白人流浪汉，他们沉迷色情，厌恶女性，像严厉的父亲一般虐待儿童”。[144]（原文引用）

当然，这完全是一派胡言。多数连环杀手并非无家可归的流浪汉（只有35% 的人时常变换住所），且诸多男性连环杀手均因曾遭受过母亲凌虐而最终导致其对女性形成憎恶。譬如埃德蒙·肯珀，他在年仅八岁时，被母亲强制在黑暗的地下室连续睡 8 个月，且母亲在他唯一可以出去的地板活门上放了一张餐桌，最终，他成为杀人狂魔，杀死包括其母亲在内的 8 名女性受害者。[145] 亨利·李·卢卡斯以卖淫为生的母亲维奥拉，强迫亨利和其下肢残废的父亲目睹她和男顾客进行性行为的全过程，如若拒绝，维奥拉便用棍棒对父子二人实施殴打。唯一能给卢卡斯童年带来欢乐的是一只宠物骡子，而当他母亲发现他对骡子的喜爱时，便逼他看着自己亲手将其心爱宠物射杀致死。之后，因想到要花费大量精力才能将骡子尸体拖走而恼羞成怒的维奥拉对亨利拳打脚踢。[146] 奥蒂斯·图尔被母亲强迫穿上衬裙，戴上饰品，一副女孩装扮，之后他成为了卢卡斯的同伙，且被怀疑谋杀了《美国头号通缉犯》主持人约翰·沃尔什的儿子亚当·沃尔什，并砍下亚当的头颅。谋杀了 13 名女性受害者的艾迪·科尔被母亲打扮成“妈妈的宝贝女儿”，并被强迫给其母亲的客人和情人端茶倒水。包括查尔斯·曼森在内的至少 7 位男性连环杀手在其童年时期，均曾有过被母亲强迫穿上女装、遭受凌辱的不堪回忆。杰里·布鲁多斯的母亲在他床单上发现精斑时，强迫其亲手洗干净，晾在邻居一眼能看见的地方，且禁止布鲁多斯

① 1989 年 12 月 6 日，在蒙特利尔，25 岁的马克·莱皮纳在遭到工程学院的入学拒绝后拿着一把来福枪走进一间教室，在赶走所有男性学生后，杀死了剩余的 14 名工程系女性学生和学校教职工，他一边残忍杀戮一边大叫着“我憎恨女权主义者”，在疯狂杀戮后，他以自杀了结了自己的生命。

再睡床单。布鲁多斯的母亲为给最爱的长子单独留房间而将布鲁多斯赶出房门，命令其在花园棚屋里生活。约瑟夫·凯林格的母亲不允许养子约瑟夫在外玩耍，用鞭子和锤子鞭打、抽打其身体，并称如若发现养子性器官勃起便会将其剪掉，养子没有谈婚论嫁的自由，婚姻对象必须由母亲定夺。每个连环杀手的生活中皆有一位骇人听闻的母亲。

切斯勒表明："99% 的大规模屠杀、性谋杀和连环谋杀"皆是男性杀手所为。[147] 我对大规模屠杀和性谋杀知之甚微，但从 1800 到 1995 年美国对连环谋杀最全面的研究来看，83% 至 85% 的受害者皆丧命于男性连环杀手的魔爪之下。[148] 这意味着女性在所有连环杀手中占比 15% 至 17%，即几乎每 6 起谋杀案件中有 1 起是女性杀手所为！虽然连环杀人案件中的男性罪犯居多，但女性罪犯所占比例也并非如切斯勒声称的那般无关紧要。对切斯勒的"专家意见"讲解到此为止。

令人生畏的并非切斯勒在其所谓专家意见上的无知。[149] 切斯勒让人生厌之处在于其对沃尔诺斯所杀受害者的一概诋毁。声称沃尔诺斯是受害者仅仅因为"她所杀的受害者皆是经常召妓的败类"[150] 的切斯勒，和那些认为"妓女皆是毫无生存意义的娼妇，街边卖淫的她们被夺去生命是自作自受"而贬低其生命的人，或那些声称"妓女即便被强奸也不足为惜，因为这是职业风险"的人相差无几。将这番话说给车内《圣经》均被沃尔诺斯扔出车窗外且尸体至今尚未找到的皮特·西姆斯家人听啊，或说给晚归总会给家人打电话的前警员和如今的虐童调查员迪克·汉弗莱斯的丧偶妻子听啊，抑或是说给本应得到父亲大卫·斯皮尔斯的毕业礼物，却在沃尔诺斯将其父亲残忍杀害后将礼物换成啤酒和香烟的受害者女儿听啊。根据切斯勒的说辞，这些受害者究竟有什么"败类特质"？她从未就这一问题做出回答，或许他们的"败类特质"在于均是男性？

牧师和警察有时的确会召妓，这点不可置否。但艾琳的所有受害者中除一名以外，其余均未有过嫖娼逮捕记录或其他任何不法行为。艾琳最初是如何坐上这些受害者的车的？我们一无所知。以受害者汉弗莱斯为例，他在从事虐童调查员之前曾是一名警察，其尸体上有手枪用力抵住身体后留下的淤痕。艾琳当时并未如普通妓女一般，身穿魅惑着装，而是穿着劣质的牛仔短裤和 T 恤在高速路上搭车，且一旦成功上车便开始求欢。她轻而易举便可佯装成是落难司机。事实上，对牧师、前警官和后备警察的侧写证明，他们恰恰会停车帮助一位陷入窘境的街边陌生人，尤其是当求助者为女性时。切斯勒应该为自己感到羞耻。至少艾琳·沃尔诺斯恶意诽谤受害者是为了保全自身性命，而切斯勒呢？她的借口是什么？

切斯勒尤其蔑视艾琳的第一位受害者理查德·马洛里。从很多方面而言，理查德·马洛里是帮助我们理解诱发艾琳·沃尔诺斯解放天性，走上长达一年疯狂杀戮之路的罗塞塔石碑①。切斯勒指出，从马洛里的前女友杰姬·戴维斯向警方提供的受害者描述来看，马洛里是一位“可憎之人”：

> 戴维斯女士称马洛里曾因入室盗窃在监狱服刑10年；情绪波动大；酗酒成性；对女人暴力相待；常混迹于脱衣舞酒吧；“喜欢”色情；曾因某种性功能障碍而接受治疗。警方对马洛里的店铺进行搜查后发现他生意经营不稳定，身负巨额债务，拖欠税款，且在其店内还找到许多来自不满客户的投诉信。[151]

切斯勒说大约在沃尔诺斯接受庭审的7个月前，她曾在和沃尔诺斯公设辩护人特里·詹金斯的无数次会谈中提到“女权主义者，包括我自己在内，要求詹金斯和其调查员唐·桑切斯追查马洛里的过去，而他们却从未这样做。”[152]

此外，据切斯勒所言，杰姬·戴维斯给出的关于马洛里“过去对女性暴力相待”的证言并未被当时判案的法官纳入可用证人证言之列。切斯勒还声称辩护律师提出的“延期审理，让辩护人重新找到并询问戴维斯”的请求也被当庭驳回。切斯勒最后总结道：“在我看来，不采纳这样的补充证据必定会对沃尔诺斯的自卫辩护产生不利影响。”[153]

听来似乎是男权主义的法官和一位不称职的辩护人员合谋将沃尔诺斯推向

---

① 1799年在埃及尼罗河口罗塞塔发现的一块石板，上面刻有希腊文及埃及象形文字等，为研究古埃及文字提供了条件。译者注。

刑场，因为她竟敢在一位试图强奸她的父权制度成员面前为自己辩护。但切斯勒并没有将杰姬提供予警方的完整实情展现给我们。

实际上，戴维斯从未提及马洛里施虐成性或对自己暴力相待。杰姬的原话是“他待人友善且毕恭毕敬，但情绪易于波动。有时极好相处，而有时却封闭自我”。[154] 切斯勒所谓“虐待女性”的定义，包括马洛里付钱让两名脱衣舞女和两名妓女彼此进行性行为供他欣赏的特殊癖好。

对和切斯勒一样的激进女权主义者而言，世上没有妓女，只有“被卖淫的女性”。这几乎是切斯勒在其文章中唯一使用的术语，她暗示读者所有妓女皆是在男性强迫下出卖肉体。即使未曾有人强迫沃尔诺斯走上卖淫道路；未曾有人“操控”沃尔诺斯；她也未曾有过皮条客（至少不是能在她暴怒之下逃生的人），但切斯勒依旧坚持认为沃尔诺斯是“被卖淫的女性”。令人惋叹的是，艾琳选择出卖肉体而不愿像她的爱人泰丽雅一样从事卑微的工作。沃尔诺斯不愿工作这一点正是她和泰丽雅之间感情出现裂痕的导火索之一。

切斯勒对和艾琳见面时得知的事情并非有多尊重。在从艾琳口中得知她自己选择卖淫，且她的某些顾客和自己是朋友关系后，切斯勒说：“她和大多数（受虐）女性相差无几。”[155] 对切斯勒这样的人而言，艾琳只是无足轻重的人物罢了，帮助艾琳从来不是他们真正居心所在。

当时负责判案的法官并未阻止杰姬·戴维斯上庭作证。辩护人员在庭审开始很久之后才得知杰姬·戴维斯的证言一事属实。但在案件审讯期间，戴维斯曾被要求出席庭审，而后辩护律师决定拒绝其在陪审团面前出庭作证。事后证明杰姬的证词含有从他人处听闻的谣言，不予置信。杰姬个人从未遭到马洛里的虐待，也对他虐待其他女人的事迹毫不知情（地球人都知道“虐待”一词的含义，这和切斯勒在女权主义火星人的定义相差甚远。）

杰姬·戴维斯不仅在马洛里失踪前一天还与其浪漫约会，而且在得知马洛里死讯后，她还主动承担起安排葬礼的重任。她很爱慕马洛里，且不愿为被告方作证。审讯最后，做出拒绝其出庭作证决定的人是辩护律师而非判案法官。[156]

但我们不能如此轻易认为切斯勒这样乖僻激进的女权主义分子已无用武之

地。在 1992 年庭审和次年将提出的上诉之间，切斯勒做了一件沃尔诺斯的辩护律师团队从未做过的事。她雇佣了一位最初参与过沃尔诺斯一案调查的前警员私下追查马洛里的过去。该私人调查员发现，马洛里曾因入室强奸未遂而被判处四年有期徒刑（切斯勒说十年）！若马洛里因偏好雇佣“被卖淫女性”而被视为“虐待成性”，那么想象一下这记重磅炸弹会让他变成什么样的大魔头！

不过唯一的问题在于马洛里是在 30 年前犯下该不法行为的，那时他还是满脸青春痘的 19 岁男生，且事情发生在他参军前夕。当时从事饮料配送工作的马洛里潜入一家他熟悉的住宅后准备强奸房子女主人，但他在女主人起身反抗的瞬间迅速逃跑。马洛里确实曾接受治疗，且被关押在马里兰州监狱的一间精神病房内。马洛里坦言自己无法克制与女人进行性行为的冲动，并不完全等同于强奸，但正朝着这方面发展。马洛里虽在服刑四年后被释放，但其被登记为“缺陷型少年罪犯”的记录直至 1968 年才得以取消，刚好十年。（这或许是切斯勒声称马洛里被监禁十年的错误原因。）

马洛里在其早年时期已意识到自身问题并尝试独自解决。事实上，他曾因害怕无法控制自己想与女性顾客进行不当性行为的内心渴望而辞去饮料配送的工作。在刑满释放后的 30 年里，马洛里未再做出任何不法行为，且似乎已将自己的性冲动转移到女朋友或所召妓女身上。超过 20 年的时间里，马洛里在所住区域内频繁召妓，许多妓女甚至知道他的名字。但从未有任何一名妓女在马洛里被杀前或被杀后指出过曾遭其虐待。马洛里的这种种事迹表明其并非正直公民和高尚之人，但也不能构成沃尔诺斯声称遭到其暴力强奸的可信证据。

艾琳·沃尔诺斯案件上诉庭审中的一位法官裁定：该信息不改变沃尔诺斯声称自己遭到强奸的正确性，且本庭不予采纳，因马洛里的犯罪行为有且只有一次，且时间久远，不能作为评判其当下行为的证据。

* * *

当艾琳·沃尔诺斯在庭上的态度愈发恶劣，且在最终被定罪时对其中一位陪审员大吼着“我希望你被强奸，你这个卑鄙的美国人渣！”的时候，所有为她辩护的女权主义者通通一言不发且默然退到一边。最后，切斯勒总结道：“艾琳的子弹粉碎了世人对暴力对待被卖淫女性的沉默，粉碎了关于女性抗争的沉默，也粉碎了对于她们抗争后所受遭遇的沉默。”[157]之后，切斯勒开始专注下一场新的演说表演①。

“杀戮的一天……”——是什么诱发了艾琳的行为？

在检察官设定方案和沃尔诺斯提出声明期间本可能会发生点什么。惹怒沃尔诺斯并非难事，且马洛里是人尽皆知的妄想狂，尤其是在酗酒之后。当恐惧的气味激发攻击性时，事情进展可能如动物界的场景般简单。或许马洛里向沃尔诺斯发送了恐怖信号，而害怕遭到攻击的沃尔诺斯做出了回应。或许马洛里和沃尔诺斯过去生活中不计其数的人一样，说了某些引发她勃然大怒的言语而招致杀身之祸。或许沃尔诺斯在供述中描述的乱斗情况属实，而在二人战火升温时，沃尔诺斯开枪打死了马洛里。又或许沃尔诺斯在一年后庭审中的证词属实，她的确遭到了马洛里的暴力强奸。这并非没有可能。至少马洛里在其人生中的某个时段是有过该行为的，或许在遇见沃尔诺斯当晚，这种邪念再次萌芽。有这种可能性。

不管马洛里是否实际强奸或企图强奸沃尔诺斯，也不管所谓的强奸行为是否是沃尔诺斯的单方面想法，亦不管两个同样性格扭曲的人是否发生了暴力冲突、艾琳的愤怒和马洛里的妄想是否在同一时间相互碰撞，如今确定的事实是沃尔诺斯在马洛里之后，似乎因冷血无情的愤怒及贪婪钱财接连夺走 6 名中年男性的生命。这些受害者都企图对她实施强奸吗？遭遇强奸的确可以算是妓女的职业风险，但倘若如此，这种风险程度有多高呢？像艾琳这样的街边妓女一年遭遇多达 7 次的强奸有可能吗？没人可以就这一问题给出确切的答案，目前尚无针对这一方面的客观研究。女权主义者酷爱引证的一项研究表明，俄勒冈州 55% 的妓女声称自己一年平均遭遇 33 次强奸。但做出此项研究的机构有自

① 最近，切斯勒找到了另一个臭味相投的兴趣点——中世纪和恐怖主义。《出版人周刊》的文章中提到切斯勒在其《女权主义的消亡》一书中“要求自由女权主义者不要为她认为对西方自由最主要的威胁：伊斯兰恐怖主义发声”。既然菲利斯已经加入对抗恐怖主义的争斗中，那我们可以放心了。

己的目的，且上述所谓声称内容也并未被记入任何文件资料。

警察则对此事有不同看法。某位警官解释说警察们每天上街巡逻，有些人甚至20年来从未在例行巡逻中动过武器。这与前者并不能相提并论，但这至少表明街上出现麻烦或纠纷的概率很难一语断定。

我们若对沃尔诺斯所杀受害者的过往有所考虑，事情即简单得多。在7名受害者中，除1名外，其余被艾琳指控企图对自己实施强奸恶行的6名男性受害者均未曾有过任何性侵犯罪记录。艾琳可能在短短一年中碰见6名强奸案初犯吗？6名在以往人生中从未对他人实施过性侵（至少就我们所知）的中年男子选择在其老年时期踏上这条不法之路？强奸艾琳？我看不尽然。

有事实表明，艾琳曾搭载过上百名男性的车（艾琳自己声称共有250000名。你自己算算，看看这个数据多么荒谬）却未曾对其狠下毒手，她坚称自己只杀了这7名强奸犯。切斯勒也紧抓这一说辞不放，她援引荷兰电影《沉默的问题》的剧情描写：三名“受到男性对女性正常待遇”的女人在商店购物时，同时踩死蔑视她们的男性，且整个杀戮过程没有一句交流。[158]

但这并非连环杀手的一贯做法。他们一旦开始杀戮，便不会在任何有可乘之机时将魔爪伸向每一个遇见的人。连环杀手皆是周期性犯案，他们的杀戮欲有高有低。选择作案不仅因为有可乘之机。沃尔诺斯未杀害与其接触的每一位男性并不能说明她杀害的7名受害者确是强奸犯。

许多站出来说自己从艾琳·沃尔诺斯魔爪下逃生的男性皆向我们讲述了当时一些可怕的经历。某位搭载过沃尔诺斯的男性讲述沃尔诺斯阴险狡诈，她顷刻间变得阴暗险恶的语气让他毛骨悚然，于是他设法哄骗沃尔诺斯下车后便匆忙驱车离去，唯恐她再回到车中。

或许艾琳产生了理所当然的愤怒，或许她的愤怒总是来源于儿时被性侵的悲惨境遇，一旦她开始走向杀戮，便会用谋杀的手段宣泄内心怒火，且从一次次控制受害者尸体和财物的练习中获得满足。于她而言，杀戮便是那根让人气定神闲的香烟。

即便马洛里真的企图强奸沃尔诺斯，且沃尔诺斯杀害他的确是出于自卫，但沃尔诺斯一旦踏出这一步便嗜杀成瘾，从此再无回头路。或许某些残留的道德指南依旧指引着沃尔诺斯，她所谓自己绝不无情夺走他人生命的声明听来真实可信，即使她的实际行为恰恰与之截然相反。为了消除这一悖论，她必须说服自己这些死于她枪口之下的受害者皆企图对她实施强奸，因而死不足惜。沃尔诺斯事后才编造这些杀人动机不太可能，或许她在寻找目标受害者的过程中不断欺骗自己，努力寻找搭载她的男性身上怀有恶意的迹象，一旦她发现哪怕一丁点所述迹象，那这些男性便均不配继续存活。

如艾琳所说："我每天会和大约 10 至 12 个男人做爱。我本可以将他们全部杀死，但我不想这么做。我真的是一个好人，我现在给你们讲述的只是平常的一天，但杀戮的一天也差不多如此。在平常，如果他们想要口交，那我们就在路边或建筑后面做，如果他们什么都想来一遍，那我们可能就会在路边的树林里做。"

"在杀戮的一天中，那些男人都想到树林里去。现在我知道他们为什么要这么做了，因为他们打算伤害我。"

或许这就是代价。

沃尔诺斯和泰丽雅的情感关系可能也是酿成这些杀戮悲剧的因素。沃尔诺斯不仅爱着泰丽雅，而且需要得到对方回应。被亲生母亲抛弃；被外公外婆虐待；被同龄人排斥；11 岁时被发生性关系的男生拒绝；自己刚出生的孩子被夺走；婚姻失败以及其他所有的破裂关系，沃尔诺斯一生中遭遇了太多次被拒之于千里之外的心酸。泰丽雅是第一个愿意守在艾琳身边的人，她们之间的关系是沃尔诺斯一生中有史以来第一段颇有意义的情感维系。但这或许恰恰是最终将沃尔诺斯推向杀戮深渊的"罪魁祸首"。

幻想、促进因素和诱因是连环谋杀的三大基础要素。艾琳幻想着报复那些对她实施过性侵的男性，即使在以往，她极为可能并未遭受强奸，但她仍旧感觉那些强奸行为在自己身上是真实发生的。即使没有精神病学学位的人也能想到，像艾琳那样在年仅 11 岁便遭到性侵的女性可能会拥有什么样的幻想。促进因素是"润滑剂"，譬如色情文字、毒品或酒精。它会加强罪犯的幻想，抑制其分清幻想与现实。艾琳在实施谋杀行为时几乎总是处于酒精麻痹状态（虽然艾琳做任何事都离不开酒精麻醉）。最后，诱因通常是日常一系列生活压力的结合，这在法律上被称为“压力源”，它会在某一时间点导致蠢蠢欲动的罪犯冲破幻想，付诸实践。警方在调查一名连环凶杀案嫌犯时，往往会尝试寻找并定义嫌犯生活中的“压力源”模式，譬如离婚、失业、家人死亡、某种失败、与女友情感破裂以及与父母间的冲突等。在FBI针对男性连环杀手的研究中，59%的男性罪犯均表示自己曾在初次犯案之前与某位女性发生冲突，有时在后续谋杀行为前也会出现相同情况。其他压力源包括：与父母间冲突：53%；经济困难：48%；事业不顺：39%；婚姻变质：21%；遇上法律纠纷：28%；与男性发生冲突：11%；身体受伤：11%；重要的人离世：8%；孩子出生：8%。[159]

艾琳和泰之间的关系轻易便能成为她最终谋杀的压力源。艾琳在泰邀请29岁、金发碧眼的漂亮同事桑迪·罗素到家同享感恩节晚宴后不久便谋杀了第一名受害者——理查德·马洛里。之后很长一段时间都风平浪静，直到泰丽雅同父异母的姐姐特雷西·摩尔在夏季时前来与泰同住，而此时的泰将所有精力皆放在姐姐身上，对艾琳不管不顾。在特雷西借宿期间，艾琳接连谋杀了大卫·斯皮尔斯、查尔斯·卡斯卡登和皮特·西姆斯。在李将魔爪伸向迪克·汉弗莱斯之前，泰被辞退，且一度告诉艾琳自己打算离开佛罗里达，回到俄亥俄州生活。泰在告诉李她需要一个人冷静一段时间后，便独自回到俄亥俄州和家人欢度感恩佳节，此时艾琳谋杀了沃尔特·杰诺·安东尼奥。艾琳在狱中和泰丽雅通话时脱口而出：“我告诉你我为什么这么做吧，好吧？因为我太……太他妈爱你了，所以我很担心我们两个不能拥有自己的公寓，我很害怕我们会无处可去，害怕我们一拍两散。”

被出卖名誉的连环杀手

艾琳·沃尔诺斯可能不是切斯勒自我想象中的“被卖淫的女性”，但她却是一个被出卖名誉的连环杀手。每个人都从艾琳·沃尔诺斯的境况中捞取钱财或好处（我想，写这本书的我也包括在内）。三位警官和泰丽雅甚至在艾琳还未接受审讯时，便开始协商泰丽雅的免责条件。艾琳每次接受媒体采访，其辩护律师便会收取媒体10000美元，并由艾琳本人决定如何分配钱财给自己的奉迎者。（根据《萨姆之子法案》[①]的规定，艾琳自己不能保留这笔钱，且辩护律师不得利用罪犯恶名谋取私利。）

一个“重生的”基督徒为设法与艾琳正面接触而将她合法收养，之后她支持艾琳向法院提出加快其死刑执行以“让她回到耶稣怀抱”的“无争议”恳求。电影制作人尼克·布鲁姆菲尔德拍摄了两部以艾琳为原型的电影，他在对艾琳进行特别采访期间，就差举着相机跟她走到行刑室了。在艾琳被行刑几年后，女演员查理兹·塞隆因在电影《女魔头》中扮演艾琳一角而荣获奥斯卡影后。每个人皆从艾琳身上分一杯羹，从给艾琳香烟以尝试性行为的那些处男到小成本的电影制作人、致力于真实犯罪的廉价文人、窥探私人生活的纪录片拍摄者、律师、电视剧制作人、激进女权主义分子、好战的女同性恋、“重生的”《圣经》狂热者、支持和反对死刑的活动家以及让艾琳草率将自己推向死亡的佛罗里达州司法系统。艾琳甚至拒绝出席最后的“无争议”审讯，她宁愿静静待在牢房里。她只想快点结束这一切。艾琳不再强烈辩解自己曾遭受强奸，而是声称警方为提高以其案件为题材的电影价值而强制自己认罪。

2002 年 10 月 9 日，46 岁的艾琳·沃尔诺斯被执行注射死刑，她终于如愿以偿。自 1976 年死刑制度恢复以来，她是第 10 位被处以死刑的女性罪犯。艾琳死前最后的遗言是：“我只想说，我一路上披荆斩棘，我会回来的，6 月 6 日，和耶稣一起，像独立日一样，乘坐大航母什么的，我会回来的。”

应艾琳生前的要求，她被火葬后，骨灰被送回密歇根州，伴随着娜塔莉·莫森特的歌曲《狂欢》，撒在一棵树四周。艾琳在等待死亡的那段时间一直反复听着这首歌。

在艾琳被捕的地方，代托纳比奇的“最后的度假酒吧”门前有一幅艾琳的肖像，肖像下配有这样一段铭文：1991 年 1 月 9 日，艾琳·李·沃尔诺斯在这里度过了最后一个自由的夜晚。肖像画里的成年女性和艾琳全家福上那个 6 岁

---

① 《萨姆之子法案》的颁布源于一则真实案件。1977 年，一个名为“萨姆之子”的罪犯在纽约杀害 6 人，重伤 7 人，引起社会极大恐慌。凶手被抓捕后，成为社会关注的焦点，媒体、出版社纷纷想要通过他的故事大赚一笔，凶手能通过自己的恶行获取利益这一事实让受害人家属无法接受，纽约州立法机构遂颁布了《萨姆之子法案》，法案规定，罪犯从描述自己罪行的著作中所获得的收入，应交由第三方账户保管，该资金应用来赔偿受害人及家属。编者注。

的小女孩一样，闪耀动人、精神饱满、花容月貌。曾经有人带来一张从报纸上剪下来的艾琳真容照片，试图用这张照片挡住肖像上艾琳的脸部，因为画像上那张女人的脸比艾琳的真容好看太多。[160]但该做法遭到了肖像画家本人的反对，他解释说自己刻意将艾琳描绘得这般动人，因为每个人都值得拥有美好。倘若如此，那么这或许是艾琳在其悲凉——借用娜塔莉·莫森特的话说——“受人折磨、与人折磨的人生中”唯一拥有的美好了。

小阿格里皮娜（15—59）："毒后"

小阿格里皮娜是罗马王国的"母狼"。她是卡利古拉的姐姐，也是他的情妇；是克劳狄乌斯的妻子；是尼禄的母亲，她同时与三代罗马皇帝有关联。她为儿子尼禄和自己的权力统治而实施了大量"建设性"的连环谋杀。

来源：《犯罪历史档案》

伊丽莎白·巴托里（1560—1614）："女吸血鬼"

伊丽莎白是文艺复兴时期特兰西瓦尼亚的一位女伯爵，据称，她为永葆青春而在年轻女性受害者的鲜血中沐浴。倘若果真如此，那她可被视为是罕见的"享乐欲望型"连环杀手之一。这个类型的杀手为满足自己的享乐快感而占有受害者的部分肢体或体液，这是一种通常仅见于男性连环杀手身上的特征。

来源：《犯罪历史档案》

莉迪亚·谢尔曼（1824—1878）:“美国的波吉亚”

莉迪亚和一位警官结婚并生下六名子女。在度过了20年平静的婚姻生活后，这位极具魅力的四十岁女性在丈夫失去工作后，狠心将其毒死。莉迪亚在一年内接连亲手杀死自己的三个儿子和三个女儿。此后，她改头换面，改变身份后的她又拥有了两段婚姻。莉迪亚不仅谋害了好几任丈夫，甚至将其与前妻的子女一同置于死地。她可被视作是为了得到物质财富和利益而进行杀戮的“享乐安逸型”连环杀手。此类型的连环杀手大多与所谓的“黑寡妇”类型女性连环杀手有所关联。

来源:《犯罪历史档案》

玛丽·安·科顿（1832—1873）

玛丽·安·科顿是英国维多利亚时期以砒霜为杀人工具的典型连环杀手。她谋杀了自己的11名亲生子女、5名继子女、3任丈夫、1任嫂子、1位访客以及她自己的亲生母亲。早在十九世纪八十年代的“开膛手杰克”在伦敦出现之前，那些为获取小额利益和葬礼赔付金而对家人及陌生人狠下杀手的女性连环杀手们便已在英国国内掀起一片恐慌，甚至有人提议颁布法律，禁止女性购买砒霜。

伊尔玛·格蕾泽（1923—1945）："贝尔森禽兽"

伊尔玛·格蕾泽曾是一位护士助理，后来加入纳粹党卫军做辅助工，成为奥斯维辛和贝尔森集中营中的一名年轻女看守。有着天使般迷人面孔的格蕾泽却潜藏着魔鬼般阴暗邪恶的内心，她嗜虐成性，折磨并肆意杀戮受其管制的监犯。格蕾泽和有着"布痕瓦尔德野兽"之称的伊尔斯·科赫同是1974年邪典电影《纳粹女魔头之残酷疯淫所》的主人公原型人物。

来源：杰拉尔德·德雷伯——私人藏书
（丹·布朗的恩惠）

此图为1945年伊尔玛·格蕾泽在军事法庭的入狱照。从小便接受纳粹教育的伊尔玛被训练成一名国家连环杀手，但最终，她却开始为满足自己的享乐需求而进行杀戮。格蕾泽的疯狂杀戮行为甚至引发了男性党卫军看守的抱怨。1945年12月13日，格蕾泽被处以绞刑，她也成为20世纪在英国国内被处以绞刑的最年轻女性罪犯。

来源：《犯罪历史档案》

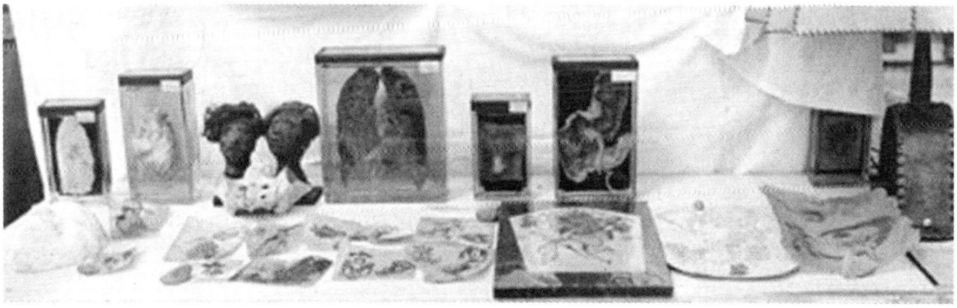

伊尔斯·科赫

在布痕瓦尔德集中营于1945年被解放时，那些经过处理的文身人皮、萎缩的头部、保存的人体部位以及一个据称用人皮制成的灯罩在此地被发现。幸存的监犯控诉称这位有着"布痕瓦尔德野兽"之称的前纳粹司令官夫人伊尔斯·科赫挑选出有着独特文身的监犯，并为收集人体部位的纪念品而将其一一残忍杀害。倘若果真如此，那么伊尔斯·科赫将成为史上第二位为人所知的"享乐欲望型"女性连环杀手。最近有学者指出，伊尔斯·科赫的其他罪行虽全部成立，但收集人体部位却是莫虚有的指控，做出这一行为的是营地中的军医。

来源：《犯罪历史档案》

卡拉·霍穆尔卡和保罗·伯纳德："连环杀手肯和芭比"

1991年，卡拉·霍穆尔卡和保罗·伯纳德结为夫妻，而就在举行婚礼的两周前，这对心狠手辣的夫妻绑架、强奸并谋杀了一名十几岁的女孩，并用录像带记录下性侵过程。这是夫妻二人的第二名已知受害者。霍穆尔卡参与了对受害者实施强奸的录像过程，甚至亲手将年仅15岁的妹妹作为"圣诞礼物"献给伯纳德。之后一年，霍穆尔卡将第三名受害者少女引诱至车内，夫妻二人在谋杀受害者之前再次用录像带记录下对其实施残忍虐待和强奸的全过程。

来源:《犯罪历史档案》

卡拉·霍穆尔卡：最初的卑鄙女孩

霍穆尔卡在高中时期的绰号是"公主"（该绰号本无任何讽刺之意）。她想要的只是受人欢迎、养一只狗、成为一位母亲、拥有一所大房子以及嫁给一位完美的丈夫罢了。霍穆尔卡声称她是在伯纳德的暴力殴打下才屈从参与了强奸和谋杀罪行。然而，直到录像带被发现，人们才意识到其并非迫于无奈，而是积极主动参与了所有犯罪过程。但霍穆尔卡在那时便已经以作为被虐妻子的身份指控丈夫伯纳德的条件和检察官达成交易。在伯纳德对其中一位受害者少女实施强奸并录像时，霍穆尔卡若无其事地坐着阅读布莱特·伊斯顿·埃利斯的小说《美国杀人魔》。当霍穆尔卡在交叉询问中被问及何以能做出如此骇人行径时，她竟然荒谬地回答说她能"一心二用"。保罗·伯纳德被判处终身监禁，而霍穆尔卡则在服刑12年后，于2005年被释放。据媒体报道，霍穆尔卡最近刚刚结婚，养了一条小狗并和丈夫迎来了一个新生命。

来源:《犯罪历史档案》

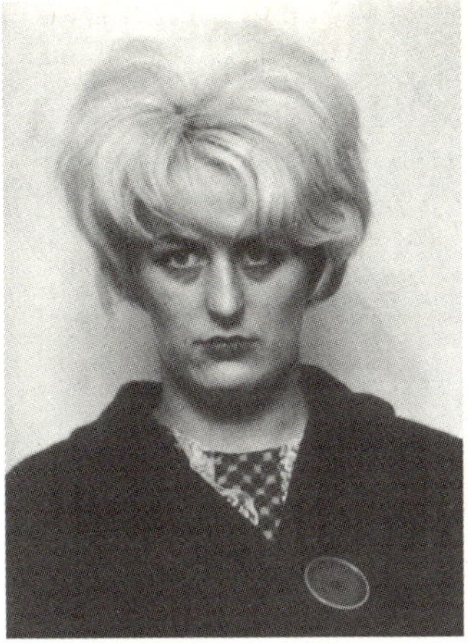

迈拉·欣德利："沼泽地杀手"

据估计，20岁出头、善良且极为普通的米拉·欣德利协助男友伊恩·布雷迪强奸并谋杀了多达10名受害者，其中包括男女幼童和青少年。米拉给其中某些受害者拍照，并在布雷迪对受害者实施性侵时，录下其撕心裂肺的哭喊声。迈拉戴着用来勒死一位12岁小男孩的丝巾在他的坟墓上照相，一脸笑容。伊恩·布雷迪是纳粹女看守的追随者，他要求迈拉模仿伊尔斯·科赫，穿上"新纳粹主义款式"的黑靴和皮裙。

来源：《犯罪历史档案》

查伦·加莱戈和杰拉尔德·加莱戈

这对夫妻连环杀手于1978年至1980年间，在内华达州和加利福尼亚州对至少10名少女实施了强奸、虐待和谋杀行为。查伦曾因丈夫杰拉尔德"未等她一起"便开始对两位已被绑架的受害者实施强奸而差点将他杀死，她甚至生生咬掉了另一名受害者的乳头。在向检察官指证自己的丈夫杰拉尔德后，查伦在1997年被释放出狱，并在加利福尼亚州定居，而其丈夫杰拉尔德则在等待死刑执行期间因癌症去世。单独行动的女性连环杀手很少对受害者实施折磨和强奸行为，她们更倾向于直接进行杀戮，但当她们身边出现一名男性主犯时，女性同伙往往会对受害者施以残暴的虐待和折磨。

来源：《犯罪历史档案》

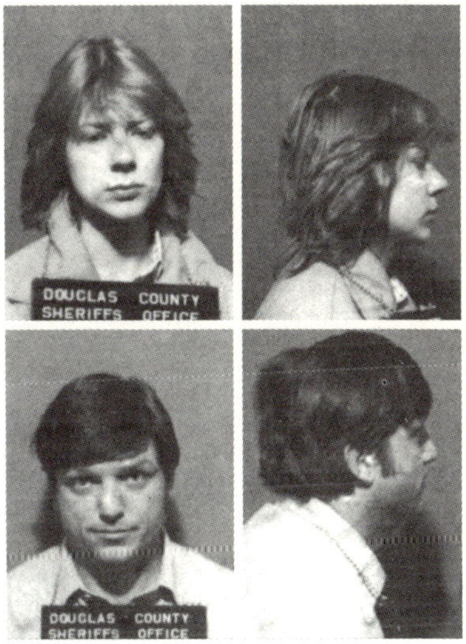

卡罗尔·邦迪

当卡罗尔的男友在好莱坞大道将一位妓女引诱至车内并将其杀害时，坐在车后座的卡罗尔冷眼旁观着眼前发生的一切。还有一次，当卡罗尔的男友将一位受害者被切掉的人头带回家中后，她整理了人头上的头发并给其画好妆，以供男友用其行淫秽之事。最终，卡罗尔为了让杀手男友对自己另眼相看而在货车后座砍掉了前情人的头部，并放火烧毁了他残缺的尸体。

来源：《犯罪历史档案》

玛莎·贝克和雷蒙德·费尔南德斯："蜜月杀手"

20世纪50年代，贝克和费尔南德斯通过一家爱情杂志上刊登的"寂寞芳心"广告而结识后便开始了一场连环杀戮的狂欢。费尔南德斯和假扮成其姐姐的玛莎·贝克一起引诱孤单寂寞的女性，并为占有其钱财而将其杀害。就我们所知，贝克和费尔南德斯谋害了至少4名受害者，但实际受害者或许多达20名。这对连环杀手最终于1951年的同一天在新新监狱被送上电椅。被认为在二人杀戮关系中处于支配者地位的贝克最后坐上电椅。

来源：《犯罪历史档案》

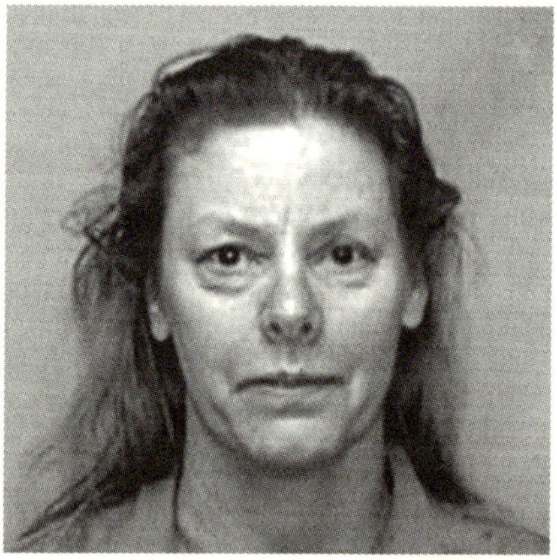

艾琳·沃尔诺斯

上图是艾琳·沃尔诺斯的入狱照。她被称为是美国犯罪史上"第一位女性连环杀手"。沃尔诺斯没有同伙，单打独斗，利用手枪抢劫并杀害陌生男性，且在杀戮完成后将受害者尸体丢弃在佛罗里达州的高速公路旁。从事街头卖淫工作的沃尔诺斯声称，她所杀害的七名受害者皆曾试图对她实施强奸，而她是出于自卫才将其杀害。艾琳·沃尔诺斯的案件在参加女权运动拥护她的派别间引起了内讧。

来源：《犯罪历史档案》

多罗西娅·普恩特

她在加利福尼亚州经营一家寄宿住所，专门收容年事已高且靠社会保障金维持生活的酗酒者，表面上，她是一位值得尊敬、和蔼可亲的慈善家。警方在多罗西娅住所的花园中找到了七具被塑料和床单包裹捆扎后埋葬的尸体，这7名受害者均是此前暂住其寄宿家庭且拥有社会保障金的房客。多罗西娅将另外一名受害者的尸体放入箱子中，后将箱子丢弃到萨克拉门托的一条河里。多罗西娅看起来优雅庄重且和蔼可亲，即使警方在其花园中挖出尸体后，一位高级探员仍允许她单独离开被团团围住的房子，让她得以逃脱。

来源：《犯罪历史档案》

珍妮·琼斯："死亡天使"

据称，在同学眼中专横且令人憎恶的琼斯在得克萨斯州杀害了至少40名住院病人。琼斯先后被调至不同的医院，身为低年资护士的她却支配着医院和诊所的儿科部门。连续杀害多名儿童，却因其能提前几小时预知哪名婴儿患者即将心脏骤停的神秘能力而得到医院员工的赞誉。没有人怀疑她，而当大家终于幡然醒悟时，一切为时已晚。

来源：《犯罪历史档案》

维尔玛·巴菲尔德："死因外婆"

维尔玛是一位"外婆级"杀手，她是美国自1976年恢复死刑制度以来，第一位被处以死刑的女性罪犯。维尔玛利用含有砒霜成分的蚂蚁和蟑螂药毒杀了好几任丈夫和将其雇佣为家庭护理工的老年雇主，她甚至狠心杀死了自己年事已高的母亲。维尔玛·巴菲尔德于1984年在北卡罗莱纳州被处以注射死刑。

来源：《犯罪历史档案》

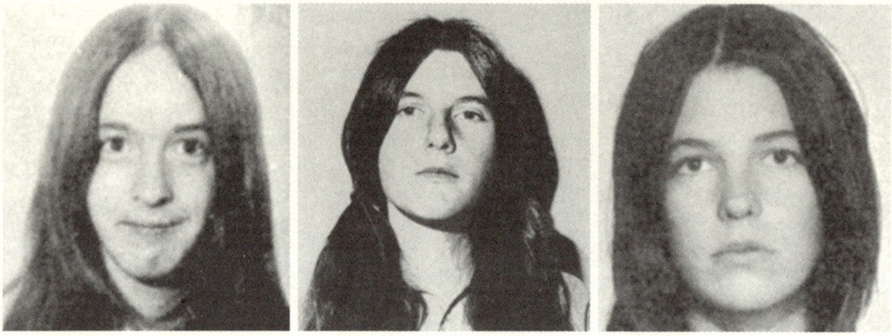

上图为曼森女孩杀手苏珊·阿特金斯、帕特里夏·克伦温克尔和莱斯利·范·霍腾在 1969 年的入狱照。

来源:《犯罪历史档案》

上图为曼森女孩杀手苏珊·阿特金斯、帕特里夏·克伦温克尔和莱斯利·万·霍腾 30 年后在加州罪犯改造部的证件照。

来源:《犯罪历史档案》

第四章

对朋友和亲密之人痛下杀手

黑寡妇和谋利型杀手

黑寡妇是我们自认为最了解的女性连环杀手，她利用个人魅力勾引男性，与他们坠入爱河，走入婚姻殿堂，然后为谋取钱财置他们于死地。（这里可尽情添加你们自己的笑话。）不仅是男性会窃笑，女性也会，只是原因有所不同。菲利斯·切斯勒轻笑着表示女性主谋的连环凶杀是“每个女人最不该产生的幻想，每个男人最可怕的噩梦”，甚至问出：“这世上真的存在女性连环杀手吗？”[161]

真的存在，菲利斯。女性连环杀手不仅杀害男性，而且连女性和儿童（她们自己的亲生子女和他人子女）也不曾逃脱她们罪恶的魔掌。她们可以仅为谋取利益而狠心将熟人、亲戚、兄弟姐妹、年轻人、老年人、病人和顾客一一推向死亡。

我们认为黑寡妇只存在于过去，存在于与当今截然不同的时代和世界，在那个世界，人们穷困潦倒，邮购新娘，没有数据库，只能手写或手打索引卡；在那个时代，身份就像磨破的鞋子一样，可以随意更换。结婚、谋杀然后消失，何其容易。

我们想到 1900 年到 1906 年在伊利诺伊州和印第安纳州杀死多达 40 人的贝尔·冈尼斯，或是于 1955 年在俄克拉荷马州塔尔萨被捕的南希·黑兹尔·多斯，她被指控于 1921 年至 1954 年的 34 年间用砒霜毒杀 5 任丈夫，且被怀疑在这段期间杀害包括其两位姐姐、母亲、两名子女、一位侄子和一位孙子在内的共计 12 名受害者。

我们认为这种人在当今社会已不复存在。实则不然，她们依然混迹在茫茫人海中。本章将对 20 世纪 70 年代和 20 世纪 80 年代的两起案件分别进行详细叙述。

黑寡妇属于受利益驱使的女性连环杀手类型，等同于享乐型男性连环杀手。“黑寡妇”一词比她的犯罪标识和人物侧写更能真切地表达出她的犯罪手法：勾引男性，致使他们无法自拔。黑寡妇的杀人动机也掺杂譬如除金钱利益以外的其他原因，也许她选择的目标受害者不只是适合的男性或丈夫。杀人动机有时是复仇，有时是掌控，有时甚至是孟乔森症候群的体现（后文将详细讲述）。因黑寡妇有时被除利益以外的其他恶魔驱使而狠下毒手，所以夺取受害者财物可被视作对受害者最终掌控的心理表达，而非必要的物质欲望。因而我们才会发现黑寡妇在某些案件中竟只获取了小额到荒谬的钱财。

同理，并非所有受利益驱使的女性连环杀手皆是黑寡妇。有些佯装成“死亡天使”，为谋取财物杀害病人。其他的则丝毫没有定律，她们因各种原因而迫害关系亲密的人、熟人和陌生人。

维尔玛·巴菲尔德——死囚外婆

1976 年 9 月，北卡罗来纳州 50 多岁的农民斯图尔特·泰勒正经历婚姻危机。他和妻子已分居，且正考虑离婚。那年秋季，泰勒前去拜访自己的舅舅蒙哥马利·爱德华兹和舅妈多莉。已是 94 岁高龄的蒙哥马利患有糖尿病，病魔夺去了他的视力和双腿。84 岁的妻子多莉患有肠癌，最近才做完结肠造口术。再也无法继续照顾丈夫的多莉以每周 75 美元和包管食宿的优厚待遇在当地雇佣了一名女性保姆。就这样，斯图尔特·泰勒认识了维尔玛·巴菲尔德。

泰勒当即被 45 岁的维尔玛吸引，维尔玛是一名寡妇，儿子罗尼和女儿金均已成家生子。作为外婆的维尔玛容颜未老且面容娇美，而当时的泰勒孤独寂寞，放荡不羁。很快，泰勒和维尔玛开始约会，两人时常一起外出吃晚饭或在周末垂钓旅行。但大约一个月后，泰勒和妻子决定重归于好，此后，他便停止了和维尔玛的幽会。维尔玛似乎并不为此感到沮丧，她表示理解并祝福泰勒一切安好。

1977年1月，蒙哥马利因病逝世，一个月后，多莉也离开人世。此后，维尔玛来到另一对年老夫妇约翰·亨利和雷科德·李的家中。76岁的雷科德摔入车棚后折断双腿，上了石膏的腿部行动不便，而她80岁的丈夫约翰没有能力悉心照顾痛苦的妻子。夫妇二人的女儿们一直在寻找照顾父母的合适人选，随后在当地教堂听说维尔玛工作能力出色。之后，维尔玛搬进了李的家，一周赚取50美元。6月，约翰·亨利·李患上严重的肠胃炎，后抢救无效，在医院急救室不幸逝世。李的女儿们认为维尔玛之前对父母照顾有加，因而在父亲去世后便留下其继续照顾年老的母亲。

当年夏季，斯图尔特·泰勒突然闯入维尔玛平静的生活。在与妻子破镜重圆8个月后，泰勒夫妻二人的婚姻彻底破裂，两人正在协商离婚事宜。维尔玛会再次答应泰勒的约会请求吗？当然会。两人开始正常约会，他们居住在教律严格的罗伯逊县，却偷偷跑到汽车旅馆私会。泰勒是一位种植烟草的农民，他与第一任妻子生有两个女儿和一个儿子，后来，妻子于1970年因肾病不幸逝世。6个月后，泰勒娶了一位从小认识的女性为妻，但半年后，两人感情无疾而终，最终离婚。几年后，他开始了第三段婚姻，但这段婚姻并不美满，且两人最终办理离婚手续也只是时间早晚的问题。

在周围人眼中，斯图尔特·泰勒精神饱满，热爱生活，是每天早上起床唱歌的男人类型。他曾深爱自己的第一任妻子，而妻子的不幸离世也让他一度消沉。第二段婚姻的无疾而终更是雪上加霜，此后，斯图尔特染上了酗酒的恶习，这种事情虽在北卡罗来纳州就像天上众多繁星一样不足为奇，却招致了五旬节会和浸信会教堂的不满。斯图尔特也意识到这也许会对维尔玛造成困扰，维尔玛虽对未婚性行为持开放态度，但却是经常去教堂的虔诚教徒，她不会容忍酗酒这种行为。她会说喝酒即是让恶魔进入一个人的身体。

一开始，泰勒刻意向维尔玛隐瞒了自己酗酒的习惯，但之后他得知周围其他人曾告诫过维尔玛自己酗酒一事，而得知此事后的维尔玛对泰勒的爱慕似乎并没有就此动摇，这让泰勒燃起了希望。他不断献殷勤，追求维尔玛。令斯图尔特的朋友们惊异的是，他并不算是一个信仰宗教的人，却带着维尔玛去教堂和福音集会，并笑着说："今晚我和我的基督徒女人一起出去。"

10月，维尔玛以限制太多为由辞去了照顾雷科德·李的工作。此后，她搬进了一间活动住屋，并在当地一家私人疗养院工作。据维尔玛的儿子罗尼回忆称，母亲在接近10月底时给他看了手上的订婚钻戒，并说她和斯图尔特将在明年春季，斯图尔特完结所有离婚手续后结婚。听到这一消息的罗尼惊讶不已。他想起小时候苦涩不堪的成长记忆，那时母亲维尔玛和父亲因酗酒问题终日争吵不休。若母亲如此厌恶酗酒，那又为何会考虑嫁给斯图尔特呢？得知儿子的顾虑后，维尔玛向他保证说斯图尔特会改掉这一恶习。

这并不是罗尼的唯一困扰。母亲维尔玛的过去有着难以启齿的秘密，她滥用镇定剂和止痛药，时而清醒，时而再次成瘾，却始终未彻底戒掉这一习惯。维尔玛曾无数次过量用药，罗尼、罗尼的妻子金、妹妹金和金的丈夫丹尼斯不得不一次次将其送往医院急救室。家人一旦暂时将维尔玛独自留在家中，回来便会发现她因用药过量而昏厥在地板上。那时的维尔玛骨瘦如柴，锁骨仿佛快要刺穿她的皮肤。除此之外，维尔玛还曾遭受过牢狱之灾。她因伪造药方被判处刑罚，但法院最终裁决，如若表现良好，则缓期执行，但之后，她又因伪造支票被警方抓捕，数罪并罚后，她被判处6个月有期徒刑。斯图尔特对这一切知情吗？罗尼想一探究竟。维尔玛告诉儿子不要多管闲事，她声称斯图尔特知道自己“因紧张”而服用药物。她告诉儿子罗尼自己爱着斯图尔特，并打算与他共同生活。维尔玛在后来的供述中称：“我内心深处从未在乎过他，我根本感受不到与他的亲近，我不能理解自己为什么想跟他在一起。有时候我们只是寂寞，需要有个能倾诉的人，你知道吧。”[162]

11月，斯图尔特来到维尔玛的活动住屋，准备接她出去约会，敲门后，屋内并没有人应答。准备离开的斯图尔特突然听到屋内传出一阵呻吟声，于是他试着开门，却发现门没有锁。急忙冲进屋后，他看到只穿着内裤的维尔玛被胶带捆绑在床上，嘴也被胶带封住。解开维尔玛身上的胶带后，斯图尔特报了警。

一脸惊慌的维尔玛哭泣不止。她说自己当天早上起来准备洗澡，而刚进浴室，却被一男子从后面用浴巾蒙住自己的头，随后被对方强迫着回到床上，之后该男子封住她的嘴，将她捆绑在床上，此后，男子便夺门离去，留下她自生自灭。

当时负责案件的兰伯顿警局调查员本森·菲利普感到一头雾水。袭击者没有说一句话，他没有对受害者维尔玛实施性骚扰，没有以任何方式殴打或伤害她，没有让她窒息而亡，也没有带走屋内的任何东西。现场并没有强行闯入的迹象。他是如何进屋的？维尔玛说或许袭击者是该活动住屋之前的一名租客，他还保留着房门钥匙。这样的说法毫无逻辑可言。

当听到斯图尔特对维尔玛说不要担心，她不用再住在这个活动住屋，他会把她接到自己家中时，调查员本森·菲利普忽然觉得事情真相有了些许眉目。但调查员很快便忘却了维尔玛和所谓的擅闯民宅一事。

维尔玛带上自己的行李住进了斯图尔特的家。二人的争吵几乎在维尔玛踏进家门的瞬间爆发。维尔玛多次打电话要求女儿金或女婿丹尼斯接自己回家。之后，斯图尔特会亲自登门道歉，并将维尔玛接回家中。

某天，维尔玛从私人疗养院下班回家后发现斯图尔特一脸愤怒。维尔玛在监狱服刑时结交了一些朋友，且与她们保持信件往来。她在搬进斯图尔特家中时，随身携带了其中某些信件，不料斯图尔特在当天偶然发现并阅读了这些信件。二人因此事激烈争吵。斯图尔特责骂维尔玛掩盖自己的犯罪史，而维尔玛则指责斯图尔特窥探自己的隐私，乱翻东西，私拆信件。对此，斯图尔特回答说他有权知道自己结婚对象的真面目。

维尔玛在牢房中等待死亡时写的一本书中提到，得知此事后的斯图尔特嘲弄她，并称会把她的犯罪记录告诉教堂里的所有人，且二人不管在什么时候发生争执，斯图尔特总会一再提起维尔玛不堪的过往。维尔玛说自己曾对斯图尔特抱有的所有爱意化为乌有，她和他在一起不再觉得舒适快乐。[162]

12月，斯图尔特发现维尔玛拿走自己的一张支票，伪造他的签名后兑现了100美元，事情雪上加霜。维尔玛在书中写道发现此事的斯图尔特勃然大怒，并威胁称要去警局告发维尔玛的不法行为。倘若罪行披露，那将会违反缓刑条款，后果不堪设想，维尔玛会再次被送进监狱。维尔玛说虽然斯图尔特最终原谅了她伪造支票的行为，但此后，他却不断提及，且总是在两人发生争执时威胁称要向警方报案。

斯图尔特的女儿艾丽斯后来证实称，父亲发现支票一事后便打消了与维尔玛结婚的念头，而维尔玛却始终与斯图尔特住在一起，且手上仍然戴着订婚钻戒。斯图尔特告诉女儿自己并不打算与维尔玛分手，但不会娶她为妻。

斯图尔特和维尔玛以这样的方式持续相处——一次次地分手，一次次地和好。每次两人在发生争吵后，维尔玛都会回到女儿家，等着斯图尔特亲自前来接她回家。

斯图尔特·泰勒被杀

1978 年 1 月 31 日，星期二，斯图尔特载着维尔玛驱车前往镇上配药。维尔玛满心焦虑，因为她又一次用伪造支票兑换了现金，银行的声明很快便会送到家中，而斯图尔特对这一切毫不知情。维尔玛回忆称自己在等待配药期间去买了一些头发定型剂，当她走过商店的家用区域时看到了货架上的一瓶蚂蚁药。维尔玛声称自己当时只想让斯图尔特生病，为自己争取时间，填补他账户中被私自兑换的金额。她说：

> 那天下午，我明白了自己要做什么，但我并没有想过这件事的严重性。即使我知道自己在做什么，但我的思想因常年滥用药物而变得扭曲。我无法把给斯图尔特下毒和他即将遭受的痛苦联系起来。那时，蚂蚁药和蟑螂药是所有不能忍受事情的解毒剂。我知道它会帮上我的忙。[163]

数年的药物依赖可能进一步促成了维尔玛的行为，但她“无法把给斯图尔特下毒和他即将遭受的痛苦联系起来”则是反社会型人格障碍最显著的症状之一。反社会型人格障碍的人无法对他人产生同情，如维尔玛自己所说：“即使我知道自己在做什么。”斯图尔特·泰勒无意间将一位精神病患领进了家门。

泰勒和维尔玛二人在回家之前突然到访艾丽斯家，想给她惊喜。当时艾丽斯正因感冒卧床在家，艾丽斯后来回忆称，她确定父亲斯图尔特和维尔玛已经彻底分手，因此那天早上看到二人一起来访时倍感惊讶。但她喜欢如外婆般和蔼可亲的维尔玛并热情欢迎她进入家中。艾丽斯刚生完孩子，就在他们三人翻看照片时，维尔玛突然提出想见识见识大家传闻中斯图尔特“死亡”的照片。就是斯图尔特双手交叉躺在沙发上睡觉时，艾丽斯趁机拍下的照片。这张照片成为了家庭玩笑，因为斯图尔特说他一直想知道自己死后会是什么样子。艾丽斯拿出照片，随后三人沉浸在欢声笑语之中。

当晚，斯图尔特答应带维尔玛去费耶特维尔参加当时正组织改革运动的福音传道者雷克斯·汉伯德的传道会。约傍晚五点，斯图尔特衣着体面，坐下享用维尔玛精心准备的晚餐。他在吃饭时喝了一罐啤酒，维尔玛竟没有反对。二人驱车 20 英里后抵达费耶特维尔，随后进入雷克斯正在举行福音传道会的坎伯兰市民活动中心。传道会一开始，斯图尔特便腹痛难忍。他告诉维尔玛让她留下听完传道会后，便独自回到停车场的卡车里躺下休息。维尔玛再次回忆说，想到正在参加宗教集会的自己竟然刚刚给斯图尔特投毒，不禁羞愧：天啊，我都做了些什么？但这种羞愧感并未改变什么。维尔玛没有立即将斯图尔特送往医院就诊。她只是静静地坐着，和雷克斯一起歌唱、祷告。

听完传道会后回到卡车上的维尔玛看见斯图尔特俯卧在车内，表情痛苦不堪。此时的斯图尔特已无力驾车回家，于是维尔玛只好自己开车。一路上，维尔玛不断停车，好让斯图尔特下车在街边呕吐。据维尔玛称，她急切地想带斯图尔特去医院，却被他断然拒绝。半夜时分，维尔玛给斯图尔特的女儿艾丽斯打电话说她的父亲生病严重，但自己一直在悉心照料。看起来斯图尔特是患上了和艾丽斯一样的流感。

次日早晨，斯图尔特的朋友和邻居桑尼·约翰逊前来探望。他们二人星期一还一起去查看了烟草苗床。桑尼和斯图尔特认识将近 40 年，他知道斯图尔特向来身强体健。当看到虚弱憔悴的斯图尔特时，桑尼心头为之一震。他提出在斯图尔特身体痊愈之前帮忙照看他养的猪。艾丽斯不断打电话询问父亲身体情况。维尔玛告诉她斯图尔特的身体并没有好转，但不用担心，有她一直照顾着。自己还因流感卧床不起的艾丽斯听到维尔玛的这番话后逐渐放下心来。

星期四，维尔玛将斯图尔特送进兰伯顿一家医院的急诊室。他的胸口、腹部和双手皆有疼痛症状，身体严重脱水，血压偏低。当医生向维尔玛询问斯图尔特的病史时，她回答说斯图尔特身体健康，只是酗酒成性。虽然斯图尔特那段时间已不再饮酒，但医生却将他的病情诊断为由过度饮酒而引发的胃炎，医生给斯图尔特开了一种治疗胃炎的药物和许多冲剂后，便让维尔玛带斯图尔特回家。斯图尔特当时的身体状况似乎有所好转。

维尔玛后来声称，斯图尔特回家服用医生所开药物后病情恶化。第二天，斯图尔特的病情更为严重，维尔玛不得不在星期五傍晚呼叫救护车，再次将其送往医院急诊室，但不幸的斯图尔特却在刚刚抵达急诊室时突然离世。然而，目击证人后来给出的证词却与维尔玛所说截然不同。桑尼·约翰逊在维尔玛带斯图尔特前往医院急诊室的前一天曾登门探望，他回忆称看见斯图尔特坐在床边抽烟。

艾丽斯后来回忆称，维尔玛在星期五时告诉她父亲斯图尔特身体状况大为好转，说他可以从床上坐起来，自己去上厕所，他甚至让维尔玛准备自己最喜欢吃的菜——奶油炖牡蛎，当时接到电话的维尔玛正准备赶去兰伯顿购买食材。艾丽斯心里的石头落了地，若父亲想吃自己最喜欢吃的菜，那么他恢复情况必定很好。[164]

星期五晚上，维尔玛给另一位邻居约翰·麦克弗森打电话说斯图尔特需要立即被送往医院治疗。麦克弗森挂断电话后不到五分钟便匆忙赶到斯图尔特家中，当时斯图尔特正躺在床上，床单上满是排泄物。斯图尔特呻吟着，身体痛苦地胡乱摆动。当被问起哪里疼痛时，他却无法开口回答。为了防止斯图尔特从床上滚落下来，维尔玛将餐桌椅围绕着摆放在床边。

当晚，斯图尔特在被送往医院一个小时后便不幸逝世。当时，他年仅56岁，且此前一直身体健康。斯图尔特的子女纷纷赶往医院，当得知父亲的突然死亡时，皆惊愕不已。当时负责诊断治疗的医生向有决定权的斯图尔特家人，包括维尔玛在内，提出尸检建议。维尔玛同意了，她认为这是一个好办法。

“各位，我想我们面对的是一个连环杀手。”

斯图尔特去世的那个周末，兰伯顿警局的本森·菲利普清晨5点在家中接到一通电话。打电话的是一名女性，她歇斯底里的声音听上去像是刚喝醉酒。电话那头的女性声称昨晚发生了一起谋杀案，并说“必须有人阻止她”。该女性满嘴胡言乱语。菲利普回答说倘若真的发生了一起谋杀案，他早就被派遣出警了，他建议她冷静点之后再给自己办公室打电话，提供更多细节。在到达上班地点并确保并未发生谋杀案后，菲利普确信之前打电话的人只是某个醉酒者，而且此后不会再接到她的电话了。当办公室电话响起，而电话另一头便是之前的陌生女性时，菲利普大吃一惊。

这一次，她的声音听起来更清醒，语言更有组织性。在一番刺激之后，该女性说斯图尔特·泰勒被自己的女友维尔玛·巴菲尔德谋杀，不仅如此，维尔玛还以同样的手段谋杀了自己的亲生母亲。当菲利普要求打电话的女性提供证据时，她却什么也说不出。随后，恼怒的菲利普询问对方如何知晓此事，当对方说出自己是维尔玛的姐姐时，菲利普再次震惊。

此时的菲利普除了打电话给医院确认情况是否属实外，别无他法。在电话中进行一番询问后，菲利普从医院处得知，星期五晚上确有一位名叫斯图尔特·泰勒的病人在医院死亡，且院方将对死者进行尸检。菲利普确信既然死者斯图尔特的家人提出要求，那么医院一定会对其进行尸检。这起案件并不在他管辖范围内，但菲利普决定跟进案件消息。直到几周后，菲利普才想起维尔玛·巴菲尔德跟三个月前自己在某活动住屋调查过的奇怪非法闯入袭击案有关。

* * *

医院的尸检需几周后才能出结果。与此同时，维尔玛和斯图尔特的子女一同陷入失去亲人和爱人的无尽悲伤中。子女们深深感动于维尔玛对父亲生前的悉心照料和她如今溢于言表的沉痛哀悼。在斯图尔特葬礼那天，他的子女们带着维尔玛来到父亲的住宅内拿回行李，并询问其是否想要什么东西留作纪念。满眼泪水的维尔玛哭着说只想带走斯图尔特生前随同订婚钻戒一起买的结婚戒指。随后，斯图尔特的家人们一一拥抱了维尔玛，并给了她 400 美元聊表寸心，也以示感激，感谢她一直以来对父亲无微不至的照顾。

斯图尔特的尸检报告仅显示他患有肠胃炎，但腹部和肠道的严重炎症不足以害死人到中年却还如斯图尔特一般身强力壮的人。斯图尔特的突然死亡疑点重重，负责尸检的医生不愿就此罢休，他切除斯图尔特的某些内脏并妥善保存后才允许其家人前来运送尸体至葬礼现场。第二天，医生开始对切除的内脏进行仔细检查，并在肝脏组织中发现了异常。随后，他将异常肝组织运送至北卡罗来纳州的首席验尸员佩奇·赫德森处做进一步检测。

佩奇·赫德森立即在肝脏样本中发现了砒霜中毒的迹象。经过连续几天的仔细检测，佩奇·赫德森确认死者斯图尔特·泰勒的组织样本中含有大量砒霜成分。维尔玛在北卡罗来纳州使用砒霜杀人是最不明智之举，因为在美国，自1971年有所记录以来，北卡罗来纳州发生的砒霜投毒杀人和自杀案件数量始终位列第一，多年来居高不下，该州曾发生过16起砒霜中毒致死案件，其中多数为谋杀。[166]一年中就发生了6起同类案件。因为北卡罗来纳州农业活动广泛，因而砒霜作为杀虫剂在当地随时随地皆可买到，甚至在零售店柜台直接出售。

最存在问题的一种药物是辛格尔特里老鼠药，它无色无臭无味。北卡罗来纳州杀虫剂监管局在1976年曾试图禁止这种药物在市场上的流通，但最后只颁布了一部早在130年前便已通过的《砒霜销售法案》，而且基本形同虚设——它只要求顾客在北卡罗来纳州购买辛格尔特里时签字确认，但无需出示任何身份证明。许多出售该药物的乡村杂货店老板甚至不知道有新规定出台并生效。除辛格尔特里之外，还有很多无色无臭无味的砒霜产品，譬如特罗蚂蚁药，它是一种几乎在每个药店和五金店均可买到，但又不受新规定条款限制的药物。1月31日，维尔玛在等待配药方时花费60美分在商店里买的便是这种蚂蚁药。

* * *

斯图尔特的家人直到3月还仍未接到尸检报告通知，而最先得知尸检结果的是罗伯逊县地方检察官乔·弗里曼·布里特。佩奇·赫德森给乔·布里特上了一堂砒霜毒药的速成课，并报告称据自己经验判断，砒霜投毒者犯下案件后并未遭到警方追查。

得知这一情况的乔·布里特随后召集了罗伯逊县警长办公室的谋杀案调查

员。其中一位调查员曾听本森·菲利普说起过自己在清晨五点接到的声称维尔玛·巴菲尔德不仅杀害斯图尔特·泰勒，还杀害了自己的亲生母亲利利·布拉德的陌生电话。

在乡村地区，大家互相认识不足为奇。罗伯逊县警长办公室的谋杀案调查员中恰巧有一位认识维尔玛和她的家人，包括其母亲和维尔玛的第一任丈夫托马斯。此外，他也认识斯图尔特·泰勒，不过他并不知晓斯图尔特和维尔玛是恋人关系。该调查员回忆起维尔玛的第一任丈夫在一场大火中不幸丧生，之后，她嫁到了费耶特维尔，但在那之后的事情他便一无所知了。

他之前调查的另一起案件中也涉及维尔玛。一位名为约翰·亨利·李的老人在上个夏季去世前不久曾打电话给警局，称他的一张空白支票不知为何突然被盗，且被频繁兑现。该调查员到报案人家中调查时发现，维尔玛竟是这家人雇佣的护理人员后惊讶不已。当时，他认为维尔玛有重大作案嫌疑，但约翰和妻子雷科德均坚持称维尔玛经常去教堂，是一个虔诚的基督教徒，她会偷盗支票的说法令人难以置信。之后，由于未进一步掌握任何线索，案件调查也就不了了之。

另一位调查员认识蒙哥马利和多莉·爱德华兹夫妇的儿子。蒙哥马利夫妻二人在一个月内相继去世，夫妇的儿子告诉该调查员其父母生前是由雇佣保姆维尔玛全权照料的。当调查员们梳理思路时，一切开始变得豁然开朗。

调查员们在几天内聚齐了斯图尔特·泰勒、利利·布拉德、多莉和蒙哥马利夫妇以及约翰·亨利·李的死亡证明。“我们将所有死亡证明摊开放在桌面上，”布里特后来说，“它们完全就像一套卡片，每张死亡证明上写的都是胃肠炎。”[167]之后，维尔玛的第二任去世丈夫詹宁斯·巴菲尔德也被列入嫌疑受害者名单。

“各位，我想我们面对的是一个连环杀手。”布里特说。

维尔玛的童年

玛吉·维尔玛·巴菲尔德是一名本地女孩，她出生且成长于费耶特维尔和兰伯顿之间的地区，位于北卡罗来纳州棉花和烟草种植带。1932 年 10 月 29 日出生的维尔玛恰好遇上大萧条时期，生不逢时。维尔玛是家中的第二个孩子，种植棉花和烟草的 21 岁农民墨菲 · 布拉德和 22 岁的妻子利利在 2 年前生下维尔玛的哥哥奥利弗。一家四口生活在一个没有电也没有自来水的世界。家用水需从厨房后挖掘的一口井中取出，炎炎夏日，为了保鲜，则必须将黄油和牛奶装篮后放入井水中。他们甚至没有屋外厕所，因而不得不跑到树林中解决三急。洗澡和洗衣服均在一个镀锌的大桶内，平时不用的时候便挂在墙上。

墨菲有自己的土地，即使在经济萧条初期仍能靠种植棉花和烟草维持家庭生计，抚养子女，赡养年老的父母，但棉花价格一路暴跌，墨菲不得不跟许多乡村男人一样，去城里的工厂打工。他在费耶特维尔纺织厂找到一份修理织布机的工作。墨菲过上了工厂、家和农场三点一线的生活，白天去工厂上班，然后回家睡几个小时，黎明起床去农场，之后再返回工厂，日复一日。此后，维尔玛的家庭不断增添新成员，母亲利利在之后的 15 年间接连生下 7 个孩子，除维尔玛和哥哥奥利弗之外，家中还有 5 个儿子和两个女儿。

在周围人眼里，墨菲是一位待人友善，乐于助人的好邻居。倘若有人因生病而无法收割粮食，墨菲总会伸出援助之手。若有人需要农具，墨菲也会毫不犹豫地借给他人。

然而，如此受邻居欢迎和爱戴的墨菲在家人眼中却全然是另一副模样。在家中，墨菲专横残暴，总是无法克制愤怒情绪的宣泄。如若家人有任何差错，或未按他的要求行事，均会遭到他的毒打，有时甚至会连累到被打者身边的人。他经常用皮带抽打子女，据传，他拿到手上的任何东西都会被当作殴打工具，全然不顾后果。墨菲很少喝酒，但一旦喝酒，暴行便会变本加厉。

长子奥利弗最常遭受父亲毒打，而母亲利利总是不顾一切保护儿子，有时还会独自揽下奥利弗犯下的过错。她的这一行为让维尔玛心生怨恨，她认为母亲偏爱哥哥奥利弗，有时甚至会为了保护奥利弗而牺牲维尔玛。母亲一次次在父亲暴行中表现出的懦弱无能加深了维尔玛内心的怨恨。尽管会招致毒打，但维尔玛和哥哥奥利弗依旧会勇敢反抗。每挨打一次，维尔玛心中对母亲的怨愤便多增加一分。狠下毒手的是残暴的父亲，而最终招致维尔玛怨恨的却是唯唯诺诺的母亲。

维尔玛和父母同睡一间卧室，有时，父亲墨菲会在半夜扭转母亲的胳膊或掰弯她的手指，而维尔玛会被母亲的痛苦呻吟声吵醒。但维尔玛在后来的书中写道："爸爸并没有打她。"

"妈妈从不反抗。"维尔玛说。她用七个字总结了自己的童年生活："我总是担惊受怕。"[168]

不过维尔玛的童年也不乏快乐时光。每个星期天，墨菲会在家门外的田野间组织家庭棒球比赛，孩子们总是高兴地玩到天黑。有时他会带着家人外出野炊或到附近的池塘游泳。他教会了所有孩子如何游泳。

维尔玛说父亲并非总是一副怒气冲冲的模样，10 岁或 11 岁的维尔玛渴望得到父亲的宠爱。他会叫她"小甜心"或"宝贝"。维尔玛回忆称，父亲有时会让她坐在自己的膝盖上，然后拥抱她，她记得自己有多珍爱那份亲密和温暖。维尔玛在等待死刑时叙述起与父亲的怀旧往事，这是她第一次说出这些回忆于她而言的非凡意义。

维尔玛回忆说，人生中最快乐的时刻便是父亲主动给自己买了那件她在商店橱窗外心仪已久的粉红色裙子。她记得自己回到家里时，满怀期待地将新裙子展示给母亲看，而母亲却抱怨说衣服很难熨烫，小维尔玛满心的激动情绪在瞬间化为乌有。

维尔玛 7 岁时开始上学，家境贫困的她时常遭到其他同学的嘲讽。其他孩子的甜点是用从商店买来的面包做成的三明治和商店买来的饼干，而维尔玛吃的则是家里自制的面包，又黑又粗糙，或是自制小饼干和一片肉或腊肠。她开始一个人偷偷吃午餐。她衣着寒酸，只有在每年年初时才会收到一双丑陋又廉价的新鞋。维尔玛开始从父亲的裤子口袋中偷取硬币，购买糖果，然后刻意在那些嘲弄她的同学面前吃。有一次，维尔玛在拜访亲戚时，从附近一个老人居住的小屋内偷了 80 美元，在当时，80 美元并不是小数目。维尔玛偷来的这笔钱被发现后，却坚持说是因自己帮老人看家而获得的报酬。墨菲用皮带抽打了维尔玛，而此后的维尔玛则要么暂停偷窃，要么确保自己不再被发现。

学校老师抱怨维尔玛脾气暴躁。一旦事情未按她的想法发展，她便极易发怒。维尔玛曾希望学校能针对自己的家庭情况给予她保护，但这只是雪上加霜。而家里的生活却更加苦不堪言。每周星期三中午，父亲墨菲会到学校接维尔玛回家清洗一家人的换洗衣物。她必须一件件手洗，直到傍晚才能将所有衣服洗完。

进入高中后，维尔玛在棒球运动方面表现出过人的天赋，并且加入了学校棒球队，但这意味着她在放学后必须留校练习。维尔玛的母亲坚决反对其加入棒球队，声称她需要维尔玛回家帮自己照看孩子。母亲的这一做法让维尔玛内心对她的怨恨更深了。

维尔玛 13 岁时，一家人搬到了罗伯逊县内一处更大的住宅，而这里，便是维尔玛 40 年后被处以死刑的地方。维尔玛声称自己的父亲在搬家前后对她实施了性侵。某天，维尔玛从学校回到家中，因身体不适便一直瘫倒在床上，当时，母亲正在外面的庭院内忙碌，而父亲突然走进她的房间并实施了强奸行为，过程中一个字都没有说。维尔玛说父亲好几次在家人都外出游泳后猥亵自己。

维尔玛很久之后才愿意提及这段苦涩回忆。维尔玛曾在被捕后告诉精神病监测医师，其父亲有一次赤身裸体爬到她床上准备实施性侵，但因突然有人到访而未能如愿。维尔玛直至生命的最后才肯开口讲述这个插曲。她说这件事让她更加怨恨自己的母亲。维尔玛说："我确实很生她的气。我不明白为什么她不能保护我们。作为孩子的我根本不能理解这一点。"

维尔玛在后来的书中写道，被父亲强奸后的当晚，她下楼吃晚饭时感觉自己"肮脏且令人厌恶"，之后，她对父亲的憎恶便如同心中的爱意一般强烈。"我的感觉很混乱，而且我为自己有这样的感觉而感到羞耻。我不能告诉我的兄弟姐妹们，我怎么能承认我深深爱着却对我做出这般肮脏之事的父亲呢？"[169]

* * *

几乎每个连环杀手的故事皆始于一段不堪回首的悲惨童年时光。维尔玛遭遇强奸和身体凌虐的童年经历在连环杀手中实属典型。她的心理防御系统将其对父亲的怒气转移到面对墨菲虐待时唯唯诺诺的母亲利利身上，同时，还切断了她的情感网络，她对父亲的愤怒和憎恶被她自认为“应该”对父亲产生的错误爱意和情感所代替。维尔玛和父亲墨菲一直保持着看似充满父女情的正常关系，直至父亲去世。她会经常带着自己的子女前去看望他们的外公，而这位外公恰恰也是当年虐待且强奸自己的那个男人。维尔玛将自己的愤怒转移到了其他地方。

维尔玛的第一段婚姻

1949 年 12 月，正读 11 年级的 17 岁的维尔玛与高中男朋友，同时也是邻居的托马斯·伯克结婚，逃离了那个充满噩梦的家。他们二人驱车前往北卡罗来纳州后秘密结婚，之后才将这件事告诉墨菲和利利。得知这一消息的维尔玛父母最初强烈反对，但渐渐地，他们也接受了二人婚姻已成定局这一事实。婚后，维尔玛和托马斯双双从高中辍学，最后搬到那时刚刚结婚的奥利弗家中居住。托马斯找了一份开车运送无酒精饮料的工作。

两年后，即 1951 年，维尔玛生下第一个儿子，她给儿子取名为罗纳德·托马斯，之后大家都叫他罗尼。那时维尔玛 19 岁。两年后，她又生下一名女儿，金。维尔玛是一位极其关爱孩子，有口皆碑的好母亲，她竭尽全力确保子女的生活不会如自己的童年时光那般痛苦不堪。不殴打，也不吼叫，子女们都生活在一片浓浓爱意之中。维尔玛每晚都会到他们床边阅读。维尔玛和托马斯加入了浸信会，她满怀虔诚，从未错过任何一场教堂礼拜，且每次总是带上子女一起参加。

也许有人会说维尔玛太过溺爱子女。曾有一次，托马斯和维尔玛出去度假时将子女留给托马斯的父母代为照看，假期的第二天晚上，维尔玛因担忧子女甚至出现呼吸困难的症状。于是她强迫托马斯收拾行李，次日，二人马不停蹄开车赶往托马斯父母家，半夜到达后，维尔玛匆忙叫醒公婆，将子女带回了家。维尔玛和孩子重聚后，焦虑的心情才得以放松下来。

罗尼上三年级时，父亲托马斯薪资丰厚，于是一家人搬到帕克顿小镇上的一栋大房子中居住，孩子们也因而有了更宽阔的娱乐空间。他们的住房和一家浸信会教堂在同一条街，此后，这一家人去教堂的次数便愈加频繁了。那时，维尔玛在周日学校和《圣经》课堂教书，而托马斯则是接待员。

托马斯一家人无论做什么事都寸步不离。一起看电影，一起去海滩，一起打保龄球，一起打迷你高尔夫球。维尔玛时常和子女们打棒球，夏天的周末他们会一起去乡村集市或开车去海滩游玩。

罗尼深爱自己的母亲。罗尼上学第一天，母亲维尔玛花了整整一天时间帮助他习惯没有自己的生活。她总是主动协助班级旅游和野炊。罗尼后来说："我不会说我有恋母情结，但我快接近那一步了。我对妈妈的爱到死都不会改变，这是一种敬爱。"

金则更喜欢父亲托马斯，到哪儿都跟着他。托马斯就连工作的时候也会欣喜地带上女儿。金坐在父亲托马斯的膝盖上看最喜欢的电视节目，她喜欢随时都能讲笑话逗笑自己开朗的父亲。

婚姻美满，生活幸福，家门背后没有隐藏的阴影，也没有黑暗的罪恶，这是完美的一家。但对于他们四人而言，那段时间不过是对过去美好时光一段遥远的模糊记忆罢了。

1962 年，维尔玛被查出患有子宫肌瘤，那时维尔玛 30 岁，儿子罗尼 12 岁，女儿金 10 岁。因维尔玛和托马斯本打算只生两个孩子，因而夫妻二人听从了医生的建议——切除子宫，这是美国女性最为常见的一种绝孕手术。子宫切除后，女性将立即停经，从未有人向维尔玛解释过手术后荷尔蒙的变化会对其人格产生怎样的影响。维尔玛和托马斯夫妻二人显然并未意识到手术将对情感带来的潜在不利的创伤，与较为年长的女性相比，所述情感创伤在维尔玛这种年纪轻轻却做了子宫切除手术的女性中更为普遍。

手术后的维尔玛急躁焦虑，经常怒斥子女和丈夫托马斯。她变得郁郁寡欢，担心自己过度肥胖，因而开始服用减肥药。她开始无节制地乱花钱，明知道自己的银行账户中没有足够的钱付款，却依然签写支票，而当家人接到商店老板电话后急忙赶到时，她又不知使用何种方法在被指控前补上了所欠金额。这个秘密她一直瞒着家人。

1964 年，维尔玛的背总疼，于是她开始服用止痛药，很快便上瘾了，从此一发不可收拾。

与此同时，托马斯开始终日酗酒。维尔玛在书中写道，她认为托马斯于1965年前后开始染上酗酒的恶习，而在其父亲去世后更是变本加厉。托马斯加入了青年商会，时常在会后与其他成员一起喝酒交流。维尔玛痛恨酒精，于她而言，所谓应酬酒局完全是莫须有的借口。维尔玛亲眼目睹过酒精将自己的父亲变成何等残暴的恶魔，她当初遇见托马斯时最欣赏他的一点就是托马斯从不饮酒。但如今，他却经常喝得烂醉如泥，回到家中倒头就睡。

维尔玛开始向托马斯宣泄内心的愤怒情绪，或许是以她认为自己的母亲当初应该正确对待父亲的方式。后来，托马斯因酒后驾车遭受指控。他因此失去了工作，不得不重新开始。失业后的托马斯精神状况极为糟糕，甚至有一次，维尔玛将他送进了精神病院。几天后，托马斯自己签名登记离开医院，但此后便极少有人在镇上看见他的身影：羞愧难当的他终日将自己锁在家中。二人的婚姻从此变成了黑暗暴力的战争。托马斯和维尔玛时常大吵大闹，甚至拳脚相加。

1968年，在某次情绪莫名崩溃后，维尔玛开始服用极易成瘾的安定镇静剂。维尔玛后来说，这种药物总能减轻让她深受折磨的怒火。最终，维尔玛对包括盐酸阿米替林、多虑平、赛诺菲、泰诺和安定在内的止痛药和镇静剂上瘾。当时，她同时接受5位医生的治疗，每位医生在不知情的情况下均给她开了相同药物的处方。

罗尼和金不明白究竟发生了什么，但他们一家人曾经一起度过的那些快乐、明媚、无忧无虑的时光一去不返。

托马斯之死

1969年4月19日早晨，托马斯在纺织厂上完夜班后回到家中。维尔玛说，当时托马斯坐在椅子上一边抽烟一边打盹。香烟从嘴里滑落后滚落到他的衬衫上，如若维尔玛当时没能及时抓起香烟，托马斯可能会被烧伤。维尔玛回忆称："我捡起燃着的香烟并熄灭后便大叫着：我不在乎！我再也不在乎了！你乐意的话就烧死你自己吧！"[170]

维尔玛称，之后托马斯来到床边，倒头便睡，身上还穿着上班时的衣服。与此同时，维尔玛开车前往镇上的自助洗衣店清洗一周的换洗衣物。维尔玛说当她回到家中时，一股浓浓的烟味扑鼻而来。她急忙冲进卧室，但烟雾太浓，根本什么也看不清。于是维尔玛立即给消防部门打了电话，但为时已晚。托马斯因吸入大量烟尘不幸丧生。

随后，放学回家的罗尼走过烟尘弥漫的房子，吸引他注意力的是灭火的消防人员不得不用斧子砍开厨房门才能进入。奇怪，罗尼心想，难道母亲离开的时候将厨房门锁上了吗？如果维尔玛在烟雾笼罩卧室的时候进入过房子，那消防人员为何要用斧子砍门后才能进入呢？

维尔玛直至生命最后一刻仍极力否认自己曾蓄意谋杀托马斯。但她所称的自己在托马斯去世那天早上，从睡着的他身上拿下香烟的叙述，和托马斯随后在同一天早上又点燃一根香烟并不小心引燃床垫一事真的纯属巧合吗？倘若真是，那这样的巧合也未免太过奇怪了。在维尔玛被处决的前几天，罗尼曾问过她是否谋杀自己的父亲，她回答称“有可能”，但她除了记得托马斯睡着后，自己在床垫上放了一个燃着的香烟或打火机，随后离开房间并将门关上了之外，不太能回忆起具体细节。

维尔玛再婚

托马斯的去世并未就此断绝火灾的发生。在之后的两年半时间里，维尔玛一家的房子接连两次着火，有一次甚至遭窃。维尔玛因在上述所有意外事故中遭受损失而获得保险赔偿金。此时的维尔玛已对止痛药严重上瘾，她为了拿到止痛药处方而同时接受不同医生的治疗。在罗尼读高中的最后一年，维尔玛开始对他极度依赖。罗尼高中毕业后，依照以往传统，他本应在周末和同届毕业生一起前往卡罗来纳海滩举行毕业派对。但当他的朋友在屋外车中等候时，维尔玛却哭泣着说罗尼已经长大，身为母亲的自己快要失去他了。为安慰母亲，罗尼只好拒绝朋友的邀请，在本应派对狂欢的周末留在家中陪伴维尔玛。

维尔玛在一家百货公司上班。1969 年 9 月，在托马斯去世约 5 个月后，维尔玛的一位名叫保利娜·巴菲尔德的同事不幸去世。维尔玛和保利娜的丈夫詹宁斯很熟。他以前经常来接妻子保利娜下班，在等待时总会和维尔玛闲聊几句。54岁的詹宁斯是一位退休在家的文职人员，他因患有糖尿病、肺气肿和心脏疾病而领取伤残退休金。有6名子女的詹宁斯和16岁的女儿同住在费耶特维尔的一所住宅内。保利娜去世后，孤独寂寞的维尔玛和詹宁斯二人开始了约会。

1970年7月，在托马斯去世一年多后，维尔玛突然宣布和詹宁斯即将到来的婚讯，这一消息让罗尼和金惊愕不已。他们认为詹宁斯身体状况不佳，而母亲维尔玛自身又有滥用药物的恶习。尽管如此，维尔玛和詹宁斯二人最终还是于1970年8月23日在教堂成婚，维尔玛此前与托马斯私奔时未有机会举行这般受人祝福的婚礼。婚礼上，维尔玛身着粉红色西装，头戴粉红色圆帽，脚上也穿着一双粉红色的鞋，这一切令人回忆起她的父亲墨菲在其儿时买给她的那条粉红色裙子。就连婚礼花束和婚礼蛋糕也是粉红色的。罗尼母亲现在的身份是詹宁斯·巴菲尔德的妻子，维尔玛·巴菲尔德，这个名字最终也将伴随她走向死亡的坟墓。

婚后，维尔玛搬进了詹宁斯的房子。维尔玛用在第二次大火中获得的保险赔付金重新修理房子后便将其租了出去。金当时还有一年的高中学业需要完成，她为了在同一所学校读完高中，便搬去和外公墨菲和外婆利利同住。罗尼也同住在外公外婆家。昔日那个总是烂醉如泥且脾气暴躁的墨菲早已不见踪影，在酗酒期间遭遇过一次可怕的交通事故后，墨菲便与酒精彻底绝缘。他的脾气逐渐变得柔和，在9个子女均结婚生子后，他和妻子利利二人也可谓是典型的慈爱长辈。

与此同时，罗尼正面临一次艰难的抉择。他成绩优异，却无钱攻读大学。在当时的北卡罗来纳州，能获得奖学金的人寥寥无几。维尔玛曾在婚礼前不久催促罗尼申请大学，并向他保证詹宁斯会支付至少半学期的大学费用。于是罗尼听从母亲劝告申请了大学，并很快被南卡罗来纳大学录取。但到了缴纳费用时，詹宁斯却分文未付。维尔玛和詹宁斯之间存在某种误解。此后，罗尼回到了外公外婆身边。

罗尼面临的问题是，1970年的美国正处于和越南的战乱中，而19岁的罗尼恰恰是最合适的参军年龄。倘若能顺利进入大学，罗尼便不用参军，但若不能，则必将被征入伍，在丛林里与敌人进行长达 12 个月的真枪实战。许多 19 岁的年轻男孩在越南战争中失去生命，生龙活虎地去，却安静地躺在运尸袋中被送回来。穷苦白人和那些无条件供读大学或成绩不够理想的黑人贫穷小孩成为了越南战争的主心骨。在1970年，人尽皆知，那场硝烟弥漫的战争满目疮痍。

罗尼有一个选择——自愿入伍。与被征入伍不同，自愿入伍的坏处是其规定的参战年限是 3 年而非 12 个月，但好处是入伍者可自由选择要加入的部队分支和兵种。这并不保证你可以在残酷的越南战争中生还，但至少可以保证你不会局限于某个腐臭丛林里的普通步兵——挡在敌人火力前线，咕哝着倒入泥浆中。12 月，自愿入伍的罗尼加入了安保专员行列。他的兵役起始期定于 1971 年的春季。

在那段时间，维尔玛和詹宁斯两人均意识到自己所犯下的错误。在二人结婚，罗尼被大学劝退约一个月后，维尔玛第一次服用了过量的止痛药。詹宁斯带维尔玛去医院时得知其滥用药物后，便驱车前往维尔玛父母家，丢下她一人后独自离去。他对利利说，体弱多病的自己无力照顾维尔玛。

罗尼劝说母亲维尔玛如若想要完整的婚姻生活，则必须控制自己滥用药物的恶习。几天后，詹宁斯接走了维尔玛。但没过多久，詹宁斯便接到医生电话称，维尔玛继续按照丈夫的处方抓药并自己服用。

11 月，再次服药过量的维尔玛被送往医院。詹宁斯的女儿南希告诉罗尼，维尔玛似乎总是处于服药过量的状态，她在房子里东倒西歪地行走，时常会突然摔倒，有时甚至无法开口说话。他们试过把药藏起来，但维尔玛却把药片藏在房子里的各个角落。南希很担心自己父亲的身体状况。詹宁斯才是夫妻二人中体弱多病的那一方，维尔玛应肩负起照顾他的责任，而不是由身体脆弱的詹宁斯来服侍终日恍恍惚惚的维尔玛。

1971 年 2 月，第三次服药过量的维尔玛被再次送往医院就诊。当罗尼去医院探望她时，她告诉儿子，自己和詹宁斯的婚姻是个错误，患有糖尿病的詹宁斯仍不注意饮食，而她自己当初并未想过自己的余生都将用来照顾一位残疾丈夫。

而詹宁斯自己也不愿再继续维持这段婚姻。4 月 19 日，星期五，詹宁斯驾车前往儿子家，打电话给律师商讨离婚事宜。二人约定于星期一见面详谈。

詹宁斯·巴菲尔德遇害

维尔玛称自己和詹宁斯的婚后生活一天比一天糟糕，她不得不独自承担起照顾患有糖尿病丈夫的重任，而詹宁斯却一再顽固地拒绝医生的饮食建议。维尔玛声称詹宁斯越顽固，她服药的剂量越多。维尔玛说她开始怀疑自己当初为何会和詹宁斯结婚。维尔玛写道：

> 每天都是一场更糟糕的梦魇，这一切让我萎靡不振。我必须逃离所有压力。我无法再继续忍受了。于是我买了一瓶蚂蚁蟑螂药。[171]

维尔玛坚持说自己原本只打算让詹宁斯生病。“然后他会因为给我添了这么多麻烦而感到愧疚，而且他以后不会再这样了。”维尔玛如此声称。

星期一和律师的见面，詹宁斯未能如约而至。在维尔玛带着腹痛难忍且呕吐不止的詹宁斯去医院治疗后，他最终在星期天早上逝世。维尔玛在书中透露称，她说服自己，詹宁斯并非死于她投放的毒药，而是因身体状况不佳而引起肺部衰竭。倘若詹宁斯确实是维尔玛杀害的第一位受害者，但我们从维尔玛的叙述中并未能了解初次犯下谋杀案件的她当时的内心想法，仿佛她的整个人物角色已经设定为杀手。维尔玛从“我无法再继续忍受了”直接到“我买了一瓶蚂蚁蟑螂药”，这中间没有任何其他过程，没有事前对投毒行为的左思右想，没有对她将投毒后准备端到詹宁斯餐桌前的菜肴或饮品拿在手中时的内心感受描述。她本可以趁一切还来得及时，将有毒菜肴或饮品摔到地板上或在詹宁斯快要吃进嘴里前从他手中一把夺过来。

没有，什么都没有。

“我买了一瓶蚂蚁蟑螂药”就是她内心想表达的全部内容。而这恰恰是使之成为精神病态的原因，希望我们都心理正常。

维尔玛崩溃

在詹宁斯葬礼之后（维尔玛因服药过量而未能出席），维尔玛搬到了儿子罗尼和女儿金同住的父母家中。那时，罗尼正要离家前往靠近南卡罗来纳州哥伦比亚的杰克森堡参加军队基础训练。维尔玛苦苦哀求罗尼不要离开。当然，罗尼这次并未顺从母亲的意愿，他去了。在训练期间，维尔玛每周都会看望儿子，她是罗尼同队里唯一一位如此频繁探望的家属。

6月中旬，维尔玛和金一同搬回了被烧毁两次的家。此时的罗尼已经完成基础训练，并被军队安排于7月前往位于马萨诸塞州的陆军保密局学校进行更专业严苛的训练。罗尼在离家前探望母亲时，维尔玛的状况似乎大有好转，但罗尼一离开，维尔玛的糟糕恶习就变本加厉。

维尔玛希望罗尼能以家中困难之由而得到部队的退伍特批。维尔玛的医生给罗尼所在部队写了一封信件，描述了因丈夫去世而悲痛欲绝的维尔玛滥用药物的情况及其儿子罗尼参军入伍一事。他在信中请求部队特批罗尼临时退伍，回家照顾母亲和妹妹。军队拒绝了这一请求。

维尔玛回到了和詹宁斯结婚前工作过的百货公司上班，然而，她却频繁地无故翘班。维尔玛需要缴纳的医疗和药物账单越积越多，经济负担越来越重。为缴纳账单，维尔玛向银行借取了总额800美元的贷款。次月，她报案称自己家中遭人盗窃。维尔玛称小偷盗走了她向银行借取的现金和罗尼的一些衣物。此后，维尔玛获取了保险赔付金。渐渐地，维尔玛在工作中的行为愈发古怪。她频繁跟顾客恶语相向，于是公司调换其原有岗位，安排她到商品储藏室标记价格。

1971年10月14日，想另谋他职的维尔玛让女儿带自己去镇上求职。然而，她在镇上逗留的时间似乎比预想的要久。当金和维尔玛返回家中时，发现门前围满了消防车。这是维尔玛家中的第三场火灾。得知此事的罗尼成功向部队紧急告假后，便匆忙赶回家中看望母亲。

维尔玛和金搬回了墨菲和利利的家。回到家中的罗尼向母亲维尔玛承诺，自己会积极以家中困难为由向部队申请退伍，并开始收集必要的医疗证明和其他文件资料。与此同时，维尔玛被百货公司辞退，即使被分派到商品储藏室，她在日常工作中的表现也极不负责。三次火灾，一次入室盗窃，难道是某人对母亲怀有恶意吗？罗尼满心担忧。

回家探访期间，罗尼遇见了一位名叫金的女孩，她是罗尼高中一位朋友的表姐。此后，二人开始认真交往。当罗尼返回陆军学校时，女友金答应会给他写信。与此同时，罗尼的舅舅吉米提供给妹妹金一份照看自动贩卖机的工作，于是金搬去和舅舅同住。儿子罗尼和女儿金均会定时给母亲维尔玛汇款以保障她的生活。

祸不单行，那个秋季可谓是坏事连连。罗尼将于 1 月被派往越南。维尔玛几乎歇斯底里。虽然罗尼的指挥官已经批准了他的退伍申请，但仍需军队审批确认方可正式生效。

当罗尼圣诞节回家探望时，事情雪上加霜，不仅是维尔玛，罗尼的外婆利利亦如此。墨菲患上某种医生无法诊断的呼吸疾病，身体日渐衰弱。如今利利不仅要照顾生病的丈夫，还要照顾终日浑浑噩噩的维尔玛，有时过度用药的维尔玛甚至连续好几天瘫倒在床，无法下地。对回家探访的罗尼来说，那段时间生活唯一的曙光便是和女友金重逢。

罗尼回到部队以后，维尔玛的身体状况越来越糟。她再次因服药过量被送往医院。维尔玛对医院的精神病医生说自己无法眼睁睁看着自己的儿子罗尼在越南战争中牺牲，她想结束自己的生命。

因部队尚未审核罗尼的退伍申请，所以他得以暂时留滞，不用立刻奔赴越南战场。3 月，罗尼得到部队回复，部队最终决定拒绝他的退伍申请，但承诺不会派遣他去越南参战。随后，他被派往布拉格堡的陆军安全局任职，就在费耶特维尔城外，这样一来，他便离家很近了。

福无双至，墨菲被诊断为肺癌后，病情急剧恶化，最终于 1972 年 4 月 15 日因病逝世。父亲的死让维尔玛一蹶不振。维尔玛在多年之后说："我已经学会了如何爱他，我对他的爱就如同对他的恨那般强烈。他对我的子女们很好。我觉得他试图将当年我们未能享受到的爱给予我的子女们，以弥补自己当年的遗憾和悔恨。"

那年春季，维尔玛也失去了长久以来的住所。银行因其未能按月支付抵押贷款而取消抵押品赎回权，继而拍卖了维尔玛的住宅。此后，维尔玛找到一家纺织厂的工作，但很快便因为再次过度用药而被工厂辞退，并在医院进行了长达 3 周的住院治疗。

被安置在布拉格堡的罗尼如今得以经常和女友金见面。1972 年的夏季，罗尼和金二人决定步入婚姻殿堂。然而，二人直到同年 11 月才将结婚计划告诉维尔玛。得知儿子婚讯的维尔玛伤心欲绝。这是背叛。维尔玛哭着对儿子罗尼说："我一直都是你生命中最重要的女人。"

维尔玛和她的母亲

但罗尼并不知情的是，当时的母亲维尔玛早已和因过度服药而入院治疗时认识的一位 69 岁的男性交往。阿尔·史密斯是一位严重酗酒成性的前建筑工人。维尔玛和阿尔开始约会，不久后，二人同居。如同以往的詹宁斯和将来的斯图尔特一样，维尔玛为让阿尔戒掉酒瘾而要求他参加浸信会的教堂礼拜。但二人的情感关系反复无常。他们频繁争吵。当罗尼最终得知母亲的交往对象阿尔时，他惊愕于母亲的选择，并表示不同意二人继续交往。他认为阿尔的酗酒恶习和母亲维尔玛的滥用药物一样会将自我推向痛苦的深渊。

1972 年 12 月，维尔玛从儿子罗尼口中又得知一个坏消息。罗尼以为自己在布拉格堡的职位不会再有变动，但部队却告诉他，即将于 3 月派遣他前往德国。罗尼和女友金决定于 2 月迅速完婚，在大学学习小学教育的金将于开春后与罗尼一同前往德国，在那里继续完成美国马里兰大学的延展项目学习。

维尔玛听到此事后的反应可想而知。她服用过量药物后陷入昏迷。当罗尼急忙赶到母亲床边时，她正戴着呼吸器，医生怀疑维尔玛可能撑不过当晚。但维尔玛挺过来了。1973 年 2 月，罗尼和金携手走上红毯，维尔玛也出席了婚礼，至少维尔玛在婚礼当天衣着整洁、神志清醒。同月，维尔玛搬回了独自生活的母亲利利家中。

罗尼恳请部队重新考虑其退伍一事，并提供了更多关于母亲维尔玛身体和精神状态每况愈下的医疗证明数据。在军队未做决定之前，罗尼暂时担任原职，其前往德国的军事调动被延期至3月。

不久之后，罗尼得知了关于母亲维尔玛的更多坏消息。母亲因伪造处方而被捕入狱。4月3日，维尔玛供认罪行后被判处6个月有期徒刑，鉴于其表现良好，缓期三年执行。

4月6日，罗尼得知部队最终批准了自己的退伍申请，他终于可以回家了。若在罗尼眼中，12岁之后的生活可谓糟糕透顶，那仅仅是因为他不知道接下来自己即将面对的种种可怕噩梦。罗尼回到了母亲维尔玛身边。

* * *

1973年秋季，罗尼和妻子金被北卡罗来纳大学彭布鲁克分校录取。罗尼的妹妹金遇见了丹尼斯·诺顿，二人决定于明年秋季结婚。和母亲同住的维尔玛仍和阿尔·史密斯藕断丝连。维尔玛不停到各大纺织厂寻找工作，但每一次工作期均不会超过三个月。1973年11月，维尔玛再次被捕，这次是因为她使用价值115美元的空头支票。幸运的是，此次案件的检察官并未查看其犯罪记录，且没有人知道当时维尔玛正处于缓刑服刑期。否则维尔玛必定会被即刻送入监狱，服满前次犯罪被判的6个月刑期。

维尔玛深陷泥潭，无法自拔。无力支付处方账单的她开始偷取利利的空头支票并兑换现金。不久后，利利发现了维尔玛的卑劣行径。但利利并不打算与女儿维尔玛当面对质，而是将此事告诉了自己的儿子蒂龙并给他看了所有注销支票。利利告诉蒂龙，自己和维尔玛关系紧张，她不愿再火上浇油。随后，利利和蒂龙驾车来到银行，与银行相关工作人员确认，从今往后在处理支票兑付时需确认利利本人在支票上的签名，否则不能予以兑付。从那之后，利利便将自己的支票本藏在一个上锁的抽屉中。

1974年年初，金再次发现母亲因用药过量而引发全身痉挛，于是她急忙呼叫救护车将维尔玛送往医院。维尔玛康复出院后便再也不愿出门工作。她似乎成为了只关心自己抓药处方的植物人。

8月，维尔玛前往靠近费耶特维尔的一家汽车旅馆与阿尔见面。当晚，打算穿过高速公路去便利店买点啤酒的阿尔在夜色中被一辆迎面而来的卡车撞死。之后，作为阿尔人身保险受益人的维尔玛获得5000美元的保险赔付金。

11月23日，金和男友丹尼斯结婚后搬到了兰伯顿。婚礼当天，维尔玛依旧神志清醒。

自从维尔玛搬去和利利同住后，周围几乎所有人均嗅到二人之间的紧张气氛。1974年的圣诞节，一家人来到利利家中准备共享晚宴，欢庆佳节。维尔玛主动到厨房忙前忙后，如同小时候一样，帮助母亲利利准备菜肴。当晚，包括维尔玛在内，大家似乎都笑容满面。

1974年12月28日，即圣诞节后的星期六，蒂龙带着家人前来看望母亲利利。开门后，利利直接将儿子拉到一边，并给他看了一件奇怪的东西。那是一家信贷公司的通知单，上面写着利利的1000美元贷款现已超期，若不及时偿还，公司将收回她的汽车。利利并未借过任何贷款。蒂龙对母亲说这或许只是公司弄错了，让她不要担心，并称若母亲再收到类似通知便告诉他，他会前去一探究竟。

之后，维尔玛和母亲利利之间反复无常的矛盾已人尽皆知。某天，罗尼前往利利家中探望母亲和外婆时，亲眼目睹母亲维尔玛因利利让其清洗衣物而大发雷霆。维尔玛一边诅咒母亲，一边将衣物扔得满屋都是。多年后，罗尼称："那时母亲所表现出来的愤怒是我从未见过的，而且和以往我见过的完全不同，她所有的愤怒矛头全部指向外婆。看上去，她内心充满了怨恨。她怨恨自己的生活不得不依赖外婆。"

罗尼对母亲维尔玛的怒气只理解了一部分，但他不知道维尔玛愤怒的真正原因。

维尔玛杀害母亲

维尔玛在死囚牢房中曾说，她憎恶母亲以儿时同样的方式对待她。维尔玛感觉自己像奴隶一样被母亲呼来唤去。母亲利利让维尔玛清洗衣物的要求，只会让她回忆起小时候每周周三下午被父亲接回家后，辛苦清洗一家人的换洗衣物直到晚上的经历。

维尔玛说母亲上了年纪后便喜欢回忆往事，且时常感叹过去的那些时光何其美好。“她几乎每天都说同样的话，我一遍一遍地听着，直到有一天我再也无法忍受了。”维尔玛说。

“但那时是如此美好，那是我人生中最快乐的一段时光。”母亲利利依旧不断重复着这样的话语。

“那不是我人生中最美好的时光。”维尔玛回答母亲。但利利似乎从不关心也不问原因，她只是一味地感叹当时生活的美妙。

“我从来不能叫她‘闭嘴！’”维尔玛说。

维尔玛讲述称，1974年秋季，她无力支付药方，账单堆积成山，而且女儿金的婚期临近，作为新娘母亲的她必须想办法偿还账单。于是维尔玛找到一家借贷公司，向其借取了总计1000美元的贷款，并将自己和母亲现在所居住的房子作为抵押。维尔玛对贷款公司的工作人员说母亲生病在家，无法亲自前来，在承诺公司将文件带回家让母亲签字后，维尔玛伪造了母亲签名且成功拿到贷款。维尔玛从未提及自己在阿尔的交通事故后获得的5000美元保险理赔金，但她确实说过自己顺利偿还了第一次贷款，可见，应该是用那笔数额高昂的保险赔付金偿还的。“可能那就是为什么我在第二次借取1000美元贷款的时候没有再三考虑的原因。”

维尔玛说母亲给她看了第一次贷款的到期偿还通知单，但母亲似乎并不为此担忧，她确信这只是某贷款公司的失误。然而，看到账单后的维尔玛却心乱如麻。每次电话铃声响起或有人敲门，维尔玛都会陷入紧张恐惧的情绪之中。维尔玛知道自己必须赶快找工作偿还欠款，但被焦虑、愧疚和愤怒情绪同时包围的她早已变得麻木不仁。她说：“各种不同的情绪在我的内心乱作一团，恐慌、愤怒以及对再也无法拿到药物的担忧。”

据维尔玛所言，大约一周之后，利利收到贷款公司的逾期偿还通知，而维尔玛则前去镇上取药。维尔玛在后来的书中写道：

> 我在药店等待处方时感到无聊，便到处走走看看。我看到了一个透明的塑料瓶里装着蚂蚁蟑螂药。我不记得自己接下来打算做什么。但不

知为何，我内心早已有了计划。我曾经这样做过一次，虽然我有意将那次经历封存在记忆里。[172]

维尔玛依旧坚持称自己只是想让母亲生病，以争取时间在利利发现自己的欺骗行径之前还清贷款。维尔玛给母亲做了一顿丰盛的午餐，并在其无酒精饮料中混入了蚂蚁蟑螂药。几小时后，她端给母亲第二杯有毒饮料。

维尔玛说医生再次误诊其受害者病情，这次医生将母亲的病情判断为肠胃感冒。她在书中称：

> 在等待期间，我不断回想着医生说的话。母亲并不是被我的毒药残害至此，而是如医生所说的其他事情。很多人都经历过同样的事情，妈妈并不是唯一一个。我脑中就是这样想的。[173]

维尔玛称，如同当初她毒杀詹宁斯一样，医生给母亲的药让她的病情变本加厉。维尔玛在死囚牢房中既真诚又偶带欺骗色彩的自我叙述让我们窥见了其杀人变态的心理过程，令人心生恐惧。一个妻子何以将自己的丈夫送上亡途？一位女儿为何非要置自己的亲生母亲于死地？一位亲生母亲怎舍得对亲生骨肉痛下杀手？她们到底在想些什么？她们对自己的行为作何感想？除非我们将自己的情感框架和思维过程强加到这些行为中，否则将无从想象。和维尔玛一样的心理病态跟我们的想法迥然不同，他们的思想是我们普通人无法理解的。在犯罪心理学中，对于连环杀手心理研究的理论就好比量子物理学中的黑洞和弦理论。简而言之，除受害者尸体以外，另一面究竟掩藏着什么，只是大家的一味猜测罢了。

蒂龙在圣诞节后的周末看望母亲，并从母亲那里看到借贷公司的信件之后究竟发生了什么？我们无从知晓。利利因为贷款公司的通知单而跟维尔玛当面对质了吗？她仍旧喋喋不休过去的那些快乐时光吗？利利又让维尔玛洗衣服了？是不是维尔玛觉得儿子罗尼对她的关心大不如前或看望她的次数不够多？我们只知道利利在星期一吃完午餐之后便开始腹痛难忍，腹泻不止，且呕吐物中带有血丝。当天下午她被送往医院治疗，随后于当晚不治而亡。当家人匆忙赶往医院质问维尔玛具体情况时，她只是简单地回答道："我做了我该做的一切，我尽力了。"

维尔玛因伪造罪被捕

身无分文、没有工作、对镇静剂和止痛药严重上瘾的维尔玛在母亲葬礼之后无处可去。蒂龙解决了母亲利利未完成的所有事情，包括维尔玛以其名义借取的巨额贷款。但他从未向姐姐维尔玛提及此事。

虽然金和丹尼斯才刚刚结婚几周，但二人还是选择将母亲维尔玛接到家中一同居住。此后，金和丹尼斯夫妻二人竭尽全力想纠正维尔玛滥用药物的恶习，但她总能偷偷拿到更多药物处方，且不断私藏药品。某次，夫妻二人下班回家后，发现母亲因过度用药而倒在地板上，神志不清。一如往常，她被送往医院，一如往常，康复出院的她得到了更多相同药物的处方。

康复出院一周后，维尔玛只身前往罗尼家中看望儿子。当时正在户外打高尔夫球的罗尼和妻子金让维尔玛在家中等待。而当二人返回家中时，却发现骨瘦如柴的母亲意识模糊地瘫倒在地板上。

维尔玛曾在几周前央求罗尼给自己汇钱以填补她最近签写的空头支票。得知母亲的请求后，罗尼震惊不已。母亲维尔玛可是从阿尔的交通事故中获取了5000美元的巨额保险金啊，那些钱都去哪了？回忆起母亲曾给过自己700美元的罗尼向银行借款后将钱归还了母亲。维尔玛因过度用药在医院疗养期间，警察找到女儿金的住处询问其下落。维尔玛之前签下了更多空头支票。倘若她无法偿还，则将遭受指控并被警方逮捕，这样一来，她的缓刑可能会被撤回。维尔玛在回忆录中辩解称，自己之所以会使用空头支票皆是因金和罗尼总能找到她偷偷藏的药物并丢进马桶冲走。维尔玛心想，他们难道不知道这些药有多贵吗？她将自己使用空头支票的错误行为统统归咎于金和罗尼二人身上。这种将责任全部推给别人，从来不反省自身错误的想法正是精神病态的又一典型思维过程。

金刚刚得知自己怀孕的消息，此时的罗尼却因为应付母亲而精疲力竭。于是二人想到，倘若让维尔玛被迫面对自己种种行为的恶劣后果，或许她会敲响警钟。即使兄妹二人竭力想帮助维尔玛，他们也实在无力承担高额的账单费用。于是二人一致决定放任母亲维尔玛被警方逮捕。被捕后的维尔玛想方设法从监狱外获取药片，此后，她便在监狱内滥用药物。在被监狱人员送往医院进行短暂治疗后，维尔玛被带回经狱警仔细搜查过的牢房。

3 月 21 日，维尔玛接受审讯，而当时审讯案件的法官恰好记得其之前因伪造处方被判 6 个月有期徒刑的事情，于是维尔玛被送往北卡罗来纳州女子惩教所服刑。那年维尔玛 42 岁。女儿金因怀孕后身体不适而无法探望狱中的维尔玛，罗尼也正忙于自己的新工作。

服刑四个月后，维尔玛提前出狱，剩下两个月刑期被改为缓刑执行。出狱后的维尔玛搬去同女儿金和丹尼斯一同居住。重获自由 11 天后，维尔玛再次因服药过量被送往医院。显然，维尔玛在进监狱服刑之前，曾在家中私藏大量抓药处方。那是支撑维尔玛熬过牢狱痛苦的唯一精神支柱。她利用自己早已注销的旧银行账户签写支票以购买药片。

当警察带着支票找上家门时，维尔玛面临新的指控——伪造罪。和以往使用空头支票的指控不同，伪造罪是重罪。不知所措的维尔玛苦苦哀求女儿金和儿子罗尼，哭着请求他们帮助自己，并向他们承诺从此以后会彻底改掉滥用药物的恶习。不忍母亲再次遭受牢狱之苦的兄妹二人偿还了所有支票欠款。维尔玛的指控也因而被取消。

1975 年 10 月，金生下一名女儿。当时维尔玛亲自去医院迎接外孙女的降生，新生命的到来似乎让维尔玛的情况有所改观。此后，她得知罗尼的妻子也怀有身孕。维尔玛十分溺爱孙女，这一切让她回忆起儿子罗尼小时候。金和丹尼斯带着刚出生的孩子搬进了新家。而当时第一次摆脱药物噩梦的维尔玛告诉他们自己将继续住在原来的住处。她找到了新工作——照顾生病的老年人。

维尔玛成为了一名家庭护理工

维尔玛的第一位顾客是住在隔壁的老年女性。这位老人最终被家人送往私人疗养院，但当时负责照顾她的护士把维尔玛介绍给了另一对老年夫妇——94岁患有糖尿病的蒙哥马利·爱德华兹和84岁无法独自照顾生病丈夫的妻子多莉。

虽然偶有过失，但那段时间的维尔玛似乎渐入佳境。某次，维尔玛因酩酊大醉而被多莉送回金的家中。随后，金和罗尼与母亲维尔玛又进行了一次促膝长谈，维尔玛在谈话中向二人保证，自己绝不会再度堕落于药物滥用。维尔玛成为了当地五旬节会的固定成员，且从不缺席任何一场教堂礼拜。很快，罗尼的妻子生下一名男婴，如今的维尔玛儿孙满堂，她时常抽空前去探望孙子和孙女，有时甚至会代为照顾他们。维尔玛看似大有改观，但事实上她开始使用新方法掩盖自己滥用药物的事实。

在蒙哥马利和多莉家中工作近一年以来，维尔玛·巴菲尔德未犯过任何大错。那段时间，她认识了多莉的侄子斯图尔特·泰勒，两人很快便开始交往，直到斯图尔特与妻子重归于好。那时，唯一令维尔玛感到不快的是雇主的妻子多莉。据维尔玛所言，多莉专横且小气，总爱对她指手画脚，告诉她什么时候该做什么。多莉监视着维尔玛的一举一动，总是喋喋不休地抱怨她给蒙哥马利使用了太多爽身粉或婴儿油，导致他时常弄脏床单，但多莉坚持称维尔玛一周只清洗一次衣物床单，甚至将橡胶床单铺到二人的床垫上。

维尔玛再次实施杀戮

最终，病魔缠身的蒙哥马利于1977年1月29日在医院去世，此后，多莉决定让维尔玛继续留在家中帮自己打理家务。维尔玛坚持了30天。维尔玛后来说，那时她感觉自己再次回到了童年，回到了那段痛苦时光。多莉就如同她的母亲，总是对她指手画脚且无论她做什么，多莉总是一副不满的表情。维尔玛说她开始厌恶多莉。她想对多莉怒吼，但却从未真正付诸行动。之后有一天，当维尔玛在食品杂货店购物时：

我看见了跟我之前买的同样牌子的蚂蚁蟑螂药，于是我买了一瓶带回家中。那天傍晚我给多莉下毒了。第二天，中毒后的她痛苦难忍，但服药过量的我根本无法感受她正经受的折磨。我觉得她的反应跟我投毒并无关联。她已经一把年纪了，肯定会身体不适。[174]

不知为何，维尔玛声称多莉的死亡并非毒药所致。她可能觉得二者之间丝毫没有联系，但多莉的确是死于她之手。维尔玛在后来对谋杀的自我供述中告诉警方，自己在作案后将空的毒药瓶扔到房子后面的田野中，以掩盖犯罪证据。后来警方在附近田野中搜查时找到了一个辛格尔特里老鼠药的空瓶。

维尔玛在审讯中被交叉询问，并被指控谋杀多莉："你利用辛格尔特里老鼠药让爱德华兹夫人生病，是不是？"

维尔玛傲慢地回应道："不是，我认为那是蟑螂蚂蚁药。"维尔玛一字一顿地说完最后一个字。

多莉被下毒后并未马上死亡，维尔玛花了好几天时间才最终置她于死地。2 月 26 日，维尔玛第一次给多莉投毒，星期天晚上，痛苦不堪的多莉被送往医院治疗。之后，身体好转的她被送回家中。随后，维尔玛在星期一进行了第二次投毒。星期二早上，即 1977 年 3 月 1 日，一辆救护车前来将多莉送回医院。当晚，多莉在医院不幸离世，医生将其死因诊断为胃肠炎。

"这真是最悲伤的事，但看起来好像跟我母亲关系亲近的人都是死路一条。"

维尔玛在多莉的葬礼上痛哭流涕。一开始，金和罗尼很担心母亲维尔玛会再次染上药瘾，但维尔玛在十天之内便迅速找到了新的雇主。在教堂的举荐下，维尔玛受雇照顾 76 岁的雷科德·李和她 80 岁的丈夫约翰·亨利·李。76 岁的雷科德不小心摔断了腿，而 80 岁高龄的丈夫显然无力照顾妻子，于是夫妇二人的子女们便雇佣维尔玛悉心照料两位老人的生活起居。

维尔玛在回忆录中说，夫妇二人终日无休止的争吵让她几近疯狂。她说她想大吼："你们两个给我闭嘴！"因雇主夫妻争吵而倍感焦虑的维尔玛开始服用更多药物。她想辞职，但却不能就此一走了之，因为她需要钱购买药物。这一切让她满腔怒火，内心充满怨恨。最终她爆发了。维尔玛回忆称："我当时想着能离开那个地方的唯一途径就是毒死李先生。雇佣我的人是他，付钱给我的人也是他。他的妻子无关紧要。"[175]

维尔玛称她偷走约翰·李的一张空头支票并换取了现金。之后她又说自己本打算让他生病，这样一来，她便可以离开并寻找下一份工作，补回空头支票上的钱。约翰之前发现自己并未签写过的一张支票被兑现 50 美元后便立刻报了警。当时接到报警的调查员立马将怀疑的目光投向维尔玛，但李夫妇二人否定了这一猜测。他们坚持称维尔玛是一位极度虔诚的女性，教会曾大力举荐她，她是一位善良的基督教徒，不可能偷东西。

从某种较为偏颇的逻辑角度来看，维尔玛并未说谎，因为她花了很长时间才最终将约翰·李毒死。4 月 27 日，即约翰发现伪造支票一事约两周后，便开始出现腹痛难忍且呕吐不止的症状。最初两天，约翰对突然出现的身体不适并未在意，直到病情逐渐恶化，他才被送往医院治疗。医疗人员甚至无法读取约翰的血压读值。不明所以的医生在对约翰进行了 4 天的悉心治疗后，5 月 2 日让他出院回家。得知父亲病情的约翰女儿们纷纷前来看望，当家人一起坐下来聊天时，维尔玛给约翰端来了一杯冰淇淋和可乐。医生曾在约翰出院前指示他禁食不易消化的食物，且要大量饮水。

5 月时，身体恢复过来的约翰突然再次病倒在床，胃部痉挛，上吐下泻。他的女儿们深深感激维尔玛对父亲约翰无微不至的照顾和关怀。但 1977 年 6 月 3 日，约翰的病情急剧恶化，不得不再次被送往医院救治。当晚，可怜的约翰不治身亡，表面上看，死因似乎是心脏骤停。

维尔玛再次强调，在她看来，毒药并未置约翰于死地，只是让他身体不适而已，她说服自己导致约翰最终死亡的是他自身患有的心脏病。

维尔玛参加了约翰的葬礼，并送上一束很大的花圈以示悼念。在葬礼上，为感谢维尔玛在父亲生病期间对其无微不至的照顾，约翰的女儿们给了她一笔额外奖金。她们还告诉维尔玛希望她留下来继续照顾年老的母亲，维尔玛同意了。

就在葬礼后不久，斯图尔特·泰勒再次闯入维尔玛的生活。他是维尔玛的最后一名受害者，至少是被她谋害致死的最后一个。

维尔玛说在照顾雷科德·李两个月后，她辞去了这份工作，因为对寡妇李的照顾让她想起了自己对约翰的所作所为，而且她厌倦了和其他人住在一起的生活。她再次感受到了“压力”。9月初，雷科德·李因胃痉挛和呕吐不止被送往医院急救室，但维尔玛始终坚称自己与雷科德的生病毫不相干。在雷科德康复出院后，维尔玛辞职并独自搬到一个出租屋内居住。随后，她在一家私人疗养院找到一份夜间护士助理的工作。每天晚上，当所有人都入睡后，维尔玛便到疗养院内无人监控的走廊上漫步巡视。意料之中的事情最终实际发生或许只是时间问题，但现在，维尔玛将所有精力都放在刚刚与之订婚的斯图尔特身上。

11月，维尔玛在出租屋中无故遭人绑架，此后，她便搬往斯图尔特的家中居住。斯图尔特于次年2月初去世。当时一位医生对病人具体死因的好奇心揭开了斯图尔特的死亡真相，这位医生在斯图尔特的尸体内发现了砒霜毒药。此后，一位自称维尔玛姐姐的陌生女性打来的电话让警方迅速锁定了嫌疑人维尔玛。维尔玛直到3月中旬才被警方正式拘捕。在调查期间，警方发现1月31日，也就是斯图尔特生病当天，其账户上有一张总额为300美元的支票被签予维尔玛，该支票随后于2月2日兑现，刚好是斯图尔特去世前一天。经调查，警方确认支票上的字迹和签名并不属于斯图尔特本人。

在斯图尔特的葬礼过后，罗尼只是伤心地摇摇头说道：“你知道吗？这真是最悲伤的事，但看起来好像跟我母亲关系亲近的人都是死路一条。”

在斯图尔特遇害和维尔玛被捕之前的那几周，维尔玛因再次签写空头支票被警察询问。当罗尼就此事与母亲对质时，维尔玛向他保证自己本打算在第二天从疗养院拿到工资后便补回支票上的欠款，但那时的罗尼知道事情并非如此简单。

最后的受害者

维尔玛在被捕之前再次犯案。斯图尔特去世后，维尔玛搬到女儿金家中和他们一家三口同吃同住。金和丈夫丹尼斯注意到母亲又开始滥用药物。某天下午，当夫妻二人下班回家后，维尔玛询问自己能否借用他们的汽车。

维尔玛曾多次在服用药物后撞毁驾驶车辆，因而金并不情愿将汽车借给她用。此外，金知道母亲借车极有可能是想通过某种途径拿到更多药物处方。于是金提出自己驾车送母亲前往她想去的地方。听到女儿此番回答的维尔玛大发雷霆，她坚持说自己不需要任何人开车接送。之后的几个小时，维尔玛一直沉浸在满腔怒火中。

当天晚上，金和丈夫丹尼斯因剧烈腹痛和呕吐不止无法入睡。次日早上，身体极度不适的二人被送往医院急救室。当时的医生将二人病情诊断为流感，但金后来回忆称，自己患流感时从未出现过那样的症状，感觉就好像她即将不久于人世。金和丈夫丹尼斯因身体虚弱而决定请假在家疗养 3 天。当二人回到家中时，维尔玛表现出对女儿和女婿病情的满心担忧。“一定是得了流感。”她对他们说。第二天，当二人病情依旧未见好转时，维尔玛告诉他们自己找到了新的住所，之后她便收拾行李搬了出去。

直到后来维尔玛因谋杀罪被捕，案件细节曝光后，金和丹尼斯才回忆起自己当晚生病的经历。那天晚上，维尔玛做好晚餐，给金和丹尼斯夫妻二人分别端了一杯冰茶，二人回忆称，那杯冰茶喝下后有些微奇怪的味道。他们甚至还当场问起过，但维尔玛说那是糖精的味道，因为家里的食用糖用光了。金和丹尼斯认为肯定是那杯茶有问题，因为当晚，他们的女儿喝了牛奶后并未出现任何不适。这就是如维尔玛这样的连环杀手不易被人识破的原因，他们被掩藏在稀疏平常的日常生活之中。

在维尔玛慈爱友善的人类面具被撕开，暴露出潜藏于下的魔头面目之前，没人会再三思考她端来的茶水或那天晚上突然患上的“流感”。受害人未从维尔玛的所作所为中发现她骇人听闻的本来面目，这的确令人难以置信。

维尔玛的审讯和判刑

维尔玛·巴菲尔德最倒霉的，便是在自 1974 年以来美国人均犯罪率位列第一的罗伯逊犯案后，又恰好碰上了认为判处死刑是唯一解决方式的地方检察官乔·弗里曼·布雷特，曾裁定过22次死刑判决的他可谓史上最致命检察官的吉尼斯世界纪录获得者。维尔玛就是那22名死囚犯中的一个。

布雷特声称基督徒外婆连环杀手——维尔玛·巴菲尔德的案件审讯难度空前绝后，因而他决定只选取其谋杀受害者斯图尔特·泰勒的指控进行审理。倘若出现任何差错，他可以就其他案件另外提起指控。

维尔玛在庭审中给出的抗辩理由是她并未打算置斯图尔特于死地，而只是想让他身体不适。倘若陪审团接受这一抗辩理由，则维尔玛将被定罪二级谋杀，且不必面对死刑判决。维尔玛的辩护律师认为，让待人和善、心怀虔诚的外婆站在听证席或许对案件审理大有益处。维尔玛在庭上证实自己对止痛药和镇静剂上瘾，且人过中年的她思想糊涂。她承认曾对泰勒下毒，但却坚持说只想让他生病。

但当检察官对维尔玛进行交叉询问时，她心中的怒火很快便失去控制，她眼神尖锐且充满敌意，不断在询问过程中大吼大叫，心中的满腔怒气溢于言表。维尔玛甚至在检察官询问其毒杀受害者所用毒药类型时傲慢地当众反驳。庭审现场的所有人皆震惊于这位慈祥虔诚的外婆身上所流露出的戾气。那次庭审简直是一场灾难。

1978年12月，维尔玛·巴菲尔德被定罪一级谋杀并判处死刑。之后维尔玛提起上诉，要求减轻刑罚，但以失败告终，其罪行被公之于众后，她的孙子孙女曾来探望记忆中慈祥的外婆，在囚牢中的日子，维尔玛成为了“重生的”基督教徒，不过我们很难评价维尔玛在实施杀戮期间和其在死囚牢房中表现出的对基督教的虔诚。维尔玛和一位牧师共同完成了一本书，书中记录的是她的所有罪行以及她在死囚牢房中的重生经历。在书中，维尔玛承认投毒，但坚持说她只想让受害者暂时生病，并未想过夺去他们的生命，她还写道，自己的所作所为皆是受药物和无法控制的怒火驱使。

1984年11月2日，52岁外婆的生命走向终点。巴菲尔德是美国恢复死刑制度以来首个被处死的女性罪犯。她被处以注射死刑，和所有受害者不同的是，她走得很安详，一脸平静，毫无痛苦，她相信耶稣已经原谅她过去所犯下的所有罪行，等待她的将是美丽的天堂。维尔玛在死前给女儿金和儿子罗尼留下一封信，信中写道，她会在天堂等待他们的到来，并在最后提醒他们“耶稣就是万事万物的答案”。

维尔玛死后，其尸体被安葬在死于其毒手之下的丈夫托马斯的尸体旁边。按照子女金和罗尼的要求，二人的坟墓安置在距金和罗尼从小长大的那所房子仅几米的地方，那所房子见证了他们以往那些无忧无虑的时光，那些一去不复返的欢乐时光。

* * *

我们很难对维尔玛·巴菲尔德的一生妄下评判。在她人生的前30年，她从一个受尽折磨的女儿成长为两个幸福孩子的慈祥母亲。但在其做完子宫切除手术后，这一切发生了翻天覆地的变化。然而，她心中的愤怒种子早在其手术之前的悲惨童年时期便已生根发芽。滥用药物则是其畸变杀人行为的催化剂。

维尔玛是女性连环杀手的典型人物。她的杀人动机错综复杂。从表面上看，她似乎是黑寡妇类型的女性杀手，因为她从大多数受害者的死亡中获取金钱利益，虽然数额小到令人难以置信。同时，总是怒气冲天的她和艾琳·沃尔诺斯一样，或许可被划入复仇型杀手的范畴。维尔玛对儿子罗尼的偏执情感及其在“陷入困境”时需要儿子陪在身边的依赖心理也是孟乔森综合症候群的体现之一，和那些依靠谋杀自己的亲生子女或其他亲密之人以获取周围人怜悯之心的女性连环杀手属于同一范畴。又或者维尔玛只是单纯的魔头，一位手持砒霜，隐藏在《圣经》和慈祥外婆面具之下的冷血恶魔。

* * *

接下来这则案例研究中的凶犯完全是出于利益动机而谋害他人。引人关注的是，这位连环杀手并未在早年时期显露其恶魔本性，而是很久之后才选择走上杀戮之路。（除非她成功掩盖了之前的谋杀案件。）

多罗西娅·普恩特·蒙塔尔沃——为罪行付出代价

1988 年感恩节前夕，洛杉矶 11 月一个晴朗凉爽的下午，在靠近高地街的街上，正走在回家路上的退休木匠查理 · 威格斯决定顺便去当地一家名为蒙特卡洛的小酒吧小酌一杯。那天是星期三，查理刚买的那把玻璃刀便是他这周孤独落寞生活最值得一提的事。查理对这一切早已习以为常。一生致力于工作和责任、厄运连连、伤心欲绝的他，如今独自生活在两个街区外的公寓中，那里地势低洼，萧条清冷，小型商店和低廉住房随处可见，是那些虽坐落于洛杉矶这座繁华都市，但别人从不会特意前往，只是顺道路过的没落街区之一，查理在这里心甘情愿地消磨着光阴。

年近七旬的查理患有关节炎和肺气肿，还曾两次中风发作，生活清贫的他依靠每月的社会保障支票维持生活。没有人苦苦相盼，没有人在家中等待，即使查理在下午喝一两瓶啤酒，也不会有人过问。虽然落寞孤寂的生活日复一日，但在某些譬如生日、圣诞佳节、感恩节的特殊日子或其他曾和别人一起欢度过的重要日子，查理依然会被突如其来的寂寞吞噬。这个感恩节，他感受到孤独内心的悲凉。

从酒吧外的阳光明媚到酒吧内的昏黄阴暗，查理的双眼用了好几分钟才适应过来。这是一家典型的马蹄形低端酒吧，查理是这里的常客，他认识多数常混迹于此的其他熟客，他们的生活穷困潦倒；无人相伴；四肢残疾；依靠养老金勉强过活，和查理一样，他们在这样一个时间点除了悲凉地坐在酒吧内举杯独饮外，无事可做。酒吧的门被再次推开，她走了进来，身上带着明媚的光芒和酒吧外穿行车辆映射的点点阳光。查理抬头看向她。

引人侧目的不是她漂亮的外表（她确实漂亮，身穿时尚的红色外套和性感的紫色舞鞋），而是当她坐在查理对面酒吧凳上时的优雅自如。她比查理年轻，大约 50 来岁。头发灰白，发型精致的她虽已年过半百，但当她优雅地脱下外套时，依旧散发出性感的气息。有时即便只是一个小动作也足以让你想要靠近，当她交叉双腿时，有那么一瞬间，一只脚上的紫色舞鞋悬吊在空中。查理蠢蠢欲动。还是行的。查理心想，他不确定这是指自己还是那个女人，或他们两个人。

一位坐在附近酒吧凳上的女性顾客回忆说："她真的很好看。她的发型很庄重，妆容也很精致。"[176]

她点了一杯伏特加混橙汁，当她和孤独的查理四目相对时，脸上泛起温暖的微笑。被她深深吸引的查理礼貌地开口了："那里的风扇刚好对着你的背，要不你到这里来吧，这里吹不到什么风。"[177]

她甜甜一笑，表达谢意之后，便拿起饮品和自己的手包坐到了离查理更近的酒吧凳上。她的动作如此优雅轻盈，并不是只有性感，还有更多吸引人的特质。查理对她一见倾心，并很快和她展开了愉悦的对话。她说自己名叫唐娜·约翰逊，现在正住在皇家维京汽车旅馆，离靠近麦克阿瑟公园和阿尔瓦拉多的第三街道的东边大约一英里半路程。

查理觉得她聪慧成熟，有一种不可抗拒的吸引力，但真正让他深陷爱慕的是这位女性的悲伤脆弱。人到中年的她如天使般美丽，但她的生平故事却引人哀叹。一个月前，她的丈夫在萨克拉门托撒手西去，痛失挚爱的她独自来到洛杉矶，希望能重新开始新生活。

让查理更加同情的，是她讲述自己前往汽车旅馆时所搭乘出租车的司机将她赶下车并带走了她的行李，她只剩下一个小旅行袋和背包里的衣服。说完她便抬起纤细的双腿给查理看被损坏的鞋子。为寻找容身之所，她穿着这双鞋从汽车旅馆一路步行到这里。查理见状便殷勤地提出把她的鞋子拿到当地一家自己熟悉的鞋店去修理。她感谢查理的好意并给了他 3 美元的修理费。随后，查理带着她的鞋匆忙赶往修鞋店，而她则安静地坐在酒吧小酌。

当查理拿着修好的鞋子返回酒吧时，她重新穿上鞋，一脸感激。之后，两个陌生人又开始了轻松畅快的交流。查理再次点了一杯啤酒，而她也加了一杯伏特加混橙汁。"你退休了的话，怎么维持生计呢？"她问。

查理告诉了她自己的病情以及每个月 576 美元的社会保障支票。唐娜说她在萨克拉门托有诸多社会服务项目方面的经验，并说查理轻而易举便可获得 680 美元。她主动提出帮助查理准备文字资料以申请增加社保金额。两人友好愉悦的对话持续了一个半小时。唐娜看上去如此聪慧、能干且态度友善，但让查理感触最深的是她的内心脆弱。当唐娜提出第二天去查理的公寓烹饪一顿丰盛的感恩节晚宴时，查理毫不犹豫地答应了。她声称自己厨艺了得。

唯一让查理感到不适的是，在二人对话的最后，唐娜突然提出两人搬到一起同住的建议。想象我们一起居住后可以节约多少生活开支，她如是说。查理并不喜欢这个建议。他们才刚刚认识90分钟，而且多年来一直独身居住的查理已经习惯了无人相伴左右的生活方式。事实上，他甚至有点享受这样的独居生活。但两人为了省钱同吃同住的现象并不鲜见，和他同住一个街区的人会竭尽全力节省开支。“这听起来似乎有点唐突，但在这一带极为平常。”查理后来说道。查理告诉唐娜自己需要好好想一想，但之后他会打电话给唐娜确认次日的感恩节晚宴约定。

查理劝说唐娜搭乘计程车，而不用辛苦步行返回汽车旅馆。她的鞋才刚刚修好，为什么要穿着它再次步行如此长的路程呢？当唐娜在等计程车时，查理用之前唐娜给的3美元给她打包了两份烤鸡饭。如果她想加餐，便不用在晚上独自出门购买了。唐娜说天黑之后的街道让她心生恐惧。查理表示理解。查理亲自将她送上了出租车，并承诺当晚会打电话商讨明天晚宴一事。

当目送着计程车向第三大街东部驶去，穿过小型商店、低廉公寓和快餐店铺时，查理感到一阵激动。在这片被繁华都市遗忘，充斥着孤独感的贫民区突然“结识”一个人的感觉真好。而且这个人优雅聪慧，令人尊敬，和查理身边那些一贫如洗的穷困退休工不同，她生活在更高的社会阶层。查理觉得虽然自己和唐娜的生活状况迥然有异，但两人遇见的那一刻总有一种似曾相识的感觉。

查理不知情的是，唐娜确实穿着脚上的鞋子沿着第三大街徒步行走了一英里半的路程，不过并不是为了寻找合适的公寓，而是为了寻找像查理这样的男性。查理本应对唐娜有熟悉感，不过对方并不叫唐娜，而是多罗西娅·普恩特。事实上，查理周末时在电视新闻上看到了她。

多罗西娅在萨克拉门托经营了一个寄宿家庭，专门收容酗酒成性的人和依靠社会保障金维持生活的残疾人士，但其中一个寄宿者在神秘地人间蒸发后，其社会保障支票依然有兑现记录。明明已经失踪，却仍继续领取社会保障支票，甚是奇怪。想了解幕后隐情的社会服务办公室工作人员决定对这起人口失踪事件一探究竟。经过数周的盘问，却依然未从普恩特口中得知任何满意答复，于是社会服务办公室向警方报案。当警方在普恩特花园中挖掘时，一具又一具尸体惊现眼前，其中一具的头颅已被砍去。普恩特仓皇逃跑。

多罗西娅的尸骨花园

因为多罗西娅・普恩特在萨克拉门托慈善业和社会服务社区皆颇有知名度，所以社会服务人员并未立刻报警。她在对待孤儿和穷途末路老年人时慷慨大方和友善可亲的态度博得了他人的赞赏，一度享有良好声誉。多罗西娅收容了一些社会服务无处安置的难缠酗酒人士，并很快让他们摆脱酒精，恢复健康，后来这些人搬出了她的寄宿家庭，开始独立生活，或者说至少社会服务机构是这么认为的。

多罗西娅在位于萨克拉门托城市中心，且离州府和城市中某些名胜古迹仅仅相距几个街区的大街上，租了一套内置很多卧室的维多利亚风格的大房子。房内设施极好，花园中百花怒放，多罗西娅还在房子周围的草坪上摆设了雕塑，和许多年事已高的社会服务对象被囚禁的阴暗肮脏住所不同，普恩特的寄宿家庭堪称人间天堂，前者更多的是提供住宿与早餐的地方，而普恩特的家常菜肴可谓是坊间流传的佳话。

但与社会服务工作者相比，接到报案的警方对普恩特有更多了解。大约 8 年前，她因为欺诈社会保障接收者而被当时的警方记录在案，且警方怀疑其与一宗杀人案件有关。虽尚未有明确定论，但这足以使警方对普恩特产生戒备。此外，经营一家收容社会保障金接收者的寄宿家庭本就违反她的缓刑条件。11 月 11 日，在经过连续几天的追踪调查和质证询问后，警方终于前往多罗西娅房子的花园中挖掘尸体。

挖掘工作才刚刚开始，警方便找到了第一具尸体，但并不是其中一位失踪的男性，而是一具在该男性失踪前被埋葬的女性尸体。警方在当天下午就此事质问普恩特，但她却说自己对此毫不知情。普恩特极度配合警方工作，且表示只要不毁损她精心栽种的花坛，便对挖掘工作毫无反对意见。这对警方来说并非易事，他们既不知道这具女尸的身份，在当时也没有任何证据能证明多罗西娅与此事相关。在多罗西娅搬进房子之前，这具尸体便已经存在的猜想不无可能。因而虽挖掘出一具尸体，但警方并未对多罗西娅实施抓捕。当天下午，警方不得不准允多罗西娅返回家中。

次日一早，即星期六，在普恩特的花园中发现尸体的惊爆消息一经传开，周围群众纷纷前来一探究竟，普恩特的房子外挤满了人，警方开始在其房屋花园里集中挖掘。此时，普恩特疲累失落的情绪溢于言表。她询问现场的高级调查员约翰·卡布雷拉警探自己是否被逮捕了，对方回答称目前还没有。脚穿紫色舞鞋，身裹粉红裙子和红色外套的普恩特看来慈祥脆弱。她询问警探自己能否暂时离开熙攘喧哗的人群，去克拉里奥酒店喝杯咖啡。卡布雷拉对这位身材娇小、情绪脆弱的老年女性打算逃跑的疑虑在听到她的这一请求后烟消云散，于是他陪同普恩特穿过拥挤热情的媒体和看热闹的观望群众，随她一起前往酒店。当卡布雷拉带着普恩特穿过拥挤人群时，电视新闻记者们纷纷举起手中的摄像机拍摄二人离开的画面。这便是查理星期天在洛杉矶电视新闻上看到的镜头。虽然新闻上的女性和他在星期三时认识的唐娜身穿同样的红色外套，但查理并未将二者联系起来。

卡布雷拉看着普恩特在克拉里奥酒店中与三五好友相会时心想，即使这个身材娇小的老妇人逃跑，也跑不了多远。信心十足地认为普恩特不会逃跑的卡布雷拉返回到挖掘现场。他不知道多罗西娅·普恩特的钱包里装着3000美元现金。挖掘工作进行不到二十分钟，警方再次找到被埋得很浅的另外一具死者尸体。当卡布雷拉匆忙赶回酒店时，多罗西娅早已不见踪影。警方每多挖掘一具尸体（警方最终找到了7具尸体），多罗西娅就多逃跑一点路程。卡布雷拉一离开，多罗西娅便立刻花70美元搭乘出租车前往斯托克顿市，距离克拉里奥酒店大约40英里。下午一点，多罗西娅到达灰狗巴士长途汽车站。当警方还在萨克拉门托寻找普恩特的下落时，她却早已坐上从斯托克顿前往洛杉矶的长途汽车。当天夜里，普恩特顺利抵达洛杉矶后，便住在距离车站不远的一家酒店内。次日，即星期天，她重新在皇家维京酒店登记入住。这是一位没人会多加关注的老太太。她将自己锁在房间内，看着电视上关于自己的报道，过了很久才出门到第三大街的快餐店购买食物。

接下来的三天，当她依旧待在房间内关注着新闻动向时，突然意识到自己需要立刻找寻一处藏身之所，且必须在所带财物用尽之前找到其他经济来源。星期三下午，多罗西娅穿上红色外套和紫色舞鞋，开始沿着第三大街缓慢行走，不断出入沿街各大商店和酒吧，寻找机会。不会有人想到，这个看起来慈眉善目，穿着红色外套和紫色舞鞋漫步在大街上的女人会是一个正在寻找猎物的冷血嗜杀狂魔。

在徒步行走几个小时后，多罗西娅走进蒙特卡洛酒吧，她看见一位疲惫不堪，一脸病相的老年男性在这样的下午时光独自坐在低端酒吧内饮酒，那一瞬间，多罗西娅知道她找到了自己一直苦苦寻找的猎物。于是，她径直走到查理视线对面的酒吧凳上坐下，开始了工作。

那天下午，当多罗西娅返回她在皇家维京酒店的房间时，她感觉自己神清气爽，精力充沛。和查理聊天时喝下的酒激发了她的味觉，于是她吃掉了查理为她买的其中一份烤鸡饭。闻到猎物气息的她如动物界的捕食者一般精神愉悦。多罗西娅对自己很满意，洛杉矶于她而言全然是一片陌生的土地，但她却在大街上漫步短短几小时后便找到了一个她清楚如何轻而易举获得的潜在经济来源——一个依靠社会保障福利维持生活、孤独寂寞、体弱多病的老人，即使他突然失踪，也没人会过多在意。多罗西娅还沉浸在自己的完美表现中时，突然电话铃声响起。只有一个人知道这个号码——查理。他打电话来确认明晚二人在他公寓的感恩节约会。接到电话时，多罗西娅全身的细胞一定都欢喜于她目前为止捕猎工作的成功。第二天，她会完全掌控局面，给猎物设陷。多罗西娅打开一罐冰啤酒并吃掉了第二份外带晚餐。

多罗西娅·普恩特的早年生活

多罗西娅·普恩特于 1929 年 1 月 9 日出生于雷德兰兹，这是位于加利福尼亚州圣贝纳迪诺市的一座小城市，当时多罗西娅被叫做多罗西娅·海伦·格雷。出生于经济大萧条时期的她是家中第六个小孩。多罗西娅的父亲是来自密苏里州的杰西·詹姆斯·格雷，他是一位参加过世界第一次大战的老兵，因在战争中被芥气毒害而致身体残疾和精神疾病障碍后便一蹶不振。来自俄克拉荷马州的母亲特鲁迪·梅·盖茨酗酒成性，常常将子女们独自丢弃在家中长达几天甚至几周后才再次归家。可以说多罗西娅从小是由哥哥姐姐们抚养长大的。多罗西娅的家庭就如电影《愤怒的葡萄》里描述的那般穷困潦倒，依靠在当地农场劳动勉强维生，捡蔬菜和水果充饥。母亲时常无故失踪或被判入狱，父亲频繁出入医院，这一家人最终分崩离析，分别投靠亲戚和邻居。

多罗西娅七岁时，家里剩下的成员最初移居到洛杉矶，之后又搬往附近的圣迪马斯县，不辞辛劳地寻找可以养活自己的工作。1937 年 3 月 29 日，多罗西娅的父亲去世，那年她 8 岁。此后，母亲的酗酒恶习变本加厉，1938 年，她丧失对子女的监护权。多罗西娅被送进加利福尼亚州安大略一家由基督教堂经营的孤儿院。几个月后，多罗西娅的母亲在一场酗酒事故中不幸丧生。

很多人认为，多罗西娅的儿时经历极为符合在童年时期与母亲断开依恋情感的典型模式，而这恰恰是导致其精神病态的罪魁祸首。教过多罗西娅的老师们后来回忆称，她时常讲述一些关于自身的荒诞故事或撒一些弥天大谎，这是精神病态的又一警示迹象。多罗西娅的姐姐在其被捕后，于 1988 年发表了这样一段颇有智慧的评论："有时，当人们的童年生活艰难坎坷，而个人生活又不尽如人意时，他们便会编造谎言，伪装成自己人生美好的样子。"[178]

多罗西娅 16 岁之前一直过着居无定所的生活，不断流连于寄养家庭、亲戚和姐姐家中。长大后的多罗西娅身材纤细，面容娇美，她深知自己的外形优势。她学会运用美貌和谎言诱骗他人按照她的想法行事。16 岁的多罗西娅天资聪颖，但却铁石心肠。她决定让自己焕然一新。

1945 年，多罗西娅来到华盛顿州首府奥林匹亚市，开始以"雪莉"这一假名从事卖淫。和死去的母亲一样，她也严重酗酒成性。16 岁便开始卖淫的多罗西娅不可能贞洁尚存，因此她在此前一定有过性经历，而这恰恰是精神病态女性身上又一大典型特征。但目前这一推论还处于猜想阶段，尚无明确定论。

多罗西娅对于自己以往生活的讲述漏洞百出，令人无法相信。在早年被监禁的时候，她曾宣称"我从三岁起便开始挑拣棉花、土豆、黄瓜、辣椒和水果。等到 13 岁时，我终于结婚了，但几年之后，丈夫就死了。"这一切都是谎言。

多罗西娅的婚姻

1945 年 11 月，16 岁的多罗西娅嫁给了弗雷德・麦克福尔，他是一位刚归国的 22 岁士兵。婚后，两人搬到内华达州加德纳维尔一个人烟稀少的小镇上居住。1946 年到 1948 年的几年间，多罗西娅先后生下两个女儿，但她均拒绝抚养，一个被送往居住在萨卡拉门托的亲戚家中，另一个则被一个陌生家庭领养。有一段时间，多罗西娅与弗雷德曾两地分居，她独自居住在洛杉矶，但几个月后，二人重归于好。后来，多罗西娅再次怀孕，但不幸流产。1948 年年末，感到厌倦的弗雷德最终离开了多罗西娅。羞耻于遭到丈夫抛弃的多罗西娅对他人谎称弗雷德在二人结婚几天后便不幸离世。

1988 年，依然健在的弗雷德·麦克福尔接受采访，当时的他年事已高，且记忆力逐渐下降，但他依旧记得多罗西娅，记得她出众的美貌和她讲述的关于其过往生活的种种童话故事：多罗西娅告诉他自己曾是电影明星；出身高贵，拥有皇室血统；家境富裕，却受到经济大萧条影响而倾家荡产等等。多罗西娅有一种令人惊叹的能力，她可以利用多彩的谎言、令人折服的美貌和无法抗拒的魅力指使他人按照她的任何意愿行事。

婚姻失败后，多罗西娅搬往圣贝纳迪诺，1948 年，她因使用空头支票首次遭到犯罪指控。她在辩诉中成功为自己减轻刑罚，在 4 个月的牢狱生活后，得以获释并以缓刑形式继续服刑。出狱后的她立即人间蒸发。虽然有关当局下达了逮捕证，但罪行轻微的她并未引起警方誓死要将其抓捕归案的决心。

1952 年，多罗西娅与第二任丈夫阿克塞尔·约翰逊走进了婚姻殿堂。1988 年，多罗西娅在向查理介绍自己时，使用了第二任丈夫的姓。20 世纪 50 年代到 60 年代以来，多罗西娅依旧终日酗酒，并编造各种幻想与谎言。她和约翰逊的婚姻和母亲当年如出一辙。夫妻二人矛盾不断，而多罗西娅时常独自离家数周甚至数月，但最终总会回到约翰逊身边。她重操旧业，开始卖淫，而当她意识到自己容颜渐老时，便在萨克拉门托开了一家妓院。妓院生意红火，小有成就的多罗西娅租赁一座大楼专门“记账”，并配备了大量应召女郎。警方最终发现了多罗西娅的窝点，在经过一番精细盘查后，多罗西娅于 1960 年 4 月被指控经营名声败坏的淫秽场所，但在其一番巧舌辩解后，成功将罪行降至品行不端，因而仅仅在监狱服刑 3 个月后便刑满释放。

1966 年，再也无法忍受的丈夫约翰逊最终与 37 岁的妻子多罗西娅结束了这段痛苦的婚姻生活。多罗西娅的第二段婚姻也无疾而终，那时已年近 40 岁的多罗西娅早已容颜不再。她体重飙升，当年的身材纤细变成如今的满身赘肉，她酗酒成性，卖淫似乎已不再是她能叱咤风云、大量捞金的工作领域。大多数在此年龄阶段仍逍遥法外的连环杀手会开始放缓作案频率，甚至彻底停止杀戮。他们偶尔依旧沉迷幻想，有时会拿出犯案时留下的战利品和纪念品重新回味当年杀戮时的奇特感受，虽然他们偶尔会重出江湖，散乱作案，但根植在其头脑想象中常年滋养的杀戮之花早已日渐枯萎、受幻想驱使对杀戮的一度痴迷也逐年消退。但多罗西娅不同，就我们所知，又一个浑浑噩噩的 15 年过后，她才最终举起杀戮屠刀。

多罗西娅进入乐于好施的慈善领域

1968 年，多罗西娅开始关注体弱多病、年事已高和酗酒成性的人。或许是她看见这些人和她有相同的境遇，如若视若无睹，她自己最终的遭遇也可能和他们如出一辙。于是她租了一栋小楼，并开始频繁出入于萨克拉门托社会服务办公室寻求工作，她自称是“慈善之家”的经营者，一所专门收容酗酒者的寄宿中心。当社会工作者在探查多罗西娅的机构时，皆对其给予家中居住者严苛但热切的关爱印象深刻。多罗西娅对体弱多病和嗜酒成性的寄宿者关怀备至，但当他们拒绝服用药物，或轻微违反寄宿规定时，多罗西娅也会毫不犹豫地责骂或施以体罚。

萨克拉门托的社会服务工作者很乐意将那些难以安置的酗酒人士安排到多罗西娅的寄宿家庭，即使多罗西娅明确提出所有寄宿人员的社会保障金须直接交予自己的严苛条件。多罗西娅坚称自己将缩减食宿开支，并确保所有寄宿人的钱皆会用之有道，全部用于购买必要的对健康有益的物品，绝不在酒精上浪费一分钱。由于多罗西娅并不提供任何健康服务或心理治疗，因而她的寄宿机构无需申请任何执照，有关当局也很少前去视察。为增加经济收入，多罗西娅自己受雇为家庭护理和“护士”，专门照顾老年人和残疾人。

私人生活中的多罗西娅很懒散。身高 5 英尺 8 英寸的她如今体重已达 200

磅。虽然在其寄宿机构中若有人喝酒，必定遭其严厉斥责，但她自己却依旧终日不离酒精，白天虽只会适度饮酒，但一到晚上，酗酒程度便变本加厉。多罗西娅开始使用拉美裔美国籍公民身份，她声称自己出生在墨西哥。20 世纪 30 年代，多罗西娅的成长环境中不乏墨西哥籍的农耕者，她会说一些西班牙语，且对墨西哥文化颇有了解，因而伪装成墨西哥人于她而言并非难事。

多罗西娅 39 岁时和一位 21 岁的西班牙人罗伯特·约瑟·普恩特结婚，二人在内华达州的里诺举办了婚礼。两人婚后不到两周便出现裂痕，除了多罗西娅被冠上丈夫普恩特的姓之外，二人之间的感情已消磨殆尽，后来走上连环谋杀之路的多罗西娅也正是以此姓公之于世。1969 年，多罗西娅与罗伯特的婚姻终于走到尽头，离婚后，多罗西娅称“慈善之家”背负一万美元的债款，宣布破产。

很快，多罗西娅便在靠近第 21 大街的 2100F 街道上租赁了一栋维多利亚风格的房子，室内空间宽敞且拥有 16 间卧室。她在这里重操旧业，建立了新的寄宿家庭，不过这次比以往更有组织性，且多罗西娅使用的姓氏是普恩特。

多罗西娅每隔几周便会宴请社会服务工作者和酗酒成性的寄宿者，以展示她的非凡厨艺和对寄宿者们无微不至的关爱。餐桌上总是细致摆放着无可挑剔的餐具。多罗西娅总会从一尘不染的厨房中给视察人员们端出一块派或一份午餐。这一切并非表演，多罗西娅家中的寄宿者自己证实，即使没有任何社会服务工作者在场，多罗西娅也会给予他们同样的呵护与关爱。多罗西娅雇佣了两名厨师，并亲自在厨房监督他们的烹饪过程。

多罗西娅自己的公寓在房子的三楼，因而她也在那一楼对房内寄宿者实施监管。她将那些更为宽裕且受到联邦政府资助的客户安排在一楼和二楼中更干净整洁的小卧室内，就如同酒店一样，每间房内皆配置一个衣柜和一台电视机，而那些相对贫穷，只受到县级资助的寄宿者则被安排在地下室的小隔间内，每间隔间仅以拉帘相隔。但他们皆安然无事。

* * *

唯一让社会服务工作者们感到些微困扰的是，多罗西娅时常对自己的过往生活夸夸其谈。她声称自己与许多名人私交甚好，并说自己不仅曾亲眼目睹巴丹死亡行军[①]，还曾身处原子弹爆发地广岛。

社会服务工作者并未在意的是多罗西娅日渐以医生身份自居，装腔作势，她在地下室一间小办公室的墙上挂上伪造的医学学位证书，并购买譬如注射器和血压计之类的医疗设备。一位被安排每周到多罗西娅家中探访一次的社会服务工作者回忆称，每次在视察寄宿人的居住情况时，多罗西娅均会邀约他一起坐下来聊天。多罗西娅声称自己也是一名医生，并主动提出检阅该名社会服务工作者开具的处方药物的药理性征。但由于大家皆倾慕于她对寄宿家庭的妥善经营，因而未有人抱怨她的“古怪”。多罗西娅开始在西班牙人居多的周围邻里间以“拉·多克托拉”的名字自称，并给当地人提供医疗建议，甚至进行“维他命”注射。

1975 年，多罗西娅·普恩特再次重新编造了自己的身份，这次她是萨克拉门托西班牙人社区的一位主要社交人物。她资助了多项慈善活动，且频繁捐献财物。她的人物形象不再是从前那个魅惑他人的妓女，而是一个比她实际年龄（45 岁）更加稳重老成的新角色——一位年过半百、头发灰白的富婆。多罗西娅声称自己在全世界拥有大量财富。她资助西班牙表演者，帮助他们进入美国并亲自与西班牙语广播及电视节目交涉，让这些西班牙表演者获得表演机会。

1976 年，多罗西娅在里诺开始了第四段婚姻，其丈夫佩德罗·安杰尔·蒙塔尔沃比她小十岁，是一位墨西哥人，如今是她为寄宿家庭雇佣的一名劳动工。和多罗西娅共事的人回忆称，其丈夫蒙塔尔沃似乎患有精神疾病，总是喋喋不休、精力无法集中，异于常人。这段婚姻虽只维持了几周，但多罗西娅因他而收获了另一个化名——蒙塔尔沃。

1977 年，多罗西娅成为共和党和民主党两大党派政治候选人的主要资金捐助者。她在资金筹集活动中盛装出席，买下所有宴会桌。她与国会议员、州官员以及县官员亲密聊天。在一次资金筹集活动中，加利福尼亚州州长杰

① 二战期间，在菲律宾被日本士兵抓获的近 8 万名美军战俘被迫押解到 100 多公里外的战俘营，无水无食物且当地气候炎热，大约 15,000 名美国战俘在行军路途中丧生，其中许多人被日本士兵杀害。

里·布朗向高贵庄重的多罗西娅走来，拥抱她，亲吻她，并在众多在场的有钱有势的捐助者面前主动邀请她共舞一曲。无可挑剔的盛装打扮，独具魅力又慷慨大方的社会名流，多罗西娅是加利福尼亚州政权建设活动中最受欢迎与追捧的宾客。

普恩特对出生于穷苦家庭的西班牙年轻女孩尤为关注，她“收养”她们，资助她们上学，有时甚至给她们提供庇护。普恩特指派自己的律师全权解决这些女孩及其家人遭遇的所有法律纠纷。虽然多罗西娅从未在法律层面上正式收养这些女孩，但她却经常在会见访客时与她们“母女相称”。这并非全是胡言乱语。或许她在这些穷苦女孩身上看到了自己当年的影子，或许她知道这些女孩真正需要的是什么，而这些给予于她而言轻而易举。在多罗西娅因连环谋杀而被捕后，几个年轻的西班牙女性曾前来探监，她们一一声称多罗西娅如今虽犯下严重罪责，但她曾拯救过自己阴冷灰暗的人生。其中一名女性说道：“如若从未碰见过这个女人，我简直难以想象今天的我会是什么模样。”

倘若你觉得多罗西娅·普恩特的故事似曾相识，那也不足为奇。这与另一个作案地特定的连环杀手案件大同小异。连环杀手约翰·韦恩·盖西是一名小有成就的施工承包商，出生于芝加哥的他在居住社区里同样是一位颇受尊敬的大人物。约翰领导了一年一度的波兰宪法日游行，且在闲暇时间主动打扮成小丑到当地医院给生病的儿童送去笑声与欢乐。他是民主党选区区长，且当美国总统夫人罗莎琳·卡特到访芝加哥时，他曾是护卫队队员之一。后来，警方在其家里的地下室中发现了 28 具被捆绑的男孩及女孩的尸体，他将这些受害者邀请至家庭办公室后对其实施残忍虐待和强奸，最后夺去他们的生命。

1977 年，多罗西娅进入一家医院进行减重治疗，其中包括肠旁路术。后来这一治疗程序因对肝脏和其他身体器官造成严重损害而被迫停止。多罗西娅曾在手术前和手术后告诉他人，自己患有心脏病和癌症，手术当天，多罗西娅曾立下遗嘱，要求其死后，百万家产由“继女”继承，而剩余钱财则统统用于成立多个基金会。即使当时多罗西娅真正在手术台上丧生后并未有所谓金钱支撑，她的这一遗愿也配得上她自诩的贵妇身份。

慷慨奢靡的生活方式——华丽的衣服、昂贵的鞋子、精致的发型、大量的捐赠与资助、精美的礼物、费用高昂的肠旁路术和多罗西娅后来进行的其他美容调养护理，这些钱财皆是多罗西娅抢夺寄宿者的社会保障金以及从她受雇为“家庭护理”的家庭中偷取而来。

没落

多罗西娅精心打造的纸牌屋于1978年崩塌瓦解。当时，多罗西娅的寄宿家庭里一名寄宿者被判入狱，但在服刑期间，其社会保障支票仍在被多罗西娅不断兑现。发现这一可疑现象的财政部开始着手调查与多罗西娅家中居住者相关的所有社会保障支付情况。当财政部追查出总计4000美元的被盗资金时，便停止了继续调查，这一罪证足以让多罗西娅背负重罪指控。

但多罗西娅看上去只是一位年事已高且体弱多病的亲切外婆，况且她在近年来颇有社会成就，因而判案法官于心不忍，未将这位身材矮小的老人送进监狱，而是判处其为期五年的缓刑，并命令她接受精神咨询治疗。法官还下令让其放弃位于2100F大街的房产。

曾经的“社会名流”如今风光不再，她的员工和所有曾受她资助的人皆对她冷眼相待。备受冷落的多罗西娅默默逃离了萨克拉门托，向南前往斯托克顿市，在那里，她开始从事各种各样低贱卑微的工作：厨师、清洁工或洗碗工。那时的多罗西娅已人到中年，50岁的她若要东山再起谈何容易。大多数经历过多罗西娅那般大起大落的人如今皆已丢弃所有生活希望，听天由命，但多罗西娅不甘放弃。精神病态可同时对患者产生两种影响：它可降低患者在施加伤害时的担惊受怕与感同身受，但同时也能缓解羞耻感与歉疚心理，让其他任何经历过多罗西娅所经历境况的人不愿面露于众。多罗西娅体内的精神病态元素完成了自己的使命：它让多罗西娅获取了令人生畏的生存工具，最终成为一个致人死地的掠杀天才。

多罗西娅在之前的精神咨询治疗中被诊断为“精神分裂、慢性未定型类型”。[179] 这是一个毫无意义的术语，在20世纪70年代，许多其他处于萌芽期的连环杀手也曾被划分为该诊断类型。精神分裂症是一种器质性精神障碍，主要病症表现为出现幻觉、行为极度紊乱或紧张、产生错觉、语言不连贯且无现实逻辑。当时的多罗西娅·普恩特身上并未出现任何幻觉或语言不连贯的表现。但在 20 世纪 70 年代，心理学家开始争论精神病态患者的准确性质和其适用名称，随后，术语“慢性未定型精神分裂症”诞生，它是一个涵盖了所有不能解释的行为问题种类的综合短语。

“我有精神病，我有时会忘记我自己做了什么。”

1979 年，多罗西娅回到萨克拉门托，开始重操旧业，不过这次规模更小。她满足于私人经营一家规模更小的机构，无需跻身“社会名流”的生活。如今以多罗西娅·蒙塔尔沃身份出现的她在 1426F 大街上租了另外一处维多利亚风格的公寓的二层，这里跟她经营上个寄宿家庭的地方同处一条公路。为赚取钱财，她自称受过专业训练的护理人员，进入一家私人护理机构照顾生病和上了年纪的人，并与雇主同住。她甚至以自己的新名字拿到担保，被分派喂食并照顾长期卧病在床的老年人。

1980 年年初，由多罗西娅照顾的一位女性病人因呼吸微弱和心律异常被送往医院救治。病情稳定后被送回家中的她很快又因旧病复发而再次被送往医院急救室。负责该病员的社会服务工作者注意到，其几次生命垂危几乎皆发生在接受多罗西娅·蒙塔尔沃照料期间。之后，邻里间开始谣传令人不安的流言蜚语：蒙塔尔沃可能不是她的本名，或许她前几任丈夫皆是被她毒杀身亡的。前者无可厚非，而后者则大错特错，但讽刺的是，这却是未来的多罗西娅成为掠杀狂魔的先兆。

心存疑虑的社会服务工作者与该女性病人的医生见了一面，并说服其对病人进行一次药理测试。随后，医生测试时在病人体内发现两种强效药——镇静安眠剂和地高辛（强心剂）。奇怪的是，他给病人的处方中从未包含这两种药。与此同时，该社会工作者听说多罗西娅正给女性病人的家人打电话，告诉他们病人被诊断出癌症并要求他们增加自己的护理报酬。这完全是一派胡言。之后，医生向女性病人说明情况后，说服其辞退了多罗西娅。自那以后，该病人再未出现过旧病复发的情况，但最终还是在一家私人疗养院中不幸去世。

这种故事的典型情节是，没人会选择报警，没人会呼吁县级福利办公室官员禁止多罗西娅继续照顾病人或通知已将多罗西娅雇佣为合同工的医疗机构。证据不足是惯用借口。事实上，也无人能够轻易说服自己相信这个待人和善、身材娇小、头发灰白的外婆及家庭护理工会心怀某种置他人于死地的恶意。这似乎绝无可能。

多罗西娅正在一点点蜕变成杀人狂魔。治疗过上一位女性病人的医生接手了另一位病情相似的患者。某天，医生出于直觉，询问了负责照顾病人的护理人员姓名，多罗西娅的名字被再次提及。直至那时，萨克拉门托警方和地方检察官才开始关注此事。虽然人人都小心提防着多罗西娅，但并未有人采取任何行动。某些意识到有问题的社会服务工作者和医生调走由多罗西娅照顾的客户及病人，但仍未有任何针对多罗西娅的官方行动。

风平浪静的日子一直持续着，直到1982年，多罗西娅终于自掘坟墓。她在酒吧挑中了一位70多岁的老年人，并说服他带自己回公寓。当天下午，多罗西娅对该受害人投毒后致其行为瘫痪，但对方并未不省人事。全身动弹不得的受害人坐在沙发上，亲眼目睹了多罗西娅在公寓里来回走动，找寻有价值的贵重物品、现金、支票以及他视为珍宝的收藏硬币，她将所有这些东西扔进刚找到的一个空行李箱中。最后，多罗西娅抬起受害者的手，摘下他手上的戒指后便夺门而去。大约一小时后，四肢渐渐恢复知觉的受害者立即向警方报案。很快，警方便将多罗西娅抓捕归案，并在其身上找到了受害者的支票，多罗西娅在警方询问中称受害者自愿将支票赠与她。

几乎同一时间，自诩县级护士的多罗西娅出现在一家居住着一位82岁高龄女性的私人疗养院。老人在一家理发店曾与多罗西娅有过一面之缘。多罗西娅“诊断”老人血压异常并给了她一些口服药物。几小时后，当老人恢复意识时，却发现“护士”早已不见踪影，且自己的钻石戒指以及所有药物也不翼而飞。之后，警方通过对理发店员工的询问确认了多罗西娅的身份并对其提起指控。警方从未找到受害者被偷走的戒指。

同年还发生了两起类似案件。案件中的两位女性老年病人均在接受某机构派遣的护理工多罗西娅的照顾后发现家中财物无故丢失，且丢失的支票仍以其本名不断被兑现。之后，警方在调查中发现了前一年发生的另一起案件，一位84岁的女性曾向警方报案称，在雇佣多罗西娅为家庭护理工后，家中共计价值3500美元的金戒指和珠宝不翼而飞。

所有案件中的受害人皆回忆称，多罗西娅是一位热心体贴且待人友善的护士。某些案件中的受害人甚至不愿辞退多罗西娅，她们难以相信这般热心亲切，竭尽全力满足病人需要的护理工多罗西娅会怀有任何犯罪意图。

直至1982年春季，多罗西娅已被警方逮捕四次，但每次均能得到保释，全身而退。虽然多罗西娅实际年龄为54岁，但她却声称自己已经70多岁，再加上她脆弱无助的外婆光环，因而没有法官忍心将她扔进监狱。多罗西娅辩解称，自己所有的支票与礼物均是受害者自愿赠与，但为以防万一，她曾提醒他们："我有精神病，我有时会忘记自己做了什么。"

尽管多罗西娅逃过了之前的一切罪责，但1982年4月，她却因犯偷窃罪、抢劫罪和伪造罪被定为重罪罪犯。多罗西娅接受初步审讯期间，警方因接到另一名受害者报案指控多罗西娅伪造支票而再次将其扣押逮捕。没人明白为何这位脆弱娇小的外婆会戴上手铐且又一次被送进监狱。但多罗西娅的辩护律师故伎重施，再次辩解称她年事已高且与社区联系紧密，此外，之前涉嫌案件因多罗西娅皆已出庭受审且足额缴纳保释金而被全部撤销。多罗西娅又一次成功逃脱牢狱之灾。

多罗西娅犯下第一起谋杀案

据当时被委派处理多罗西娅一案的地方检察官威廉·皮·伍德所言，恰恰就在解决所有法律难题期间，或许即将面临牢狱之灾的多罗西娅第一次举起屠刀，实施了谋杀。[180] 同年4月，多罗西娅与露丝·门罗成为生意伙伴，门罗是一位退休女性，最近因其丈夫突然被诊断出患有绝症而致使二人婚姻无疾而终。对多罗西娅所面临的法律问题毫不知情的门罗同意与其一起经营餐饮业后，便将几千美元个人存款转入二人的共同账户中。多罗西娅的厨艺远近闻名，她也似乎是一位合格的管理者，此外，这两个女人之间很快便建立起了友谊。不仅如此，为更加节省开支，多罗西娅还邀请露丝搬进自己在F大街上的房子一同居住。4月11日，露丝搬进了多罗西娅在1426F大街的住所。17天后，露丝突然离世。

根据多罗西娅的说辞，露丝搬进家中不久后，因对自己的婚姻状况一度产生“焦虑”情绪而需服用医生所开的镇静剂。4月27日，露丝的儿子前往1426F大街看望母亲时，却被多罗西娅告知医生再次给母亲露丝使用了一剂镇静剂，且刚刚离开。虽然多罗西娅一再以打扰露丝休息的理由阻止其上楼，但他仍旧坚持前去查看母亲的情况。露丝的儿子后来证实，当时他看见母亲露丝面朝墙侧躺，双眼大张，一动不动，仿如全身瘫痪一般。露丝似乎对儿子的出现丝毫没有察觉。他回忆称，自己以为母亲当时的状态是由药物所致，所以并未太过在意，临走时，他对母亲露丝说的最后一句话是：“别担心，妈妈，一切都会好起来的。多罗西娅会照顾你。”

他记得当时母亲露丝的眼角滑出一滴眼泪，但身体依旧一动不动。她想大声呼救，但普恩特迫使她服用的药物致其全身麻痹，她无能为力。

次日，即4月28日，露丝·门罗去世，多罗西娅说露丝在睡梦中安然离世。随后，警方和医护人员迅速赶到现场，露丝的家人也随之匆忙赶来。因为现场没有医师证明露丝的死亡原因，所以赶来的医护人员对露丝的遗体进行了尸检，并在其体内发现大量可待因（用鸦片制成的止痛镇咳药）。虽然露丝的死亡被认定为“原因不明”，但得知其生前婚姻破裂的警方却一致认为这是一起自杀案件。没人怀疑那个悲痛欲绝、脆弱年迈的多罗西娅。

与此同时，正在处理多罗西娅其他指控案件定罪问题的地方检察官对露丝·门罗死亡一事毫不知情，也全然不知死者生前与多罗西娅有过往来。露丝的家人不知道母亲生前曾从存款中取出一大笔钱，也不知道她与多罗西娅有一个共同账户，且最近这个账户中的钱被洗劫一空。

同时，正在等待审讯的多罗西娅决定逃回萨克拉门托。5月16日，多罗西娅给以前一位交情甚好的病人打电话，称自己想前去喝酒叙旧。而这名病人也成了多罗西娅的受害者，当她恢复意识时，她的信用卡和一些支票已被多罗西娅拿走。之后，多罗西娅购买了一张飞往墨西哥的机票，但警方在其还未来得及逃离时便将其抓捕。这次多罗西娅的保释被撤回。

萨克拉门托的媒体知晓了多罗西娅·普恩特的故事，但这简直是个天大的笑话：引诱并毒杀一位70多岁男性的"典型外婆"。呵呵呵。她继续将自己营造成无害、无助、脆弱的老年女性形象，虽然她的实际年龄要小得多。一位缓刑监督官员在监狱内询问多罗西娅时，注意到她在说话时显得似乎心烦意乱，且泪流满面，但突然间，她却要求缓刑官员解释他在笔记本上写下的一个词。坐在对面接受询问的多罗西娅一直在阅读缓刑官员的笔记，从头到尾。[181]

1982年8月19日，多罗西娅被判处5年有期徒刑。第二天，露丝的家人给地方检察官打电话，称怀疑母亲露丝被多罗西娅谋杀致死。欣喜于将多罗西娅成功赶出大街的地方检察官认为该指控证据不足：露丝·门罗一案跟普通自杀案件相差无几。

多罗西娅的最后一击

3年后，1985年8月，一位寡居的70多岁退休老人艾弗森·吉尔茅斯正在收拾行李，准备开始一段新生活。艾弗森将自己的红色福特皮卡停在居住在俄勒冈州的姐姐的农场中，多年来，他一直独自居住在皮卡拖车中，但如今，他即将开始美好的婚姻生活。艾弗森内心充满喜悦，因为他深知这对于年过半百的他而言，可能是最后一段天赐良缘，而且他终于可以从多年的丧偶之痛和孤独落寞中挣脱出来了。艾弗森从未见过那位在监狱中的新娘，两人一直依靠书信来往，这样的笔友关系持续了一年多。最近，艾弗森爱慕的这位笔友多罗西娅·普恩特在信中写道，她准备安定下来，与所爱之人共度余生。

8月，被判处5年有期徒刑的普恩特在服刑3年后提前出狱。出狱后的普恩特要求艾弗森来到弗雷斯诺市的过渡住所（为出狱者设立）接她，随后两人一起驾车前往萨克拉门托，搬进普恩特在1426F大街的原有住所。（房子的主人完全被普恩特迷惑，普恩特成为他子女的教母和一家人的恩人。在普恩特服刑期间，他继续为她保留之前租的那层楼，最终在普恩特出狱后，将整个房子出租给她。）

艾弗森直至9月中旬一直杳无音讯，担心弟弟境遇不佳的姐姐给萨克拉门托警局打了电话，接到电话后，警方来到艾弗森所在的F大街并与之交谈。当晚，艾弗森打电话给姐姐时大发雷霆，称其不该干涉自己的生活。这是艾弗森的姐姐最后一次听到弟弟的声音。出乎她意料的是，11月，她收到一封弟弟艾弗森发来的电报，电报上称他和多罗西娅的感情彻底破裂，他准备去南边生活且心意已决，让姐姐不要阻止他。弟弟艾弗森不打电话也不写信，而是选择发电报，这一举动让姐姐倍感奇怪，但她也始终无能为力。

1986年4月，艾弗森的姐姐收到一张自称是弟弟新欢寄来的明信片。明信片上写道，艾弗森在1月曾中风发作，但所幸无恙，现在两人共同居住在一个人烟稀少的地方。明信片上没有回信地址。

事实上，人们最后一次在F大街的房子中看见艾弗森是在12月中旬，当时，他看似身体状况不太好，而试图帮助艾弗森恢复健康的多罗西娅让他服用自己准备好的药物。多罗西娅已经卖掉了艾弗森的拖车并声称那是他送给自己的礼物。自那以后，F大街上便再也没有出现过艾弗森的身影。12月，多罗西娅雇佣了在一家酒吧偶然认识的伊斯梅尔·弗洛雷斯到家中做一些木器活儿。伊斯梅尔完工后，多罗西娅要求他再做一个约长六英尺宽三英尺的大储藏箱。事后，多罗西娅将一辆红色福特皮卡送给伊斯梅尔作为报酬。

12月底，多罗西娅请求弗洛雷斯帮助自己把储藏箱装入皮卡内，然后驾车前往萨克拉门托外的一家货物储存单位。之后，多罗西娅告诉弗洛雷斯她改变了主意：继续保留箱子内的废品毫无意义。于是多罗西娅让弗洛雷斯在途中将箱子扔进河内。随后，二人将储藏箱放在手推车上并走到河堤边，将箱子推进河中，希望春季高涨的水位可以将箱子冲走。

但新年当天，一位正在河边散步的当地居民发现了漂在河中的箱子。当他好奇地打开箱子时，却发现里面装着一具浑身裹着塑料袋的尸体，塑料袋内还放有很多樟脑丸和除臭剂。验尸官并未在死者身上发现任何伤口，而且尸体的过度腐烂也让死因判断难上加难。看上去，死者的死亡时间大约在两周前。因死者身份不明，警官将该案件归档为无名氏。

与此同时，艾弗森的津贴支票依旧每月按时送到1426F大街。1986年2月，津贴数额出现差错，于是有人写信给养老基金组织抱怨此事，很快，津贴支付便恢复正常。

在接下来的两年里，多罗西娅又杀死了至少7名受害者，并将其尸体埋在1426F大街的花园中，尽管这个花园并不隐秘，从邻居家中或大街上便可轻松看见，但她依然以身犯险。她以查看“污水管道”为由雇佣几个人在庭院中挖掘浅壕沟。第二天，多罗西娅将这些壕沟统统填埋，并在表面种植花朵，摆上供鸟戏水的水盆和长凳。

这些年，多罗西娅接管了整栋房子，并再次成立了一个不正规且没有运营执照的寄宿家庭，专门收容接受社会保障津贴的流浪汉、病人和酗酒者。一如往常，社会服务工作人员因帮扶对象急剧增多而缺乏人手。多罗西娅·普恩特在监狱服刑的三年间，许多新一代的社会工作者上任，接替了那些认识多罗西娅的老员工的岗位。之前对多罗西娅未有耳闻的新一代社会工作者不出意料地被多罗西娅征服，赞叹于她在护理方面的专业和其对困难客户，尤其是西班牙人的友善态度和无微不至的照顾。

多罗西娅收容寄宿者，兑现社会保障支票，这一切所作所为皆违反了她的缓刑条件。自被释放以来，多罗西娅已和多达35位联邦监督缓刑官员们进行过接触交流，其中14位就在她所居住的1426F大街任职。[182]尽管多罗西娅的房子里总是人来人往，且周围邻居也清楚多罗西娅经营寄宿家庭一事，但这14位官员中未有一位曾在探访中调查有寄宿者居住在1426F大街或多罗西娅不择手段增加自己的社会保障收入一事。在他们眼中，多罗西娅是一位待人礼貌友善、内心脆弱、身形娇小的老年女性，她曾经罪孽深重，如今改过自新的她正在消磨自己人生中的金色年华。

普恩特的魔头面目直至1988年11月才全面暴露。当时，寄宿在普恩特家中的50岁精神疾病患者贝特·蒙托亚无故失踪，而社会工作者竭尽全力也未能得知其下落。多罗西娅坚持称贝特离开寄宿家庭并去往墨西哥生活，但认识贝特也了解其精神状况的社会工作者并不接受多罗西娅这一说辞。之后，多罗西娅找来一位身份不详的同伙打电话给社会服务办公室，声称自己是贝特的兄弟，并解释说贝特现在正和自己一同居住在科罗拉多。然而，就社会工作者所了解，贝特在科罗拉多无亲无故，况且打电话的人也无法让贝特现场接电话以示平安。

当萨克拉门托警方最终接到报案并调出多罗西娅·普恩特·蒙塔尔沃的档案时才恍然大悟，警方正面对的是一位心狠手辣的连环杀手。11 月 11 日，两名警探和多罗西娅的保释官员到访多罗西娅在 F 大街上的房子。直到那时，警探才从房子中那些生活在水深火热里的酗酒者和领取社会保障津贴的残疾寄宿者口中听说了各种匪夷所思的传言。你在 F 大街的寄宿家庭里可以美餐一顿，但经营这里的女人却心狠手辣。一旦违反任何规定便会招致谩骂，甚至被打耳光或被推倒在地。而那些不合群的人便会被埋在花园中。

警探对庭院埋尸的故事将信将疑。房子的庭院完全暴露在邻居的视线之下，在人行道上也可一眼看见。因而警探心想这只是那些年事已高的酗酒者在夸大其词罢了。然而，尽管心中抱有疑虑，警探还是询问多罗西娅其是否能查看庭院。多罗西娅听后回答称，只要不破坏她刚刚栽种的新鲜花草便可。“你们不会找到什么的。”多罗西娅说。

警探到达庭院后不久，便挖出一具被埋葬在靠近花坛边一个浅墓穴中的尸体残缺部分。随后，警方将多罗西娅带回警局问话，但由于被挖掘的尸体死亡时间比大家所寻找的贝特失踪时间更长，所以未掌握关键证据的警方当晚不得不释放多罗西娅回家。

第二天早上，当警方到达 F 大街后正在对花园进行全面挖掘时，多罗西娅以自己想暂时离开人声嘈杂的现场去别处喝杯咖啡为由，请求其中一名警探护送自己穿过熙熙攘攘的人群。当警方在现场挖掘出第二具尸体，而当时护送多罗西娅离开的警探匆忙赶往其喝咖啡的酒店准备实施抓捕时，她却早已坐上了前往斯托克顿市的出租车。直到周末，多罗西娅一直躲藏在洛杉矶的皇家维京酒店中，看着屏幕上警方在其庭院中找到 7 具尸体的新闻报道，不敢露面。

警方在 7 具尸体中发现了社会工作者执着寻找的失踪精神病患贝特·蒙托亚的遗体，他像木乃伊一样被包裹在床单和塑料中。另外 6 名死者的身份分别是：

- 多萝西·米勒：64 岁的美国本地女性，嗜酒成性，尸体被发现时，她的双臂被胶带缠绕捆绑在胸上。社会工作者最后一次看见她时，她正坐在普恩特的房子前廊上抽烟。
- 本杰明·芬克：常年酗酒的 55 岁男性。1988 年 4 月，一位目击证人看见普恩特在芬克对自己表示不满后将其带上楼，声称“让他平复情绪”，此后受害者芬克便无故失踪。尸体被发现时，他身上穿着平角短裤。
- 贝蒂·帕尔默：一位 78 岁的受害者，凶手将其尸体的头部、双手和双脚砍下后埋在离人行道几步之遥的“亚西西的方济各”雕像下。
- 詹姆斯·盖洛普：62 岁的男性受害者，曾在经历过一次心脏病发作和脑肿瘤手术后幸存，最终却未能逃脱 F 大街上多罗西娅的魔爪。
- 薇拉·费伊·马丁：64 岁的女性受害者。其尸体被挖出时，手上戴的手表仍在一分一秒地滴答作响。从尸体周围的泥土痕迹来看，调查员认为其惨遭活埋，且在被埋后试图从浅墓穴中爬出。
- 利昂娜·卡彭特：78 岁的受害者，被医院送往普恩特的寄宿家庭中疗养后突然人间蒸发。[183]

据警方统计，多罗西娅·普恩特每个月从受害者处盗取的社会保障金数额多达 5000 美元。多罗西娅在警方搜捕其住所前不久刚做完整容手术。搜查时，警方在她的卧室找到价格高昂的阿玛尼香水、风格时髦的衣物和堆积如山的小说。

游戏终点

当查理·威格斯给普恩特打来电话，确认其主动提出第二天亲手烹制感恩节晚宴一事时，普恩特一定长舒了一口气。倘若她能想办法进入查理的公寓并将他杀死，她就安全了。自从警方突然下令搜捕普恩特的住所以来，这是她第一次感觉自己重新掌控了局面。很快，普恩特便安然入睡。

直到一小时后，当洛杉矶警察局开始大力捶打普恩特所在酒店的房门时，她才知道查理之前打电话时，坐在他身边的是洛杉矶当地电视台的报道记者。原来两人在酒吧偶遇几小时后，查理恍然大悟自己之前在电视报道中见过这个女人，于是他立即打电话给电视台。当记者对查理进行采访后，他下定决心，报警是处理此事的最佳办法。当晚，普恩特被绳之以法，并于次日被遣送回萨克拉门托。这一次，她无法再逃脱法律制裁，她的余生将在高墙耸立的监狱中度过。

* * *

多罗西娅·普恩特·蒙塔尔沃被指控犯下 9 起谋杀案件，其中包括被发现埋葬在其庭院中的 7 名受害者；被装在木箱内后弃尸河中并最终得到身份确认的艾弗森·吉尔茅斯，以及因抢劫罪和伪造罪而受审的普恩特在审讯期间——1982 年 4 月——杀害的露丝·门罗。

虽然 7 具受害者尸体皆是从多罗西娅卧室窗户下的土地中挖出，且每位受害者在生前均与多罗西娅有过交集，但想要找出案件证据却并非易事。尸体的过度腐烂让警方很难精确判断出每位受害者的具体死因，且想要将受害者体内异常的药物成分与其本身需服用的药物区分开来谈何容易。生前酗酒成性的受害者体内药物与酒精的相互作用也是一大难题。这些受害者皆是自然死亡吗？普恩特掩藏这些尸体是因为怕有关当局发现其收容寄宿者后撤销假释吗？普恩特的辩护律师在法庭上辩解称她的罪行顶多是隐瞒死亡罢了。

最终，多罗西娅·普恩特因其中三起谋杀被定罪，并于 1993 年 12 月 10 日被判处终身监禁。当时，普恩特已年满 65 岁，她所剩无几的时光一定会在监狱中消磨殆尽，她会在牢房里默默无闻地死去。但就像某些惊悚片的电影情节一样，2004 年，76 岁的普恩特连同一本名为《和连环杀手一起下厨》的食谱书一起重新引起世人关注。这本书呈现了最受普恩特受害者称赞的 50 道美味菜肴，书中还包括对她的采访内容以及菜肴样品展示。除非多罗西娅·普恩特奔赴黄泉，否则她的杀戮将无休无止。

第五章

对我们的爱至死方休

连环杀手母亲、死亡天使和其他嗜杀的看护人

在这世上，我们第一眼见到的人是母亲。自那时起，我们中大多数人（幸运的人）便自动将女性视作爱、关心和滋养的施与者。长大后的我们开始明白，除了母亲无私的关爱以外，给予我们悉心呵护的还有育儿保姆、护士和老师这样的专业人士。尤其是护士，护士是投身于救死扶伤和缓解病痛的专业人士。而如今却恰恰有女性利用这些身份一次又一次实施残忍杀戮。

珍妮·琼斯——杀害儿童的护士

你永远不知道自己将在何时何地碰见一位连环杀手。美国陆军一级军官，同时也是第507医务连连长的加布里埃尔·加西亚讲述了自己在一架UH–1救伤直升机（休伊直升机，飞行速度为每小时125英里，当天，该民用航空救生机在4000英尺高空飞往得克萨斯州圣安东尼奥市）机尾遇到连环杀手的事情经过。

加西亚在交通安全军事协会服役，这是一支具有高度专业性的分支部队，专门给军事人员及靠近其基地的市民提供空运医疗后送服务。1982年8月30日中午12点32分，加西亚所在部队接到一通电话，请求他们将约60英里外科尔维尔小镇医院里的两名病重儿童转移至圣安东尼奥市。加西亚和他的排长——军士大卫·梅霍特都是训练有素且经验颇丰的急救人员，此前，两人曾共同完成过无数次类似任务。大约40分钟后，飞行员大卫·巴特勒把直升机降落在科尔维尔离医院只有一英里的地方。一辆就地等候的救护车载着梅霍特

和加西亚前往小镇查看两位需要转移的病人。

交通安全军事协会的组员对于是否接受市民病人的空运医疗后送请求有很多严苛条件：病人的病情是否足够稳定；是否能撑过飞往圣安东尼奥市所需的40分钟航程；是否能忍受飞行过程的嘈杂颠簸；这一切皆由他们定夺。梅霍特和加西亚到达科尔维尔的医院后，便在医生凯瑟琳·霍兰德（一位刚刚毕业的医生，一周前在镇上开了一家自己的儿科门诊）的带领下前去确认病人身体情况。第一位病患是6个月大的婴儿克里斯托弗·帕克，他被送往医院时呼吸急促，医生霍兰德已经对他的气管进行了检查并发现收缩症状。她认为该婴儿应被转移至圣安东尼奥市的医院作进一步观察。帕克目前的情况很稳定。

第二位病人是患有一系列慢性疾病的7岁小男孩吉米·皮尔森。皮尔森智力迟钝，无法说话，他只有22磅的娇弱身体因骨骼变形而变得畸形扭曲。皮尔森被送往医院时痉挛不止，凯瑟琳通过药物静脉注射使其病情稳定后，给他戴上呼吸机，源源不断输送氧气以保证其呼吸顺畅。皮尔森的病情看上去也很稳定，而且他正酣然大睡。

梅霍特和加西亚在一番询问查看后，最终同意转移病人。医生霍兰德随后向二人介绍了自己儿科门诊部的护士珍妮·琼斯，她将陪同两位病患一起飞往圣安东尼奥市。30多岁的琼斯身材矮胖、骨架大、一头灰褐色的头发、尖尖的下巴、大大的鹰钩鼻、嘴角向下、有双浅褐色的眼睛、面色苍白且皮肤松弛。她是那种聪明专横、长相丑陋、永远会在放学时提醒老师布置家庭作业的女孩类型，身上散发出无往不利的傲人气质。

加西亚并未向琼斯太过详细介绍直升机救护程序。他后来证实说：

> 我没有过多介绍细节，因为她给我的第一印象是经验颇丰。她在各个方面都表现得像个高度专业且受过飞行训练的正式护士。我还告诉她，倘若发生譬如飞机故障或医疗问题等紧急情况，应该如何应对。我提醒她耳机必须连接才能使用，还告诫她除非极有必要，否则不能擅自干扰飞行员。整个介绍过程很简短。凭她留给我的印象而言，她对这一切似乎早已了如指掌。[184]

加布里埃尔·加西亚看见琼斯随身带着一个纸袋。因为想知道琼斯带的物品中有无发生紧急事件时可用的，所以加西亚询问琼斯是否能查看其纸袋里的物品。加西亚在纸袋中找到一个喉镜（这是一种伸入病人口中以检查其气管的医疗工具，通常用于检查某些无菌呼吸管）、一套用于疏通病人气管的套装面具、一根预装 3 毫升辛内弗林（一种抗休克药）的注射器、一个血管收缩器和一瓶用于应对心律不齐的麻醉剂利多卡因。

加西亚记得琼斯严肃地微笑了一下，然后说道："我觉得那位叫皮尔森的小男孩病患可能会在飞行途中病情恶化，他可能会死。"

两位儿童病患安静地躺在直升飞机客舱的卧铺上，上铺是有生理缺陷的吉米·皮尔森，下铺是 6 个月大的婴儿克里斯托弗·帕克。一切准备就绪后，飞行员准备起飞。加西亚和护士琼斯系好安全带，面朝病患，坐在离他们的膝盖只有几英寸的靠背座椅上。随后两人带上交流耳机。而梅霍特则站在卧铺床的另一边，以便观察病人和直升机一侧的航行情况。

当直升机飞行到 4000 英尺高空时，梅霍特回头看向客舱确认病人情况是否稳定。身上连接着直升机心脏监测系统的 6 个月大婴儿克里斯多克似乎正在熟睡，于是梅霍特决定让加西亚将心脏监测器连接到吉米·皮尔森身上。加西亚动作娴熟地给吉米连接上心跳监护仪，或许此时的护士琼斯并未注意到他的这一举动。加西亚检查了屏幕上的读数，皮尔森心跳稳定、心率正常。

大约五分钟后，梅霍特再次瞥向客舱，他看见护士琼斯在名叫皮尔森的小男孩病患卧床边俯下身子，专心致志地用听诊器检查他的心跳。站在一旁的梅霍特可以清楚看见琼斯的一举一动，而在卧床另一边的加西亚却只能看到她的背影。于是心怀疑虑的梅霍特示意加西亚探身向前看看情况。

加西亚松开安全带，起身走到琼斯身边，看着她将听诊器压在皮尔森的胸膛上。当加西亚开口询问琼斯在做什么时，琼斯抬起头一言不发，轻蔑的眼神中流露出她恼怒的情绪，好像在说"管好你自己就行了，我知道我在做什么"，加西亚看到琼斯的眼神后，不由自主地向后退了一步。

当加西亚看着琼斯心无旁骛地用听诊器检查皮尔森的心跳时，突然一阵不安感袭上心头。他回忆称："我很诧异，真的。我看着她试图在那个可怜的孩子身上使用听诊器，这真的很荒谬。”

荒谬的原因在于病人所在的卧铺与机身紧挨在一起，而强有力的飞机引擎通过卧床将噪声和震动直接传递到病人身上，听诊器里只能听见直升机旋翼砰然作响和引擎发出的噪声与震动声。

加西亚说：“你不能用听诊器。”

认为加西亚在挑战自己权威的琼斯厉声反驳道：“我当然能。”

加西亚解释说：“但你在听诊器里面什么都听不见。”

琼斯回答道：“我听得很清楚。”随后，琼斯开始手舞足蹈地大声吼叫道：“他情况不妙。他有危险。他的痉挛马上要再次发作了。你看看他，他的病情正在恶化。就像我之前说的，他会死的。”

梅霍特后来称，当时琼斯看上去烦躁不安。“不是难过，也不是其他什么，只是烦躁不安，有几分激动，好像某件重要的事，或者说令人激动的事正在发生。”

加西亚和梅霍特不约而同地看向心跳监护仪的屏幕，皮尔森依旧心率正常。这个小男孩的状况似乎很稳定，呼吸平稳。琼斯仍旧自说自话，继续探身用听诊器聚精会神地听着病人的心跳。加西亚和梅霍特互相看了对方一眼：这个女人疯了！当梅霍特的眼神回到客舱时，他看见琼斯拿起一根注射器，推压出了注射管内的空气。

看到眼前这一幕后，梅霍特立即朝加西亚大叫：“阻止她！”

但一切为时已晚。琼斯已将注射器内的液体注射到皮尔森的静脉血管中。察觉到事有蹊跷的梅霍特警示飞行员：“记录时间。”听到命令的飞行员知道客舱内大事不妙并记下了当时的时间。之后，琼斯对梅霍特吼叫着说“没什么大不了”，她只是给皮尔森注射了能使黏液变干的药物，保证他呼吸更顺畅而已。说完，琼斯便将用过的注射器扔进了自己随身携带的纸袋中。

梅霍特和加西亚听后一脸茫然。显而易见，皮尔森在注射前并未出现所谓痉挛和呼吸不畅的症状。他的身体情况到目前为止一直处于稳定状态，不需要任何药物治疗。但整个过程中，让这两位军事医护人员最为胆寒的是，琼斯很显然在假装自己能通过听诊器听到皮尔森的心跳。加西亚和梅霍特知道这根本不可能。到底怎么回事？

几分钟过去了，客舱内的空气里充斥着焦虑和不安，大家一言不发。加西亚注意到皮尔森的变化。他的胸膛突然开始上下剧烈起伏、皮肤颜色异常且逐渐青紫，呼吸变得急促浅薄。此时，琼斯立即从座位上弹起来大叫道："他痉挛发作了！"

加西亚扭头看向心跳监护仪，事实上，皮尔森不是痉挛，而是心脏病突发。于是加西亚立即命令飞行员紧急降落，好让他们可在客舱内自由移动，救助发病的皮尔森。当飞机逐渐下降，准备在一片农牧草场紧急降落时，加西亚按下心跳监护仪上的按钮，打印出皮尔森当时的心跳读数记录。此时此刻，吉米·皮尔森已经停止了呼吸，监护仪上的心跳检测越来越微弱。

琼斯一把将加西亚推到一边，试图给吉米戴上复苏面罩，但因为吉米骨骼畸形，所以她无法将面罩固定在他脸上。梅霍特见状，赶紧来到皮尔森的床边。飞机平安降落后，梅霍特开始给皮尔森做人工呼吸。

梅霍特和加西亚把卧床上的皮尔森轻轻抬下来，放在飞机客舱的地板上。琼斯从纸袋中拿出气管呼吸导管，试图插入皮尔森的呼吸道中，但是她手脚笨拙，根本插不进去，于是加西亚不得不从她手中一把夺过导管，立即插入皮尔森的呼吸道，并将导管另一端连接到气泵上，保持皮尔森肺部畅通。

当梅霍特和加西亚两人在客舱全力抢救皮尔森时，直升机重新起飞。加西亚命令飞行员飞往距离圣安东尼奥市最近的医院，他不停给皮尔森做着心脏按压，而梅霍特则仔细观察着皮尔森肺部气道、呼吸和血液循环的情况变化。在直升机飞往医院的过程中，加西亚证实称，琼斯看上去似乎处于一种情绪激动的状态：

> 琼斯看上去面色有点苍白，似乎是过度换气综合征的症状。她看上去……怎么说……很难形容。当然了，那是一次可怕的经历，任何人都有可能气喘，但是她看上去更……怎么形容呢……就是激动。

吉米的母亲早已在直升机降落前提前赶到了圣安东尼奥市的医院，她亲眼看着自己的儿子被医护人员紧急送往急救室。这时，她注意到了迎面走来的琼斯。

吉米的母亲后来指证称：

> 我记得最清楚的是她的出现。她浑身颤抖，面色苍白，她有着不同寻常的……我无法形容她当时的眼神。那是我之前从未见过的一种眼神。她很“嗨”。

吉米的母亲说，琼斯告诉她吉米并无大碍，她已经给了他一些安定（一种镇静药）以免痉挛再度发作。她还说吉米在飞机飞行过程中停止了呼吸，因而他们不得不在一个牧牛草场上临时降落，对他进行急救措施。吉米的母亲指出：

> 之后我记得她开玩笑说，吉米和直升机突然出现后，牧场里的奶牛在接下来20年内都产不出牛奶了。之后，这一幕我永远不会忘记，她看着我说：“这是我人生中最令人激动的一个下午。”

* * *

这次飞行中发生的所有事件均未上报。加西亚记得从心跳监护仪上打印出的心跳记录被放入琼斯的纸袋中，但却回想不起那个纸袋最后落在谁手上，他再也没看见过那个纸袋。因为吉米·皮尔森并非霍兰德医生长期负责的病患，所以她也未要求护士琼斯上交后续报告说明飞行过程中发生的紧急情况。小吉米最终还是没能战胜病魔，7周后，吉米因感染和之前疾病引起的并发症不幸离世，那时他才刚刚庆祝完8岁生日。在与病魔持续抗争的8年中，他只经历过一次心脏骤停，就是和珍妮·琼斯一起坐上赶往圣安东尼奥市的直升机那天。吉米·皮尔森碰上琼斯后虽不久于人世，但至少他从她手中逃过一劫。之后，接连47位受琼斯治疗照顾的儿童病患相继离世，于是调查员开始产生怀疑。

琼斯的顶头上司凯瑟琳·霍兰德医生有过一段与众不同的职业生涯。1982

年 8 月 22 日，霍兰德医生在距离圣安东尼奥市只有一小时车程的科尔维尔小镇上开办了一家自己的儿科门诊。在此之前，霍兰德医生婚姻破裂，且在她正准备攻读医疗研究领域的博士学位时，却和指导老师意见不合，迫使她不得不重新考虑指导老师提出的中肯意见。再三斟酌后，霍兰德决定当一名执业医师。她比一般的住院医师年长，性格更为成熟稳重，且向来特立独行。直至 6 月，霍兰德踏入附属于得克萨斯州健康科学中心大学医学院和研究中心的圣安东尼奥市北哈尔县医院儿科医师的岗位已达三年之久，硕果累累。在对得克萨斯州儿童医疗现状经过一番仔细调查研究后，霍兰德医生最终选择在科尔维尔开设自己的私人诊所。她想雇佣一位正式护士协助诊所运行，但却无力支付高额薪金。以她当时的启动预算资金来看，只能退而求其次，雇佣一位受过较少训练的持照职业护士（简称 LVN，准予在加利福尼亚州和得克萨斯州从业）。

住院医师在医院的各个部门之间自由流动，每隔几周便会换班或被派往其他部门，但霍兰德医生回忆起曾在儿科重症监护病房和一位名叫珍妮·琼斯的住院医师共事过几次。霍兰德医生称她是一位超级护士，其领导才能和专业能力丝毫不逊色于正式护士。据霍兰德后来所言，琼斯性格专横且直言不讳，有时甚至对医生指手画脚，而且当时医院里流传着关于她在儿童重症监护病房中出现人格分裂的谣言和其他令人匪夷所思的流言蜚语。显然，琼斯已经对这些她所称的因嫉妒而恶意中伤的卑劣行径忍无可忍，于是她辞掉了医院的工作。琼斯的这一举动让心理略微反叛和酷爱标新立异的凯瑟琳·霍兰德更想雇佣其为诊所员工。1982 年春季，凯瑟琳·霍兰德联系了琼斯之前工作过的医院人事办公室，并告知他们自己打算雇佣她，并询问琼斯以往在医院任事时的工作记录中有无任何事情是自己需要提前知晓的，有无任何问题或处罚记录需要报告。

琼斯的童年和青年时期

珍妮·安·琼斯于 1950 年 7 月 13 日出生于圣安东尼奥市，她一出生，亲生父母便放弃抚养权，将其送人领养。琼斯的养父母是迪克·琼斯和格拉迪斯·琼斯，夫妻二人在领养琼斯前后还分别领养了另外3名子女。琼斯的养父迪克靠经营一家名为“奇巧俱乐部”的夜店赚钱，店内有许多专门进行非法赌博的密室。琼斯一家人住在城市边缘地带一座有美丽花园、游泳池、私人网球场和马厩的山顶豪宅中。一家人站在山顶上，可以一览10英里外圣安东尼奥市区的景色。琼斯的养父母生活奢靡，他们时常到各地旅游，且两个人都考取了飞行员执照。

珍妮13岁时，父亲迪克·琼斯的生意一落千丈。奇巧俱乐部的经营状况日益惨淡，虽然琼斯试图将俱乐部变为家常菜餐馆，但依旧无力回天。琼斯将住宅中部分面积改装成活动住屋，但没有什么可以挽救他日渐缩减的财富。最终，迪克·琼斯将奇巧俱乐部亏本出售并开始投入到一个全新的生意领域——广告牌。迪克在圣安东尼奥市设计、制作并维修了大量广告牌。

琼斯家中的领养子女分为两个年龄段：珍妮的哥哥威利比她大4岁，姐姐莉萨比她年长7岁，而跟珍妮最为亲密的弟弟特拉维斯则比她小2岁。特拉维斯学习能力低下，珍妮一贯对他极度依赖且宠爱有加。

据说珍妮是所有子女中最为天资聪颖的，她坚定自信，总是在与他人对话时争做主导者。她不但在缝纫、板球和烘焙方面技巧娴熟，且在钢琴演奏上也天赋异禀。她喜欢讲故事，喜欢成为他人关注的焦点。但珍妮异常敏感，一丁点的指责批评都会让她号啕大哭。珍妮认为姐姐莉萨甚得父母恩宠，所以她内心对姐姐充满怨恨。多年来，珍妮和莉萨姐妹二人间矛盾不断，直到后来莉萨成家搬走才得以消停。之后，珍妮开始与坚持己见的母亲为敌。家庭生活永无宁日，珍妮后来回忆说，自己人生中最快乐的时刻便是和忙于维修广告牌的父亲在乡村小路上骑车。

1965年，珍妮上高中了。青少年时期的她与其成年后一样不具魅力。身高约1.62米的珍妮超重27斤，看上去如河马般庞大笨拙。据说她从来不会走路去某个地方，而是选择快跑。珍妮专制蛮横的性格比她丑陋的外表更令人生厌。珍妮在学校附近做着不起眼的兼职，且总是对她认为做得不好的同事严厉呵斥。

珍妮的某些同学回忆说，珍妮曾声称自己之所以遭人排挤是因为她的父亲以前是一名赌徒。她抱怨自己的父母偏爱姐姐。不受人欢迎的境遇让她痛苦不堪。她极度渴望得到他人的认可和尊重。

珍妮总是说一些不着边际的谎话，她声称自己和当红流行组合门基乐队里的米奇·多南兹有交集，且二人经常打电话聊天。她还说养父母很爱其他三个领养子女，却从未给予她应有的关爱。她的嘴里没有一句实话，全是胡编乱造的弥天大谎。“对她来说，撒谎就和说话一样自然。”珍妮的一位同班同学回忆说。[185]

为弥补自己受人排挤的遭遇，珍妮以鲁莽驾驶扬名校园，她经常驾驶父亲的雪佛兰埃尔卡米诺与校园男孩举行汽车竞速赛，本就生性鲁莽的她常常在比赛中取胜。

珍妮 16 岁时，噩运降临到她的家庭。珍妮的弟弟在玩耍自制爆破筒时不小心发生爆炸，金属碎片插入他的头部。之后，他在被送往医院的当天因抢救无效死亡。珍妮出席弟弟的葬礼时，独自买了一个花环。葬礼上，她大声尖叫、失声痛哭甚至整个人瘫倒在地。但珍妮的同班同学回忆称，珍妮在早上的葬礼结束后便立即返回学校博取朋友的同情与关注。

1968 年，珍妮 17 岁时，她的父亲因癌症不幸逝世。珍妮后来声称，父亲去世的那天，“天都塌下来了”。但事实上，她却正计划着在父亲去世约 6 周后结婚。珍妮遇到了那个懂得欣赏她的男孩，他的名字叫吉米·德拉尼，高中时中途辍学，珍妮决意要和他步入婚姻殿堂。珍妮的母亲极其反感辍学生吉米，因而一直不同意两人的婚事（未成年的珍妮未得到监护人认可不得擅自成婚），直到珍妮高中毕业，她希望此时女儿可以在重新考虑后打消与吉米结婚的念头。

1968 年 6 月，珍妮以平庸的成绩结束了高中生涯，在全校 274 位同学中排名第 197。14 天后，仿佛是出于公然挑衅母亲权威的目的，珍妮和吉米结婚了。尽管母亲强烈反对，但她最终仍旧承担了二人举办婚礼和蜜月旅行的全部费用。而珍妮的姐姐莉萨则是婚礼伴娘。蜜月旅行结束之后，夫妻二人搬进了属于家族地产的宾馆居住。

吉米终日只醉心于汽车和派对。他断断续续地到加油站上班，所获薪酬只够给汽车加油和购买啤酒。琼斯和吉米为此事争执不休。吉米得知珍妮趁他上班时驾驶他的宝贝汽车疯狂飙车后心烦意乱。婚后 7 个月以来，吉米不断在各种派对上买醉且疯狂参加赛车活动，二人婚姻出现裂痕。之后，吉米应征入伍，参加海军。在吉米离家进行基础训练期间，珍妮找到了一种博取他人关注的新途径——同时和许多其他男性有染。其中一名是琼斯高中时期好友新婚不久的丈夫。[186]

珍妮独自生活的母亲廉价出售了珍妮居住的地产后便搬进了自己的另一处住所。珍妮也被迫另寻公寓，但母亲却依然承担她的租房费用和所有生活开支。母亲不断催促珍妮找工作养活自己，随后，珍妮进入一家美容院参加美容师培训。

不久，吉米从部队提前退役回到家中，此后便继续和妻子珍妮生活在一起，并找到一份机械工的工作，而珍妮也成为了一名美容师。1972 年 1 月，珍妮生下一个儿子。半年后，珍妮申请离婚，但两个月之后，她改变心意，与丈夫吉米重归于好。1974 年 2 月，珍妮再次提出离婚。1974 年 6 月，二人彻底分道扬镳。珍妮变成了 23 岁的单身母亲。她也将自己的姓氏重新更改为琼斯。

珍妮进入护理学校

1976 年，珍妮再次怀孕。她从未明确指出过孩子父亲的身份，但极有可能是她的前夫吉米。与此同时，珍妮的哥哥患上睾丸癌后英年早逝。在父亲和哥哥接连因癌症去世后，珍妮开始对癌症产生恐惧，担忧自己也难逃癌症厄运的她在每次患皮疹或咳嗽时都会到医院仔细检查。珍妮在圣安东尼奥市一家医院的美容科工作时突然恍然大悟，认为医药学或许才是于她而言最完美的职业。当珍妮患皮疹时，她坚持称这是由于自己平日工作中过多接触美容产品所致，于是她决定进入护理学校学习并说服母亲为其支付一切费用。珍妮决定接受持照职业护士的培训项目。持照职业护士的薪酬虽远不如正式护士高，但培训时间却缩短一半，珍妮想尽快奔赴工作岗位。

珍妮在护理方面天赋过人，在考试中取得 90 多分的优异成绩。和高中时期遭人排挤的悲惨遭遇截然不同，珍妮在护理学校中享受着众星捧月的待遇，她经常帮同学设计及修剪发型。但护理学校的同学回忆称，珍妮并非一心向学，她在休息时间从不学习，有时在课堂上肆意取笑指导老师，甚至在解剖课上画男性生殖器的搞怪漫画。尽管如此，珍妮仍在 1977 年 5 月顺利毕业，且全体 58 位学生中，只有 16 位成功获得护士学位，而她就是其中一个。当时她已怀有 7 个月身孕。7 月，珍妮生下一个女儿，这也是她的第二个孩子。

珍妮在执照考试中的成绩是 559 分，比基本线高出 200 多分。珍妮的母亲不遗余力帮助女儿开创护理生涯，在经济上给她支撑，甚至帮她照顾子女。

"珍妮做静脉点滴就像该死的苍蝇一样精准。"

1977 年 9 月，珍妮生完女儿后身体完全恢复，于是她找到了第一份护理工作。圣安东尼奥市卫理公会医院聘用了珍妮，将其分派到心脏病重症监护病房。遗憾的是，她只工作了 7 个月便遭辞退。珍妮在工作最初表现出的热血活力以及愿意额外加班的勤勤恳恳让上级印象深刻，但经过长达 5 个月的工作考验后，上级开始对珍妮产生不满。"珍妮女士总是做出一些自己毫无经验也毫无权利做出的判断。"

1978 年 4 月 26 日，珍妮被医院辞退。一位心脏病人曾抱怨说珍妮态度强硬且粗鲁。当珍妮得知此事时，她询问上级自己是否能和这位病人沟通。虽然上级明确拒绝了珍妮的这一要求，但她却置若罔闻，立即前去与病人当面对质，导致该心脏病患者身体突发不适，需要打镇静剂。珍妮被辞退的原因是"在工作中做出不适当或不专业行为"。

在当时，因为全国护理人员极度稀缺，所以珍妮被辞退后另寻他路可说是易如反掌。很快，她便于 5 月 15 日在另一家规模更小的私人社区医院中找到一份护理工作。10 月 16 日，因为没有累计病假，所以珍妮不得不辞职，腾出时间去做手术。琼斯做了输卵管结扎手术，从此以后，她再也不能生孩子了。

两周后，珍妮接到一个关于北哈尔县医院招聘护士的广告电话。这是一家最近新建且附属于得克萨斯大学医学院的大型医院。就这样，珍妮找到了为期

13个月的第三份护理工作。据猜测，正是由于护士严重短缺，因而即使琼斯经验浅薄且以往工作几经沉浮，仍旧被予以录用。珍妮入职后，被安排到儿科重症监护病房，这是医院里最棘手的区域之一。儿科重症监护病房面积很小，病房里摆满了急救设备和药物。病情最危急的儿童患者被安排到带有玻璃窗户的小隔间中，以便护士和医生进行全天候观察。

在儿科重症监护病房工作的护士与普通护士不同。儿科重症监护病房内的工作要求护士精力长期高度集中，专心致志地对患者进行长达数小时的监测和照顾，并在病人出现呼吸或心脏骤停以及医院通信系统出现蓝色代码呼叫等危急情况时冷静果断，沉着应对。医生和护士时常需要推着救生车，带上急救药物和设备冲向患者，背水一战，拯救命悬一线的病患。在儿科重症监护病房中身经百战的护士具备一种不可思议的能力，她们能洞悉病人存在的安全隐患并及早制止。她们是护士队伍中的翘楚，自豪且嚣张。

珍妮一进入儿科重症监护病房后便引发忧虑。其中一位对琼斯进行入职培训的正式护士在一开始便对她的行为不满。入职后不久，上级安排琼斯负责一位刚出生六天却患有致命性肠胃疾病的婴儿。该婴儿病患在到达儿科重症监护病房不久后便不幸离世。珍妮几乎还未有时间与生病婴儿接触，他就已经离开世界，但同病房护士回忆称，珍妮得知病人去世后勃然大怒。她痛哭流涕，情绪夸张，甚至在死去婴儿的隔间里放入一把凳子，坐在尸体旁边哭泣了好几个小时。如此行为并不常见。

虽然上级对珍妮仍有顾虑，但她却让人印象深刻。珍妮被安排到下午3点至晚上11点的值班高峰期，她在工作中表现出的积极热心、专业学识和娴熟技巧让同时段的正式护士由衷赞叹。她对解剖学和生理学的了解相比于普通持照职业护士而言更为广泛，此外，倘若遇到什么疑难问题，她也会立即翻阅医疗书籍寻根究底。

珍妮最出类拔萃的是她在静脉注射方面的过人天赋。静脉位于人的皮肤组织之下，处理成人静脉注射已非易事，而应对儿童及婴儿患者则更为困难，他们的静脉就如同线一样细。珍妮在这方面是个中高手，她从未在静脉注射中失误过。很快，其他护士开始纷纷让她帮忙给病人做静脉点滴。儿科重症监护病房中流传着这样一句话："珍妮做静脉点滴就像该死的苍蝇一样精准。"

在医院所有的医护人员中，护士长和负责儿科重症监护病房的医生成为琼斯的捍卫者，折服于珍妮娴熟技能和专业知识的二人鼓励她回到护理学校攻读正式护士学位。护士长在评估报告中指出，珍妮的唯一问题在于她需要"更好地控制自己的情绪"。

医院医生对珍妮的不满来源于她总是因自认为患者身上出现某种问题而要求医生进行检查的蛮横行为。她呼叫疲惫不堪的医生的次数是其他护士寻求帮助次数的四倍。这让住院实习生尤为恼怒，他们通常连续工作长达 30 小时，而本想在呼叫间隙抓紧时间小憩几分钟放松疲惫神经时却频繁被扰。只要轮到珍妮值班，他们就永无宁日。

但随着时间流逝，珍妮在工作中能力愈发非凡，她因拥有能及早分辨病人是否濒临危机的神奇能力而颇受好评。当珍妮告诉你某位病人即将痉挛发作或心脏骤停时，即使病人当时看上去正安然熟睡，但她所做出的病情预测通常会应验。令人费解的是，虽然珍妮的能力与日俱增，但她却开始在工作记录中不断出现严重错误，其任职的第一年内就有过多达 8 次的失误经历。她拒绝执行医生要求其给儿童病患服用某种药物的指示；她没有注意到其中一个病人静脉功能失常；她给一位病人进行不恰当的高频率静脉输液；在另一位病人身上用药过量，剂量高达正常规定量的十倍。当上级约见珍妮探讨这些错误时，她要么一概否认，要么故意找借口为自己辩解。在一年时间内接连有过 4 次失误以后，珍妮被要求重新学习药物管理特殊课程。在上课期间，她曾两次公然逃课。

珍妮开始对某些病人产生依恋，甚至在值班以外的时间也与他们寸步不离。在照顾一位患有心脏疾病的 10 个月大女童病患时，其他护士让琼斯在轮班结束后回家却被她断然拒绝。于是护士不得不向一位层级更高的护士管理员寻求帮助，管理员得知此事后，赶到病房命令琼斯回家，但琼斯却反驳说病人需要她。她在投诉回复中写道："我觉得看着她经历这场浩劫，这场于她而言最大的危机，很重要，不仅是对我而言，对她来说亦是如此。"医院告知琼斯，如若再出现类似违背命令的情况，将会暂停其任职或直接予以开除。

两个月后，在一次完成换班交接之后，珍妮于清晨 5 点意外出现在儿科重症监护病房，她走到一位病患床边（这名病患本是由琼斯在自己的轮班时间内负责照顾，但现在她的值班时间已经结束。）取出一支注射器，开始笨手笨脚地给病患进行静脉注射。同楼层的医生和护士闻到琼斯满嘴的酒精味后将她赶出了病房。之后，珍妮的工作档案中被记上“极其错误的判断”，但她并未因此被辞退。

在珍妮的人事档案中，除了工作失误和不当行为的报告以外，还有对其“卓越贡献”的赞许。报告指出：“过去四个月以来，儿科重症监护病房人手极度短缺，珍妮女士超负荷地额外接任 12 次轮班，帮助病房正常运行，这些轮班经常长达数天，牺牲了她的个人休息时间。特此对珍妮女士对于儿科重症监护病房的支持与付出予以表彰。”

“好像她知道接下来会发生什么。”

儿科重症监护部门的医护人员对珍妮的态度两极分化。有人支持她拥护她，同时也有人诽谤她贬损她。珍妮与儿童病患的家属关系融洽，总是在病人不幸离世时挺身安抚伤心欲绝的家人，但她在与同事的接触交往中粗狂豪放，经常旁若无人地大声讲下流笑话或咒骂他人。关于自己心中对其他医生或护士的看法，她也总是直言不讳。

如同高中时期一样，珍妮享受成为众人关注焦点的感觉，且总是对于自己的故事或经历夸夸其谈。她曾讲述自己在一次交通事故后陷入昏迷；她在姐夫对姐姐实施殴打后用枪击中了他的下身。

珍妮的人格特质和 100 年前的连环杀手简・托潘极为相似，那些夸张的故事、对他人的敌意、来自上级和同事截然不同的看法，简直如出一辙，令人惊叹。

珍妮对工作人员指手画脚、蛮横无比。倘若一个医生拒绝了她的建议，她便会再次呼叫另一个。她质疑医生选择的药物、剂量和治疗方式。而当她自己提出的推荐治疗方案被回绝时，她便会预言灾难降临，告诉医生：“如果你不这样做，这个孩子就会死。”

换班交接时，护士会聚到一起汇报自己所负责病人的情况。在这些汇报中，珍妮会针对某些特定病人做出可怕的死亡宣判，预先警示其他人该病人可能会在当晚去世。一位正式护士回忆称：“当时并不像是她在预言什么，而像是她知道接下来会发生什么。”

珍妮自己也经常接受治疗。在北哈尔县医院工作的27个月中，她曾先后30次因多种身体不适因素进出门诊或急救病房，譬如腹泻、胃绞痛、呕吐、急性胃肠炎、消化不良、便秘、胸闷气短、头昏眼花、拇指被割、手部发痒、经期大出血、经血减少、咽喉痛、药物过敏、颈肩痛、膝痛、腹痛、腰痛等，生病次数之多与病症之多样可谓异乎寻常。

1981年年初，医院上级分派珍妮只负责照料病情最危急的患病儿童。事实上，这一安排是应她本人所求，琼斯拒绝照顾她自认为病症普通的病患。琼斯成为了儿科重症监护病房的霸主，她一次次违反医院禁令却无需承担任何后果。她自由选择想要接手的病人，提早来到病房并在她感兴趣的病患病历表上签上自己的名字。珍妮自由选择的病患们频繁发出的紧急救援呼叫让她兴奋不已。琼斯后来针对这些紧急救援经历如是说道：“这种经历真是不可思议。噢，呸，是让人胆战心惊。你知道正在发生的这一切，但你只能观察两到三个人……你需要控制你的体能，因为你真的很紧张。”[187]

在得知自己负责照料的病患未能逃脱一死后，珍妮情绪崩溃，泪流满面。护士有时会因跟自己关系较为亲密的病人不幸死亡而哭泣，但珍妮却会因每一个病人的离世而痛哭流涕，且自此以后死亡病患的数量日渐增多。病患被确认死亡后，珍妮请求医生暂时向病患家属隐瞒死讯，然后上前不停摇晃死婴的尸体。一般而言，护士会将死亡的病人放在担架床上并推往太平间，但珍妮不同，她将死去的病患抱在怀中，眼中的泪水顺着脸颊不断往下滴落，仿如一位痛失骨肉的母亲。

而在家中，珍妮则将自己的两个子女完全交付给母亲抚养，对他们几乎不闻不问。她的儿子总是独自在附近的街道上闲逛，擅自进入周围邻居的房子里，时常被邻居们怀疑偷盗财物。

被辞退，但却是“合格的雇用人选”

珍妮预测会死而最终确遭此劫的病患数量急剧增多，这一数字范围已超乎常理。医院医生和经常出入儿科重症监护病房的住院医师并未检查任何死因异常的病患，只有护士负责这一工作。而当护士们将自己的担忧上报给护士长时，却遭到了严厉痛斥。护士长一心拥护着琼斯，她指责告发珍妮的护士们是出于嫉妒而做出这一卑劣行径，并威胁称如若有人再敢在未掌握任何实际证据的情况下提起此事，便施以惩戒。之后，其中一个护士便开始收集儿科重症监护病房内的死亡率数据以及负责该病患的护士名字。虽然这些数据的确显示出珍妮负责的病患死亡率远远高于其他人这一事实，但护士长却继续为珍妮辩解称，最初是其主动提出照顾这些病情最危急的病患，因而死亡率更高也不足为奇。但最终，这一苍白的辩解却再也无力解释日益增长的死亡数量。

所有数据显示，1981 年 1 月 1 日至 1982 年 3 月 17 日间，儿科重症监护病房内死亡的病患总数为 43 人，而负责照顾这些病患的一共有 15 位护士，其中包括珍妮。在这总数为 43 的死亡病患中，22 名病患在生前均由珍妮负责照顾，达到了总数的 50%。此外，另有 7 名其他护士负责的病患在死亡前恰好接受过珍妮自愿提供的照料服务。这一点不容忽视。在护士们对受琼斯照顾的病患死亡率正式提出担忧的三个月后，医院上级最终决定展开内部调查。

调查得出的结论是：要么是作为职业护士的珍妮极度不合格，要么是她故意害死这些病人，但调查中并未发现任何具体证据。“医院律师对调查团队建议称，不管真相究竟如何，目前医院所面临的最大问题是：如若调查团队未能找出充分证据证明自己的怀疑，那么珍妮·琼斯很有可能会将此事诉诸法庭。”这件事必须妥善解决，避免声张。

问题在于对护士琼斯作何处置？从以往琼斯对待自己工作记录中出现的抱怨投诉的态度判断，她不会就此善罢甘休，她绝不会默默容忍自己就这样被解雇，也不会主动提出辞职。于是足智多谋的调查团队想出一招妙计：提高在儿科重症监护病房工作的护士职业要求，仅限正式护士，从而自动将只是持照职业护士的珍妮排除在外。之后，在医院对以往在儿科重症监护病房工作的持照职业护士们进行重新分配时，只有珍妮和那些对她曾怨言相加的护士未能得到职位安排。1982 年 3 月，珍妮被医院辞退，虽然珍妮在职期间曾怨声载道，且被怀疑给医院某些员工发送威胁信件，但她最终还是安静地离开了，没有吵闹，也没有抱怨。医院上级在珍妮的雇佣记录中将其描述为“合格的雇用人选”，且附上大量推荐信。

因此当医生凯瑟琳·霍兰德在 1982 年春季联系医院管理部确认琼斯在自己即将于 8 月营业的诊所中的任职事宜时，被告知琼斯是“合格的雇用人选”。尽管该医院内部的其他医生曾私下警示过医生霍兰德，称珍妮非同寻常，但除了讲述内部谣传和她蛮横的性格倾向外，并未透露任何其他细节。凯瑟琳·霍兰德医生快人一步，雇佣了珍妮。事实上，她不仅将珍妮雇佣为诊所员工，而且还与她合租了一套房。霍兰德医生、珍妮和珍妮的两个子女往后将处于同一屋檐下，共同生活。

* * *

虽上文已有涉猎，但此处我想再次指出 20 世纪 80 年代的琼斯与 19 世纪 80 年代的简·托潘之间的相似性。和珍妮相差无几，虽然简所照顾的病患死亡率极高，令人费解，但在转移到其他医院工作时却拿到了大量举荐信。据称，未经允许擅自离开病房而被辞退的托潘，之后最终因其护士学位以不明原因被扣留后（虽然她已经通过了考试）便彻底无缘医院护士这一工作岗位。

“我心想，让她照看切尔西几分钟应该没问题。”

在霍兰德医生的诊所正式营业的几个月前，琼斯无所事事地等待着。1982 年 8 月 23 日，琼斯在这个星期一开始了诊所工作的第一天。那天，诊所里只来了一位病人。第二天会迎来第二位。

同是 27 岁的夫妻二人佩蒂和里德·麦克莱伦居住在离科尔维尔 15 英里远的地方。他们二人正是霍兰德医生期盼中的理想顾客。去年 6 月，佩蒂在预产期前四周生下女儿切尔西。和肺部发育不完全的典型早产儿一样，小切尔西呼吸不畅，需要被送往圣安东尼奥市的医院进行救治。在经过长达21天的诊治后，小切尔西的病情逐渐好转。体重上升并茁壮成长着，于是麦克莱伦将女儿接回家中。1982年5月，已经十个月大的小切尔西再次出现呼吸困难的症状，于是父母匆忙将她送往圣安东尼奥市医院的急救病房。小切尔西被诊断为患有肺炎，经过几天救治后，医院让切尔西的父母带女儿返回家中继续休养。此后，佩蒂和里德·麦克莱伦夫妻二人便小心翼翼地观察着女儿的呼吸情况。除了患有肺炎外，小切尔西也称得上是一个正常且健康的孩子。

当佩蒂和里德二人听闻科尔维尔即将有一家正式营业的儿科诊所时欣喜万分。圣安东尼奥市距离科尔维尔足足有60英里，且当地医院里没有一位专业的儿科医师。因此当14个月大的切尔西出现"鼻塞"症状时，母亲佩蒂决定带女儿前往前一天刚刚在镇上开业的诊所进行治疗。8月24日，在这个星期二的下午一点，佩蒂带着女儿切尔西走进了诊所。

当霍兰德医生在办公室内询问病人小切尔西的病史时，切尔西挣脱母亲的怀抱，开始乱抓霍兰德办公桌上摆放的物品。佩蒂回忆称，当时一个面带微笑的女人走进办公室对她说："麦克莱伦夫人，暂且让我帮你照看切尔西吧，这样你才能一心一意与霍兰德医生交流。"

"那个人是办公室护士，"佩蒂在后来的回忆中说道，"在那之前我与她素未谋面，但我心想，让她照看切尔西几分钟应该没问题。"

琼斯抱走了咯咯笑着的小切尔西，柔声地说："来吧小不点儿，我们一起来玩儿。"

没有女儿在身边捣乱的佩蒂开始继续向霍兰德医生叙述切尔西的病史，她对于自己将仅是有轻微鼻塞的女儿带到诊所救治表现出些微尴尬，但她宁可事先谨慎有余，不要事后后悔莫及。医生霍兰德在了解情况后，肯定了佩蒂的正确做法。医生霍兰德后来证实称，她当时听到走廊另一边的检查室传出什么声响后，注意力被分散了。她不再专注于与佩蒂的交谈，而是一直将注意力放在珍妮发出的声音上，她听见珍妮在另一个房间说："不要睡着，宝贝，睁眼，睁眼，切尔西，不要睡着。"

这不合常理。因为五分钟前，办公室里的小切尔西还在咯咯笑，看上去精神饱满。霍兰德试图压制心中不断升腾的不安，重新将注意力集中到仍旧自顾自讲述的佩蒂身上。之后，霍兰德听到珍妮叫喊着她的名字：“霍兰德医生，能麻烦你现在过来一下吗？”珍妮的声音中明显带有紧张的冷漠语气。

小切尔西躺在检查室内的桌子上，不省人事，而此时琼斯正按住她脸上的氧气面罩。“她痉挛发作，”琼斯说，“她停止呼吸了。”

凯瑟琳医生开始对切尔西实施紧急救援，珍妮迅速找到并打开装有呼吸管的无菌包并递给凯瑟琳。凯瑟琳在将急救插管插入切尔西体内进行抢救的过程中，庆幸自己找到了珍妮这般称职的助理护士。珍妮表现得像个身经百战的外科护士，在巨大压力下沉着冷静且具备极高的办事效率。在凯瑟琳的指挥下，珍妮开始给切尔西静脉注射一种能中和其失常循环系统中过多酸性的药物。随后，凯瑟琳医生叫来了伞兵军医，切尔西被紧急送往科尔维尔当地的锡德·彼得森纪念医院的急救病房，入院时间为下午 1 点 35 分。

两个半小时后，切尔西端坐在床上，露出微笑，大家对她的这一举动困惑不解。在接下来的 10 天中，医院对这位只有 14 个月大的小女孩进行了几乎所有可进行的身体检查，却并未得出任何诊断结果。切尔西最终被送回家中。佩蒂对医生霍兰德及其助理护士珍妮在面对其女儿突发紧急病况时的敏捷反应感激不尽，她还对霍兰德医生的儿科诊所赞赏有加，并劝说身边所有的父母将生病子女带往该诊所进行治疗。

* * *

8 月 27 日，星期五，18 岁的内尔达·贝尼特斯带着患有严重出血性腹泻的 3 个月大的女儿布兰迪来到霍兰德医生的诊所。在对病患病情进行一番基础检查后，霍兰德医生认为应将其转送到锡德·彼得森纪念医院作进一步观察。她给布兰迪带上氧气面罩，并指示珍妮进行静脉输液操作，以确保病人在大约五分钟车程的转移途中不会出现突发状况。静脉输液在凯瑟琳·霍兰德医生眼中是将任何病人转送至锡德·彼得森纪念医院前的常规医疗步骤。她希望病患在到达转送医院时已准备就绪，有采集的血样，有点滴，因而医院可以在无需花时间进行任何准备工作的情况下迅速展开救治。随后，霍兰德医生忙着给医院打电话安排病患的转移，留下布兰迪独自与珍妮待在一起。

五分钟后，当凯瑟琳返回布兰迪身边时，却警觉地发现她似乎病情恶化了。布兰迪的脸色变得苍白，手指和脚趾逐渐变成蓝色，呼吸微弱。霍兰德医生迅速对病情危急的布兰迪进行了急救措施，如此一来，她必须立即被送往当地医院。

到达锡德·彼得森纪念医院后，凯瑟琳·霍兰德稳定了布兰迪的病情，但她却始终无法解释导致其呼吸停止的原因。她决定将布兰迪转移到圣安东尼奥市的儿科医院。无需依靠氧气面罩的布兰迪依旧在接受静脉输液，咽喉被插入导管，导管的另一端连接在一台心脏监护仪上。此时的布兰迪正躺在前往圣安东尼奥市的救护车中。救护车上陪同病患布兰迪的有珍妮·琼斯、伞兵军医菲利普·克尼斯和儿科医院的持照职业护士萨拉·莫尔丁。因为霍兰德医生患有晕动病，因此她开着自己的车一路跟在救护车后面。持照职业护士莫尔丁回忆称，当他们一行人到达医院的停车场时，病患布兰迪呼吸平稳，未出现任何异常。

在转移途中，布兰迪突然停止呼吸。救护车立即停到公路边，紧随其后的霍兰德医生赶紧冲上救护车。在经过霍兰德的心脏复苏后，布兰迪重新恢复了心跳。确认病患安然无恙的霍兰德回到自己车中，跟随救护车继续赶往圣安东尼奥市。尽管萨拉·莫尔丁是救护车中资历较老的持照职业护士，但珍妮却掌控着一切。她开始在布兰迪的脚部进行第二次静脉输液。

同在救护车上的伞兵军医后来证实说："因为救护车上没有任何的静脉注射器具，所以她不得不自己随身携带……我不知道该怎么解释，但是她表现得并不友善，给我的印象是好像她始终都清楚自己在做什么。我只是想，或许那个生病的孩子因为某些原因而需要静脉输液，但我自己没有意识到这些原因而已。"

萨拉证实称，珍妮转头直直盯着她的眼睛，并"用一种兴奋的语气说道：'这个孩子不行了，疯狂地抽送呼吸囊。'"

"抽送"是指将一个内有氧气流动的气球形状袋子连接到病人呼吸道内

的导管上并往里面抽送氧气。布兰迪最终到达圣安东尼奥市的医院时已奄奄一息。

医生霍兰德的诊所在营业前四天便连续两次碰到病患心脏呼吸停止的危急情况。凯瑟琳·霍兰德是一位经验不足的新手医生，迄今为止，她一直在一家挤满危急病患的大城市医院里从医，她不知道从概率上分析，这些事件发生在她经营的小诊所里是何其异乎寻常。她不知道科尔维尔资历最深的医生在其长达 40 年的从医生涯中只处理过一次小儿呼吸骤停的罕见情况。

8 月 30 日，诊所开业第二周的星期二，珍妮在交通安全军事协会的救护直升机上陪同第三个出现心脏骤停的病患前往圣安东尼奥市。

9 月 3 日的星期五，19 岁的凯·赖歇瑙带着患有大面积溃疡和发高烧的 21 个月大的女儿米丝蒂来到霍兰德的诊所。在珍妮的协助下，霍兰德医生对米丝蒂进行了简单的身体检查。珍妮在检查中指出，病患米丝蒂似乎颈部僵直，医生霍兰德认可了她这一观点。这一症状和其他症状可能是脑膜炎的初期症状，于是霍兰德医生决定将米丝蒂转移到医院做常规检查。她吩咐珍妮为病人转移准备静脉输液且采集血样后，便留下米丝蒂与珍妮独自待在一起。没过多久，米丝蒂便出现呼吸停止的病状，于是霍兰德医生在检查房对病人实施紧急救援后便匆忙将其送往锡德·彼得森纪念医院的急救病房。一如既往，医院虽对病人进行了大量检测，却始终无法诊断心脏骤停的原因。

9 月 11 日，星期六，在锡德·彼得森纪念医院工作的护士玛丽·莫里斯听说院里来了一位名叫珍妮·琼斯的病人。玛丽之前和珍妮同上一所持照职业护士学校，她很好奇院内的这位珍妮是否就是当年学校里的那个人。事实证明，的确如此。珍妮·琼斯因溃疡疼痛而入院治疗。

和老同学意外重逢后的玛丽与珍妮闲聊起来，当她得知珍妮就在科尔维尔工作，且在凯瑟琳·霍兰德医生最近新开业的一家诊所里当护士时大吃一惊。之后，珍妮说了一些令人匪夷所思的话，她说她选择待在科尔维尔的另一个原因是她要帮助这家医院建立一个儿科重症监护病房，而且她将成为病房管理人。

玛丽当时认为这只是珍妮口出狂言罢了。首先，珍妮只是一位持照职业护士，她并没有管理儿科重症监护病房的资格；其次，科尔维尔的患病儿童少之又少，当地医院很难成立一个儿科重症监护病房。玛丽告诉珍妮自己在科尔维尔工作了两年，“不可置否，我们接待过患病儿童，但我不知道这片区域内患病儿童的数量是否大到我们有开设儿科重症监护病房的必要”。

珍妮听后回答道：“噢，外面都是患病儿童。你们需要做的就是出去找到他们。”

然而有些时候，他们只是恰好直接被送入珍妮的魔爪中罢了。

* * *

9 月 17 日，星期五，佩蒂再一次带着女儿切尔西来到霍兰德医生的诊所，随同一起的还有小切尔西的哥哥卡梅伦。这只是一次常规会诊，切尔西被安排在这天进行免疫接种。切尔西已经从上个月的病痛中恢复过来，这天早上的她精神饱满。

在对切尔西进行完初步检查并确认一切如常后，霍兰德医生让琼斯给小切尔西打两剂常规的婴儿免疫针：一针白喉 / 破伤风疫苗和一剂麻风腮三联疫苗。

珍妮对佩蒂说：“麦克莱伦夫人，你何不到外面去等呢？我知道大多数母亲不愿意看着自己的宝宝接受疫苗。”

佩蒂回忆称，她回应珍妮说没关系，她会和孩子们一起进疫苗室。佩蒂后来证实珍妮似乎对周围一切都充满愤慨。“她有点怒气冲冲。”

佩蒂将切尔西抱在怀中，接着跟随珍妮进入了检查室。她看见室内放着两个已经注满药物的注射器。佩蒂回忆说，女儿切尔西在第一次接种后的几秒钟内便立即出现反应。“天啊，当时我想，这是怎么回事？在我看来，她好像呼吸困难，她眼神奇怪地看着我。她像是在啜泣，好像她想要说‘救救我’，但是却发不出声音。”

佩蒂立即对珍妮说情况不妙，但珍妮却对此置之不理，她说：“她只是在对自己必须打针这件事生气。没关系的。她是因为疼痛感才会有这样的反应。”

佩蒂听后反驳道：“不，请你立刻停下来。她现在的反应不正常。她又开始痉挛了！”

而珍妮对佩蒂的强烈制止不管不顾。她喃喃地说着：“我必须给她打第二针。”说完，她拿起注射器给小切尔西打了第二针。

佩蒂说女儿切尔西在接受第二针疫苗接种后便停止了呼吸，皮肤开始发青。她在庭审中给出这样的证词：

> 我看着她，我能看见她挣扎着想要说“妈妈”。我的天啊，她想要说“妈妈”。
>
> 之后，切尔西就像一个破烂不堪的洋娃娃一样，全身软弱无力。她当时看起来就是那个样子，全身瘫软，疲乏无力。她还是看着我，但看起来她好像根本看不见我。她的眼神很奇怪，她不应该出现那样的眼神。不对劲，不应该是那样的。

接下来的事情和之前如出一辙，霍兰德医生回到检查室发现切尔西出现异常，于是进行了急救，之后将其送上紧急赶往锡德·彼得森纪念医院的救护车。在医院急救室经过一番抢救后，切尔西的皮肤颜色、呼吸和心跳逐渐恢复正常。凯瑟琳·霍兰德决定将切尔西转移到圣安东尼奥市并电话联系了交通安全军事协会。但由于交通安全军事协会的伞兵军医事情繁多，因而霍兰德医生便放弃等待救护直升机抽空前来，而是安排陆地救护车对小切尔西进行转移。一如往常，珍妮会陪同病患一起坐上转移救护车，而霍兰德医生则开着自己的车紧随其后。当霍兰德医生打电话联系圣安东尼奥市的医院时，其中一个医院护士驾车搭载佩蒂返回诊所，佩蒂走前将儿子留在了诊所里，自己的车也停在诊所门外。珍妮得知后便提出跟他们一起返回诊所，声称回去拿自己和霍兰德医生的手包。

当佩蒂向儿子卡梅伦解释说自己将暂时去一趟圣安东尼奥市，而外婆会来接他回家时，她看见珍妮一头冲进诊所里，匆忙往包里塞各种医疗用品。随后，珍妮回到医院，坐上转移小切尔西去圣安东尼奥市的救护车。霍兰德依旧紧随其后，而佩蒂则和丈夫里德一起驾着自己的车跟在最后面。

坐在救护车后面的护理人员汤米·詹姆斯往呼吸囊里面抽送氧气帮助切尔

西平稳呼吸，而此时的珍妮正通过电子监测器检测病人的血压和心跳。救护车启程十分钟后，监测器屏幕上出现警报——切尔西心脏病发作了。

救护车停到一边，霍兰德立马冲进车内，当时，护理人员正在给切尔西抽送氧气，而珍妮正在做心脏复苏。“她的心脏线条成一条直线了！”珍妮大叫道，意思是监测器屏幕上显示出一条绿色的直线——病人没有呼吸了。

霍兰德医生示意大家都停下，她贴近病人的胸膛，仔细听着心跳声，但小切尔西的胸膛没有任何起伏，也没有任何声响。霍兰德命令珍妮进行急救药物注射。珍妮从包内拿出一大堆注射器并给切尔西注射了肾上腺素、氯化钙和碳酸氢钠。但切尔西依旧没有任何反应，她只是安静地躺着。

霍兰德让救护车司机立即开往附近最近的医院，也就是大约 10 英里以外的康福社区医院。救护车上的人提前联系了康福社区医院的医护人员，让他们准备好接待一位生命垂危的病人。下午 1 点零 5 分，霍兰德一行人抵达医院后，迅速将切尔西送往急救病房。在护理人员、珍妮和医院护士的协助下，霍兰德和医院医生试图通过给切尔西不断注射各种强心剂以挽救其濒临死亡边缘的小生命，而这样的努力并没有起到任何作用。最后唯一可以尝试的只剩下电击疗法了，但心脏起搏器的尺寸太大，对于仍旧处于婴幼儿时期且身形娇小的切尔西而言并不适用。下午 1 点 20 分，切尔西因抢救无效死亡。

当时在场的人回忆称，珍妮随后用一块毯子包住死去的切尔西的尸体并将其交给了崩溃大哭的佩蒂，不过凯瑟琳·霍兰德声称自己当时太过惊愕，并不记得这件事。

后来，珍妮将切尔西的尸体抱在怀中，在返回科尔维尔医院的救护车上一路啜泣不止，抵达医院后，她将切尔西的尸体放进了陈尸室。

当天下午，当珍妮返回诊所时，她在办公日志上用加粗的大字写下一段话：

……停止心脏复苏。霍兰德医生告知病人家属死讯。我自己和急救服务人员将病患从康福医院转移到锡德·彼得森纪念医院。病患尸体被放入陈尸室。我愿意为她赴汤蹈火，永别了，切尔西。

随后珍妮投入到下一次的“救死扶伤”中。19 岁的莉迪亚·埃文斯正带着她 5 个月大的儿子雅各布坐在诊所的等待室内。莉迪亚之前已与霍兰德医生预约，她的儿子在过去一周内一直行为古怪且脾气暴躁，因而她想让霍兰德医生看看究竟。由于霍兰德医生之前随同切尔西紧急前往圣安东尼奥市的医院，因而预约被迫取消，但病人切尔西不幸离世，霍兰德医生预计提前返回诊所，于是接待人员打电话给莉迪亚告诉她预约恢复，如若仍有需要，她可以随时过来。接待人员在电话里称，霍兰德医生很快便会到达诊所。

莉迪亚说她在下午 3 点 15 分和 3 点 30 分之间和母亲、父亲以及儿子雅各布一起来到诊所。她证实称，当时接待人员告诉她霍兰德医生还未返回，但诊所护士可以代替就诊。

莉迪亚在作证过程中说："珍妮女士从办公室后面走出来，向我们介绍她自己，并说我们可以先给雅各布做一些初步检查，她还说霍兰德医生随时都会回来。"

检查程序看似很常规，珍妮测量着雅各布的身高和体重，并询问莉迪亚病人的病史。莉迪亚说当时珍妮的一切行为似乎都很寻常，只有一件事让她心生疑惑。她在庭审现场给出如下证词：

> 我记得她不停转头盯着雅各布的眼睛看，抚摸他的头部，她总是重复这样的动作。看起来，她好像很关心雅各布的状况，还提到雅各布的左眼感光异常，她说他的左眼瞳孔反应迟钝之类的，不过右眼似乎一切正常。我从来没注意到雅各布的眼睛有什么问题，她提出来之后我也真的依旧没有看出任何异样，但我当时并没有"仔细观察"她。

珍妮告诉莉迪亚和其母亲，称她发现雅各布的眼珠转动情况属于痉挛发作的前期症状，并建议为慎重起见，最好立即将病人送往科尔维尔的医院做进一步检测。随后，珍妮走出房间，几分钟后，她回到房间并对莉迪亚一家人说自己已经向霍兰德医生说明了病人雅各布的情况，霍兰德医生知晓后同意她将病人送往医院检查，且指示她采集雅各布血样并给他进行静脉输液，为转移做准备。

莉迪亚一听到珍妮说要给儿子进行静脉输液便开始警觉起来：为什么要静

脉注射？儿子的病情很严重吗？

虽然珍妮对莉迪亚保证说这只是常规医疗步骤，但“一个婴儿要做各种各样的身体检查，你永远不能保证他会出现怎样的反应”。

莉迪亚开始对这些所谓的“检查”思量再三。或许他们应该好好想想，不要急着做检查。这时，珍妮再次开口，向莉迪亚保证雅各布定会安然无恙，接着她边将莉迪亚和她的母亲引出检查室边说：“好了，现在我要为雅各布的转移做准备了。我也是一位母亲，所以我了解看着自己的子女承受痛苦时的感受。我觉得你们最好还是到外面大厅去等。”

莉迪亚的母亲开口说莉迪亚可以离开，但她自己愿意留下来陪伴雅各布，而珍妮却始终坚持称进行“精密化医疗步骤”时，有病人家属同在检查室的话，是违反诊所规则的。

当莉迪亚和母亲一起坐在等待室时，突然听见检查室内传出雅各布的尖声惊叫，那是一种她们之前从未听过的声音。“那不是一个婴儿的普通哭声，”雅各布的外婆后来作证时说，“那是尖叫。是害怕时的哭喊。他尖叫了好几次，然后到一半时突然停止了，就像是被什么东西给生生中断了，之后再也没有任何声响，整个诊所内突然变得死一般沉寂。”

当凯瑟琳·霍兰德从秘书那里得知莉迪亚·埃文斯会到诊所就诊时，她正在锡德·彼得森纪念医院内忙于处理一些与病患切尔西死亡相关的文件资料。因切尔西之死而精疲力竭的凯瑟琳随后让秘书转告珍妮，令其立即将莉迪亚一家人送往医院治疗，她会在医院内对患病婴儿进行身体检查。凯瑟琳完成必要的文件工作后，便开始为莉迪亚一家人及病患雅各布的到来做准备，而这时，她从一位前来阻止她继续准备的医务人员口中得知，自己的诊所内发生了紧急事件，她需要立即返回诊所。

当霍兰德回到办公室时，一辆救护车正停在诊所门口，病患婴儿雅各布已被救护车上的医护人员抬入车内。隔壁诊所的医生在得知雅各布呼吸骤停后，也已经对其实施了急救措施。霍兰德急忙和珍妮一起坐上救护车并询问其具体事情经过。

珍妮解释说：“他痉挛发作了。当时我不得不给隔壁诊所的医生和护士打电话，那个医生要求给雅各布注射 180 毫克大仓丁[1]。”根据霍兰德提供的证词，接着珍妮咳嗽了一声，并转了转眼珠，然后说道：“我知道 180 毫克太多了，所以我只给他注射了 80 毫克。”

被送往医院救治后，雅各布的病情逐渐稳定。但医务人员在经过长达 6 天的全面检查后仍旧无法判断导致其呼吸骤停的罪魁祸首。

“你们身边有一个专杀婴儿的魔头。”

和圣安东尼奥医院不同的是，锡德·彼得森纪念医院只是一家小型医疗机构，院内的人互为熟识，且人人皆对科尔维尔镇发生的一切事情了如指掌。一家新开业的诊所在短短一个月内接连出现 5 起痉挛急救病例，这并不多见，自然也引起了院内人员的注意。其中有位医院医生说：“这太奇怪了，我从医 43 年来从未碰见过一次病人呼吸骤停的事件。事实上，就我所知，整个科尔维尔镇都从未发生过这样的事情。这件事一定有蹊跷。”

另一件令人匪夷所思的事情是，所有病患几乎皆在经历危机后的一个多小时内恢复如常，而一旦病患在珍妮的陪同下被转移到圣安东尼奥市的医院，其在转移途中则免不了会出现第二次痉挛。

9 月 22 日，这天是星期二，医院的医疗管理小组决定与霍兰德医生约定于次日会面详谈这一令人费解的问题，同时医院还决定，如若下次再有从霍兰德诊所转移至医院的危急病患，医院医生将亲自参与治疗并仔细观察情况。下一个病患，他们不用等太久。

第二天，9 月 23 日，克拉贝尔·拉夫带着自己腹泻不止且身体脱水的 5 个月大的宝贝女儿洛琳达走入诊所。霍兰德医生对克拉贝尔说她想将洛琳达送往医院进行观察治疗。这次她打算自己操作病人的静脉输液，但她指示珍妮帮忙准备输液药物。霍兰德医生一切准备就绪后，便从珍妮手中拿过已装满药物的注射器并注射到病人洛琳达的静脉血管中。不久之后，洛琳达突然停止呼吸，

---

① 一种治疗癫痫的药物。译者注。

霍兰德医生急忙打电话叫来救护车将其送往锡德·彼得森纪念医院。

当医院得知凯瑟琳·霍兰德诊所接待的另一位呼吸骤停的危急病患正在赶往医院途中时，几乎院内所有医生都蜂拥而入，观察病人情况。

一如往常，洛琳达在经过救治后恢复了呼吸。当洛琳达不停抽搐，且试图拿出被强行插入其呼吸道内的潜伏导管时，其中一位麻醉医生恍然大悟，他立即明白了眼前发生的这一切。婴儿病患是正在从一种特殊麻醉剂的效用中慢慢恢复——琥珀酰胆碱。这是一种合成药物，可在精密外科手术中作肌肉松弛剂使用。它会使病人在意识清醒的情况下，整个身体肌肉陷入麻痹状态，若用药量过大，甚至会麻痹人体心脏。

这可怕的一天还未结束，骇人听闻的事情一件接着一件。当拉夫将女儿带到诊所时，另一位母亲玛丽·安·帕克也正和儿子克里斯在休息室中等待。克里斯便是三周前在救护直升机上的另一位患病婴儿，珍妮在当天的飞行过程中并未过多关注他，他也因而免遭一劫。自从出院返回家中后，克里斯便开始腹泻不止，且耳部出现感染，于是帕克将儿子带往霍兰德医生的诊所治疗。在霍兰德和珍妮二人匆忙将拉夫的女儿送去医院急救时，珍妮告诉帕克让她带着儿子克里斯赶往医院急救病房，并称霍兰德医生将在病房内检查克里斯的病情。不到一小时后，珍妮进入医院等待室，将玛丽·帕克的儿子带到紧急检查病房。并放到一张床上，这张医务人员正忙于布置的床是专为救护车送来的紧急心脏病人准备的。当一位正在急救病房内为即将入院的紧急病患检查并收拾床铺的护士要求珍妮从床上抱走孩子时，珍妮恶狠狠地回答道："我打心眼里盼望这个孩子不会心脏骤停。"

几分钟后，克里斯·帕克停止呼吸，珍妮紧急呼叫院内医生。急救医生接到呼叫后迅速实施救援，稳定了克里斯的病情，很快凯瑟琳·霍兰德也抵达医院。值得一提的是，霍兰德在克里斯·帕克的床上发现了一个半满的注射器。当霍兰德就此事询问珍妮和在场护士时，她们皆表示自己毫不知情。根据庭审证词，霍兰德随后将注射器内剩余的液体全部喷射到地板上，并让护士清理干净。

在这一天临近结束时，疲惫不堪的凯瑟琳·霍兰德和珍妮走出医院的特护病房后，在入口处的纪念牌匾前停下脚步。这时，珍妮突然开口说道：“或许某一天，这块牌匾上会写着‘切尔西·安·麦克莱伦纪念儿科特护病房’。”她的语气中充满渴望和向往。

* * *

当天，医院的医生集中起来探讨他们各自在急救室内观察到的情况，此时，麻醉医生提出了自己怀疑病患事先被注射琥珀酰胆碱的看法。医疗小组人员决定齐心协力一探真相。于是小组内各医生开始纷纷给圣安东尼奥市哈克尔县医院的同事打电话询问，关于最近刚毕业的儿科住院医师——凯瑟琳·霍兰德的详细情况。其中一位医生从哈克尔县医院的一位住院医师口中得知，事实上圣安东尼奥市的儿科重症监护病房出现了问题——病房内的患者死亡率极高，异乎寻常，却始终无人能作出合理解释，且每一名儿童患者死亡时，总有同一名儿科重症监护病房内的护士在场。讲述此事的住院医师回忆不起该护士的名字。

是珍妮·琼斯吗？

住院医师说他马上查询后再回电。

五分钟后，电话响起，电话那头的住院医师说：“你们身边有一个专杀婴儿的魔头。”

* * *

9 月 24 日，星期五，凯瑟琳·霍兰德接到医院要求其前去会谈的电话。会议室中，11 位医生围坐在会议桌边，其中一名是麻醉科医生。他们语气平和地向霍兰德提问，仔细听着她的每一句回答，并细微观察着她的一举一动。似乎很多儿童在她的诊所内治疗时均出现病情加重的情况。为何如此？她作何感想？

凯瑟琳解释说每位儿童患者皆是独立病例，原因不尽相同。她已经对每起病例进行了仔细检查。经过一番考量后，医生认为霍兰德情绪紧张，但回答专业且真诚。医生们在会谈中问了霍兰德一连串问题，大多关于其治疗方法、治疗技术、医疗工具、药物使用以及她选择从事儿科的历程。

医生在询问中突然问到霍兰德其在诊所治疗时是否会使用琥珀酰胆碱，凯瑟琳回答说诊所内虽有此类药物，但自己却从未使用过。

接着，医生们询问了凯瑟琳关于珍妮的情况。根据医生们后来的证词，凯瑟琳极力为珍妮辩解，她声称在拯救儿童病患方面，自己或多或少从珍妮身上学到了点东西。珍妮曾经是圣安东尼奥市医院内儿科重症监护病房的持照职业护士，但在医院将病房护士要求提升到仅限正式护士后便失去了原有工作。所有持照职业护士皆被分配到医院内部的其他部门工作，且她的工作记录上写着“合格的雇用人选”。

会谈中途，凯瑟琳的寻呼机突然响起，会议被迫中断。寻呼机上的内容是：在赶往圣安东尼奥市的救护直升机上心脏骤停，且已被返送回锡德·彼得森纪念医院的男孩吉米·皮尔森依旧没有恢复心跳，已呼叫急救。这不是什么好预兆。

霍兰德离开后，医生们决定给得克萨斯州职业护士董事会打电话，并向董事会内的调查员弗里斯·奥尔德里奇表示了自己的忧虑。奥尔德里奇表示此事不属于董事会管辖范围，但他会通知有关当局进行处理。随后，公共安全部门接到通知的得克萨斯州骑警队参与调查，两年来接连有病患离奇死亡，过程中怀疑猜忌不断，却无人向有关法律部门报告此事，这是两年来的首次正式调查，也是珍妮·琼斯的杀戮生涯走向覆灭的开始。

凯瑟琳·霍兰德回到自己的诊所后，将医院会谈一事以及医生在过程中提出的所有问题一一告诉了珍妮。霍兰德提到，医生在会谈过程中询问自己是否曾对诊所内任何一位患者使用过琥珀酰胆碱一事。此外，她还告诉珍妮，医生们对她争强好斗的性格表示担忧，并询问自己是否完全信任诊所员工。

“那一瞬间，她忽然情绪低落，”霍兰德后来作证时说，“她说着‘有人在散播谣言’之类的话。”

周末，凯瑟琳·霍兰德临时外出有事，但在星期天下午返回和珍妮同租的房子。二人有一句没一句地闲聊着，就在霍兰德准备进屋睡觉前，珍妮突然毫无征兆地对她说：“哦，顺便说一下，我找到了那瓶丢失的琥珀酰胆碱。”

霍兰德听后大吃一惊：“什么丢失的琥珀酰胆碱？”她对此事毫不知情。

珍妮试图让霍兰德回忆起这件事，她说那天自己告诉霍兰德诊所里有一瓶琥珀酰胆碱遗失了。问题在于凯瑟琳完全不记得曾和珍妮有过这段对话。

“那么你是在哪里找到的？”霍兰德问。

“在急救室桌子的下格抽屉里，就在衬纸下面。”珍妮回答道。

霍兰德开始心神不宁。星期五医院会谈中提到的琥珀酰胆碱如今却恰恰正是珍妮坚持声称在诊所内丢失的那瓶药物，这样的巧合令人匪夷所思。霍兰德回忆说，珍妮突然开始主动提供其他信息。在霍兰德说话的时候，珍妮没有抬眼看她，而是一直盯着眼前的桌子。

“有一个问题，”珍妮继续说道，“瓶盖被打开过。”

此时的霍兰德屏住了呼吸。

珍妮除了称办公室内人来人往外，无法给出具体解释。但这并不是霍兰德想听到的答案。她记得自己曾听人说过，倘若一个人开始主动提供各种未知信息，则通常意味着事有蹊跷。

珍妮仍旧自顾自地说着：“哦，对了，我检查过，瓶塞上没有开口也没有漏洞。我对替换瓶和所有容量为 10 毫升的瓶子进行了对比检查。如果有人想拿，必定能拿到，所有药物都摆在那里。”

那天晚上，凯瑟琳彻夜难眠。她甚至能听见珍妮在房间里移动时发出的声响。第二天早上，在医院完成巡视工作后，霍兰德在珍妮外出吃午饭的时间返回诊所。回到诊所后的她径直走向储存药物的冰箱。她从冰箱内拿出两瓶琥珀酰胆碱后，将瓶子举高，对准灯光。霍兰德医生立即注意到两个瓶内的上部弯月面出现了极其细微的差别——其中一个瓶子内部有液体浸渍。她倾斜药瓶并仔细观察瓶内液面上部。其中一瓶的盖帽依然是封死的，但另一瓶的盖帽却不见了，霍兰德可以清楚看到盖帽丢失的药物瓶的红色塑胶塞上有两个针刺的小孔。

珍妮吃完午饭返回诊所时神采奕奕，她告诉凯瑟琳自己刚刚去看望了切尔西。切尔西的母亲佩蒂后来证实称，当天她看见珍妮在女儿的墓地边来回摇晃并不停啜泣，一遍一遍呼喊着切尔西的名字。

凯瑟琳把办公室员工聚集到一起，试图找到琥珀酰胆碱药瓶瓶塞上出现两个针刺印记的原因。但没人能给出令人满意的回答。珍妮仍旧坚持着那套诊所内人员嘈杂的说辞。

会议结束后，办公室内只剩下霍兰德和珍妮。霍兰德在将药瓶放入冰箱时问："珍妮，我应该怎么解释这些瓶塞上的小孔呢？"

令霍兰德感到惊诧的是，珍妮用一种霍兰德在后来证词中所称异常冷静的自卫语气回答道："我认为你根本不应该解释，你应该直接把它们扔掉。告诉他们，我们不小心把药瓶弄丢了。我们说药瓶不见了算不上是撒谎，我们之前确实丢了。虽然药瓶又被找到了，但没必要让他们知道。直接扔掉吧。"

霍兰德听后毛骨悚然，她对珍妮说自己不能做出违背道德或法律的卑劣行为。就在这时，一位事先预约的母亲带着孩子走进诊所，于是二人的对话也就没有再继续。

大约一个小时后，珍妮走向霍兰德，说："吃午饭的时候我做了一件愚蠢的事，我服用了很多多虑平。"

多虑平是一种治疗抑郁的强效药。霍兰德抬头看向珍妮，那是她当天第一次抬眼看珍妮的脸，她眼神呆滞，眼皮下垂。随后，霍兰德开始检查珍妮随身携带的东西，不久便找到一个空药瓶。药瓶上的标签显示，瓶内共有 30 片多虑平。

霍兰德急忙冲进隔壁诊所，对里面的医生说自己的护士刚刚服用了过量的多虑平，她说道："首先，我经验欠缺；其次，我不再管这个女人了。"

在珍妮被救护车送往医院救治时，霍兰德电话联系医院主管人员，称因珍妮企图在诊所内实施自杀行为，现已正式将其解雇。霍兰德在电话中请求主管人员前来诊所面谈。当主管人员和几位同事一同抵达诊所后，霍兰德将自己知道的所有事情和盘托出，并交出了装有琥珀酰胆碱的药瓶。当他们几个人一起检查药物申请表时惊愕地发现，事实上诊所内的琥珀酰胆碱应该是三瓶，而非只有两瓶，但另外一瓶至今仍没有找到。其中两次药物运送的签收人皆是珍妮。

审　讯

1982 年 10 月 12 日，科尔维尔县的大陪审团开始着手调查切尔西·麦克莱伦之死和另外8名在霍兰德医生诊所或医院突发心脏骤停或呼吸骤停的儿童病患事件。有关人员对切尔西进行了尸检，并在其尸体中发现琥珀酰胆碱的药物成分。但案件调查并非易如反掌，未有实际证人亲眼目睹珍妮曾给这名儿童病患注射此药物。

与此同时，圣安东尼奥市的大陪审团开始调查珍妮·琼斯过往4年来在该市区三家医院任职时，各医院内分别发生的多起病患死亡事件，死亡病患多达47人，且死因疑点重重。

1984年1月15日，珍妮因涉嫌谋杀切尔西·麦克莱伦以及对其他儿童病患造成伤害而接受第一次审讯。1984年2月15日，在经过仅仅3小时的审讯后，珍妮被定罪谋杀，并判处最高刑罚99年的有期徒刑。同年10月，珍妮在圣安东尼奥市再次接受审讯，并被认定因给某位病患注射肝素致其伤害罪名成立。两次刑罚共计159年有期徒刑，但仍有获得假释的可能。

虽然调查人员怀疑珍妮·琼斯涉嫌谋杀另外47名儿童患者，但《纽约时报》报道称，哈克尔县医疗中心和得州大学医学院的行政部门早已撕毁珍妮雇佣期间的所有九千磅药物的记录资料，因此也销毁了大陪审团所发传票上的潜在证据。尽管医院极力辩解称销毁药物记录实属“医院常规操作”且纯属“巧合”，但地方检察官在从检举人口中得知医院企图再次销毁余下五万磅医院文件资料的消息后便立即驱车前往，提前制止了医院的这一行为，并成功截获40箱疑似与原件相关的文件资料。由于地方检察官发现哈克尔县医疗学院故意隐瞒珍妮·琼斯在任职期间曾接受调查一事，且未依法向大陪审团上交当时的调查报告，因而该医疗学院院长被判藐视法庭罪。[188]

服刑10年后，珍妮获得申请假释资格，但切尔西的家人说服假释官让其继续在监狱服刑。

代理型孟乔森综合征（简称MSP或MSBP）

珍妮·琼斯的脑子里在想些什么？在珍妮实施犯罪行为时期，她的情况被正式诊断为：代理型孟乔森综合征（简称MSP或MSBP）。

卡尔·弗里德里希·希罗尼穆斯·冯·孟乔森是18世纪的一位德国男爵，同时也是俄罗斯骑兵的雇佣军军官。孟乔森男爵在俄土战争结束后凯旋，归家后，他向身边朋友及邻居讲述自己在战争中的丰功伟绩。时间一久，这些故事被无限夸大，直至最后变得荒诞怪异。故事被传开后，孟乔森忽然成了当地的名人。

大约一个世纪后，19世纪神经病学先驱让·马丁·沙尔科在其文章中写到的青年人群中一种异常行为模式引来社会关注。1877年，沙尔科描述称，社会中某些成年人企图通过自残或伪造医疗文件的方式入院治疗以及获取救治。沙尔科将上述情况称为“被动狂热”。

74年后，即1951年，精神病学家理查德·亚瑟提出了类似的自残行为模式，身体健康的成年人伪装生病。这些伪装行为通常会招致繁琐的医疗调查、入院治疗，甚至伪装者还会在某些时候接受毫无意义的手术治疗。基于孟乔森男爵及其胡编乱造的谎言，亚瑟将这种行为模式命名为“孟乔森综合征”。[189]

1977年，一位英国儿科医师罗伊·梅多恰好在珍妮从医疗学院毕业前后提出“代理型孟乔森综合征”这一术语。梅多说，在其医疗实践中有多位拥有两个子女的母亲曾欺骗他称子女患有某种疾病，她们将子女视作代理。[190]后来，梅多收集了大量类似事件的数据资料，他指出，通常情况下，医生在听完母亲对其子女的病情描述后会毫不犹豫地对所谓病患进行检查及治疗，而这些不必要的医疗行为恰恰对儿童造成伤害。

最初，梅多将拥有此种行为模式的母亲定义为行凶者，而其子女则为单纯的受害者，1982年，梅多指出，只有6周岁以下的儿童才会被视为代理，因为年满6周岁及其以上的儿童极有可能会揭露母亲的谎言。[191]然而，经过两年的认真研究后，梅多发现，某些超过6周岁的儿童在自我受害的类似事件中却往往扮演着同谋的角色，他们会在治疗中伪装出病情所需的症状表现，这种家庭中二人共同参与欺骗伪装的行为属于“二联性精神病”的一种病症体现。[192]梅多警示称，即使在该儿童成年后，此种行为模式依旧有可能继续存在。梅多曾讲述了一个病例：一位22岁的受害者因从小被母亲灌输称其患有脊柱裂致使无法正常行走而一直依靠轮椅生活，即使多次医疗检测均显示他的背部和腿部完全正常。

梅多在研究中发现，通常情况下，受害者的母亲在心理测试中皆表现如常，不存在任何明显的精神障碍。梅多还指出，精神学家往往对接受心理测试的母亲被发现实施欺骗行为的真实性表示质疑，他们不相信这些母亲会做出此种行为。对于专业医学人士而言，试图将患有代理型孟乔森综合征的母亲表面对孩子表现出的关怀备至与其真实的心狠手辣联系在一起实属不易，这二者完全背道而驰。患有代理型孟乔森综合征的母亲有时会故意抓挠子女的皮肤致其出现皮疹；或给子女服用过量药物；抑或设法使子女窒息致其痉挛发作等等。

一位奥兰多警局的调查员，同时也是代理型孟乔森综合征虐待案件方面的专家凯瑟琳·艾·哈农写道：患有代理型孟乔森综合征的罪犯在面对受害者因出现医疗症状而备受煎熬时，表现得异常冷静，他们希望医生对受害者子女进行致其痛苦的医疗检测。在治疗期间，他们会表现出对受害者无微不至的照顾且往往会大力赞赏医护人员。这种类型的罪犯对受害者的病情了如指掌，这或许表明他们曾有过医学研究或培训的经历，也可能他们曾患有和受害者相同的病症。[193]

代理型孟乔森综合征患者的作案动机千差万别。梅多提出，该类型罪犯中迥然有异的作案行为“强化剂”，譬如社会地位提升、家庭关系改善以及直接或间接财务收益。另一项针对代理型孟乔森综合征患者施虐冲动行为的研究发现，该类型罪犯的另一个常见动机是照顾者通过将子女转变为“受害者”角色以获得他人关注与同情。除此之外，成年罪犯与子女之间的共生纽带通过伪装病症得到强化，而这种纽带恰恰满足了该成年罪犯的依赖需求。[194]

一般而言，母亲罪犯往往会将自己的病症体现“捐赠”到子女身上，从而模糊自身与子女之间的界限。母亲或许会将自己的医疗病史强加到子女身上，坚持声称其患有该种疾病，甚至在子女身上再现自己的症状。某起案件中，一位患有贪食症的母亲给处于婴儿时期的孩子服用大量催吐剂，致其无法健康成长，很显然，她企图通过此种方式使子女符合自己理想中的纤细身材标准。[195]

在代理型孟乔森综合征案件中，犯罪母亲与其受害子女间往往存在一种纠缠共生的关系，互为对方焦虑，且母亲总是对子女过分溺爱。患有这种病症的母亲依靠子女满足其自身需求，以其他方式对子女施以虐待便是这种角色逆转的典型特征，子女被父母视为应对其自身心理或医药痴迷的工具。曾经有这样一起案件：罪犯母亲因自己逐渐变质的婚姻生活而郁郁寡欢，因此她需要通过使子女生病以表达其自身“生病”的感觉。之后发生的一切皆是拜她自己的低迷情绪所赐。[196]

患有代理型孟乔森综合征的罪犯也并不仅限于母亲。早在代理型孟乔森综合征这一术语形成之前，纵火之后又冒险救火的五人犯罪团伙已是人尽皆知。这并不是什么新鲜故事。如同珍妮·琼斯一样的护士也易受此种情结的影响。

公诉人争论说珍妮·琼斯产生了一种英雄情结，沉迷于其每次成功预言某位儿童病患即将遭受的危急病情，或其每次拯救一位病患的生命后所获得的赞许与赏识；抑或仅仅只是为了成为众人关注焦点时的满足与兴奋。通过让医生负责的病患病情加重的方式以博取其关注，这是代理型孟乔森综合征的典型症状体现。或许珍妮和病人间建立了一种共生关系，她将自己对生病的恐惧转移到病人身上，使其感同身受。珍妮时常因为一些自我想象的疾病不断进出诊所和急救病房，但很显然，这些所谓病症从未得到医生的诊断认可。

但一如既往，女性连环杀手的动机从来都不是一目了然的。珍妮·琼斯实施谋杀的目的或许只是单纯地惩罚那些令她心生厌恶的医生及护士。那些将珍妮的建议拒之门外的医生所负责的病患往往会突然病情恶化。当科尔维尔医院的护士要求珍妮将病患从专为心脏病人准备的床铺上抱走不久后，便发现该病患突然停止心跳，恰如珍妮之前发出的警告一样：“我打心眼里盼望这个孩子不会心脏骤停。”

玛丽贝思·廷宁——杀手妈妈

代理型孟乔森综合征中一位极端案件的罪犯是玛丽贝思·廷宁。生活在纽约斯克内克塔迪郡的玛丽贝思·廷宁最初是一名校车司机，后来辞职在家成为家庭主妇。据传言，在1972年至1985年间，她先后杀死了自己的9名子女，其中包括一位领养子女。

1942 年 9 月 11 日，玛丽贝思・罗出生于纽约斯克内克塔迪郡外一个名叫杜安尼斯博格的小镇上。我们对她的童年生活了解甚微。在玛丽贝思的早年生活中，其父亲离家参与了第二次世界大战，而母亲则四处打工维持一家人的生计。工作繁忙的母亲常常将玛丽贝思送到亲戚家中代为看管，而其中一位亲戚曾不小心泄露说玛丽贝思的父母最初并未打算生下她。玛丽贝思曾在她弟弟长大到能听懂话的时候对他说："他们想要的是你，不是我。"

据说，玛丽贝思脾气暴躁，常常大发雷霆。玛丽贝思大声哭叫时，她的父亲时常会拿着一个苍蝇拍或尺子将其赶进房间，并下令除非她停止哭喊，否则不允许离开房间半步。这算是虐待行为吗？玛丽贝思否认了，她反驳称父亲的双手患有关节炎，因而不得不使用苍蝇拍，此外，在整个审讯过程中，玛丽贝思一直为父亲的种种行为强力辩解。当时那个年代严苛戒律的文化环境使得我们难以精确评判，童年时期的玛丽贝思究竟遭受了何种程度的身体凌虐。

在玛丽贝思同班同学的印象中，她是一个令人生厌的人，每天形单影只，却总是渴望得到他人关注。有一次，玛丽贝思被学校委任为校车监督员，略有小权的她态度恶劣，对车上年纪较小的儿童厉声呵斥，且试图对那些比她年长的同学指手画脚。渐渐地，校车上的所有同学皆对她冷眼相待。

几乎没人记得青少年时期的玛丽贝思。玛丽贝思学生生涯时期的一位老师在其被捕后说："我想不起来关于她的任何事情。好的、坏的，一件都回忆不起来。因此在我看来，她根本就不存在。"[197]

在大家的印象中，她是一位穿着朴素的淳朴女孩；不拉帮结派也不惹是生非；不受轻视也不受欢迎。她是被人忽视的存在，无人在意，无人关注。几位当时的同学回忆说玛丽贝思喜怒无常，且极爱撒谎，时常夸大其词使自己显得更为引人重视。玛丽贝思是一个 1961 年从高中毕业的普通学生，在她的名字旁边只有简单一个词的评价：脾气。

高中毕业后，玛丽贝思本想继续攻读大学，但她的成绩并不理想。此后，她放弃读大学的想法，开始从事各种工作，在接触过一大堆位卑权低的工作岗位后，玛丽贝思最终在斯克内克塔迪的一家医院内找到一份护士助理的工作。之后，玛丽贝思与乔・廷宁结婚，乔・廷宁和玛丽贝思的父亲一样，也是斯克内克塔迪通用电气工厂的一名工人。

夫妻二人在婚后前五年先后生下两个子女：芭芭拉和约瑟夫。目击证人回忆称，廷宁一家人居住在靠近工厂的一栋复式房子里，经济方面虽量入为出，但一家人看上去似乎生活美满。不过在朋友和周围邻居眼中，玛丽贝思身上却透露着一种难以解释的“奇怪”气息，大多数人认为她极为“珍爱”子女。玛丽贝思的子女总是干净整洁、穿戴光鲜，且行为举止讨人欢心，看起来，他们生活在父母给予的无限关爱与安全感之中。

1971年，玛丽贝思生下第三个孩子。玛丽贝思怀孕七个月时，她的父亲在通用电气工厂工作时因心脏病突发不幸去世。得知父亲死讯的玛丽贝思伤心欲绝，在葬礼上号啕大哭。10周后，12月6日，女儿出生了，夫妻二人将其取名为詹妮弗。不幸的是，一周后，刚出生的女儿便因为患脑膜炎离开人世。当时在场的护士回忆称，玛丽贝思得知女儿死讯后的反应很“怪异”。她躺在床上，双手环抱着孩子，给自己和女儿身上搭上了一张床单。那段时间，她整个人一蹶不振。虽然护士注意到玛丽贝思的表现极其反常，但那个年代不如今时今日，因而玛丽贝思并未接受常规治疗。在女儿的葬礼上，玛丽贝思看上去惶惑无措。那天，她没有流一滴眼泪。

据传言，玛丽贝思因极度沉迷于他人流露出的同情与支持而开始对自己其他几个在世的子女痛下杀手。在小女儿詹妮弗去世15天后，玛丽贝思·廷宁带着2岁的儿子约瑟夫来到医院，声称其在类似痉挛发作时突然停止了呼吸。怀疑约瑟夫患有病毒性感染的医生在对其进行长达10天的观察治疗后才准许他出院回家。约瑟夫出院当天，廷宁再次带着他匆忙赶回医院，廷宁说她发现儿子被自己的床单勒住，全身发青。这一次约瑟夫未能幸免于难，他去世了，死因不明，但医务人员怀疑其死于心脏或呼吸骤停。

1973年3月，廷宁将4岁的女儿送往医院，声称其抽搐不止。医生想让病患在医院住一夜，以便观察，但廷宁却执意将其带回家中。几小时后，廷宁再次带着女儿返回医院，这时，病患已不省人事。又过了几小时，廷宁的女儿去世了。虽然医生无法明确诊断病患死因，但他们一致认为其是死于婴儿猝死综合征。

虽然玛丽贝思·廷宁的三个子女在短时间内相继去世，但在1973年11月，廷宁再次生下一个儿子。3周后，廷宁的儿子被送回医院，回到他出生的地方，不过这次不是活蹦乱跳的小生命，而是冰冷僵硬的尸体，他去世了。玛丽贝思声称儿子躺在婴儿床里时便已经没有了生命迹象。医生无法诊断出婴儿有任何异常，于是再次将其死因归为婴儿猝死综合征。

1975年3月，廷宁又生下一个儿子，这是她的第五个孩子。儿子出生三周后，便突然出现呼吸困难，口鼻流血不止的症状，于是玛丽贝思将其带往医院。医生将病患诊断为肺炎，一个月后，儿子康复出院回到家中。9月2日，玛丽贝思抱着奄奄一息的儿子出现在医院急救病房。玛丽贝思称她一直在开车，当时儿子就好端端地坐在副驾驶座位上，而当她转头时却突然发现儿子停止了呼吸。玛丽贝思第五个孩子的死因被确诊为急性肺水肿。

那时，医院急救病房的医务人员对玛丽贝思的遭遇持有两种截然不同的看法。其中一半医务人员对玛丽贝思深表同情，为她在如此短时间内痛失5名子女的悲惨遭遇感到哀伤，而另外一半则对她心生厌恶，惧怕她在医院出现。天哪！她为什么一定要继续生孩子？就不能直接放弃这个念头吗？

* * *

在连续经历了五次丧子之痛后，玛丽贝思开始自圆其说，也有人说她是在自我吹嘘。她声称前几个子女的死亡均是由基因缺陷所致。不久之后，玛丽贝思再次怀孕，而她的同事们在得知此事后皆嘟囔着说："玛丽贝思怀孕了，她又要害死一个孩子了！"

之后，廷宁夫妻二人向领养机构提出申请，由于对玛丽贝思的"基因史"同情不已，机构很快便成功为夫妻二人争取到了一个领养名额。1978年8月，廷宁夫妻二人有了自己的第一个领养儿子——迈克尔。但那时，玛丽贝思已怀有七个月身孕。

1978年10月，玛丽贝思生下一个女儿，夫妻二人将其取名为玛丽·弗朗西斯，1979年1月，弗朗西斯从第一次"医疗紧急事故"中死里逃生。一个月后的2月20日，玛丽贝思匆忙赶往医院，怀里抱着身体已经冰冷的小弗朗西斯，她声称女儿在摇篮里时便已失去生命迹象。弗朗西斯的死因被诊断为婴儿猝死综合征。

玛丽贝思仍旧没有放弃继续生孩子的想法，坚持不懈的她又怀孕了。1979年11月19日，她生下儿子乔纳森。1980年3月，玛丽贝思带着“呼吸困难”的儿子来到医院。未能在病患乔纳森身上检查出任何异样的医生将其送回家中。几天后，玛丽贝思带着儿子再次回到医院，这一次，小乔纳森已不省人事。医生在检查时发现乔纳森大脑功能全部失常，3月24日，小乔纳森不幸离世。

玛丽贝思在每个逝去子女的葬礼上皆会致悼念词，情绪激动、言语夸张，且会聚集所有亲戚朋友一起见证她的丧子之痛。玛丽贝思的悼词使她成为众人焦点。玛丽贝思的一位亲戚曾说：“每一次葬礼对她来说就是一场狂欢派对，她几乎从不流眼泪。”

1981年3月2日，玛丽贝思抱着身上包裹着一层毯子的养子迈克尔出现在儿科医师的办公室，随后，迈克尔不治身亡。玛丽贝思解释说，当天早上，她突然发现儿子迈克尔昏迷不醒。养子迈克尔的死已然打破了所谓“基因缺陷”的苍白解释，人们也不禁开始产生不可思议的想法：会不会是这位母亲故意杀害自己的子女呢？

1985年8月，42岁的玛丽贝思再次生下一个女儿，塔米·琳妮，这是她的第九个孩子。12月20日早上，塔米在摇篮中去世。跟之前所有故去的兄弟姐妹一样，塔米的死因也被诊断为婴儿猝死综合征。

次日早晨，玛丽贝思的一位邻居想到她再次承受丧子之痛一定悲痛欲绝，于是决定登门安抚她的悲伤情绪。而当她进屋时，却发现乔和玛丽贝思夫妇二人正坐在厨房里吃早餐，稀疏平常，仿佛什么都没有发生过。

塔米·琳妮的葬礼过后，玛丽贝思邀请所有到场的人一起享用早午餐。她的行为举止变化巨大。“她面带微笑，若无其事地和其他人吃饭聊天，”邻居后来作证称，“她看起来似乎一点也不伤心。”

玛丽贝思的妯娌桑迪·罗证实称，她在塔米·琳妮的葬礼之后与玛丽贝思见面时，她看起来并不难过。“我们谈到圣诞节，”罗说道，“她几乎从不提孩子去世这件事。她似乎并不在意。”

9 名子女接连去世，这一数字不容忽视，于是有关当局开始对 9 名受害者进行尸检。尸检结果显示所有受害者皆是窒息而亡，这不是什么婴儿猝死综合征，这是谋杀案件。

玛丽贝思·廷宁对自己谋杀婴儿和其他两名子女的罪行供认不讳，却始终否认对其余几名子女下此毒手。她还供认称自己企图毒杀丈夫乔。1987 年，玛丽贝思·廷宁被判处 20 年有期徒刑，2007 年 3 月，接受假释。

克里斯汀·法林——杀手保姆

克里斯汀·法林的案件是代理型孟乔森综合征的又一极端案例。出生于北佛罗里达州的克里斯汀·拉弗内·斯劳特·法林从小家境贫寒。虽然克里斯汀的母亲在年仅 16 岁的时候就生下她，克里斯汀却已是家中的第二个孩子。克里斯汀的父母年龄差距较大，母亲 16 岁，而父亲已经 65 岁。从小，克里斯汀便在各个亲戚和养父母家生活，长大后的克里斯汀体形肥胖，身患癫痫且愚蠢迟钝。克里斯汀的朋友说她曾为了“搞明白猫究竟是不是有九条命”而故意将它们杀死。即使如此，克里斯汀却自称很喜欢猫。

克里斯汀被一个虔诚的家庭收养，但几年后，克里斯汀的种种行为让养父母疲于忍受，于是九岁的克里斯汀被送到青少年中心。青少年中心的工作人员称克里斯汀性格冲动且总是撒谎和偷盗。当克里斯汀达到上高中的年龄时，她参加了一个特殊的半天学习项目，这样一来，她便可以兼顾学习与工作，花半天时间学习，剩下半天时间忙于工作。

克里斯汀 14 岁时和一个 20 多岁的男人结婚。婚后，克里斯汀曾在一次大发雷霆后将重达 20 磅的立体摄影设备砸向丈夫，这段婚姻只维持了短短 6 周。在离婚后的两年时间里，克里斯汀至少先后 50 次前往当地医院的急救室，病症可谓是花样百出：毒蛇咬伤、红斑、扁桃体出血、骨骼脱臼、摔伤、热油烧伤和阴道出血。

克里斯汀约 16 岁时搬去和母亲同住。由于克里斯汀太过愚钝，无法胜任商店收银员的工作，因而只有依靠为生活同样颠沛流离的邻里照顾子女维持生计。

1980年2月25日，克里斯汀在照顾2岁的玛芬·乔纳森时，小女孩突然停止了呼吸。随后，克里斯汀抱着乔纳森匆忙赶往医院，但小乔纳森依旧未能逃脱死劫，医生后来将乔纳森的死因诊断为脑炎。医院急救医务人员对克里斯汀在乔纳森突发危急情况时的妥当处理大加赞赏，她将小女孩包裹在一个毯子里，并在赶往医院的路上一直尝试给小乔纳森做人工呼吸。

一年后，克里斯汀开始照顾一个远亲的孩子，4岁的杰弗里·戴维斯。在杰弗里被发现死亡后，克里斯汀声称自己将杰弗里抱到床上休息，并未留意到他突然停止了呼吸。医生认为杰弗里的死是由心肌炎所致。

三天后，克里斯汀转而照顾她2岁的表弟约瑟夫。凑巧的是，约瑟夫也同样是躺到床上休息后便再也没有睁开眼睛。当时，他的父母正在参加杰弗里的葬礼。医生给出的死因诊断跟杰弗里如出一辙——病毒引起的心肌炎。

有人推测说克里斯汀身上可能带有某种对儿童致命的病菌，譬如通过粪便接触在人与人之间传播的柯萨奇A8病毒。但医生在克里斯汀身上未检测出任何可携带的传播病菌。

当有人怀疑是克里斯汀故意谋害这些儿童时，克里斯汀的亲戚和邻居立即挺身为她辩解，他们声称克里斯汀乐于与儿童相处，且对他们的照顾无微不至。新闻工作者指出，在佛罗里达州那些卫生条件不合格的贫困区发生婴儿死亡事件并不鲜见。

之后，克里斯汀·法林开始给居住在一栋农舍小别墅的77岁的威廉·斯温德尔当管家。克里斯汀上班的第一天，斯温德尔便死在自家厨房的地板上。医生推断其属于自然死亡。

克里斯汀在一次采访中说道："在我看来，老天让我经历这些事情是有原因的。如果上帝不想让我有所经历，它就不会让这些事情发生。"此后，克里斯汀又重拾婴儿保姆的工作。

1981年7月14日，克里斯汀帮助姐姐照顾其8个月大的女儿詹妮弗。当天，克里斯汀和姐姐带着小詹妮弗一同驾车前往政府健康中心给她注射疫苗。当克里斯汀将詹妮弗从健康中心抱出来时，詹妮弗一直大哭不止，之后，她们驱车来到一家超市，姐姐下车走进超市准备给女儿买尿不湿，此时，车上只剩下克里斯汀和一直哭叫的婴儿詹妮弗。当从超市出来的姐姐回到车上时，詹妮弗已停止了哭泣，一路上没有发出任何声响。回家途中，克里斯汀突然对姐姐说詹妮弗停止了呼吸。随后，二人带着詹妮弗一头冲进医院，但为时已晚，詹妮弗去世了。

当风琴演奏家在詹妮弗的葬礼上演奏《愿此刻永恒》时，克里斯汀突然昏倒在地。之后，克里斯汀告诉人们，小詹妮弗被“一种叫‘耶摩尼亚’的疾病”夺去了生命。

一年后，即 1982 年 7 月 2 日，一位 17 岁的母亲将自己 10 个月大的孩子托付给克里斯汀，请求其帮忙照顾一整天。克里斯汀声称她在凌晨四点时给孩子喂食婴儿奶粉时，他还安然无恙，但次日早上起床后，却发现摇篮里的婴儿已没有生命迹象。

克里斯汀再次接受了医院的一系列检查。医生认为或许是克里斯汀的癫痫药物不小心混入死者食物中，致其误食后死亡，于是该医生仔细地对婴儿进行了尸检，然而尸检结果却表明，死者的死因是生前被人扼住呼吸，窒息而亡。克里斯汀也因而被指控涉嫌犯下 3 起谋杀案件。

克里斯汀供述称：“我喜欢小孩子，我不知道我为什么做出这些行为……我杀害他们的方式，我在电视上看过谋杀画面，不过我有我自己的方式，简单又容易。没人会听见他们叫喊。我确实喜欢简单，但这并不简单。我用毯子盖住他们的脸，然后扯下来，然后又盖住……恰恰是适合小孩子的正确次数。我听到一个声音，缓慢地一遍一遍对我说‘杀了这个小孩’……然后我就清醒过来，意识到眼前发生的一切。”

克里斯汀·法林虽被判处无期徒刑，却在 2006 年 12 月获得假释资格。

第六章

性爱、死亡、录像带

连环杀手的女性同伙

在犯罪史上，尚未有一位女性连环杀手的凶残程度能与男性连环杀手的女性同伙相提并论。查伦·威廉姆斯·加莱戈和丈夫杰拉尔德·加莱戈在三年时间里，在大型商场、停车场和路边引诱并绑架了共计 10 名少年少女。夫妻二人将受害者带入货车，共同对其实施虐待和性侵，之后杰拉尔德将伤痕累累的受害者残忍杀害，而查伦则亲眼看着丈夫下此毒手或若无其事地在货车中等待，随后二人则一起将尸体丢弃在偏远田间或荒无人烟的平地。

圣诞假期，卡拉·霍穆尔卡趁父母在楼上熟睡时，给年仅 15 岁的妹妹投药，将其作为“圣诞节礼物”献给自己的未婚夫保罗·伯纳德。卡拉录下了伯纳德对妹妹实施性侵的全过程。卡拉的妹妹在遭受性侵过程中因卡拉事先偷偷在其饮料中加入的镇静剂产生药效而死。之后，卡拉再次参与绑架、强奸并杀害另外两名青少年女性受害者的案件，并将犯罪全过程用录影带记录下来。

迈拉·欣德利在其 20 多岁时曾协助男友伊恩·布雷迪强奸并杀害了 10 名受害者，其中包括男童、女童及青少年。迈拉在犯罪过程中给所有受害者拍照，并在男友伊恩对受害者实施性侵时录下他们的哭喊声。罗斯玛丽和弗雷德·韦斯特、朱迪思和阿尔文·尼利、卡罗尔·邦迪和道格·克拉克、凯瑟琳和大卫·伯尼、辛西娅·柯夫曼和詹姆斯·马洛、玛莎·贝克和雷蒙德·费尔南德斯——他们皆是一同绑架、强奸并残害众多受害者的罪犯二人档。

性虐型连环谋杀案中的女性同伙

1800 年至 1995 年间在美国已知的 63 名女性连环杀手中，三分之一（占比 33%）是犯罪团伙或犯罪夫妻中的同伙。[198] 多数案件中的女性只被视为法律定义上的杀手，她们没有实际实施谋杀行为，而是参与引诱受害者或协助主犯囚禁、折磨、性侵、处理尸体或毁灭证据的罪行。绝大多数案件中，女性连环杀手的同伙皆为看似在犯罪中占有主导地位的男性。不过这一说法也并不尽然，后文我将进行详细阐释。也有某些案件的犯罪团伙皆是女性或同性恋夫妻、一个家庭甚至邪教组织。这些犯罪团伙往往由 3 个及以上的成员组成，且团伙中的男性在通常情况下皆被视为犯罪行为中的主导者。[199] 最为臭名昭著的现代邪教杀手团伙或许非犯罪成员皆是年轻女性的查尔斯·曼森“家族”莫属了。

在美国，男女夫妻二人犯罪组合是所有连环杀手团伙中最为常见的一类。此类团伙中的女性最接近虐待成性的凶残性犯罪型男性连环杀手的典型角色。直至最近，女性同伙通常被视为男性罪犯的受虐对象，团伙中罪犯接受的截然不同的刑罚判决往往也体现出人们的这一观念。涉案男性罪犯通常被判处死刑或终身监禁，而女性同伙则有时在服役更短刑期后得以释放。查伦·加莱戈和卡拉·霍穆尔卡或许是女性杀手中最臭名远扬的两位，她们皆凭借声称自己是配偶的受害者，在其虐待下被迫顺从参与凶残犯罪活动而成功减轻刑罚。

犯罪团伙中的男性罪犯往往比其女性搭档更年长这一事实，加强了人们对于这类型谋杀案件中男性居于主导地位的认同。这些男性罪犯通常在遇到女性同伙前便已有过大量单独实施性侵的不良犯罪记录。女性同伙的平均年龄相对于单独实施犯罪的女性连环杀手而言更小（女性同伙初次犯罪平均年龄为 20 岁，而独自作案的女性连环杀手的平均年龄则为 30 岁。）。[200] 犯罪团伙中的男性罪犯或许在遇到女性同伙前本身已有大量犯罪记录，而恰恰相反，女性罪犯在遇到男性同伙前的日子往往风平浪静，未有任何不法行为。事实上，在查伦·加莱戈和卡拉·霍穆尔卡的案件中，两位罪犯均为“普通的”中产阶级，在以往生活中没有任何药物滥用、违法记录或精神障碍的迹象。

男女组合犯罪团伙通常具有高度组织性，小心翼翼地策划犯罪行动，谨慎地挑选受害目标。值得一提的是，这种犯罪团伙的平均杀戮生涯往往比单独作案的女性杀手更短。夫妻最频繁的平均杀戮时间为 1 年，而单个的女性罪犯则为 4 年。一般而言，夫妻罪犯的落网通常是由于作案缺乏组织性或团伙中男性罪犯失去控制所致。男性同伙在犯罪分析中时常被贴上追求性爱、掠夺成性的标签——选择极易引人关注的受害者、处理尸体、选用刀枪做凶器、强奸并毁损尸体。单独作案的女性连环杀手并不会选用上述作案手法，她们会采取给受害者投毒或使其窒息的方式，“悄无声息”地置受害者于死地，且有关当局在命案发生后甚至不能成功判断出受害者死于他杀这一事实。然而，与男性罪犯同流合污的女性同伙在犯罪行为中表现出的凶残程度却令人毛骨悚然。

性虐狂的妻子和女友

一位极为普通的女性究竟是如何走上犯罪道路，最终成为杀人同伙的？目前有几项针对这一问题的可靠研究。2002 年，珍妮特·沃伦和 FBI 一位经验颇丰的分析员罗恩·黑兹尔伍德发表了此前对数名性虐狂的 20 位前妻及女友进行交流采访后的结果，其中 7 名交流对象曾参与犯罪并杀害了共计 19 名受害者。[201] 在参与犯罪的 7 名女性中，有 4 名实际参与了谋杀行为，虽然该研究并未指明同伙的真实姓名，但可以断定其中两名便是查伦·加莱戈和卡拉·霍穆尔卡。

研究中，有 17 名女性（占比 85%）均在和谐完整的家庭环境中长大，且在认识男性同伙前未有任何犯罪记录，其余三位曾因遭到轻微指控被逮捕：14 岁盗窃一支口红；盗窃工作单位的一台打字机；偷拿公司的一张支票。这些女性中 75% 拥有高中或以上学历，50% 是技术工人或专业人士。只有 4 名女性在与男性罪犯组成犯罪团伙前曾有过嗜酒成性、滥用药物、企图自杀或精神障碍等问题。研究人员总结称，大多数女性“此前过着稀疏平常、遵纪守法的生活，而犯罪关系形成后，其行为方式开始发生翻天覆地的变化”。[202]

这与我们所了解的单独作案的女性连环杀手截然相反，单独作案的女性杀手往往成长于不稳定的家庭环境中、教育程度低下、年少时期曾有过犯罪记录且通常患有精神疾病。

然而，这些女性同伙其他方面的儿时经历则与单独作案的男女性连环杀手更为相似。35% 的调查对象声称家教严苛，曾有过被虐经历；几乎一半的调查对象（占比 45%）称在其童年时期曾惨遭性虐，30% 的调查对象在其 4 岁至 8 岁期间曾受到父亲虐待。调查中所收集到实施性虐的人包括父亲、哥哥、外婆、舅妈、姐姐以及其他熟识之人。未有人提到曾遭受陌生人性侵。

当被问及为何选择成为性虐罪犯的同伙时，75% 的调查对象回答称，其动机是出于对男性同伙的爱以及取悦渴望。两位女性称自己天真至极；另有两位暗示称自己只想逃离痛苦的家；还有一位未给出任何解释。

调查对象中的大多数女性（占比 85%）声称，男性同伙在二人初次遇见时表现绅士且对自己关爱有加；65% 的人称曾收到男性同伙的惊喜礼物；40% 的人曾和男性同伙一起旅游；85% 的人指出男性同伙“在二人衣食住行上花费大量钱财”。当被问及为何继续维持犯罪同伙关系时，20 位女性中仅有 3 位声称是为了内心的爱意；8 位女性称自己或天真或愚蠢，一心盼望男性能迷途知返；一位是出于经济上的依赖；一位称是情感依恋所致。只有 7 名女性称其是出于对男性同伙的恐惧而不得不继续苟且。当面对为何最终选择悬崖勒马的提问时，8 位女性称害怕犯罪行为毁掉自己的一生；3 位女性称担心其子女的生命安全受到威胁；另外 3 位女性是由于其犯罪同伙被绳之以法；5 位女性称另有原因；一位女性被男性同伙抛弃。在绝大多数案件中，内心恐惧这一动机似乎在女性选择继续维持或退出同伙关系的原因中持平（占比 35% 到 40%）。

该研究的两位发起者将这些女性称之为“顺从者”。他们总结称，当所有女性“渴望用共同参与犯罪这一行为来换取男性同伙的关注与爱慕时，这种关系中也会出现一种更加微妙的动态过程，某些女性在这样的过程中逐渐被男性同伙的性虐行为所同化”。研究者深信，所有接受调查的女性皆是在结识其男性同伙之后才开始出现不法行为，且在那些女性同伙实际参与谋杀的案件中，她们不可能脱离男性罪犯，独立完成此等卑劣行径。珍妮特 · 沃伦和罗恩 · 黑兹尔伍德认为，即使未遇见女性同伙，男性罪犯仍会实施谋杀行为，至少这 20 起调查案件中有 7 起印证了这一想法。

这项研究最终得出如下结论：

我们还认为，这些男性及其行为表现未反映出“殴打妻子者”所实施行为连续性的最终末端。虽然某些殴打妻子的男性也可能是性虐狂，但在我们印象中，绝大多数并非如此。[203]

支配欲强的女性

20 世纪 30 年代中期，美国精神病学家亚伯拉罕·马斯洛针对与支配欲相关的性行为做了大量研究。他指出，圈养的猴子中最具支配欲的几乎不断进行交配行为，且交配行为本质往往“反常变态”。雄性猴子爬到同性身上，偶尔甚至出现占主导地位的雌性起身支配雄性的现象。马斯洛总结称，这些情形下的交配行为往往显示出支配欲，而非受原本性欲驱使。他还指出，当一只新猴子进入猴群时，支配欲较低的猴子会对其表现出极端暴力。马斯洛认为猴子的这些攻击行为与尊严薄弱的人对他人表现出的暴力行为具有互通之处。

此后，马斯洛将研究重心转移到年轻的大学女生身上并花费大量时间走访调查。1939 年，马斯洛总结称，女性的性生活也与支配欲息息相关。他在研究中发现，调查对象可分为三类：支配欲强、支配欲适中或支配欲弱。

支配欲强的女性私生活更为颓靡淫乱，在性爱中喜于冒险且居无定所。支配欲适中的女性也对性爱表现出依赖，但往往只和一名男性发生性行为。而支配欲弱的女性则对性爱没有太多看法，虽性行为频繁，却始终认为性只是生育途径而已。马斯洛指出，各个范畴的女性的性爱特征与其性欲毫无相关。虽然各类型女性的性欲相当，但这些女性实际参与的性行为次数却迥然不同。

马斯洛还发现，女性更钟爱于与自己处于同一范畴领域，但支配欲略强于自己的男性伴侣。支配欲强的女性拒绝大多数男性的原因在于他们表现出相对较低的支配欲。一位声称自己只要看着魅力十足的男性便可达到生理高潮的女性向马斯洛解释说，自己之所以与某些男性发生性行为时无法达到高潮是因为他们不够强大，使得她无法想象自己“臣服于他们”。

支配欲适中的女性认为支配欲强的男性让人心生恐惧，而支配欲弱的女性则认为支配欲适中的男性令人生畏。这两种女性皆会与比自己支配欲略强，但属于同一范畴的男性发生性行为。于马斯洛而言，这是男女关系的常见过程，它也往往适用于同性关系的研究。

然而，在某些特定情形中，两个属于不同范畴的人却结为伴侣，且二者关系中出现一种不容忽视的动态过程。这种结合之所以会发生，其原因通常在于二人关系中的某个人存在某种情感障碍，导致其从支配欲程度不同的分级中寻找伴侣。若支配欲强的个人伴有人格障碍，且需要对伴侣实施虐待性支配，则或许会在支配欲程度相对较低的范畴中寻找情感搭档。若支配欲较低的个人同样存在人格障碍，且不受控制地表现出恶毒残暴的行事作风，则或许会寻求支配欲较强的伴侣。通常情况下，二人间最终会产生一种类似奴役，几乎让人沉醉的关系，其中一个占据主导地位，操控着另外一个，两个人相互依存，同生共死。有时，支配者缺乏一种释放杀人幻想的关键要素，则由顺从者填补。

玛莎·贝克和雷蒙德·费尔南德斯——蜜月杀手

讽刺的是，本节提供的第一个男女连环杀手团伙案例研究，就某种程度而言，与以上所述概念背道而驰，这一案例中的男性罪犯认为自己在二人关系中具有支配权，而事实上，该团伙中的女性罪犯或许才是真正的主导者。

美国作家、画家、电影编剧、导演伦纳德·卡斯特以 20 世纪 40 年代所谓的“芳心杀手”玛莎·贝克和雷蒙德·费尔南德斯为人物原型，创作并执导了电影《蜜月杀手》。之后，一部再次以二人为主人公原型，由演员萨尔玛·哈耶克、约翰·特拉沃尔塔和詹姆斯·甘多尔菲尼主演的电影《芳心谋杀案》横空出世。

玛莎·贝克本名为玛莎·朱莉·西布鲁克，1919 年出生于佛罗里达州的米尔顿。玛莎的父亲是当地报社的编辑，他在女儿玛莎出生不久后便抛弃妻子。童年时期的玛莎患有一种腺体疾病，这导致她小小年纪就出现早熟症状，玛莎 10 岁时便已拥有成年女性的体型，且有和成年人同等程度的性欲。随之而来的是不断飙升的体重，这一问题在许多女性连环杀手的童年时光中实属典型。

在 1951 年的谋杀案审讯中，玛莎声称其在 13 岁时曾遭到强奸，而当她将强奸一事告诉母亲后却招致毒打，自此以后，母亲一直紧密注意着她的一举一动，赶走靠近她的所有男性。体形肥胖的玛莎在学校受人嘲弄、招人冷眼。她没有朋友，形单影只的她心门紧锁，沉浸在那个有幻想、有浪漫、或许也有阴暗想法的自我世界中。

玛莎天资聪颖，1942 年，23 岁的她第一个从彭萨科拉护理学院的所在班级中顺利毕业。虽然专业知识颇丰，但肥硕的体型却决定了玛莎不可能找到一份护士工作。那张引以为傲的护理文凭在毕业后带给她的只是一份在殡仪馆为女性死者葬礼打点尸体的工作。玛莎在后来的庭审中回忆那段时间如是说："通过对死亡的观察，我正以一种奇怪的方式学习着分离。"

孤独的心

然而，身处战争年代的玛莎最终成功在加利福尼亚州的一家军事医院中找到一份护士工作。在那里，玛莎过着孤独落寞、颓靡淫乱的生活，她随意挑选即将出院离开的士兵和海军并与其发生性行为。1944 年，玛莎意外怀孕。当玛莎要求孩子的父亲与自己成婚时，对方却选择自杀，一走了之。

怀孕的玛莎回到米尔顿，并向周围人声称自己已是一位海军军官的妻子。她甚至拿出结婚戒指以示证明。但在孩子出生不久后，玛莎偷偷给自己发了一份电报，在电报中宣布其丈夫在一次太平洋行动中为国捐躯。之后，整个小镇都在为她痛失爱侣而哀悼，而她的故事也成为当地新闻媒体的报道热点。

很快，玛莎再次怀孕，孩子的父亲是一位名叫艾尔弗雷德·贝克的巴士司机。两人随后奉子成婚，但六个月后，二人婚姻彻底破裂，最终离婚。那时的玛莎是一位体重 250 磅，带着两个孩子的单身母亲。玛莎从此过上了无依无靠的生活。她在彭萨科拉一家医院里任儿科护士，出色的表现使她不断升职，最终被委任为医院的护士长。

1947 年，玛莎下属几位员工不怀好意地给她寄去一份广告宣传单，邀请其加入寂寞芳心俱乐部。在网恋时代兴起之前，孤独寂寞的单身人士可通过许多机构与他人互通邮件，寻求美好婚姻、真挚爱情或长久的陪伴。收到广告宣传单后的玛莎若无其事地给俱乐部寄去了自己的邮件简介，她在邮件中并未提及自己的体重及两个子女的存在。

之后的一周内，玛莎未收到任何回复。就在她几乎快要忘却此事时，突然在圣诞节前夕，收到一位俱乐部成员的回复——33 岁的雷蒙德 · 马丁内斯 · 费尔南德斯。雷蒙德在邮件中提到自己出生于西班牙，现从事进出口贸易且事业有成，如今居住在纽约城西街 139 号。“这栋公寓对于一个单身男士来说太过空旷，我希望某天能和未来的妻子一同在这儿共享天伦之乐。”费尔南德斯写道，自己之所以选择玛莎是因为她是一名护士，所以他知道她必定“内心充满关爱”。

接下来的几周，玛莎和雷蒙德一直保持着信件来往，彼此之间的感觉逐渐升温。玛莎给雷蒙德寄去了一张团体照，照片中她肥硕的身体被遮挡在其他护士的身后。玛莎开始购买价格高昂的信纸并给自己的回信洒上香水。不管走到哪里，她都随身携带着雷蒙德的来信。雷蒙德的信件字迹清秀，措辞文雅且言语浪漫，充满高雅的文艺气息。最终，费尔南德斯提出了玛莎心中认为最浪漫的请求：是否愿意赐予我一缕你美丽的秀发？被浪漫爱情冲昏头脑的玛莎答应了。

不幸的是，此时的玛莎并不知道费尔南德斯并非出于浪漫想要保留其头发做信物，而是将其用作一种超自然的巫术仪式，雷蒙德相信这种巫术可以让玛莎成为他的爱情囚徒。费尔南德斯是一个彻头彻尾的疯子！

雷蒙德 · 马丁内斯 · 费尔南德斯——信奉伏都教的间谍

1914 年 12 月 17 日出生于夏威夷的雷蒙德 · 马丁内斯 · 费尔南德斯的确是西班牙血统。雷蒙德 3 岁时随家人一同搬往美国康涅狄格州布里奇波特市并在当地长大。童年时期身体纤弱且温文尔雅的他逐渐成长为一位拥有俊俏面庞和健美体格的魅力男性。18 岁时，雷蒙德搬往西班牙与舅舅一同居住，之后和当地一名女性结婚并生下一个儿子。第二次世界大战爆发后，雷蒙德在西班牙商船队服役，专门负责密探侦查英国情报机构。

战争结束后，也就是 1945 年后期，费尔南德斯决定回美国找工作，之后再将妻子和两个子女接来一同生活。雷蒙德在荷兰西印度公司的一艘货船上工作，但在一次航海途中，他突遇一场可怕的事故——一个重型的钢舱口砸中了雷蒙德的头部，导致其头盖骨凹陷且遗留下永久性的头部损伤。1945 年 12 月至 1946 年 3 月，雷蒙德一直在医院接受治疗。

康复出院后的雷蒙德性格发生了翻天覆地的变化，和之前相比，完全是两个不同的人。他与人疏离、喜怒无常且极易生气。在那次受伤后，伤口周围的头发已全部脱落，他的头部有一处明显的凹陷伤口。为遮盖伤口，雷蒙德买了一顶假发。在前往美国的途中，雷蒙德竟从船上的储藏室内偷走大量衣物和货品。不料海关却在雷蒙德到达后发现了其偷盗的所有物品，雷蒙德也因而在佛罗里达州的塔拉哈西服刑一年。雷蒙德当时的狱友是一位伏都教的边缘教徒，在他的介绍和指引下，雷蒙德开始信奉伏都教。

费尔南德斯深信伏都教仪式能让所有女人臣服于他，任由他玩弄于股掌之间。那段时间，深受头痛和暴力情绪波动折磨的费尔南德斯开始通过寂寞芳心俱乐部与各种女性进行信件往来，并时常要求对方给自己寄来一缕头发以为仪式之用。费尔南德斯利用信件引诱许多女性，获得她们的信任后盗取其钱财、珠宝以及其他任何他可以顺手牵羊的东西。受害者往往因尴尬或羞愧得难以启齿而放弃控诉。

费尔南德斯居住的纽约城公寓原是其中一名受害者生前所有，后来她莫名离世。这位受害者名叫简·露西拉·汤普森，她在与前夫离婚后获得大量钱财。1947 年，汤普森开始与费尔南德斯信件来往。随后两人见面并共享了一段激情浪漫的日子。1947 年 10 月，汤普森购买了两张巡游西班牙的车票。到达西班牙后，费尔南德斯介绍汤普森与自己的西班牙妻子相识，虽然不知道他们三人对彼此的真实情况了解如何，但随后，镇上的人便经常看见三个人一起共进晚餐。1947 年 10 月 7 日，汤普森和费尔南德斯在酒店房间突发争执，第二天一早，汤普森被发现在自己房间内死亡，其死亡原因显然是服药过量。

与此同时，费尔南德斯带着伪造的遗嘱回到纽约，将汤普森的公寓据为己有，并将其丧偶的母亲赶出公寓。费尔南德斯在接下来的几周内与寂寞芳心俱乐部的几十位女性同时保持信件来往，其中包括玛莎·贝克。

费尔南德斯在用玛莎的头发做过伏都教仪式之后，便于12月28日乘坐火车前往彭萨科拉约见这位受害者。费尔南德斯自认为从身为护士长的玛莎身上一定可以大赚一笔。

费尔南德斯在火车站见到身形肥硕的玛莎时一脸平常，或许是他刻意掩藏了内心的惊讶。而玛莎则因为费尔南德斯俊俏的外表而暗自窃喜。玛莎将费尔南德斯带回家中，并向他介绍了自己的两个子女。当晚，玛莎亲自下厨，烹饪了一桌丰盛的晚餐。当玛莎的两个子女熟睡后，深信玛莎已因之前的巫术仪式被自己完全迷惑的费尔南德斯与其发生了性关系。针对究竟是谁引诱了谁这一问题，目前尚有争议，但他们二人在接下来的一整天都如胶似漆地黏在一起。费尔南德斯在某个时刻一定已经意识到自己从玛莎身上得不到任何值钱的东西，所以他告诉玛莎自己必须返回纽约。

而玛莎则有着其他打算。她向费尔南德斯表达了自己永恒不变的爱意，并歇斯底里地要求他与自己结婚，留在佛罗里达州。对自己令人生畏的巫术力量深信不疑的费尔南德斯不得不承诺会回到玛莎身边或给她寄钱，以便她搬去纽约和自己一同居住。一番花言巧语后，他才勉强从紧紧相逼的玛莎手中脱身。在玛莎看来，这是费尔南德斯对她的求婚。

在费尔南德斯从玛莎身边迅速逃回纽约时，玛莎正向镇上的每一个人宣布自己即将拥有幸福的婚姻。她甚至为自己举办了一场新娘送礼会。费尔南德斯试图与玛莎一刀两断，但玛莎却以死相逼，于是他态度变得温和，并答应让玛莎到纽约与自己同住两周。当玛莎从纽约回到彭萨科拉后，便遭到医院解雇，或许是因为她未经允许擅自离岗。玛莎在佛罗里达州再也没有任何值得留恋的东西了。

1948年1月18日，玛莎带上两个子女和自己的所有行李回到纽约。她毫无预兆地出现在费尔南德斯的家门口。玛莎对费尔南德斯盲目顺从，满足他的一切温饱及性需求，费尔南德斯对此满心欢喜，但他告诉玛莎希望其摆脱两个子女的束缚。1948 年 1 月 25 日，玛莎毫不犹豫地将两名子女丢弃在一家救世军酒店内。

“在世界历史的长河中，有多少犯罪是源于爱？”

费尔南德斯向玛莎坦白自己利用寂寞芳心俱乐部骗取女性钱财的诡计，玛莎听后并未表现出排斥，她认为协助费尔南德斯是“自己的义务”，于是二人一起浏览俱乐部中所有女性的信件并挑选适合下手的受害者。1948 年 2 月 28 日，费尔南德斯和一位一直保持信件来往的退休教师结婚，并将这位来自宾夕法尼亚州的妻子带回了纽约的公寓。玛莎则伪装成雷蒙德前妻的妹妹。这位退休教师最终听闻了关于费尔南德斯在西班牙的“妻子”去世的风言风语，在她开始因未能将教师补助金和保险单转到费尔南德斯的名下而遭其呵斥时，她开着自己的车，带上费尔南德斯从她手中私吞的大量现金回到自己家中。

1948 年 8 月 14 日，在同其他多名女性结婚并成功抢夺钱财后，费尔南德斯和来自阿肯色州的默特尔·杨结婚，杨比之前的受害者更年轻更主动。这次，玛莎假装成费尔南德斯的妹妹，但她对青春活力的杨心生嫉妒，担心雷蒙德会和这位新结识的寂寞新娘共度良宵，于是她坚持要和这对新婚夫妇睡同一张床，甚至还睡在他们中间！在熬过几个这样的荒诞夜晚后，默特尔开始表示不满，这时玛莎坚持让费尔南德斯给默特尔注射镇静剂，使她昏睡不醒。之后，玛莎和费尔南德斯二人在默特尔身上拿走 4000 美元现金后便将不省人事的她抬往汽车站，并送上了返回阿肯色州的汽车，此时的默特尔仍在昏睡中。不幸的是，玛莎和费尔南德斯算错了用药剂量，致使默特尔在抵达阿肯色州的小岩城后身亡。

对此一无所知的玛莎和费尔南德斯继续着他们的阴谋诡计，但却在相当长一段时间内都未能找到合适的受害者人选。玛莎会否决掉每个她认为可能和费尔南德斯发生性行为的年轻女性。就在二人身上的钱财即将耗尽之时，失去丈夫后独自居住在纽约奥尔巴尼的珍妮特·费伊出现了。

珍妮特·费伊家财万贯，她在奥尔巴尼市中心拥有一套豪华公寓，银行存款也非常可观。珍妮特是一位虔诚的天主教徒，因而费尔南德斯在信件中故意引用宗教经典以增加她对自己的好感。1948 年 12 月 30 日，玛莎和费尔南德斯来到奥尔巴尼，费尔南德斯介绍说玛莎是自己的妹妹，珍妮特随后邀请他们二人住进自己的公寓。费尔南德斯花费了几乎五天时间才终于说服珍妮特与自己结婚。珍妮特在费尔南德斯的花言巧语下，同意取出自己银行账户中的 6000 美元存款并搬去“兄妹二人”早在长岛租赁的公寓，同他们一起生活。1949 年 1 月 4 日，他们三人驾车来到长岛的公寓。

当天吃完晚饭后究竟发生了什么，我们不得而知。可以确定的是，玛莎走进卧室，却发现珍妮特赤身裸体躺在床上，双手环抱着费尔南德斯。看到眼前这一幕后，玛莎勃然大怒，而珍妮特则怒斥玛莎不应该这样无礼地径直走进她和费尔南德斯的房间，接着便开始大声吵闹。据玛莎所言，当时的费尔南德斯对她说;“让这个女人给我闭嘴。我不管你用什么方式，只要让她闭嘴！”

珍妮特被人用圆头锤敲打至昏迷不醒后，被一条围巾勒死。玛莎在后来的证词中说她当时头脑混乱，完全想不起来究竟发生了什么。随后，玛莎和费尔南德斯用毛巾和床单将珍妮特的尸体包裹起来并塞进一个衣柜，完成这一切后，两人安然入睡。

第二天，玛莎和费尔南德斯购买了一个行李箱，二人将珍妮特的尸体放进里面，将行李箱存放在费尔南德斯的姐姐家中。两人在重新租下一套房子后取回行李箱，将其埋在家里地下室中的水泥地底下。玛莎和费尔南德斯处理完尸体后便兑现了珍妮特的所有支票，并伪装成珍妮特的口吻给她的家人寄去一封打印信件，声称自己生活很幸福，且打算前往佛罗里达州。玛莎和费尔南德斯自认为一切尽在掌控，可唯一的问题在于珍妮特·费伊生前从不打字，也没有打字机，于是产生疑心的亲戚立即通知了警方。

但此时的玛莎和费尔南德斯已经再次出击，开始在密歇根州的大急流城挑选受害者，费尔南德斯正和一位名叫戴尔芬·唐宁的48岁寡妇通信，当时的唐宁孤身带着一个两岁的女儿雷内尔。当费尔南德斯在1月末写出的信件中提到，他将在谈生意途中和自己的妹妹路过大急流城时，戴尔芬回信称她期待和兄妹二人见面。

戴尔芬被费尔南德斯表现出的彬彬有礼和他对自己女儿无微不至的关爱折服，最终在月末与费尔南德斯发生了性关系。与此同时，玛莎将这一切看在眼里，心中的怒火熊熊燃烧。但某天早上，戴尔芬意外走进浴室，不慎看到了费尔南德斯不戴假发的样子，光秃秃的头上那道可怕的伤疤暴露眼前。随后，戴尔芬开始歇斯底里，并指责费尔南德斯对她的欺骗。为了让戴尔芬平复情绪，玛莎说服她服用一点镇静剂。但当戴尔芬昏睡过去后，她的女儿雷内尔却开始大哭。玛莎一把抓过雷内尔，掐住她的脖子直到她停止哭闹，雷内尔的脖子上随后出现明显的淤青掐痕。

此时的费尔南德斯情绪低落，她担心戴尔芬清醒后看到女儿喉咙处的掐痕会选择报警。自不必说，玛莎命令费尔南德斯“做点什么”。

费尔南德斯拿出戴尔芬前夫的手枪，在将手枪用毯子包住以便消声后，他当着戴尔芬女儿的面，朝熟睡中的戴尔芬的头部开了一枪。随后，玛莎和费尔南德斯两人用床单包裹住戴尔芬的尸体并埋在屋内的地窖中，然后用水泥填埋了挖出的藏尸坑。

之后两天，玛莎和费尔南德斯一直在为二人的逃跑计划做准备。他们将戴尔芬的支票全部兑换成现金，在2岁的雷内尔为母亲哭泣不止时，将戴尔芬的房产据为己有。当玛莎再也无法忍受雷内尔无休无止的哭闹后，她将雷内尔拖到地下室的一盆脏水内将其淹死。随后，费尔南德斯挖了另一个藏尸坑，填埋雷内尔的尸体。

杀害雷内尔后，玛莎和费尔南德斯并未立即逃窜，而是若无其事地去看电影。当晚，在玛莎和费尔南德斯返回住处后不久，接到心生警惕的邻居报案的警方随即出现。1949年2月28日，玛莎和费尔南德斯被警方逮捕，并很快招供了自己的所有罪行。他们认为倘若配合警方，供认罪行，在没有死刑制度的密歇根州最多被判6年有期徒刑。

出乎二人意料的是，1949年3月，他们被引渡到纽约州，而那里的刑罚制度中包括死刑。1948年7月，玛莎和费尔南德斯共同在纽约接受审讯。二人在庭审中均极力为对方辩解开脱，如此忠诚之举在大多数连环杀手夫妻落网后的庭审中实属罕见。经过长达40天的审讯后，法院收集了玛莎和费尔南德斯在庭审中给出的骇人听闻又猥琐淫秽的证词，并最终对二人做出死刑判决。值得一提的是，在等待死刑期间，费尔南德斯听闻了玛莎和某位监狱看守关系不正的传言后，二人之间对彼此的忠诚才彻底瓦解。那段时间，玛莎和费尔南德斯各自接受大量媒体采访，且分别在采访中控诉对方是何等冷血无情的杀手。

1951年3月8日，玛莎·贝克和雷蒙德·费尔南德斯与其他两位罪犯一起，在纽约州的新新监狱中坐上电椅，被处以死刑。新新监狱自古以来的传统是当多个罪犯在同一天行刑时，心理最脆弱的那一个首先执行。行刑当天，玛莎最后一个坐上电椅。玛莎·贝克在被带往行刑室前对媒体说的最后遗言是："追究谁对谁错究竟有何意义呢？我的故事是一场爱恨纠葛，但只有那些受过爱情折磨的人才听得懂我在说什么。你们认为我是一个体形肥胖，冷酷无情的女人……但我既不冷酷无情也不愚钝痴笨……在世界历史的长河中，有多少犯罪是源于爱？"

迈拉·欣德利和伊恩·布雷迪——沼泽地杀手

1963年至1965年，英国的一对年轻夫妻伊恩·布雷迪和迈拉·欣德利杀害了共计5名受害者，包括儿童和青少年，有人怀疑两人或许杀害了多达10名受害者。前文讲述的玛莎·贝克和雷蒙德·费尔南德斯是以谋利为动机的连环杀手，而伊恩·布雷迪和迈拉·欣德利则开创了一种新型雌雄双杀类型——以性爱为诱因的连环杀手夫妻。他们二人所犯下的卑劣败坏的性虐谋杀案在以往的男女连环谋杀团伙中闻所未闻。

出生于1938年的伊恩·布雷迪是一名私生子，他的母亲来自格拉斯哥市，是一名酒吧服务生。由于母亲生活淫乱且嗜酒成性，伊恩很少得到她的照顾和监管。童年时期认识布雷迪的人回忆称，他在寄养家庭时常欺凌其他儿童，有时会做出活埋猫咪或打断小狗后腿的残忍行为，某次甚至将寄养父母养的小狗活活烧死。布雷迪曾因在学校切下四只老鼠的头部而遭到斥责。据说，布雷迪在同龄人面前有一种优越感，他的身边没有任何朋友。事实上，布雷迪无论是在当时还是在如今，均可称得上聪明过人。（他最近在监狱中写了一本书，专门分析连环杀手。）

布雷迪 11 岁时犯下轻微罪行，也是从那时起，他才开始了一连串的不法行为。他曾因入室盗窃被判处为期 4 年的缓刑。刑满后，他再次犯下另一起入室盗窃罪行，15 岁的他在少年管教所被监禁一年。当 17 岁的布雷迪再次触犯法律时，法院认为其寄养父母再也无力控制他的行为，于是将他送往曼彻斯特和刚新婚的母亲一同生活。布雷迪对母亲充满憎恶，因而对法院的安排心生怨恨。

虽然布雷迪是个不服管的问题学生，但他天资聪颖，学校老师可以运用巧妙的方式吸引并最终控制他。他逐渐喜欢上一个人安静地阅读。布雷迪在 19 岁时痴迷于纳粹党。他一口气看完了一本讲述 20 世纪 70 年代风靡一时的纳粹党滔天罪行的书籍。这本略带色情的书中讲述了许多耸人听闻的故事：女子被迫进入妓院卖淫；成群的吉卜赛女性赤身裸体地被关押在毒气室；女性营地的残暴守卫。布雷迪认为自己无法跟上战胜纳粹主义的英国胜利者的步伐，于是开始自学德语，他发现了萨德侯爵的文学主张。布雷迪总结称，人类社会堕落腐化，神父为了压制那些穷苦的人而构想出所谓上帝的存在。

23 岁的布雷迪在一家工业化学供应公司当仓库管理工，而当时的他认为自己从事这份工作完全大材小用。且毫无任何前景可言。后来，布雷迪在这里结识了一位打字员——18 岁的迈拉·欣德利。

童年时期的迈拉

在周围人眼中，迈拉是一位再“正常”不过的女孩，她热爱动物，关爱儿童，喜欢颜色亮丽的口红。1942 年，迈拉出生于曼彻斯特的工业区，父亲崇尚天主教，而母亲则是一名新教徒。据报道，迈拉的妹妹出生后，母亲认为所住的房子“太过拥挤”而将四岁的迈拉送去和外婆一同生活。在童年时期被母亲拒之千里的经历是迈拉和伊恩，甚至其他很多连环杀手的共同特征——童年怨恨的积聚。但故事并非那样简单，迈拉的母亲和外婆住在同一条街，因而迈拉经常在母亲和外婆家之间随意往返。

迈拉的外婆对她百般宠溺，迈拉甚至在家中发号施令。虽然迈拉的性格有些许以自我为中心，但她的童年生活也算是墨守成规，和其他儿童一样去游乐场玩耍，去学校上学。迈拉在学校是一位合格的学生，合格且平庸。但每次只要迈拉声称自己身体不适，外婆便会让她留在家中学习，随之而来的是成绩的下降。迈拉的生活一切如常，称不上大富大贵，也不算颠沛流离，只是刚刚好，平淡无奇。直到迈拉 15 岁那年，这样风平浪静的局面被打破。

迈拉开始对一位发育不良的 13 岁邻家小男孩产生依恋，她享受扮演成大姐姐或母亲角色的感觉。迈拉将所有空闲时间和精力全部投入到这个小男孩身上，带他散步，陪他玩耍，保护他不受其他小孩的欺负，给他买喜欢的糖果。某天下午，小男孩到迈拉家中，请求她陪自己前往一个废弃的水库，当地儿童时常在那里游泳，但那天的迈拉哪里都不想去，于是她拒绝了小男孩的请求。后来小男孩独自去了水库，之后便再也没有回来，他溺水身亡了。

得知小男孩死讯的迈拉伤心欲绝。接下来的好几天，迈拉四处漫步，看上去神志恍惚，她甚至整夜整夜无法入眠。她在那几天做的唯一一件事便是挨家挨户去筹集钱财给小男孩的棺材买花环。某些给迈拉开门的女性回忆称，门前的小女孩面无表情，给人一种奇怪且咄咄逼人的感觉。其中一名女性如是说：

> 她不像是一个需要同情的小女孩，她让人产生一种愧疚感，好像小男孩的死都是你的错，你最好出钱给他买花环，否则她会告发你。[204]

* * *

几个月来，迈拉每天都穿着黑色丧服，悼念小男孩的离世，直到她的母亲强制脱掉了她身上的黑色衣服。这种病态的哀悼变成她生活的全部重心。迈拉不明白为何这世界上其他人能够继续泰然自若地生活，而她却独自承受失去的痛楚。他们怎么敢？迈拉表现得像一个痛失骨肉的母亲，仿佛这是她今生唯一的孩子，她不可能再有下一个了，而这一切却丝毫没有人在意。必须有人得到惩罚。

撰写欣德利传记的某位作者写道："倘若一个情感感知正常的女孩会想到且持续体会这名死去小男孩的悲惨命运以及死者父母的悲痛，对这一切感同身受，仿佛这都是她自己的痛楚，那么这个女孩的心或许支离破碎，但却不可动摇，它就在那里，就在迈拉·欣德利的体内。"[205]

或许这是在强词夺理，但我不得不再次指明，童年时期亲朋好友去世的故事情节有时会在连环杀手的孩提时期重复上演，譬如杰里·布鲁多斯的"女朋友"在其五岁时去世（之后他杀害了五名女性受害者，并砍下了她们的脚部。）[206]；珍妮·琼斯的领养兄弟去世以及她之后表现出的病态。是的，这很牵强，但还有什么更好的理由吗？迈拉实在是再正常不过了。

之后几年，除了开始对天主教产生狂热信仰外，迈拉似乎已经不再执迷于小男孩的离世，她走出了阴影。迈拉离开了学校，却几乎没有和任何一个朋友告别。之后她开始从事秘书工作，工作过程中不断跳槽，以寻求更好的待遇和工作机会。她和异性正常交往，却矜持保守，绝不同意婚前性行为。她去跳舞、去看电影、去教堂、不喝酒、订婚又分手。

"和伊恩约会了！"

后来，迈拉在一家工业化学供应公司找到一份打字员的工作。1961 年 1 月，她开始在公司的秘书处上班。迈拉的工作任务是记录仓库管理员伊恩·布雷迪的口授货物详情。虽然迈拉和布雷迪约会不到一年，但迈拉的日记内容却流露出她对布雷迪的疯狂迷恋。布雷迪盛气凌人且傲慢自负，和她以往结识的其他男性截然不同。骑着摩托车来上班的布雷迪总是身穿皮夹克，戴着护目镜和安全头盔；拨开办公桌上的工具，拿出放在下面的工作服。布雷迪充满神秘感，大家对他的事一无所知。迈拉在工作的前七个月里，甚至没和布雷迪说过一句话。

迈拉在 7 月 23 日的日记中写道："想知道伊恩是不是在献殷勤。对他的好感一如既往。" 7 月 25 日："到现在还没有跟他说过一句话。" 7 月 27 日："和他说话了，他笑得很尴尬。我要改变自己，你可以从我写字的方式中感受到。"

8 月 1 日："伊恩上班时偷偷看我。" 8 月 2 日："不确定他是否喜欢我，他们说他喜欢赌马。" 8 月 8 日；"对伊恩有点厌倦了。" 8 月 11 日："今天去了友谊酒吧，但不是和伊恩一起。" 8 月 14 日："我又重新爱上伊恩了。他感冒了，我愿意无微不至地照顾他。" 8 月 24 日："我心情很不好，因为他今天没有跟我说话。" 8 月 29 日："我希望他爱上我，并且在将来的某一天娶我为妻。"

9 月 9 日："今天，伊恩穿了一件黑色衬衫。" 10 月 18 日："伊恩依然对我视而不见。忍无可忍。我还是爱他。" 11 月 1 日："我和伊恩好几个月没有说话了。" 11 月 28 日："我已经放弃了伊恩。他用自己的方式惹恼我，他辱骂我，还故意在我面前晃来晃去。我看见了他的另一面，我觉得他不是一个好人。" 12 月 2 日："我讨厌伊恩，他抹杀了我对他所有的爱。" 12 月 15 日："我又爱上伊恩了。"

12 月 22 日："和伊恩约会了！"

新年前夜，伊恩到迈拉家中，和她父母与妹妹一起庆祝即将到来的新年。他买了一瓶德国红酒和一瓶威士忌，在当时那个年代，这算是一种奢侈消费。那天，迈拉尝到了威士忌的味道，那是她人生中第一次喝酒。迈拉在那天的日记中写道："老爸和伊恩交谈甚欢，好像他们是多年的老友。伊恩太绅士了，我都想哭了。"

1962 年 1 月 1 日："我已经工作一年了，和伊恩一起走了。我希望我们一生一世彼此相爱，结婚生子，然后白头偕老。"

迈拉的日记中还有一些无伤大雅的心情记录，但如同她唐突地开始写日记一样，她突然停止了记录。从此以后，迈拉很少有闲暇时间可以记录心情或思考人生，因为伊恩会一直让她很忙碌。

迈拉和伊恩第一次约会时去看了一场电影——《纽伦堡大审判》。这是由斯宾塞·屈塞主演的电影，讲述了对下达强制绝育令的前纳粹法官的战争罪审判。

在那之前，迈拉迷恋伊恩几乎快一年了。在迈拉心中，她早已在伊恩还茫然无知之前便已献身于他。现实是，伊恩夺走了迈拉的初夜，此后她成为他的女友并对他百依百顺。布雷迪告诉迈拉，这世上根本不存在上帝，很快，迈拉被说服，她对天主教的信仰也随之化为乌有。迈拉彻彻底底被眼前年纪稍长、“久经世故”的布雷迪迷住，他阅读书籍；身穿黑色运动衬衫；品尝德国红酒；学习外语，这一切都让迈拉为之疯狂。

迈拉后来说：“伊恩在几个月内一直说服我说这世上根本不存在什么上帝。他甚至可以告诉我地球是平的，月亮是用新鲜乳酪做的，太阳从西方升起，我都会相信，他就是有这种让人信服的力量。他温柔的说服话语让我着迷，因为我不能完全理解他在说什么，我只是漫不经心地听着奇怪的句子，相信那都是绝对真理。”[207]

迈拉证实称，她在布雷迪的诱惑下与之发生关系后，布雷迪对她便几乎失去了性趣。他更享受一边让迈拉给他手淫，一边往自己肛门插蜡烛。布雷迪还希望迈拉与他进行肛交，迈拉抱怨过程痛苦。他们二人甚至戴上面罩做爱，布雷迪拿着定时器，迈拉则按照布雷迪的要求摆好各种色情动作，以便布雷迪拍下二人鱼水之欢的照片。迈拉开始穿新纳粹主义款式的着装——黑色皮裙和及膝长靴，并且将自己的头发染成了浅金黄色。

二人犯下的谋杀案

迈拉作证称，布雷迪对作家梅耶·莱文创作的《强制力》一书尤为痴迷。这是一本历史小说，讲述了两位家境富裕的大学生纳塔·利奥波德和理查德·洛布 1924 年在芝加哥杀害一名 14 岁小男孩的故事。纳塔·利奥波德和理查德·洛布二人的作案动机是为了证明他们自己是高人一等的“超人”，于是二人决定实施一次“完美犯罪”。二人的落网是因为利奥波德不小心在犯罪现场丢失了一副风格独特的眼镜。在审讯当天，纳塔·利奥波德和理查德·洛布招供称他们是同性恋人，且利奥波德对洛布一往情深，对他言听计从。

据迈拉·欣德利所言，二人交往一年半后，1963 年 7 月，布雷迪开始提议二人一起实施一次完美犯罪，以证明其优越性。7 月 12 日，迈拉和布雷迪着手实施他们的完美犯罪计划。迈拉驾驶一辆卡车，布雷迪则骑着自己的摩托车紧随其后。迈拉的任务是搭载一位女性乘客。很快，她便找到了第一位受害者——16 岁的保利娜·里德。当时身穿亮粉色礼服的保利娜正赶往舞会，就这样，她搭上了迈拉的顺风车。

迈拉对保利娜说她正赶往沼泽地，那是曼彻斯特城外一片阴冷荒凉且杂草丛生的荒地。迈拉声称她不小心将手套遗失在那里，之后她请求保利娜帮她找手套，并提出将会赠送她一些唱片以表感谢。天真的保利娜没有拒绝，于是二人驱车来到那片荒无人烟的沼泽地，车后的布雷迪也一路紧随。

到达沼泽地后，布雷迪袭击了保利娜，对她实施强奸并割断其喉部。虽然迈拉 1990 年在监狱中写的一封公开信中声称当布雷迪实施奸杀行为时，她一直在卡车中等待，但布雷迪却声明迈拉当时也参与了强奸。之后，迈拉和布雷迪用事先放在卡车上以备不时之需的铁铲将保利娜的尸体埋在了那片沼泽地里。警方直至 1987 年 7 月才找到保利娜的尸体，随后根据死者身上的粉红色裙子才最终确定她的身份。

1963 年 11 月 23 日，迈拉和布雷迪用同样的诡计诱拐并谋杀了 12 岁的小男孩，约翰·基尔布赖德。迈拉声明布雷迪对受害者实施强奸后将他活活掐死，因为当时随身携带的小刀不够锋利，割不开受害者的喉咙。警方后来通过对迈拉带着小狗在一块墓地上所拍照片中突出的地形特点进行分析比对，最终锁定埋尸地点，并成功找到了受害者基尔布赖德的坟墓。当迈拉被捕并得知自己的小狗在警方监管下死亡时，她淡然称："他们只是双手沾满鲜血的杀人犯罢了。"

1964 年 6 月 16 日，迈拉和布雷迪再次以同样的手段杀害了 12 岁的基思·贝内特。他们对受害者贝内特实施强奸并将其掐死后，将尸体埋在了那片沼泽地里。虽然警方在迈拉和布雷迪的协助下多次寻找，却始终未能找到贝内特的尸体。

一年半后，这对雌雄双杀再次作案。1965 年 12 月 26 日，迈拉和布雷迪绑架了 10 岁的莱斯利·安·唐尼，随后将她带回家中。到家后，布雷迪迫不及待地打开电灯和相机，强迫莱斯利摆出各种色情姿势并给她拍照。之后，布雷迪又打开磁带录音机录下莱斯利的尖叫声，小莱斯利被布雷迪强奸了。布雷迪在 1990 年的信件中称，迈拉“坚持要亲手用一根两英尺长的丝线杀掉莱斯利·安·唐尼，之后她经常在公众场合玩这根丝线，而只有她自己知道那玩意儿曾是杀人工具”。

1965 年 10 月，布雷迪决定成立一个犯罪团伙，于是他开始和迈拉失业待岗的妹夫大卫·史密斯谈论持枪抢劫一事。10 月 6 日傍晚，史密斯来到布雷迪家中抱怨称生活拮据，布雷迪听后建议道：“我们必须有所作为。”之后，布雷迪离开家，回来时却带着 17 岁的受害者爱德华·埃文斯。布雷迪用斧头打昏埃文斯，随后将他掐死。他让史密斯拿着斧头，如此一来，史密斯的指纹便会留在作案凶器上。之后，布雷迪和史密斯用塑料包裹尸体并清理了现场的血迹。当晚，布雷迪和迈拉若无其事地安然入睡，而史密斯却在家中焦虑地来回走动，惊恐的心情久久无法平复。不堪重压的史密斯最终将一切告诉了妻子，此后，两人立刻报了警。

第二天早上，警方在搜捕布雷迪家中时，在一间卧室中发现了受害者埃文斯被塑料包裹着的尸体。随后，警方又在一本祈祷书的书脊旁边找到一把火车站储物柜的钥匙。赶往火车站打开储物柜后，警方发现了莱斯利·安·唐尼的照片和录音磁带，录音中的莱斯利在遇害时不停呼救，哀求凶手的怜悯。这些磁带后来成为法官在共同审理伊恩·布雷迪和迈拉·欣德利案件时的法庭证物。

“我没有不可或缺的麦克白夫人，但我有麦瑟琳娜。”

1966 年 5 月，迈拉和布雷迪两人因三起谋杀案罪名被判处终身监禁，但二人却始终矢口否认曾谋杀受害者保利娜·里德和基思·贝内特，直到 20 年后，即 1986 年，他们才对这两次罪行供认不讳。后来，警方带着迈拉和布雷迪来到他们曾经作案的沼泽地寻找受害者尸体，但基思·贝内特的尸体却始终未能找到。

入狱之后的前七年，迈拉和伊恩一直保持着密切来往，他们甚至请求有关当局同意二人结婚。1972 年，迈拉诱惑一位监狱看守，试图越狱。最终，迈拉和伊恩之间渐行渐远，迈拉刻意和伊恩保持距离，对他避而不见。后来，迈拉在申请缓刑时开始将自己描述成受害者。她声称伊恩为迫使她屈服而对她实施殴打，让她服用药物，且威胁说如若她不参与谋杀，便置她于死地。坚称要洗心革面的迈拉在服刑30年后，开始参加20世纪90年代兴起的一项盛大活动，那时她还没有假释资格。

当时，布雷迪和欣德利所犯下的滔天大罪触痛了整个英国，他们的罪行甚至直到1997年仍是人们闭口不提的敏感话题。当年9月，英国皇家美术学院举办了一场专门展示年轻艺术家作品的展览会，其中包括视觉艺术家马库斯·哈维创作的一幅高13英尺的迈拉·欣德利人物肖像画，反对的声音不断响起。其中一名受害者的家人请求美术学院撤回欣德利的肖像画。在展览会开幕当天，欣德利的肖像画上被泼满油漆、墨水和鸡蛋液，工作人员不得不撤回画像，进行长达一周的修复。

在迈拉·欣德利呼唤自由的活动达到鼎盛时期，看似她即将在学术上取得成功时，却因心脏病并发症发作于2002年11月15日去世，那年，她60岁。

而伊恩·布雷迪从一开始便对自己的犯罪事实供认不讳，他始终坚称自己和迈拉的余生都应在监狱中度过，永远不能被释放。最近，布雷迪写了一本以分析连环杀手为题材的书，但他在书中对自己的罪行只字未提，让英国人义愤填膺的是，这本书后来被美国的出版社出版。

当迈拉极力申请出狱机会时，布雷迪在1990年给负责司法政策的内政大臣杰克·斯特劳写了一封信，他在信中指出迈拉·欣德利不应被释放出狱。信件内容如下：

> 首先接受您的决定。我和迈拉·欣德利曾彼此相爱。我们是一个整体，而不是两个互相抗争的个体。我们之间的关系并非建立在二联性精神病的妄想性概念上，而是建立在意识或潜意识情感以及心理层面的密切关系之上。

二联性精神病是一种精神紊乱疾病，它有时被用于解释为何某些女性会在爱人或丈夫的陪伴下犯下耸人听闻的谋杀罪行。二联性精神病在《精神疾病诊断与统计手册》第四版中（简称 DSM-IV）被称为“共有型精神病”。这种精神疾病类型中的诱导者是性格强势的一方，而性格弱势的一方则受其影响，但先有倾向的关联个人也能同时产生幻想。

布雷迪总结称：

> 迈拉将周期作案视为交互神经支配的仪式，结婚典礼从理论上让我们之间联系更加紧密。如记录资料所示，在遇到迈拉之前，我所有的犯罪活动主要是以谋取利益为目的。在我们相遇之后，我的作案动机开始具有双重性。存在主义哲学和死亡精神相融，占领支配地位。我们体验过完全可能性。我没有不可或缺的麦克白夫人，但我有麦瑟琳娜。分隔我们的未来会是完全偏离的道路。

卡罗尔·邦迪和道格拉斯·克拉克——日落大道杀手

1980 年，道格拉斯·克拉克在洛杉矶日落大道区域谋杀了至少 6 名年轻女性，这些受害者要么是搭便车的旅行者，要么是该区域从事卖淫活动的街边妓女。克拉克享受当受害者给她口交时，朝其头部开枪的过程，在杀害受害者后，克拉克甚至会奸淫其尸体。克拉克的女友卡罗尔·邦迪至少参与了其中一次谋杀作案，当时，她坐在车后座，冷眼目睹前座的克拉克残忍夺去受害者的生命。当卡罗尔感觉克拉克对她失去兴趣后，便开始了自己的谋杀之路。

卡罗尔的童年生活

1943 年，卡罗尔·邦迪出生于美国刘易斯安那州，家中共有 3 个子女，她排行老二。在卡罗尔还未达到法定上学年龄时，一家人因为其哥哥成为童星并开始参演一些电影的小角色而搬往洛杉矶居住。他在经典电影《34 号街奇迹》中扮演坐在圣诞老人膝盖上的龙套小男孩角色。

有关卡罗尔童年时期的记录颇令人费解。[208] 童年时期的卡罗尔似乎得到了父母无微不至的关爱与照顾。当卡罗尔的乳牙开始脱落时，他的父亲将一个玩偶的脚浸入稀泥中，然后在卡罗尔床边窗户上留下了牙齿仙女的一双小脚印。卡罗尔记得母亲每晚睡觉前，都会在她和妹妹床边讲述奇幻的童话故事。虽然一家人经济状况紧张，但卡罗尔的妹妹却在某年圣诞节收到了一辆自行车，而卡罗尔也拥有自己的专属电视机。三个子女天资聪颖，一家人的度假游玩总是带着学术目的。当卡罗尔开始在学校学习美国历史时，父母带着一家人驾车来到华盛顿度假，参观史密森尼博物馆，随后又前往新英格兰地区。卡罗尔的父母亲昵地叫她“矮牵牛”。

与母亲和妹妹不同，卡罗尔相貌平平且气质普通，她身形圆润，棕色的头发蓬乱稀疏。九岁便戴上厚片眼镜的卡罗尔在学校被同学戏称为“百科全书小姐”和“四眼妹”，受尽嘲弄。

后来，卡罗尔家中发生了重大变故。卡罗尔 8 岁时，母亲突然莫名其妙地要与她断绝关系。那段时间，母亲将卡罗尔锁在屋外。当卡罗尔敲打房门和窗户请求母亲让她进入房间时，得到的回答却是：“走开，小女孩。这里不是你的家。你不是我的女儿。”

被母亲拒之门外的小卡罗尔只好独自步行 2 英里来到父亲工作的地方，父亲了解情况后带她回到了家。当天，卡罗尔的父母争吵不休，吵闹一直持续到晚上，卡罗尔声称自那之后，她在母亲眼中就似乎再也不存在了。卡罗尔的妹妹维姬说母亲精神状况不佳，她回忆称，母亲被禁止对他们进行体罚，因为有一次她开始体罚他们，然后便一直没有停手，直到被人强行拽开。维姬说卡罗尔对母亲已经有了防御心理。她亲眼目睹过卡罗尔在被母亲用皮带抽打脸部和身体时泰然自若地微笑，甚至阅读连环漫画杂志。

逐渐长大的卡罗尔智慧过人，但却少言寡语，她以阅读字典为乐，让自己沉浸在科幻小说的海洋中。卡罗尔 14 岁时，她的家庭生活再次遭受重创。卡罗尔的母亲心脏病发作突然离世。当晚，卡罗尔和妹妹遭到了父亲的暴力强奸。接下来的几个月，父亲一直对妹妹维姬暴力相待，且再次对卡罗尔实施了强奸。8 个月后，父亲再婚，而之前的性侵行为也随之转变成身体凌虐和言语虐待。不久后，新任妻子离开了父亲。在寄养家庭生活了一段时间后，卡罗尔的父亲重新索回女儿的抚养权，他将卡罗尔和维姬接回身边，随后，一家人在洛杉矶定居。那时正上高中一年级的卡罗尔生活淫乱，和多名男子发生关系。卡罗尔学会了一件事——她外貌并不出众，但她在性爱方面的开放意愿却能很快引起他人注意，虽然这种注意会很快消失，且在一夜春宵后将转变成嘲笑。当学校开始流传卡罗尔意外怀孕的风言风语时，卡罗尔选择了辍学。

卡罗尔 17 岁时嫁给了一名嗜酒成性的 56 岁男性。后来卡罗尔离开了他，卡罗尔解释说，因为他想要她去卖淫。不过，卡罗尔承认为弥补自己婚后在身体上的付出，她在离开时从他身上拿走了小额钱财。

同年，卡罗尔认识了 32 岁的理查德·盖斯，他是一名科幻和色情小说作家。理查德被卡罗尔的聪明智慧所吸引，很快，两人之间便建立了性伙伴关系。盖斯编辑了卡罗尔创作的第一个短篇故事，故事的主人公是一名乘坐公交车去上班的女警官，这篇故事后来在一本主流杂志上得以发表。卡罗尔还出版了一本科幻小说杂志，且接连发表了几部连环漫画。

卡罗尔的父亲在她 19 岁时自杀了。此后，卡罗尔开始和同性交往，但她却发现同性爱人的伤害和抛弃丝毫不亚于异性恋人带给她的伤痛。

某天，想投身护理专业学习的卡罗尔请求盖斯掏钱让她去护理学院学习。盖斯称如若卡罗尔成绩优异，便愿意承担其学习期间的所有费用。1968 年，25 岁的卡罗尔带着班级优秀毕业生的荣誉从护理学院毕业，拿到了她的护士执照。之后一年，卡罗尔和盖斯各奔东西，但两人始终保持着联系。（后来，盖斯连获 1975 年度和 1976 年度雨果奖最佳同人作者。）

卡罗尔后来和同在一个医院工作的男护士格兰特·邦迪结婚。婚后，二人在位于好莱坞东边的一片工人阶级聚集区的凡奈斯买下一栋房子。之后，卡罗尔给格兰特生下两个儿子：大卫和克里斯。1979 年，卡罗尔带着 9 岁的大卫和 5 岁的克里斯离开了格兰特。

卡罗尔搬进了一栋居住环境恶劣的公寓大楼。这栋大楼的经理是来自澳大利亚的兼职乡村乐手杰克·默里。虽然默里已有家室，且和妻子就居住在那栋公寓大楼里，但他很快便开始与卡罗尔偷情，卡罗尔深信默里会为了她而离开自己的妻子。在和前夫格兰特办理离婚手续时，他们卖掉了夫妻二人在凡奈斯共同拥有的房产，卡罗尔因此得到一笔约 25,000 美元的收入。不久之后，杰克告诉卡罗尔妻子患上癌症，所以他不能抛弃妻子，娶她为妻。卡罗尔得知这一噩耗后，便毫不犹豫给了杰克 10,000 美元用于其妻子的治疗费用，并希望杰克能和她同居。卡罗尔将剩余的钱财存进了和杰克的共同账户中，但之后，杰克却私自取走了账户中的 8,000 美元存款。

这时，另一个清道夫开始接近卡罗尔——道格拉斯·克拉克。生活淫乱且享受性爱受虐的服从者卡罗尔·邦迪于克拉克而言可谓是最完美的猎物。

道格拉斯·克拉克

道格拉斯·克拉克出生于 1948 年，在家中五名子女中排行老三。道格拉斯的父亲是一位高级海军军官，克拉克一家先后在宾夕法尼亚州、西雅图、伯克利和日本居住过。1959 年，道格拉斯的父亲离开海军军队，在一家私营企业担任供应经理。之后，道格拉斯一家分别搬往太平洋的马绍尔群岛和印度居住。那时，道格在邻居眼中，是一个长相帅气、调皮捣蛋的普通小孩。一家人也算生活幸福，其乐融融。家中发生过的唯一一件怪事便是道格的母亲在儿子 9 岁时发现其偷穿她和女儿的内裤。

青少年时期的道格被送往瑞士的私立学校学习，而父母则搬往其他地方定居。道格的同学回忆称，他经常夸耀自己家境富裕。尽管如此，让同学刮目相看的并不是道格的那些夸夸其谈，而是当时 15 岁的道格竟成功引诱年纪稍长的女性与其发生关系一事。那是发生在 1963 年的事情，当时的瑞士还未受到世界性革命的影响，道格和居住在日内瓦的多名本地成年女性发生性关系。然而，在某次给学校的一位女教师写过一封被称之为“性骚扰”的信件后，道格被逐出校门。

道格在 16 岁时返回美国，并进入陆军军官学校学习。因将女性偷偷带回学校进行性行为，道格在学校一夜成名。他甚至拍下自己做爱时的照片，用磁带录下当时的声音，并在事后和同学大方分享这些淫秽照片。19 岁时，道格从陆军军官学校毕业。

之后，道格拉斯·克拉克入伍美国空军，成为一名拦截分析专家。他驻扎在阿拉斯加，负责解码俄国无线电广播。克拉克为何在服役期满之前便提前离开空军部队的原因至今无从知晓。关于此事，道格本人说法不一：一次声称是因为他报告称一位高级军官是敌方间谍而引火烧身，另一次则说是因为他戳穿了白人军官杀害一名黑人部队人员的阴谋诡计。道格的服役记录始终处于封存状态，我们所能了解的唯一一点信息是道格拉斯·克拉克光荣退伍，并被授予国防服役勋章，且他所有的退役津贴均完整发放。离开空军部队后，道格搬到了洛杉矶。

目前为止，道格所有的人生经历皆不能表明他是一位潜在的连环杀手。他家庭环境稳定，家人互相帮扶；天资聪颖；面容俊俏；虽有点扭曲，却是情场高手；他总爱自我吹嘘，表现出轻微的心理失调症状；喜欢反叛；极度以自我为中心且不负责任，然而，这一切均不足以使之成为潜伏的连环杀手。

道格在 24 岁时与一位女管家结婚。婚后，两人开始共同从事家居装饰用品行业，但二人经营失败。巧合的是，道格·克拉克的家居装饰用品供应商曾是连环杀手安杰洛·博诺。安杰洛是臭名昭著的罪犯之一，他和堂兄肯尼思·比安奇在洛杉矶强奸并杀害了至少 10 名女性。博诺被警方抓捕后，克拉克谈及自己经常待在博诺的商店，而那里正是他们堂兄弟对受害者实施折磨和谋杀的罪恶之地。之后，当克拉克开始走上杀戮之路时，他将一名受害者的尸体扔在博诺和比安奇其中一处弃尸地的对面。

生意失败后，道格接受了固定发动机操作工的培训，并在圣费尔南多的洛杉矶城从事操作大型电站锅炉的工作。有段时间，道格开始染上酒瘾，但他加入了匿名戒酒互助社后，两年内滴酒未沾。

结婚四年后，道格和妻子分道扬镳。道格的前妻对于二人最终离婚的原因并没有做出过多解释，只是评论说他“在家好吃懒做”。二人离婚后仍以朋友相称。道格后来被捕入狱时，前妻觉得难以置信。在前妻的印象中，道格是一个极其平常的男人，除了有一天，二人互穿对方内裤去上班以及道格曾几次建议尝试换妻和三人做爱外，一切如常。因为道格和前妻在 20 世纪 70 年代早期居住在加利福尼亚州，所以这些事情几乎不会引起人们的恐慌，甚至屡见不鲜。

然而，到了20世纪70年代后期，关于道格·克拉克的令人担忧的报告开始传入其工作的圣费尔南多发电站。道格的所有同事皆认为他总是自我吹捧，但也有报告称，他曾至少四次对同事使用暴力威胁手段。道格经常擅自离岗，15%的工作时间里他都不在岗，而他也总有一些煞费苦心的借口来为自己的离岗辩解。1979年，道格的上级因担心自己终有一天会叫警方来工作地点确认道格未返回单位上班而最终将其辞退。之后，道格·克拉克到杰根汤料工厂的发电站应聘并被成功录用。

这次，道格开始重点勾引那些身形肥胖、不具魅力的女性。他会迅速和这些女性同居，然后成为二人关系中盛气凌人的主导者。道格通常在女性家中免费居住，且这些女性同居者皆愿意照顾他的饮食起居。当这些女性开始有所要求时，道格便会转移目标。道格和所有女性同居者的关系似乎都很融洽。他不会过分到清空她们的银行账户，也不会夺取她们的房子，他所做的都是不值一提的小事，譬如借走她们的车辆，汽油用尽后再归还；不花钱购买生活用品；用座机打长途电话。道格成为了引诱肥胖、不起眼女性的艺术家。拥有这些特征的女性或许能从道格身上得到某种病态满足。

1980年的某个晚上，道格在好莱坞北部的一家乡村音乐酒吧注意到一位体型肥硕、头发棕黄色且戴着厚片眼镜的女性，道格主动上前邀请她跳舞，道格·克拉克和卡罗尔·邦迪两人就此相识。

“对了，今晚我将和你们的妈妈一起过夜。”

虽然卡罗尔在遇见克拉克当晚便与之发生关系，但克拉克却穷尽各种浪漫方式一步步慢慢让邦迪进入自己的圈套。克拉克告诉卡罗尔他是一名工程师，说话时眼含秋波，深情凝视着卡罗尔的双眸。他还说自己曾经在瑞士的一所私人院校里上学，且之前是一位军队的密码破译家。和那些对自己以往的故事夸夸其谈的连环杀手不同，克拉克说的一切皆是实情，但谎言随之而来。

克拉克谎称他必须赶去参加一场晚宴，但在临走前向卡罗尔索要联系方式，看上去他已经被她吸引。而聪明的卡罗尔也被克拉克的过人智慧所吸引。

当克拉克第二天打来电话时，卡罗尔一定觉得那就是“真爱”。

克拉克来到卡罗尔家中，和她的两个儿子一起玩耍，哄他们入睡。他对卡罗尔的两个儿子说：“对了，今晚我将和你们的妈妈一起过夜。”这句话让两个小男孩欣喜若狂。

卡罗尔作证称，克拉克和她做爱是发自内心想要令她满意。卡罗尔声称很多男人都想在床上讨好她，但却需要卡罗尔不停地夸赞他们。克拉克似乎很享受在床上给她欢愉的过程，他几个小时以来一直在给她口交，不停赞美她是何等的美丽聪慧。克拉克温柔的声音和智慧的话语让卡罗尔着迷。第二天早上，克拉克在卡罗尔的床上醒来时，看上去好似一个茫然无措的小男孩，他提出想收拾东西搬来和卡罗尔同居，并小心翼翼地询问她是否介意，卡罗尔听后，毫不犹豫地答应了。

两人同居一段时间后，卡罗尔发现克拉克其实是一个极度以自我为中心的男人。虽然克拉克叫她“话匣子”，但他却丝毫没有兴趣聆听卡罗尔的絮叨。当卡罗尔试图给克拉克展示一篇她完成的短篇故事时，他却自己创作了一叠两英寸厚的地下城恐怖故事手稿。他们两人之间的话题总是离不开连环杀手，克拉克向卡罗尔讲述了自己在经营家居装饰品生意时偶遇安杰洛·博诺的经历。

夜已深，当克拉克和卡罗尔躺在床上时，克拉克开始在卡罗尔耳边轻声诉说自己的幻想。克拉克告诉卡罗尔他想征服并俘虏一位年轻女孩，带着她去往摆满酷刑工具的乡下小屋，将她关押在那里，使之沦为性奴。另一个晚上，克拉克对卡罗尔说，纵观历史，人们一直在相互屠杀，罪大恶极，卡罗尔听后表示赞同。杀戮是一大乐事，克拉克说。任何对他心存爱意的女人皆应愿意为他大开杀戒。

有一次，克拉克告诉卡罗尔，他是黑手党的一名暗杀者，并要求她帮助自己杀掉丹佛的某个人。卡罗尔听后立即开始询问他飞机航班和应该穿的衣服，她很乐意帮助克拉克完成谋杀任务。

1980 年 4 月，克拉克前往一家当铺，并让卡罗尔购买了两支口径为 0.25 英寸的小型手枪。克拉克对卡罗尔说这两支枪应登记在她名下，他解释说，自己此前曾因一次在印第安纳州持枪抢劫而被逮捕，之后便被警方要求禁止携带枪支武器。这是克拉克的谎言。和其他连环杀手截然不同的是，克拉克并未有任何犯罪前科记录。

克拉克和卡罗尔的幻想逐渐滋长。克拉克的脾气变得略微暴躁，且开始对卡罗尔冷眼相待，而这只会让卡罗尔更加渴望得到他的关注。克拉克和卡罗尔其中一个儿子的关系也逐渐变得紧张。之后，卡罗尔将两个儿子送往爷爷奶奶家中代为抚养。卡罗尔卖掉了儿子的玩具，并开始在克拉克工作地点附近寻找出租公寓。

“如果你脑子笨拙，又没有丝毫观察力，那我要怎么样把你培养成一名杀手？”

警方认为克拉克在 1980 年的春季末期开始使用卡罗尔名下的枪支实施一系列对年轻女性受害者的谋杀犯罪。5 月 31 日，克拉克在日落大道片区挑选了一位街边妓女，射中她的头部致其死亡，之后他将受害者尸体丢弃在洛杉矶的小山上。6 月 11 日，克拉克诱拐两名青少年女性受害者进入车内，随后将两名受害者射杀致死。之后，他将二人的尸体带回自己出租的一个杂货间内，奸淫了尸体，拍照“留念”后，将尸体扔在好莱坞山的路边。卡罗尔对这一切并不知情，克拉克也只字未提，直到有一天，卡罗尔在自己经常借给克拉克使用的车中发现一袋沾满鲜血的衣服，克拉克的罪行才得以败露。之后，卡罗尔仔仔细细地将受害者的衣物全部清洗了一遍。

在克拉克向卡罗尔坦白说自己杀害了两名女孩后，卡罗尔立即给警方打了电话，不是为了告发克拉克的罪行，而是为了确认克拉克是否真的犯下这些谋杀案件。卡罗尔在电话中询问凶案探员，称她认为自己的男友是嫌犯，但在没完全确定之前并不想告发他。卡罗尔请求凶案探员给她透露一点谋杀案的细节。之后，警方总机不小心挂断了卡罗尔的电话，二人的对话也就被迫中断。

与此同时，克拉克带着卡罗尔前往他丢弃第一名街边妓女和后面两名青少年女性尸体的地方，这三名受害者的尸体直至那时仍未被发现。克拉克告诉卡罗尔他将尸体的腹部割开，好吸引周围的蠕虫，加速尸体腐烂。他拿走第一位受害者的衣服并将其赠送给一位与他和卡罗尔同住一栋公寓大楼的 11 岁小女孩（卡罗尔和克拉克与这名小女孩发生过性行为），但自己却将受害者的内裤留了下来。

卡罗尔得知这一切后没有一味盲从，她对克拉克说他是一个反社会分子，克拉克听后满腔怒火。

克拉克将作案范围锁定在日落大道地区，20 世纪 80 年代，日落大道横跨好莱坞和西好莱坞，是洛杉矶相连街道的“零点位置”。这里曾经且目前仍是一片单调却人潮涌动的地区，汽车尾气笼罩着整片区域，一眼望去，街边全是狭窄破旧的商店、价格低廉的公寓、昏暗阴冷的汽车旅馆、快餐店和超市，超市的停车场是妓女经常出没的地方。南边是靠洛杉矶中心的下坡，北边则靠好莱坞山的上坡，夹在两地之间，承受太阳炙热的烘烤，燥热、沉闷。东西两边的车辆川流不息，他们在前往洛杉矶其他地区的途中路过这里，停靠歇息，而他们便是街边妓女的摇钱树。

6 月 20 日晚上，克拉克准备再次作案，这次，他带上了卡罗尔。两人驾车来到靠近高地大街的一栋公寓附近，卡罗尔坐在车中后座等待，而克拉克则下车挑选了一位不介意在车上当着肥胖的卡罗尔的面服务顾客的妓女。当妓女正在给克拉克口交时，克拉克举起一只手示意卡罗尔将一支 0.25 英寸口径的手枪扔到他手中，之后，克拉克对准妓女的头部开了一枪，中枪后的受害者不省人事，但却并未当场死亡。克拉克准备驾车离开时，卡罗尔从车后座跳到了前排。当卡罗尔匆忙褪去受害者的衣服和首饰时，受害者的头部就倒在她的膝盖上，血流不止。随后，卡罗尔拿出一张纸巾，擦去了从妓女的伤口和鼻子不断喷涌而出的鲜血。到达洛杉矶北部的偏远地区后，克拉克和卡罗尔两人将受害者尸体丢弃在荒野，任由其自生自灭。这名受害者年龄在 17 岁至 20 岁之间，其具体身份直至今日尚不知晓。

卡罗尔回忆称，自己在当时的谋杀经历中没有快感也不反感，求知欲让她目不转睛地注视着眼前发生的一切。脱下受害者的衣服时，卡罗尔内心想的是：要脱去一个不配合的人的衣服真困难啊，这个女人身材不错，金色的阴毛也挺好看。卡罗尔说当她脱去女孩的靴子并发现藏在香烟和梳子下的小刀时，她心想：蠢女人，把小刀这样藏着对你没有任何好处。

作案之后，卡罗尔开始为克拉克的谋杀出谋划策。卡罗尔建议克拉克带上一个装有裹在纸袋中的刀具、纸巾、塑胶手套和液体清洁剂的“杀人工具袋”。她指出，克拉克应该在实施谋杀后立即清洗车辆。卡罗尔还建议克拉克在每次作案时故意使用令人惊骇的杀人手法，以便于误导警方，使其认为这些谋杀案件皆由精神病患者所为，而排除“心智健全”的克拉克的嫌疑。克拉克带着卡罗尔开车去寻找目标受害者时，卡罗尔总是称她们为“婊子”、“脓疮”或“不男不女”。

为误导警方，卡罗尔给强暴危机中心打电话称自己的黑人男友便是杀害所有受害者的凶手。卡罗尔甚至试图让她的一位黑人护士同事给她一根自己的阴毛，以便克拉克将其放在下一次谋杀的凶案现场。护士愤然拒绝了卡罗尔这一无理的要求。

道格·克拉克加速了谋杀频率，凶杀案件的发生日益频繁。6月22日，克拉克再次出门寻找目标受害者，这次，他没有带上卡罗尔。他在日落大道片区锁定了三名受害者——两名白人女性，一名黑人女性。那时，对之前谋杀案件有所耳闻的几名女性提高了警惕，只有那名黑人女性同意独自进入克拉克的车内，克拉克拒绝了。和典型的连环杀手一样，克拉克只对挑战自我的谋杀感兴趣。随后，克拉克驾车继续巡游，但再未找到合适的目标受害者。一无所获的克拉克只好作罢，在驾车回家途中，克拉克看到了一位独自走在街边的白人妓女，这是一位头发金黄却黯淡无光的年轻女性，正是之前两名白人妓女中的一位。这次，克拉克成功说服该妓女进入自己车内。当妓女给克拉克口交时，他举枪从其头部后面开了一枪。随后，克拉克开车来到一家已经关门的餐馆后面（当时是星期天的晚上）。在将受害者尸体拽出车后，克拉克在停车场锯下她的头并将其装入卡罗尔悉心准备的塑料袋中，随后丢入自己旅行车的后备箱。克拉克随即驾车离开，将受害者尸体留在了餐馆后面。

克拉克担心另外两名妓女会到警局指认他，于是他驾车回到日落大道开始寻找她们的身影。很快，克拉克找到了之前的黑人妓女并引诱她进入车内。他毫不犹豫地开枪打死了这名黑人女性并拿走了她所有的首饰和钱财，然后将尸体滚落到街边。这名黑人女性受害者的被害印证了连环杀手在每次实施谋杀时，皆有自己的作案手法和狂暴情绪。她之所以遇害只是因为克拉克认为自己需要清除掉所有目击证人。除此之外，她完全不符合克拉克的目标受害者特征。成功解决掉一名潜在证人之后，克拉克开始继续寻找另一名女性，但始终未能找到。

克拉克带着金发妓女被装在塑料袋中的头回到家中，但不管卡罗尔如何劝说，他始终以"太恶心"为由拒绝向她展示战利品。卡罗尔听后争辩说自己是一名护士，且经常在工作中处理尸体，区区一颗头颅并不会让她害怕，但克拉克依旧以同样的理由断然回绝。

第二天早上，卡罗尔发现受害者头颅被放在厨房洗涤槽的台面上，金黄色的头发湿乎乎的，嘴巴大张。克拉克说他之前洗澡时清洗了一遍，并用其嘴部给自己口交。说完，克拉克将受害者的头放进冰箱。

两天后，克拉克认为他们应该丢掉这颗头颅。于是卡罗尔出门买了一个在墨西哥制造的精美但常见的木箱。在克拉克的要求下，卡罗尔梳理了受害者头颅上的头发，用吹风机吹出造型，并给她化上适合的妆容。之后克拉克认为卡罗尔或许在受害者头颅上留下了指纹，于是他命令卡罗尔拿着头颅到厨房洗涤槽里使劲清洗。克拉克和卡罗尔将受害者头颅放入木箱后，便开车寻找合适的弃尸地点，最后，卡罗尔将木箱扔进一条小巷内。当晚，该木箱被附近停车的路人发现。

克拉克因为卡罗尔没能选择一个更好的地点丢弃木箱而怒火冲天："如果你脑子笨拙，又没有丝毫观察力，那我要怎么样把你培养成一名杀手？"他对卡罗尔咆哮着。

克拉克继续对卡罗尔进行着言语侮辱和嘲弄。卡罗尔以往一定相信倘若她参与谋杀，便可拉近与克拉克之间的距离。卡罗尔小心翼翼地打包着克拉克上班时的午饭，也同样在他晚上出门"处理事务"时小心翼翼地整理着他的"杀人工具袋"。但她对克拉克的言听计从只会增强克拉克对她的控制感而已，最终也导致他愈发狂暴和疏远。

因为所有受害者均是被 0.25 英寸口径的子弹击中头部致死，因此警方认为这些连环谋杀案皆是同一凶手所为。很快，警方便收集了一份名单，名单上全是最近购买过 0.25 英寸口径手枪的人，不出所料，警方看到卡罗尔的枪支登记信息时并未太过在意，因为警方推测嫌犯不可能是位女性。

当时，克拉克称曾杀掉 100 名女性。警方怀疑，除上述 5 名受害者外，克拉克在 1980 年的夏季在其他地方还杀死了 2 至 5 名女性受害者。最终，克拉克遭到 6 起谋杀案件指控，但此前，警方还找到另外几名被 0.25 英寸口径子弹射杀致死的年轻女性尸体。然而，由于子弹碎裂，警方无法断定这些子弹是否来自克拉克谋杀所使用的枪支。与此同时，卡罗尔觉得克拉克彻底对她失去了性趣。她注意到，克拉克在每次作案后都拒绝与她做爱，并不是因为他看似满足，他急躁不安且情绪高涨，但却沉默寡言。克拉克对卡罗尔的嘲弄和谩骂变本加厉。他从不对她动手，但在卡罗尔扭曲的心中，一顿拳打脚踢或许可以证明他对自己依旧是在乎的。卡罗尔日渐绝望。

“说实话，杀人很有趣……”

8 月 4 日，为了证明自己作为克拉克伴侣的价值所在，卡罗尔决定独自作案。卡罗尔找上了杰克·默里，这个她在遇见克拉克之前爱过的男人，也是狠心清空她银行账户中大部分存款的男人。卡罗尔告诉杰克称想在他的货车中云雨一番。两人一进入货车，卡罗尔便开枪射中杰克的头部。随后，卡罗尔如同一名称职护士一般，仔细检查杰克的脉搏，在发现杰克仍有生命迹象后，卡罗尔再次对着其头上第一处伤口的另一边开了一枪，此后又在他的背上接连捅了六刀。卡罗尔说她对着杰克的肛门处猛砍，然后割下其半边臀部，伪装成“精神病杀手”作案的样子。她记得自己一边猛割杰克的臀部一边念叨着：“你想要一块屁股吗？这就是一块屁股。”

仔细清理掉自己的指纹后，卡罗尔突然意识到杰克脑袋中的两颗子弹会使警方将其与其他案件受害者联系起来，于是她砍掉杰克的头，装在一个塑料袋中并带回了家。之后，克拉克驾车带着卡罗尔出门，当克拉克询问她想如何处置头颅时，卡罗尔回答说：“头上有三个洞，我们可以去保龄球馆，把这颗头当保龄球打。”

克拉克在一家工厂的垃圾桶前停车，并让卡罗尔将杰克的头颅扔进垃圾堆。警方一直未能找到杰克的头颅。卡罗尔以为克拉克会为自己而骄傲，但令她大失所望的是，克拉克对她愈加奚落。克拉克抱怨她是白痴，带回留有子弹碎片的头颅，却将用过的0.25英寸口径子弹壳留在了货车内的地板上。

星期六晚上，警方接到货车停放处附近的邻居报案，称货车中散发出一股腐臭恶心的味道，随后，警方赶到现场，发现了杰克的尸体。因为有目击证人称曾看见杰克和卡罗尔在杰克生前经常光顾的一家酒吧聊天，且卡罗尔此前与杰克是恋人关系这件事人尽皆知，所以警方在星期天下午询问了卡罗尔。卡罗尔承认曾在杰克失踪当天与其见过面，但她声称对杰克遇害一事一无所知。当被警察问到是否持有一把0.25英寸口径的手枪时，卡罗尔回答说她有两把，但早在5月便已经出售。当然了，她完全不记得买家的名字。

道格拉斯·克拉克刻意与卡罗尔保持着距离，两人之间的关系日益疏远。道格对卡罗尔说："不管你做什么，不要因为杰克的事情连累到我。我没有杀他，我也不想因此承担不该承担的责任。"在警方离开后，卡罗尔·邦迪的情绪几近崩溃。她打电话给住在前婆婆家中的两个儿子，与他们叙旧聊天将近20分钟。她还打电话联系了理查德·盖斯，询问他自己能否前往俄勒冈州与他同住一段时间，但盖斯回答说不想与她见面。此时，道格正瞒着卡罗尔偷偷和另一个女人外出私会。那个星期天的晚上，孤独寂寞的卡罗尔感觉被世界遗弃了。

通常而言，一些不起眼的事情总能最终成为这些案件的突破口。在道格拉斯·克拉克和卡罗尔·邦迪的案件中，这个细节便是卡罗尔在星期一早上醒来时，发现自己的利眠宁（一种镇静剂）吃完了。那天早上，卡罗尔驾车送克拉克去上班，而克拉克途中一直抱怨她的驾车技术，因怨恨她透露给警方太多信息而不停叫她"话匣子"。在克拉克终于到达上班地点后，卡罗尔驱车来到山谷中心医院，她是这家医院的护士。

卡罗尔在山谷中心医院的同事皆认为她性格古怪且惹人讨厌，但却称得上是一位称职的护士。当天，卡罗尔的同事注意到她的情绪焦虑不安。之后，卡罗尔将一位护士叫到角落，并向她吐露了之前和道格一起犯下的所有谋杀案，她将每个血淋淋的细节都描述得淋漓尽致。在卡罗尔讲述自己砍下杰克的脑袋却一时疏忽，忘记捡起车内遗留的子弹壳时，惊愕不已的护士留意到，卡罗尔的手不停地在其制服口袋中摸索着什么。看到这一幕的护士惊慌害怕，她认为卡罗尔的口袋中或许装着一把手枪。最终，卡罗尔讲完了她的故事，并说她要回家收集谋杀案的证据，主动向警方自首。

随后，护士匆忙跑开并联系了警察，当警察到达医院后，卡罗尔·邦迪镇定自若地走到地下室，脱下制服，在楼上陷入恐慌的人群毫无察觉时离开了医院。卡罗尔一回到家中便开始收拾受害者的所有衣物、作案枪支的子弹、照片以及其他物证（手枪被藏在道格工作的公司），并试图打电话给警方自首。

值得一提的是，卡罗尔一遍遍地拨打警局电话，而对方要么是正在通话中，要么是机器应答，再或者是告知其拨打另一个号码。卡罗尔最后终于成功接通了一位探员的电话，但由于他所在的地区与案发地相距甚远，所以对这些案件只是略知一二。他甚至未在报纸上看到过案件报道。尽管如此，他仍旧耐心听着卡罗尔在电话中对所有犯案经过的叙述。当探员询问卡罗尔为何选择告发爱人时，她回答说："噢，很长一段时间以来，他都视我如粪土，他对我的态度越来越糟，越来越糟。现在我已经独自杀了一个人，这可是完全靠我自己，但他却因为这件事跟我疏远，我只是感到厌恶了而已。"

探员追问卡罗尔是否因这些谋杀案而感到自责，卡罗尔坚定地说："说实话，杀人很有趣，如果我可以为所欲为的话，我可能会再杀一次。我不得不说，这听起来会很恶心，很变态，而且我真的不认为我有那么变态，但这很有趣，就像是坐过山车一样。"

之后，卡罗尔在监狱中给理查德·盖斯写了这样一封信：

迪克，我想告诉你一个简单的事实：杀人很容易。我们每个人都有杀害别人的潜力。只是童年时期的社会制约阻碍我们成为谋杀犯……有人曾告诉我说谋杀罪是最容易逃脱的罪责，我相信这句话。如果我当初没有坦白交代……哎，只能说，为时已晚，为时已晚啊。

卡罗尔·邦迪一挂断电话，警方便赶到她家中。他们已对在医院坦白罪行的卡罗尔提高了警惕。由于卡罗尔·邦迪此前是杰克·默里遇害一案中的嫌疑人，因而警方很快便将其抓捕。随后，警方当天在道格拉斯·克拉克走出工厂时迅速对其实施了逮捕。而卡罗尔此前声称已经出售的两把手枪也在工厂内被找到。

在遵照连环杀手泰德·邦迪的方式，自己作为辩护人进行庭上抗辩后，道格拉斯·克拉克于1983年被判处死刑。在牢房中等待死期的他始终坚称所有谋杀案皆是由卡罗尔和默里两人所为，而他则是含冤入狱。

卡罗尔最终认罪并因谋杀杰克·默里和一位不知名的妓女被连续判处两项25年有期徒刑。2012年，即卡罗尔69岁时，她将会获得首次申请假释的资格，但2003年12月9日，61岁的卡罗尔在狱中去世。

查伦和杰拉尔德·加莱戈——性奴杀手

洛杉矶警方于1980年8月将道格拉斯·克拉克和卡罗尔·邦迪绳之以法后不久，加利福尼亚州萨克拉门托警方便在1980年11月2日一早接到一通奇怪的电话。当晚，大学生均受邀参加一场正式晚宴，接着便是创始人纪念日舞会。当22岁的格雷格·米勒和21岁的交往对象玛丽·贝斯·索尔斯离开餐馆时，他们的朋友安迪·比尔紧随其后，准备恶作剧一番。安迪跟着二人来到停车场，正准备实施恶作剧计划时，他看见一位金发年轻女性朝格雷格和玛丽的方向走去。不知为何，格雷格和玛丽随同这名女性来到她的车前并坐进了车后座中。安迪·比尔见状便兴奋地朝车的方向跑去，大笑着跳进了驾驶座。这时，他惊愕地发现坐在漆黑的驾驶座上的是一位脸色阴沉的男性。安迪转头看向自己朋友的脸时意识到事情不妙。突然，之前那位金发女性弯腰靠近驾驶座，扇了安迪一耳光，并怒吼着让他滚出去。安迪瑟瑟发抖地爬到车外，然后眼睁睁看着女人进入车内，发动引擎，带着自己的朋友驾车离开。尽管惊惶失措，安迪还是清醒地记下了车牌号码。

当警方对安迪提供的车牌号进行仔细查询时，发现该牌照登记在一位名叫查伦·加莱戈的萨克拉门托居民名下，24岁的查伦家境富裕、声誉良好，是一名已婚的大学毕业生，目前怀有七个月的身孕。当被警察询问时，查伦声称她当晚独自一人，这辆车就停在车道上，自始至终并未有人动过。由于不确定那晚停车场内是否真的出现了某种不法行为，再加上怀有身孕的查伦看似没有重大嫌疑，因而警方简单询问几句后便离开了。警方认为或许是报案的小子记错了车牌号码，或者也许他之前喝了太多酒，也许根本什么事也没发生。几个小时之后，有人在田野中发现了格雷格·米勒的尸体，他的头后部有三处被0.25英寸口径手枪击中的伤口。

警方随即对查伦的丈夫杰拉尔德·加莱戈展开调查。警方发现加莱戈在13岁时强奸了一位7岁的小女孩，且他的个人档案上自那以后便连续出现多次性侵犯罪记录。事实上，加莱戈因强奸自己14岁的女儿以及女儿的朋友而被警方通缉。除此之外，加莱戈的父亲也曾是一位不法分子，他曾杀害两名执法官员，且是密西西比州第一个被处以毒气死刑的罪犯，当年，加莱戈9岁。

警方立即赶回杰拉尔德和查伦·加莱戈家中，但夫妻二人早已逃之夭夭，那辆车也不见踪影。杰拉尔德和查伦·加莱戈这对雌雄双杀自1978年以来一直在不断绑架并杀害年轻女性，通常在一次作案时谋杀两名受害者。

身为双性恋的查伦在监狱中接受智力测试时，测试结果高达160。她是一位天赋异禀的小提琴乐手，来自加利福尼亚州的她从小家境富裕，是一位大学毕业生。某天傍晚，在俱乐部买毒品的她结识了杰拉尔德·加莱戈。查伦立即被加莱戈“不法之徒”的特质所吸引并与他结婚。

和之前案例中的女性如出一辙，查伦或许也是一位支配欲强的女性，而这样的她需要被一位同样属于强支配欲范畴的男性征服。杰拉尔德是完美人选。他向查伦吐露自己想在偏远乡村的房子里囚禁还是处女之身的年轻性奴的幻想。杰拉尔德在女儿（与另一个妻子所生）14岁生日时兽奸了女儿，甚至连她的朋友也不放过，而查伦就在旁边亲眼目睹着眼前的一切。

一天晚上，杰拉尔德和查伦怂恿一名16岁的艳舞舞女来到家中，随后三人一起进行了性交行为。但第二天下班回家的杰拉尔德发现查伦和舞女正在做爱后勃然大怒，他将舞女赶出家门，并拒绝再与查伦发生性行为。事情进行到这里开始出现恶性发展。遭到杰拉尔德拒绝的查伦提出两人一起绑架、强奸并谋杀年轻女性的可怕建议。

1978年9月至1980年11月，杰拉尔德和查伦开始了一场又一场的疯狂杀戮。这对雌雄双杀通常在萨克拉门托的大型商场中寻找绑架的目标女性受害者，有时也在内华达州和俄勒冈州作案。他们的一贯作案手法是用撬棒击打受害者的头后部或直接用0.25英寸口径手枪射中其头部。他们曾残忍活埋了一位怀有身孕的受害者。杰拉尔德和查伦在三次作案中一次性绑架了两名受害者。他们共同对这些女性受害者实施性侵，查伦喜欢一边让一名受害者给她口交，一边撕咬另一名女性。她曾将其中一名受害者的乳头活生生咬下来。

某次，杰拉尔德在查伦驾驶货车时按捺不住，"未等查伦一起"便开始独自在车后对两名青少年女性受害者实施强奸，杰拉尔德的这一举动使得查伦怒不可遏，两人甚至因此举枪相对，直到查伦开枪打伤了杰拉尔德的手臂，二人的枪战才得以停止。

这对雌雄双杀最终被绳之以法。杰拉尔德·加莱戈被判处死刑，而查伦·加莱戈采取了与很多案件审理相似的模式，她因指证杰拉尔德，只获判16年有期徒刑。

在监狱中服刑的查伦没有一蹶不振，而是继续学习，充实自己，她自学了包括心理学、商业学和冰岛文学在内的许多知识。"她是一个非常聪明的女人，"在加莱戈审讯时担任首席检察官的内华达州地方法官理查德·瓦格纳说，"她记忆力超强，正是这一点让她成为一名令人惊叹的证人……所有受害者在她头脑中就像被储存的照片一样一清二楚，她甚至记得她们穿的鞋子和衣服。"

1997年7月17日，查伦被释放出狱，之后，她又将姓改回了娘家姓威廉姆斯。查伦在一次采访中声称自己和其他遇害女性一样，是加莱戈的受害者："有些受害者死了，而有些受害者依然活着。很久很久之后我才意识到自己就是那部分活着的受害者中的一个。"

查伦在谈到杰拉尔德·加莱戈时如是说："他在我父母面前表现得像个极其适合成家立业的男人。但很快我就感觉像是置身泥潭之中。我眼前茫然一片，看不到任何出路，因为他一点一滴占据着我的生活，慢慢地移除我生活中原有的每件事，每个人，直到我身边剩下的都是他的家庭成员，而他们每个人都跟他一模一样……待在监狱与跟他在一起相比，简直可以说是一种自由。"

加莱戈最近试图申请再审，但在中途因癌症去世。1999 年 11 月 20 日，内华达州的一位农民找到了一处深度较浅的藏尸坑，里面埋葬着 14 岁的布伦达·贾德和 13 岁的桑德拉·科利，这两名在 1979 年突然人间蒸发的年轻女孩是警方怀疑查伦和杰拉尔德所杀害的共计 10 名受害者中的其中两名。

* * *

不同的雌雄双杀组合皆有各自特定且迥然有异的精神病理模式。其中一个即是上文案例中出现最多的：男性同伙往往伴有在某一偏远地方囚禁处女性奴的幻想，也可称之为"收藏"幻想。而案件中的女性同伙则更难被赋予准确判定或特征。似乎她们对其他女性带有明显的憎恶或怨恨，同时还掺杂着同性恋或双性恋倾向。这些女性同伙通常通过直接与受害者进行性接触，或与谋杀同伙发生性行为的方式将所有谋杀行为均与性联系在一起。

在上述各个案件中，即使有证据表明案件中的女性罪犯与男性罪犯罪责相当，或甚至在罪行严重程度上明显超过男性同伙，但相比之下，女性罪犯却往往能获得更轻的刑事处罚。因为在普遍的社会意识中，女性在虐待癖好和凶残程度上远不如男性，我们暂时还无法接受女性与男性同样罪恶甚至更胜一筹的事实，尤其是在男女双杀组合的情形中。

卡拉·霍穆尔卡和保罗·伯纳德——杀手肯和芭比

加拿大安大略省的保罗·伯纳德和卡拉·霍穆尔卡雌雄双杀一案与欣德利－布雷迪、加莱戈夫妻以及邦迪－克拉克的案件大同小异，同样令人难以忘却。不同之处在于保罗·伯纳德和卡拉·霍穆尔卡利用更为先进的技术记录其对受害者实施的强奸和凌虐：他们用录像机将所有过程拍摄下来，留下一段令人毛骨悚然的记录，录像带中的犯罪过程记录证明了他们是具有高度组织性的虐待型连环杀手。在犯罪史上，从未有任何一段杀人录像如同霍穆尔卡和伯纳德所拍摄的那般众多与详尽，甚至连伦纳德·雷克和吴志达那些臭名昭著的录像带都略逊一筹，这些录像后来被作为二人审讯时的呈堂公证。

保罗·伯纳德和卡拉·霍穆尔卡被世人称作"杀手肯和芭比"，因许多女孩曾玩过的精致人形玩偶肯和芭比而得名。二人落网时正值青年——保罗 28 岁，而霍穆尔卡则是 22 岁。保罗·伯纳德金发碧眼、个子高挑、擅长运动、智慧过人且长相俊俏，许多人形容他拥有着天使的面庞。卡拉·霍穆尔卡也一样，一头金色卷发、迷人的双眼、聪明、个子娇小却身形娇美、长相可人，二人可说是郎才女貌。保罗是一位受过大学教育的会计师，霍穆尔卡高中毕业后当上了兽医助理。他们两人均在普通的中产阶级边缘地区长大，进入典型的中产阶级郊区学校学习，他们的一切皆具有“中产阶级”的典型特征——品味和风格不趋于上层阶级也不偏于下层阶级。他们追求高档，却只负担得起购物商场里的中等消费。

保罗和卡拉举行了一场奢华的婚礼，但仍是典型的中层阶级品味，他们的婚礼布置和流程可以从时下流行的新娘杂志中直接找到，或许二人也正是效仿了这些杂志上的婚礼模式。他们坐着马车离开教堂，婚后，二人前往夏威夷共度蜜月。

保罗和卡拉在一个富人聚集、区域条件适中的典型城镇中定居，这里土地肥沃，是安大略南部“金马蹄地区”星星点点类似城镇中的其中一处，位于多伦多和尼亚加拉瀑布城之间，靠近美国边境。他们以每个月 1200 美元的租金在湖边租住了一栋精致的科德角式房屋，并给房屋装上了具有加拿大典型特色的松木家具，这里离尼亚加拉瀑布城只有 30 分钟车程。

保罗和卡拉的一切看似极为平常且典型。但不同寻常的是，二人在前往蜜月旅行之前已对两名青少年女性实施了强奸和凌虐，并最终杀人灭口，其中包括卡拉年仅 15 岁的妹妹。两次犯罪过程均被二人用录像机记录下来。由于保罗和卡拉夫妻二人受人尊敬、富有魅力且待人友善，堪称完美的中产阶级家庭，因而当周围学校有女孩开始无故失踪时，也并未有人将怀疑的目光投向他们。这些失踪女孩后来被发现时肢体残缺，尸体上被涂上大块水泥，丢弃在池塘边或全身裸露地躺在壕沟里。

卡拉·霍穆尔卡——卑鄙女孩

卡拉·霍穆尔卡出生于 1970 年，从小在加拿大圣凯瑟琳市的一座城镇中长大，这里坐落于多伦多和尼亚加拉瀑布城之间，人口 15 万，环境富饶。卡拉所居住的城镇因当地发达的农产业而被亲切地称为“花园城市”，盛产酿酒葡萄、苹果和蔬菜。卡拉家中一共有三名子女，她排行老大。卡拉的母亲出生于加拿大，是一位医院管理员，父亲从捷克斯洛伐克移民至加拿大，经营灯具和黑丝绒画生意。

我们对于卡拉的家庭生活知之甚微。在朋友眼里，卡拉是一位性格专横的小女孩，她被大家毫无恶意地称之为“公主”。卡拉有着金黄色的披肩长发且天资聪慧，她收藏了一大堆芭比娃娃，喜爱阅读儿童悬疑小说。卡拉曾说她长大后想成为一名侦探。卡拉童年时期的玩伴皆回忆称，她在朋友关系中总是处于至高无上的统治地位。

卡拉身边的很多朋友公认她是高中时期最聪明、最漂亮且最受欢迎的女孩，她唯一的缺点便是在体育方面天资不足。尽管如此优秀，卡拉依然时常郁郁寡欢。她的成绩一度下滑，且开始迷恋异性，似乎除了男孩之外，其他一切于她而言均毫无意义。她急于结婚，然后离开学校，那段时间，卡拉接连交往了好几任男友。

卡拉在十五六岁时将头发染成了浮夸朋克风的红黑渐变色。和成百上千甚至成千上万的高中女孩一样，她偷食禁果，享受身体欢愉，服用避孕药。当时，卡拉和家人偶尔会发生争执，但都是小吵小闹，不值一提。卡拉 17 岁时对父母提出想只身前往堪萨斯州看望移居至当地的男友，但这一要求被父母断然回绝。尽管如此，卡拉仍旧订了一张机票并私自前往，但她到达堪萨斯州后，立即打电话给父母报平安并告诉他们两周后她将回家，让他们不要担心。

卡拉曾向一位女孩展示她手腕上的小割痕并称她企图自杀，而那位女孩自己也曾尝试过自杀，且她手腕上的割伤比卡拉要严重得多，她回忆说，卡拉并非真的想要结束生命，她只是渴望博得大家的关注罢了。

青春期的卡拉内心阴暗。她曾在一位同学的记事簿上写道：“记住：自杀很刺激，禁食也超棒，瘦成皮包骨头！死亡至上，死亡超酷。我爱死亡。灭了这该死的世界。”

另一位女孩回忆称，某次两人在学校自助餐厅吃饭时，卡拉曾在她耳边窃窃私语："我想在一个人身上画上很多小点，用刀将它们逐个连成线，然后往他们身上倒醋。"

卡拉大量阅读书籍，她在高中时期的那些阅读材料揭示出她内在的哥特派品位。真实犯罪文学、超自然书籍、恐怖故事和奇幻文学皆是她的最爱。

卡拉和她的那些"卑鄙女孩"朋友们组成了一个她们自称为"EDC——专属钻石俱乐部"的小圈子。她们说这个名字的目的在于希望圈中的每个成员皆能找到一个稍微年长、但外形迷人且出手阔绰的男人，买一枚精美的钻石戒指，结婚，然后幸福一生。

在俱乐部中其他成员的眼里，卡拉只是一个性格开朗且积极向上的女孩，她经常谈及要攻读大学，将来想成为一名兽医。那时，喜爱动物的卡拉在一家宠物店做兼职店员。

总而言之，卡拉·霍穆尔卡的青少年时期并未出现与其他成千上万的典型青少年大相径庭的经历或作为。她未曾遭受任何凌虐、强奸、遗弃或创伤，且家庭生活幸福美满。一切都是那么稀疏平常——典型的中产阶级生活。

1987 年，17 岁的卡拉和几个朋友在某个周末驾车前往多伦多市参加一场宠物店交流大会，她们在斯卡伯勒预定了一家酒店。那个星期五晚上，在一场热闹疯狂的舞会后，酩酊大醉的卡拉和朋友们半夜时分才回到酒店房间，随同一起的还有两名男性，她们想逍遥一把，但事情并非想象中那么顺利，于是两名男性被赶出房间。卡拉在换好睡衣准备上床睡觉时，突然很想吃三明治，她打电话叫客房服务，却被告知酒店餐厅已经关门。但楼下的餐厅明明还在营业，于是穿着睡衣的卡拉便和朋友一起到楼下的餐馆准备吃点夜宵。就是在这家餐馆里，这对日后臭名昭著的雌雄双杀——卡拉和保罗·伯纳德相遇了。

"来自地狱的野种"

后见之明有时残酷无比。倘若说卡拉以往的生活中并未有任何暗示其日后或许将成为连环杀手的标志事件或经历，那么保罗·伯纳德的所有过往则恰恰揭示了他潜在的魔头本性。表面上，保罗·伯纳德看似和卡拉一样，是一位中产阶级的典型青年。出生于 1964 年的保罗是家中三名子女中最小的一个。他的父亲肯尼思·伯纳德是一位出色的会计师，而母亲玛丽琳则是一位在业余时间积极领导女童子军的家庭主妇。

保罗的父母均来自中产阶级家庭，出生于滑铁卢区的繁华乡镇，这里处在安大略门诺会农牧之地的中心，是世界顶尖电脑科技大学的所在地之一。玛丽琳一家曾是团结亲英分子（1776 年，十三个殖民地中拒绝改革的英国公民，随后搬往加拿大成为当地的统治精英）。玛丽琳的父亲是一位律师，同时也是加拿大军队中的陆军上校，曾立下赫赫战功。与玛丽琳的父亲相比，肯尼思·伯纳德父亲的出身稍显卑微。他是葡萄牙人，但在移民至加拿大后开始创办自己的公司，经营大理石生意，事业有成。

肯尼思和玛丽琳婚后在斯卡伯勒一处更高档的地区定居——修建于加拿大 1950 年繁荣时期的市郊区，位于多伦多东部。两人住宅后面配有一个泳池，这在盛夏期几乎不超过两个月的加拿大来说是一种奢侈配置。

然而，这个家庭光鲜的外表下却潜藏着黑暗。保罗小时候，父亲时常对 9 岁的姐姐实施性虐。有一次，邻居当场抓住保罗的爸爸穿着睡衣在他们窗外偷窥并报了警。保罗的这些童年经历使之被列入 FBI 研究中 50% 到 53% 的连环杀手所属的某一范畴，该范畴中所有连环杀手的父母均曾有过犯罪或精神异常记录。（令人意想不到的是，在保罗落网后被法庭传讯的同一天，他 58 岁的父亲肯尼思正因 20 年前，即 1969 年 1 月至 1974 年 6 月曾多次对亲生女儿实施猥亵的罪名成立而在临近法庭中接受判决审讯。肯尼思的女儿已经结婚生子，但在认定父亲死性未改，再次对自己的女儿做出不雅的骚扰之举后，她提出了起诉。）[209] 目击证人回忆称，伯纳德一家的生活可说是“狂风暴雨”，夫妻二人甚至分房睡觉。保罗母亲的体重飙升、日渐消沉、郁郁寡欢。

保罗在五六岁时曾离家出走，几天未归。保罗的哥哥大卫说在他回家后，家里甚至没有一个人询问他究竟去了哪里。

和许多连环杀手相差无几，保罗·伯纳德在早年时曾有过病疾——因出生时脑部缺氧而导致的一种失语症，由此，保罗直到 5 岁才开始说话，且在接下来的好几年里，他都说话结巴并患有言语障碍。

和泰德·邦迪一样，保罗在青少年时期偶然得知了自己的真实身世。保罗16岁时，父母间开始争吵不休，一次，保罗的母亲在又一次苦涩争吵后突然拿着一张相片冲进保罗的房间并宣称照片上的男人才是保罗的亲生父亲。保罗的母亲称他是“来自地狱的野种”。保罗的父亲在最近的一次采访中承认保罗并非他的亲生儿子，但他说道：“那是他自己的烦恼，对我来说，那根本不算什么。”

童年时期的保罗在学校遭人排挤、受尽嘲弄，学校里的其他孩子看到他时，都会嘲讽地吟唱“臭臭的伯纳德，脏脏的伯纳德”。尽管如此，青年时期的保罗却成为受人欢迎的运动男孩。在周围人的印象中，保罗是一位惹人喜爱的夏令营指导员，他待人友善、举止绅士且乐于助人。每个人都记得他天使般的面庞。

然而，保罗私下的生活却不为人知。保罗在10岁左右开始收集女性内衣广告，不过或许数以万计的10岁男孩都曾有过这样的行为，但不止如此。保罗的邻居们好几次发现他在窗外偷窥，有一次甚至惊动了警察。保罗的朋友们回忆称，他在20岁左右开始疯狂痴迷于淫秽录像和血腥残暴的恐怖电影。

保罗19岁时进入多伦多大学学习会计专业。保罗在大学时期的女友后来作证称，他极度享受粗暴的性行为。她声称保罗曾带着她驾车来到人烟稀少的工厂停车场，用绳索勒住她的脖子，强制给她口交，并要求她用红酒瓶自慰。19岁的保罗就如同“一只变态的小狗”。

大学时期的保罗开始从尼亚加拉瀑布城和纽约地区走私免税香烟进加拿大以赚取钱财。他对位于多伦多和尼亚加拉瀑布城之间的地区了如指掌，他甚至开始将自己视作“不法分子”。

“你为我打开了新世界的大门，让我见识了全新的思考和存在方式。”

一天晚上，伯纳德和一位朋友走入一家酒店餐厅准备喝点深夜咖啡。当保罗看到身穿睡衣的金发女孩卡拉后便立即主动上前搭讪，两人畅谈了近一个小时。保罗向卡拉吹嘘着自己在生意上的雄心壮志，此时的卡拉已被眼前这位长相帅气、进取心十足且自信满满的金发男孩迷住，她称23岁的保罗为“威武的痞商”，就像“大灰狼”一样。随后，卡拉和几个朋友邀请伯纳德与随行朋友一起到她们楼上的房间坐坐。一个小时后，伯纳德和卡拉躺到了床上，当晚，他们疯狂地做爱。

精神学家们至今仍在努力解读伯纳德和卡拉之间的关系。卡拉是一位支配欲极强且好斗的女性，而这样的她却甘愿臣服在保罗脚下。毋庸置疑，卡拉的性格属于强支配欲范畴，她的人生需要一位强壮且固执的男性征服者，而心理病态的伯纳德堪称完美人选。二人关系形成的最终连接点在于卡拉彻底缺失的道德感。虽智慧过人，但卡拉的道德指南针却由于某种原因失衡了。当卡拉和心理病态且是非不分的伯纳德相遇并和他一起走入他的邪恶幻想世界时，杀戮之路便就此铺就。

两人认识的第二周，保罗·伯纳德便前往圣凯瑟琳市看望卡拉，卡拉对专属钻石俱乐部的所有成员说她已经找到了生命中的白马王子。保罗来到卡拉的家里，见了她的父母，随后，两人出去看了一场名为《黑暗王子》的电影，电影讲述了一个邪灵解脱束缚，回到人间的故事。此后，卡拉邀约三五朋友到家中举行了一场小型派对。所有见过伯纳德的人都认同卡拉之前的说法：他的确是梦中情人。

卡拉和保罗两人在派对期间偷偷溜进楼上的房间。伯纳德在关上门后，注意到卡拉的牛仔夹克悬挂在门把手上，夹克上缝纫着一对装饰用的手铐，卡拉告诉保罗他可以给自己戴上手铐，于是保罗将她铐在床上，两人欢愉了一番。

在卡拉父母的眼中，保罗性格开朗且惹人喜爱，似乎是一位值得交往的男孩。保罗亲昵地称呼卡拉为他的“小公主”。每个周三和周末，保罗都会手捧鲜花和精美礼物前来看望卡拉，而卡拉每次总会准备一张话语甜腻的小纸条，迎接他的到来。成百上千张纸条后来成为保罗审讯中的罪证。二人交往一段时间后，卡拉说服父母允许保罗在家里的沙发上过夜，如此一来，保罗每次不辞辛劳从斯卡伯勒赶来看望她时，两人才可以多点相处时间。保罗会在晚上偷偷溜进卡拉的卧室，并在卡拉父母起床前回到沙发上。

卡拉逐渐意识到伯纳德似乎不太喜欢阴道性交，而更喜欢让卡拉给他口交。伯纳德在两人平常性交时似乎总是无法达到高潮。他们曾驾车来到吉普森湖，这里是广受游客欢迎的垂钓地，随后伯纳德要求卡拉在车内给他口交。

有一次在卡拉家中，伯纳德在入夜后走到房子后面，偷看卡拉12岁的妹妹塔米脱衣服睡觉的全过程。

1987年12月，与卡拉相识两个月后，伯纳德在斯卡伯勒犯下了强奸罪，那起强奸案也被认为是他后续所有连环案件的开端。那简直是所有女性的噩梦：受害者晚上在靠近家的地方下车，一片漆黑中，一个陌生人突然跳上来将她拖到没有人的地方实施强奸。这意味着在遇见卡拉时，或在两人相识不久后，保罗已经对受害者实施过残忍强奸。在因谋杀罪被捕之后，保罗也被指控曾在斯卡伯勒犯下多达23起强奸案。

与此同时，伯纳德开始在17岁的女友卡拉面前显露原形。如今，他命令卡拉一边给他口交一边称自己为“舔屌的”、“婊子”和“荡妇”，且必须以前述的严格顺序进行。当二人来到吉普森湖，卡拉在车内给保罗进行口交前必须先说：“我的名字叫卡拉，今年17岁。我是来给你舔屌的，我是你的小婊子，我是你的小荡妇。”

12月，伯纳德对卡拉宣称，既然她在二人相遇之前就已失去贞洁，那他们应该尝试肛交。卡拉拒绝了伯纳德的这一要求，此后的两个月内，二人关系一度因此事变得紧张。伯纳德要求卡拉为他的私处取名字，卡拉想到了“哼哼”。

卡拉在寄给保罗的一封信中夹有一张爱情优惠券，信中写道：持券人将得到一位美丽的17岁金发小女孩，她将跪在您的双腿间，满足您的愿望。卡拉在一张随附的便条中写道：

亲爱的保罗：

你就是我梦寐以求的那个人。你是全宇宙最优秀的男人，我威武的，痞痞的商务男。我幻想终日与你尽享身体欢愉。我想念你宽厚的胸膛、你结实的臂膀、你有型的双腿、你健硕的腹肌、还有哼哼，噢，令人愉悦的哼哼。触摸它、轻舔它和吮吸它时带给我的快感无与伦比。

你知道我喜欢什么吗？我喜欢和你在与我父母仅一墙之隔的卧室做

爱，喜欢你将哼哼插进我的身体，让我欲仙欲死。我喜欢你将你的大屌塞进我的嘴巴。我想吞下你的每一滴精液，再多一点，再多一点。被你驾驭的快感难以名状。当我们两人坐在沙发上时，我必须全力控制自己不去扯掉你身上的衣服。你让我变得如饥似渴……

我对你的爱已超出了自己的想象，无穷无尽。苍白的言语丝毫不能表达我内心的汹涌。你让我感觉到满足。是你成就了我，让我完整。只要有你陪在我身边，任何事都不足为惧。你为我打开了新世界的大门，让我见识了全新的思考和存在方式。不管未来会发生什么，我对你的爱将至死不渝。

卡拉

卡拉和保罗在吉普森湖的车中时，保罗要求卡拉说出以下设定台词：

“我喜欢将哼哼含在嘴里。”

“你是什么？”

“我是给你舔屌的小女孩。”

“还有呢？”

“你的小婊子，你的荡妇。我想一直吮吸哼哼。”

1988年2月，在保罗·伯纳德威胁称要抛弃卡拉后，卡拉终于同意与其肛交。保罗趁父母外出度假时将卡拉带回家中。一如往常，卡拉在妥协表示愿意进行肛交的那一刻就输了。现在保罗已不满足于简单的肛交，他想拍照。架设好相机后，保罗要求卡拉用红酒瓶自慰，之后保罗让她上床，他插入了她的肛门。保罗在卡拉的脖子上套上一根黑色电线，并不停地猛拉，他手上还拿着一把8英寸长的猎刀。保罗让卡拉不要惊慌，他说这两样东西使他更加兴奋。这些照片后来被纳入法庭证据之用。

在此之后，卡拉非但不奋力从伯纳德身边逃离，反而因他的这些性爱把戏而倍感刺激，并提出希望保罗娶她为妻的想法。

1988年秋季，在两人相识大约一年后，保罗第一次对卡拉动了手。一次，保罗要求卡拉戴上狗项圈，当卡拉忍不住大笑出声时，保罗扇了她一耳光。后来二人在肛交时，卡拉的脖子上拴着一条狗链，而拽着链子的保罗在她耳边轻语道：“你是我的小野狗。”之后不久，伯纳德要求卡拉给他“舔肛”，这次卡拉的设定台词中又多了一个词——舔菊的。

卡拉在第一次周年纪念日前后寄给伯纳德的一张卡片中（卡拉几乎每天都会书写卡片寄送给伯纳德）写道：

> 感谢我生命中最美好的一年。你充实了我的生活，令我难以置信。我想吮吸哼哼，让它硬到受不了。我想把你勃起的大屌插入我紧缩的阴道。你的小宝贝渴望被征服，她需要她威武的痞商用尽一切招数来驾驭她。
>
> 爱你的卡拉

1989 年，卡拉·霍穆尔卡高中毕业了，日后想成为一名女警的她打算进入多伦多大学学习犯罪学，但伯纳德表示不愿意“自己的妻子”从事女警那样危险的工作。于是卡拉放弃了继续攻读大学的想法，在圣凯瑟琳市的一家动物医院当上了兽医助理。卡拉最初想过去多伦多市闯闯，但那时，伯纳德几乎专做香烟走私，他告诉卡拉称他想继续留在圣凯瑟琳市居住，因为它位于美国边境和多伦多市之间，便于走私。

伯纳德在卡拉的毕业派对上显露出自己的另一面。酩酊大醉的他责骂卡拉的某些男同学与她调情并和其中几个男生大打出手。虽然那几名男同学都是校足球队成员且体格健壮，但伯纳德面对他们时却镇定自若，丝毫没有畏惧之心。尽管寡不敌众的伯纳德后来被打得鼻血直流，但他继续挥拳反抗，似乎乐在其中。和许多连环杀手截然不同的是，伯纳德在面对其他男性时，内心没有丝毫恐惧，对肢体冲突也毫不怯懦。

伯纳德想制作一张说唱专辑，记录他在家庭工作室中创作的一首名为《致命的纯真》的歌曲。负责审讯伯纳德的法官拒绝将这首歌的歌词纳入法庭证据。在法律视角下，一个人创作的诗歌或歌词内容不一定能反映出这个人的实际心理状态。或许如此吧……不过我还是将伯纳德写的歌词展示出来，供你们参考：

你认为我很纯真?

但我纯真的外表下却包裹着致命的力量

所以来吧，来与我一较高下吧

我面容英俊

我看起来是个奶油小生

你为何不来与我较量呢?

放手一搏吧

看看你会是什么下场，朋友

你马上就会落荒而逃了，伙计

你挺着啤酒肚走向我

你以为你很威猛

我回来了，看起来我好像只有 13 岁

我要打得你屁滚尿流

我要杀了你父母

我要开枪打死你的女友

我还要上你的老婆

这就是我，致命的纯真

伯纳德对自己营造的天使外表和外表下沸腾的一腔怒火同样自知。

卡拉的父母和妹妹塔米被外表天真无邪的保罗·伯纳德所迷住。卡拉的母亲亲昵地称保罗为“周末儿子”，而 15 岁的塔米则对姐姐卡拉的男友心生爱意。1990 年冬季，保罗·伯纳德和卡拉·霍穆尔卡正式订婚，此后，两人开始为 1991 年 6 月的婚礼细细打算。

圣诞礼物

与此同时，伯纳德开始对卡拉的妹妹塔米心生情愫。保罗在塔米睡着后偷偷潜入她的房间，在她的枕头上自慰。他开始要求卡拉在二人性交时穿上塔米的衣服并给她的剧本中增添了一句新台词：我是你 15 岁的处女，我爱你，你就是我的国王。（设定情节是性虐型罪犯的典型特征。）当卡拉给保罗口交时，他却紧紧盯着塔米的照片。保罗坚持要求两人在塔米外出后去她的卧室做爱。这一切对卡拉而言似乎并无不妥，她继续着这场病态游戏。

1990 年，伯纳德买了一台便携摄像机，他声称是以备婚礼之需。此后，伯纳德跟着了魔似的，开始用摄像机记录生活中的点点滴滴。

一天，伯纳德和塔米两人独自驾车前往美国购买一些酒饮。在返回途中，他们停下车，在车内相拥亲吻。卡拉不知何故得知此事，便对伯纳德大发雷霆："她还是处女，她不知道要怎么做才能让哼哼舒服。"

卡拉脱口而出的第一句话惊醒梦中人，伯纳德对卡拉的恼怒视而不见，而是顺着她的第一句话说道："或许我应该和塔米做爱，教教她正确的方式。让塔米感受哼哼进入她身体的感觉，这样不是很妙吗？如果我夺走她的处女之身，会不会很棒？"

卡拉不肯接受保罗的这一想法，不出意料，和之前她拒绝与保罗进行肛交一样，二人的关系因此再次变得岌岌可危。卡拉开始担忧，她害怕原定为 6 月的婚礼将化为泡影，即使她手上正戴着伯纳德给她买的价值 4500 美元的订婚戒指，却依然满腹忧虑。

1990 年 12 月，卡拉终于认输投降了。她答应将仍是处女之身的妹妹塔米当作"圣诞礼物"献给伯纳德，以弥补自己在遇见他时贞洁已失的遗憾。卡拉从平日上班的兽医诊所内偷拿了一些氟烷，这是一种用于麻醉动物的醚类物质。此外，卡拉还以为诊所订购镇静剂为由，从一名药剂师手里购买了一些海乐神，这是一种强效的三唑仑麻醉剂。

1990 年的圣诞节这天，伯纳德带着摄像机来到卡拉家中与其欢度佳节。多年后，保罗的家庭录像中 15 岁的塔米喝下混有海乐神的蛋奶酒，而卡拉和保罗则在她身上肆意抚弄的一幕令观众毛骨悚然。塔米年轻的生命只剩下最后几小时了。

入夜时，卡拉的父母准备上床睡觉。当他们要求塔米也上床休息时，小塔米却反抗说卡拉和保罗之前邀请她一起熬夜看盒式磁带录像机中的一部电影，三个人打算一起热闹一番。在塔米的父母进入卧室睡觉时，伯纳德往录像机中插入了一盘磁带。电影的名字叫做《莉萨》，讲述了一位年轻女性在毫不知情的情况下爱上一位连环杀手的故事。在电影结束时，塔米已经因之前喝下的海乐神而昏睡过去。

此时，卡拉迅速跑进卧室，拿出氟烷，然后将其倒在一块布上，捂住塔米的脸，以确保她进入深度麻醉状态。与此同时，伯纳德脱掉塔米的上衣，爱抚着她的胸部。在伯纳德扯下塔米的运动长裤和内裤时，卡拉也已赤身裸体。紧接着，保罗打开摄像机开关。这段录像从未公之于众，但五年后，出席伯纳德谋杀罪审讯的陪审团成员看到了这令人发指的犯罪过程。这些由伯纳德的摄像机所记录下来的录像带揭露了当时发生的一切:（录像开始。）

霍穆尔卡: 戴上避孕套。

（伯纳德的阴茎进入了塔米·霍穆尔卡的下体。）

霍穆尔卡：保罗，你快一点。

伯纳德：闭嘴！

霍穆尔卡：求你了，快点结束，万一等会儿有人下来怎么办。

伯纳德：闭嘴。让她昏睡。

（霍穆尔卡往布上倒了更多的氟烷，捂住塔米的脸。伯纳德将阴茎重新插入她的下体。卡拉催促伯纳德戴上避孕套。）

霍穆尔卡：戴避孕套。

伯纳德：给我闭嘴，卡拉。

霍穆尔卡：给我戴上，快点。

伯纳德：我生气了。

霍穆尔卡：他妈的给我戴上，快戴上。

（伯纳德将阴茎插入塔米的肛门，持续了大约一分钟。）

伯纳德：你爱我吗？

霍穆尔卡：爱。

伯纳德：你会给我吹箫吗？

霍穆尔卡：我会。

伯纳德：吮吸她的胸。

霍穆尔卡：我做不到。

伯纳德：吮吸她的胸。给我吸，听到没有，快吸。

（霍穆尔卡吮吸塔米的胸部。）

霍穆尔卡：快一点，求你了。

伯纳德：舔她的阴部。

（伯纳德将霍穆尔卡的头强行按到塔米的双腿之间。）

伯纳德：我叫你舔，你并没有舔。

霍穆尔卡：我在舔。

伯纳德：快舔，舔她的阴部，给我舔，舔干净。现在把你的手指伸进去。

霍穆尔卡：我不想这么做。

伯纳德：马上伸进去，快点，马上。伸三根手指进去。

霍穆尔卡：我不。

伯纳德：伸进去。给我伸进去！伸！

（霍穆尔卡将手指伸进了塔米的阴道。当她缩回手指时，上面沾满了血。）

伯纳德：好了，尝一口。尝一下，把舌头伸进去……伸进去。

霍穆尔卡：我尝过了，我……刚刚舌头已经伸进去了。

伯纳德：再尝一次，舌头伸进去一点。进去。深一点。对，就是这样，往里伸。好了，味道怎么样？味道好吗？

霍穆尔卡：真他妈恶心！

（录像结束。）

霍穆尔卡后来作证称，伯纳德在录像结束后动手打了她，并命令她在摄像机面前配合一点。随后，伯纳德再次打开摄像机，继续将阴茎插入塔米的下体，接着又进入她的肛门，并让一边的霍穆尔卡拿着摄像机拍摄下整个过程。伯纳德在还没有达到高潮时，突然停止动作并抽回阴茎。霍穆尔卡见状立马放下摄像机并关掉了开关。

霍穆尔卡作证说，伯纳德声称似乎有什么地方不对劲，塔米好像没有呼吸了。

塔米死了。她在遭受凌辱的过程中被自己的呕吐物噎住，窒息而亡。当晚，急救人员凌晨2点迅速赶到霍穆尔卡家中，却已无力回天。接到报警的那位警官记得在死者塔米的嘴部和鼻子周围看到一个奇怪的、巨大的、如烧伤般的红色印记，在尸检照片中呈颜色鲜亮的樱桃红色。他注意到塔米被人从客厅移动到了一间卧室内。伯纳德说因为卧室内的灯光更明亮，看得更清楚，所以他和霍穆尔卡将塔米移动到那里。警官在对两个房间的灯光进行对比检查后发现其照明程度完全一样，但他转念想到，人在压力之下往往会做出种种难以解释的行为，这不足为奇。当警官问到塔米脸上的红色印记时，伯纳德回答称，或许是他和霍穆尔卡在将塔米拖到另一个房间时不小心蹭到了地毯，所以脸上留下了印记。警官心想：如此说来，塔米被他们拖走时一定是面部朝下，真是奇怪。但这位警官当时的职责仅仅是提交结果报告，而非负责调查这场意外事故。再加上他是刚刚上任的新手，所以他把自己的疑虑藏在心里，把调查工作一并留给高级警探和验尸官。

在对霍穆尔卡夫妇进行询问后，警方从他们口中了解到，伯纳德是一位优秀正直的年轻会计师，和夫妻二人的女儿卡拉计划在当年6月结婚，一家人对他视如己出，于是警方减轻了对伯纳德的怀疑。

法医病理学既是一门科学，也是一门解释性艺术。一位法医在尸检过程中能将被害者的死亡探寻到何种程度取决于警方提供给他的外部情况。倘若塔米的尸体是被丢弃在路边，或许尸检程序会更全面，但发现塔米尸体的是对她关爱有加的姐姐和未来的姐夫。法医在尸检中针对死者塔米体内的非法药物做了测试，但只是走走形式，并未涉及动物镇静剂的相关检测。法医总结说，塔米嘴部周围的烧伤印记是由其呕吐物中的酸性物质所致。尽管法医对塔米的直肠和阴道进行了检查，却并未发现任何被强奸的迹象。伯纳德还没来得及射精。即使在死者塔米体内未发现精液，但她异常扩大的阴道和肛门也足以成为引起法医注意的信号——倘若他们当时能仔细寻找这样的信号的话。遗憾的是，他们并没有。官方尸检结果表明塔米的死亡是由吸入呕吐物所致。

* * *

五年后，在伯纳德的案件庭审期间，霍穆尔卡正因其在妹妹塔米的死亡中所扮演的角色而接受交叉询问：

“我想你在第一次听到伯纳德提出要和你妹妹发生性行为时应该从床上跳起来并对他说‘我绝不会让你碰我的宝贝妹妹’。这才是你应该做出的正确反应吧？”

“是的。”

“但是你没有这样做。”

“是的，我没有。”

“你心想：让她昏睡并和她进行性交又没有什么坏处。”

“我不知道这会危及到她的生命。我担心保罗会鲁莽行事，我害怕他会直接在街上抓住她然后进行强奸。这是最好的做法，我别无选择……我以为只有这一次，这次过了就彻底结束了。”

霍穆尔卡声称，伯纳德因为塔米的死而掌握了她的把柄，她说自己因为害怕伯纳德会向其父母坦白妹妹塔米死亡的真相，从而被迫沦为他的奴隶。

霍穆尔卡说她在妹妹塔米去世之后变得麻木。显然她还没有麻木到不抱怨父母在塔米的葬礼上耗费太多金钱。塔米去世几个月后，霍穆尔卡给一位朋友写了这样一封信：

我的婚礼计划很棒，只是我的父母太混蛋了。他们说承担不起我的婚礼费用还撤回了一半的婚礼费用，都是屁话！！！现在，保罗和我不得不为婚礼支付 7,000 或 8,000 美元。我们一直在疯狂妥协：一个现金酒吧、桌子上没有鲜花等等。最后保罗和我说，去你妈的！不要酒吧了，也不要鸡尾酒了，什么都不要了！！！

该死的父母。他们简直愚蠢至极，只想到他们自己。我爸甚至不想我们举办婚礼。他认为我们应该直接开始夫妻生活，去他妈的直接开始夫妻生活！如果他想悲惨地坐在家里，那随他的便。自从塔米死后，他只上过一天班。他在自己的痛苦中堕落，也毁了我。

这些话写在纸上看起来很可怕，但我知道你真正看到了我想说的话。塔米总是说在她 16 岁生日时，希望收到一辆保时捷。我爸直到现在都还不停念叨着："我当初应该给她买的。"鬼话连篇！如果他真的这么认为，那他就应该支付我的婚礼费用，因为我明天或者明年也可能死掉。他就是一个骗子。

我和保罗搬出去了。我父母对我和保罗说，他们希望保罗在婚礼之前都待在那里。然后在塔米死后，他们又说希望保罗离开，因为他们需要私人空间。他们先是撤走了一半的婚礼费用，接着又赶我们出去。他们明明知道我们有多需要待在一起，但他们不在乎。真是两个混蛋！！！

塔米的葬礼结束约三周后，为缓解失去爱女的痛苦，卡拉的父母决定外出一周，在这期间，卡拉的另一个妹妹也离开家去往朋友家中。房子里只剩下伯纳德和卡拉两个人。伯纳德大部分时间都在对着凌辱塔米时所拍摄的录像手淫。他和卡拉进入塔米的卧室，自塔米去世后，这间房便再也无人来过。伯纳德搭设好三脚架，将摄像机的镜头对准塔米的床，而卡拉则穿上塔米生前的衣服，伯纳德警告她说："记住，别说什么愚蠢的话，以免毁了我的录像带。"伯纳德仍因卡拉在妹妹塔米去世当晚说她不喜欢给塔米口交而生气。伯纳德对她说："这是我和塔米之间唯一的一盘录像带，却被你给毁了。"

（录像开始。）

（伯纳德赤身裸体地躺在塔米的床上，霍穆尔卡也躺在他身边，头发盖住了她的脸。伯纳德手中拿着一张塔米的相片，霍穆尔卡在给他口交。）

伯纳德：这是我的小处女塔米。她被我上了，我捅破了她的处女膜。

霍穆尔卡：塔米是个处女。

（伯纳德翻身，四肢着地跪在床上，霍穆尔卡一边轻舔他的肛门一边摩擦他的阴茎。）

霍穆尔卡：我喜欢舔你的肛门，喜欢吮吸你的龟头。我爱你。我非常喜欢和你缠绵。

（伯纳德翻身，仰躺到床上，拨弄霍穆尔卡的头发，遮住她的整个脸。霍穆尔卡在给他口交。）

霍穆尔卡：我非常爱你。

伯纳德：我也爱你，塔米。

霍穆尔卡：我想要你的大屌进入我的身体。我会给你前所未有的高潮。我们是天生一对。我想把我的贞操献给你。

伯纳德：你不知道我在拍你，塔米，那个时候你站在卧室里，一丝不挂。但我在窗外看你。

霍穆尔卡：你能停止对我的想念吗？你能不再沉沦于我的美貌吗？拿走我的贞操，保罗，我献给你。

伯纳德：我会的，塔米。我爱你，塔米。

（伯纳德让霍穆尔卡四肢支撑着身体跪在床上，将阴茎插入她的肛门。他手中仍旧拿着塔米的照片。）

霍穆尔卡：噢，我就要失去我的处女之身了。我爱你，保罗。我非常爱你。

（伯纳德起身将摄像机摆放到床边。他双眼直视着相机，示意霍穆尔卡进入镜头内。）

伯纳德：你好，塔米。

霍穆尔卡：你好，保罗。

伯纳德：要让我享受吗？

霍穆尔卡：我喜欢吮吸你的屌。

伯纳德：你的功夫比卡拉更好，这毫无疑问。

霍穆尔卡：我爱你。你愿意干我吗？保罗。

（当霍穆尔卡给保罗口交时，他正拿着塔米的照片。）

霍穆尔卡：我是个处女。

伯纳德：噢，塔米，啊。我爱你。对，就是这样，好舒服，我的小处女，就是这样。

霍穆尔卡：我爱你，保罗。我是你的处女。

（霍穆尔卡给保罗口交了 20 分钟后，保罗射精了。）

（录像结束。）

* * *

第二天晚上，保罗开车出去了。出门之前，他告诉卡拉，倘若他回来时带着一个女孩，那么卡拉便必须找个地方藏起来或假装是他妹妹。之后，保罗带着一名 16 岁左右的年轻女性回到家中，二人缠绵之时，霍穆尔卡一直静静躲在窗帘后面。

次日晚上，伯纳德再次录下另一段影像。这次录像中的场景是塔米死去房间里熊熊燃烧的壁炉旁。伯纳德四肢伸展地仰躺在床上，手中拿着一杯红酒，而霍穆尔卡正在给他口交。过程中，霍穆尔卡会停下来说话：

（录像开始。）

霍穆尔卡：我喜欢你上我的妹妹。我喜欢你干塔米。我喜欢你夺走她的贞操。你就是国王。我喜欢舔你的肛门。保罗，我打赌塔米一定也会爱上给你舔肛门的感觉。我喜欢你把哼哼插进她的菊花。

伯纳德：你感觉怎样？

霍穆尔卡：我感觉自豪，我觉得好幸福。

伯纳德：还有呢？

霍穆尔卡：我现在饥渴难耐。让你满足是我人生的目标。

伯纳德：（看向相机）这就是为什么我要跟她结婚的原因。为国王干杯。

霍穆尔卡：我很高兴你让我舔她的阴部。

伯纳德：你是一个彻彻底底的同性恋吗？

霍穆尔卡：不，我不是。

伯纳德：你和你的妹妹做爱了。

霍穆尔卡：那不一样。那是我的宝贝妹妹。

（霍穆尔卡抚摸伯纳德的阴茎。）

伯纳德：家人之间的爱。你相信这个说法吗？

霍穆尔卡：你知道这么做会让我很享受。你知道我喜欢的。

伯纳德：它教会了你什么？

霍穆尔卡：这个嘛……我们喜欢小女孩。我喜欢你上她们。如果你要和她们做爱，那我就会舔她们的阴部。把所有小女孩的阴部都舔一遍。

伯纳德：应该找多大年纪的小女孩？

霍穆尔卡：13 岁。

伯纳德：为什么？

霍穆尔卡：因为这样会让你高兴。

伯纳德：但是为什么是13岁？

霍穆尔卡：这个年纪很好。

伯纳德：因为？

霍穆尔卡：因为她们还是处女。

伯纳德：你想说什么？

（霍穆尔卡和伯纳德对视着。）

霍穆尔卡：我想说，我认为你应该和她们做爱，夺走她们的处女之身。用哼哼捅破她们的处女膜。她们都是我们的孩子，我认为你应该加深这种关系。

伯纳德：你说得太对了。这是一个好主意。你什么时候想到的？

霍穆尔卡：就在刚才。

（霍穆尔卡继续给伯纳德口交，然后她起身走到相机镜头外。）

霍穆尔卡：我给你准备了一个惊喜。

（霍穆尔卡手中拿着一个纸袋再次进入相机镜头，她坐到伯纳德身边。霍穆尔卡从纸袋中拿出一件内衣和内裤递给伯纳德。）

霍穆尔卡：这是塔米的。

（伯纳德闻着塔米内衣的味道，而霍穆尔卡则用塔米的内裤摩擦他的阴茎。）

霍穆尔卡：我想用塔米的内裤摩擦你的全身，这会让你感到非常满足。

我很高兴你夺走了她的贞操。保罗，我希望我们能有四个孩子。保罗。

伯纳德：然后呢？

霍穆尔卡：这样一来，你就可以和她们每一个人做爱了。（霍穆尔卡拿着内裤在伯纳德的阴茎上快速摩擦。）国王喜欢这样吗？

伯纳德：喜欢。

霍穆尔卡：我认为国王应该翻个身。

伯纳德：好的。

霍穆尔卡：因为他的宝贝奴隶有更多其他的事要说，要做。

（伯纳德四肢支撑着跪在床上，霍穆尔卡走到他身后。她一只手挑逗着伯纳德的肛门，然后轻舔，另一只手不停轻抚他的阴茎。）

伯纳德：啊，我舔肛门的小宝贝。

（几分钟后，他们改变了姿势。伯纳德仰躺在床上，霍穆尔卡用一只长茎玫瑰挑逗他的阴茎。）

霍穆尔卡：你知道我们要用这个做什么吗？（将玫瑰举起，对着相机。）明天我们要将玫瑰带给塔米，然后放在她的墓碑前。

伯纳德：为什么？

霍穆尔卡：因为这会让你愉悦。你爱她。她也爱过你。你是她在世时的最爱，你知道的。你做过的那些事，你知道我很喜欢。你干她的方式，多长时间来着？60秒？她很享受，非常享受。

伯纳德：你的乳房比她的大。

霍穆尔卡：那是当然。

伯纳德：它们更美味。塔米还活着的时候，你经常会做些什么？

霍穆尔卡：你强迫我舔它，然后吮吸它。而现在我正心甘情愿地这样做，因为我很享受，保罗。你对她做过的每一件事我都很喜欢。她曾是我们的小玩具。

（霍穆尔卡重新开始给伯纳德口交。）

伯纳德：而且我们两个都曾深深爱着她。

霍穆尔卡：没错，我们的小处女。她也爱我们。

伯纳德：还有呢？

霍穆尔卡：我没能给你我的贞操，所以我将塔米的处女之身奉献给你。因为爱你，所以我在所不惜。

接着，霍穆尔卡开始谈到伯纳德前一天晚上带回家的那个女孩。

霍穆尔卡：（握住伯纳德的阴茎。）你用这个干了她。你插进她的阴道。她吮吸了你，吮吸了你的哼哼。她将哼哼放进嘴巴，就像这样……你让她跪下，你干了她。我同意你这么做，因为我爱你，因为你是国王……我想再这么来一次。

伯纳德：什么时候？

霍穆尔卡：这个夏天，因为冬天的天气太糟糕了。如果我们可以那样做，那就太好了。

伯纳德：好的。

霍穆尔卡：如果你还想再捅破 50 次处女膜，那我们就再捅破 50 次。如果你想每个周末都捅一次，那我们就每个周末都捅一次。只要你想做，任何时候我们都可以做，因为我爱你，因为你是国王，因为你值得。

伯纳德：值得拥有处女的阴道。

霍穆尔卡：是的。

伯纳德：处女们都是我的，这让我很快乐……从一个阴道到另一个阴道，从一个肛门到另一个肛门。你愿意帮我得到这些处女吗？

霍穆尔卡：当然愿意，只要你想，我可以和你一起坐车出去找，如果你认为这是最好的做法的话。或者我就待在家里，在你们完事后把一切整理干净。只要我能做的，我都会去做，因为我想要你快乐。因为你就是国王。

（霍穆尔卡吮吸着伯纳德的脚趾。）

伯纳德：噢，脚部调情。

霍穆尔卡：必须让国王享有应有的待遇。

伯纳德：真棒，还有呢？

霍穆尔卡：我是给你舔龟头的小处女。我的乳头好硬。我是你的女人，你的小荡妇。我是给你舔肛门的小宝贝，你的小处女。

伯纳德：（对着相机举起手中的酒杯。）当国王的感觉棒极了。

霍穆尔卡：我是你舔阴道的荡妇，我帮你看管你的处女们。我是你舔肛门的婊子。我爱你，我想嫁给你。

（录像结束。）

录像结束时伯纳德没有射精。这对于洞悉雌雄双杀的思想与动态关系而言意义非凡。这些录像不仅记录了伯纳德和霍穆尔卡的罪行，还记录了他们坦露这些犯罪幻想时的亲密瞬间。

“为什么找不到当初和塔米做爱时的感觉？”

事实上，卡拉的父母厌倦了与伯纳德同处一室的日子，他们也因伯纳德总是围绕在女儿卡拉身边，使得他们夫妻二人丝毫没有与女儿单独相处的机会而懊恼。当他们和卡拉交谈时，伯纳德总会代替她说话。于是卡拉的父母以需要私人空间悼念死去的女儿塔米为由，要求伯纳德搬出房子。令他们大失所望的是，女儿卡拉也在一气之下与伯纳德一同搬了出去。

霍穆尔卡和伯纳德搬出去后，便在达尔豪斯港一座风景如画的湖边小镇租了一栋房屋，这里就位于圣凯瑟琳市区外。伯纳德和霍穆尔卡在自己的私人空间里独自怀揣着他们的那些幻想。

和伯纳德在一起生活的日子苦涩狼狈。霍穆尔卡只要一犯错，伯纳德便会使出全力猛打她的上臂，因为这个部位的伤痕可以依靠宽松的长袖上衣来掩盖。伯纳德会在霍穆尔卡身上施加另一种他称之为“恐怖袭击”的惩罚方式。伯纳德等到霍穆尔卡入睡后，便突然跳到她身上，将阴茎插入她的肛门并不停出拳捶打她的身体。对于霍穆尔卡而言，夜晚变得漫长无比，她总是处于焦躁不安的半睡半醒状态，在睡着时的可怕梦魇和醒来后的现实噩梦之间挣扎徘徊。一天晚上，伯纳德在床上辗转难眠，认为床太小的他一把将霍穆尔卡推到地板上。从那晚开始，伯纳德便坚持要求霍穆尔卡在地板上睡觉，而自己则独霸舒适的床铺。霍穆尔卡从未想过放弃与她的白马王子结婚的念头，一次都没有。二人一如既往地认真制定着婚礼计划。

与此同时，伯纳德潜伏在深夜和凌晨的街道，袭击并暴力强奸女性受害者。他会开诚布公地向卡拉坦露每次袭击过程。某次，伯纳德强奸了一位在达尔豪斯港晨跑的年轻女性，霍穆尔卡知晓此事后责骂了他，她抱怨称强奸地点离二人的住宅太近。

* * *

1991 年 6 月 6 日，卡拉趁伯纳德外出时，邀请了一位 15 岁的无名氏女子到家中过夜。卡拉在该女子 12 岁时与其相识，她以前经常在卡拉上班的宠物食品店闲逛。无名氏女子抬头看向卡拉，在她眼中，卡拉是一位美丽动人的公主。当卡拉提出邀请时，她感到些许惊讶，但仍然迫不及待地跟随着卡拉来到达尔豪斯港的房子里。当两人在观看电影《鬼魂》时，卡拉给无名氏女子端来混有镇静剂的饮料。在该女子昏睡不醒后，卡拉拨通了伯纳德的手机，让他回家，并称为他准备了一个“惊喜的”结婚礼物。

伯纳德回到家中后，卡拉将不省人事的无名氏女子抱到他面前。一开始，伯纳德犹豫不定，他表示害怕这次再出现跟塔米事件一样的后果。卡拉向伯纳德再三保证说这次她控制了用药剂量，绝对不会致命。

伯纳德和卡拉录下了二人对这位不省人事的女子实施强奸的全过程。在这长达 13 分钟的录像中，伯纳德一边用力戳捅受害女性的处女膜，一边念叨着说：“妈的，我一定要破了它。”卡拉在无名氏女子的脸上摩擦自己的外阴部，并淫荡地扭动着臀部，之后她对着相机，将女子柔软的手指插入自己的阴道。

卡拉假装朝摄像头送了一个大大的飞吻，然后开始给女子口交。

第二天，无名氏女子醒来时感觉身体不适，但她对前一天晚上自己的遭遇丝毫不知。当天早上，在驾车将女子送回家中后，保罗狠狠捶打了卡拉的手臂，如同他在卡拉做出令他不快的行为时暴打她一样。

“为什么打我？”卡拉哀怨地问道。

“昨晚和她做的一切都很顺利，”伯纳德抱怨说，“可为什么找不到当初和塔米做爱时的感觉？”

但卡拉已经用行动向伯纳德说明她准备好陪他玩这场游戏，甚至可以一马当先。

莱斯利·马哈菲遇害

一周后，即 1991 年 6 月 14 日或 15 日的晚上（刚好就在伯纳德和霍穆尔卡两人婚礼的两周前），保罗一如往常，出门搜寻受害者。伯纳德总是对霍穆尔卡说倘若他撞见一个合适的“处女”受害者，一定会将其绑回家中。卡拉似乎对此并未太过在意。然而，那天晚上，伯纳德潜行在柏林顿寂静无声的郊外住宅区（位于多伦多和美国之间的一个无名却富裕的城镇），这次，他心中暗藏着另一项任务。已经辞掉会计师工作的伯纳德如今专做酒类和香烟走私生意。他在货品走私时将盗来的牌照挂到自己车上，他认为加拿大报关代理人正监控着美方免税店的停车场，且利用无线电将停靠于此的加拿大车辆牌照传送回国。伯纳德身穿黑色连帽运动衫，偷偷地潜伏在各个熄灯房屋前漆黑一片的庭院和车道间，寻找可偷盗的合适牌照。这一过程激起了他的性欲，驱使他爬到窗户外偷窥以及突袭毫不知情的女性并强奸她们。凌晨两点半左右，伯纳德偷偷潜入一幢房屋的后院，这栋房子的户主是德博拉和丹·马哈菲夫妻。伯纳德在后院中看到夫妻二人 14 岁的女儿莱斯利独自坐在漆黑一片的长椅上。

莱斯利·马哈菲身穿印有笑脸图案的背带裤，留着一头金黄色的长直发，乖巧可人。她精力充沛、独立且叛逆，但却富有责任心。在一次和父母闹得不可开交之后，莱斯利离家出走。和大多数青少年时期选择离家出走的孩子不同，莱斯利没有胡乱跑到大街上，而是去了最好的朋友家中，莱斯利在得到朋友母亲的许可后便一直待在那里，且每天都会给父母打电话报平安。这样的日子持续了大约十天后，厌倦独立的莱斯利回到家中，她和父母间的关系似乎缓和了。在这之前，莱斯利和父母争吵的主要根源在于其父母要求她必须在晚上 11 点前归家。

星期二晚上，莱斯利的四名高中同学在一场可怕的交通事故中不幸丧生。星期五那天，莱斯利和朋友们相约来到殡仪馆，之后又一同前往公园悼念他们死去的同学。莱斯利的母亲将她送到殡仪馆并允许她稍微晚一点回家，但必须与家里保持电话联系。莱斯利在外面待到凌晨一点半，在那个还没有智能手机的年代，莱斯利没有给家里打电话。

随后，莱斯利的一位男性朋友送她回家，当两人到达房门前时，莱斯利的家人都已经入睡。莱斯利的朋友想确保她进屋了之后再走，但莱斯利向他保证说她会从侧门进去。那扇门一直留着，于是那位朋友安心地回家了。朋友离开后，莱斯利才发现侧门和后门都被锁上了。莱斯利之前有房门钥匙，但自从她离家出走后，她的父母便将房门锁换掉了。莱斯利回家后，她们也没有给她新的房门钥匙。这次疏忽竟断送了他们女儿的性命。

莱斯利担心母亲会因为她归家时间太晚而禁止她参加第二天的葬礼，于是她决定不吵醒睡梦中的父母。凌晨两点，莱斯利在家附近的一个公共电话亭，给之前她离家出走时投奔的那位朋友打电话。莱斯利本想去她家里过夜，但如此一来，朋友的母亲便不得不在半夜起床并开车前来接她。两个女孩均认为这样做并不妥。凌晨两点二十分左右，莱斯利挂掉电话，然后走回家门前。她坐在后院中一家人的野餐长椅上，她一定在思考接下来应该做点什么来打发漫长的时间，而就在这时，伯纳德突然从黑暗中走了出来。

站在莱斯利面前的是一位有着天使般迷人面庞的金发年轻男子。莱斯利开口问道：“你在这里做什么？”伯纳德回答说他在附近一带入室行窃。[210]

这位天生叛逆的 14 岁女孩的回答竟是：“真酷。”

两人闲聊了一会儿，莱斯利跟伯纳德解释说自己被锁在了屋外，之后，莱斯利请求伯纳德给她一支香烟。伯纳德回答说他身上没有带，但他车里有，且车子就停在附近。随后，两人一起朝伯纳德的汽车走去。伯纳德邀请莱斯利坐进车内，她没有拒绝，但谨慎地要求伯纳德保持车门敞开。随后，莱斯利坐到副驾驶座，双腿伸到车外路面上，嘴里叼着伯纳德给她的香烟。伯纳德坐在驾驶座。当莱斯利转向开着的车门一侧抖落烟灰时，伯纳德像毒蛇一样发起了突然袭击。他探过身子，在莱斯利脖子上架起一把刀，命令她将双腿伸进车内。伯纳德将莱斯利推到车后座，蒙上她的双眼，接着在她身上搭了一条毯子。接下来的 35 分钟，伯纳德镇定自若地驾车返回达尔豪斯港的家，并向莱斯利保证说只要她乖乖听话，就不会有事。

伯纳德一进屋便架设起摄像机，开始记录他殴打、强奸并折磨莱斯利的全过程。摄像机一启动，伯纳德便开始捶打莱斯利，扇她耳光，扭她的乳头。她甚至强迫莱斯利在相机面前小便以及给他口交。莱斯利忍受着伯纳德一次又一次的强奸和肛交，她在整个过程中都被蒙住双眼。莱斯利害怕多看伯纳德一眼便会招致杀身之祸，所以每次蒙眼布变松后，她都会主动提醒伯纳德。录像中的莱斯利苦苦哀求伯纳德放她一条生路，哭喊着说她迫切希望能活着见到自己的宝贝弟弟。

这次，卡拉坐在楼下读着布莱特·伊斯顿·埃利斯的小说《美国杀人魔》。偶尔当伯纳德叫她时，她会上楼，在伯纳德不断对莱斯利实施强奸时拿着摄像机拍摄。在法庭的交叉询问中，当卡拉被问到她如何能在楼上有一个无辜女孩正遭受痛苦凌辱和非人折磨时若无其事地坐在楼下看书时，卡拉并未抓住问题的重点，令人不可置信的是，她回答称一心二用这种事对她来说轻而易举。

详述莱斯利遭遇折磨和强奸的过程细节毫无意义且令人痛苦，或许甚至会违背道德。读者完全可以从本书中已引用的录像内容推测出卡拉和伯纳德施加给这位无辜受害者的痛苦以及他们当时的对话内容。若有读者需要当时那段录像的真实细节，可参考记者尼克·普隆的书——《致命的婚姻》。普隆经过再三斟酌后，才艰难地决定将完整的录像副本公之于众，这一资源足以让读者了解受害者莱斯利那一段令人发指的惨痛经历。

* * *

伯纳德几乎对莱斯利实施了长达 24 小时的非人折磨。半夜时分，伯纳德用手铐将莱斯利铐在卧室中后便与卡拉一起到楼下的厨房商量事情。他们遇到一个问题：那天是父亲节，卡拉的父母会在当天到他们家中共享晚餐，这是卡拉的父母在女儿和伯纳德离家独自租房居住以来第一次亲自来访。据卡拉所言，伯纳德决定杀掉莱斯利，因为他担心莱斯利成功逃脱后会向警方指证他的所有罪行。卡拉声称她当时坚持自己上楼给莱斯利服用安眠药，如此一来，她便会在睡梦中安然死去，感受不到任何痛苦。卡拉将一只泰迪熊递给莱斯利，那是伯纳德曾经送给她的礼物。这个惊恐的小女孩像胎儿一样蜷缩在床上，然后安静地睡着了。卡拉说伯纳德随后突然拿着一根黑色电线进入房间，将其缠绕在莱斯利的脖子上，莱斯利被勒至窒息而亡。莱斯利死后，伯纳德和卡拉在她身下的卧室地毯上发现了一大滩尿液。

伯纳德命令卡拉处理掉沾有莱斯利血迹的枕套和毛毯，但卡拉争论说那是她最满意的两样床上用品。卡拉没有销毁枕套和毛毯，而是将其仔仔细细地清洗干净。

伯纳德将莱斯利的尸体拖进地下室，并藏在一个阴冷的角落。之后两人便泰然自若地上床睡觉了，任由莱斯利留在地板上的尿液自然干掉。那晚，伯纳德允许卡拉与他一起在床上睡觉。伯纳德和卡拉一觉睡到中午，起床后，卡拉忙前忙后地为父母准备晚餐。当卡拉的父母到达时，伯纳德带着他们在屋内参观了一圈，他小心翼翼地避开地下室，因为莱斯利冰冷的尸体仍旧躺在那个阴冷潮湿的角落。

星期一早上，卡拉重新回到诊所上班，而伯纳德则在家中地下室里将一块干净的塑料布搭设成帐篷的形状。在塑料布底下铺满报纸，之后他将莱斯利的尸体拽入塑料帐篷，并用电锯将尸体锯成十块。帐篷里面血肉横飞，从上至下溅满了莱斯利的鲜血、碎肉和从尸体中喷涌而出的体液。电锯上凝结着血肉和骨头，伯纳德试图在水槽中将其清洗干净，但却堵塞了排水管。

随后，伯纳德出门购买一些速干水泥。回到家中后，伯纳德在莱斯利被大卸十块的尸肉表面分别涂上水泥，然后将其堆放在地下室中，那个血淋淋的塑料帐篷依旧立在原处。伯纳德前往动物诊所接卡拉下班回家。他将卡拉带到地下室，要求她收好帐篷，并将排水管里的血肉和头发清理干净。卡拉招供称她用柠檬味的来苏尔清洗剂彻底清理了地下室。

之后，卡拉和伯纳德上楼吃晚饭。伯纳德要求卡拉暂时不做肉类食物，但却大笑着戏谑莱斯利被他砍下的头如何轻巧。

第二天傍晚，伯纳德在接卡拉下班回家途中告诉她那些水泥块还在汽车后备箱中。随后，他们两人驾车来到初次约会时钟爱的缠绵之地吉普森湖，将所有水泥块扔进水中。

卡拉在接下来的两周内忙碌地准备着婚礼的最后事宜。当卡拉穿上婚纱时，她的几个朋友注意到了其手臂上的伤痕，但卡拉解释说那是她在诊所内应对那些生病小狗时不小心受伤后留下的。

1991 年 6 月 29 日，卡拉和伯纳德在著名旅游胜地尼亚加拉湖滨小镇举行了一场奢华浪漫的婚礼。尼亚加拉瀑布城是一座脏乱不堪的小镇，人来人往，镇上随处可见低档的汽车旅馆和赌场，著名的尼亚加拉大瀑布前立着一块纪念碑。而 20 分钟车程外的尼亚加拉湖滨小镇则截然不同，这里风景优美、环境优雅，坐拥一处大型戏剧中心，是亲英分子的殖民地。几乎在伯纳德和卡拉婚礼举行的同时，一位渔夫从吉普森湖中打捞起一块夫妻二人此前丢弃的水泥块，他们当时将这块水泥扔在了离河岸不远的水面上。当晚，浑然不知警方正在拼凑受害者莱斯利·马哈菲尸体的伯纳德和卡拉在家中欣喜地计算着婚礼收到的礼金。他们的夏威夷蜜月之旅有了 9,000 美元的高额经费。

* * *

1991 年 12 月 30 日，警方怀疑卡拉和保罗可能在 14 岁的特里·安德森离开教堂停车场时使用药物对其实施了绑架并最终杀害了他。安德森的尸体被发现漂浮在达尔豪斯港的水面上。虽然法医在受害者体内发现了麦角酸二乙基酰胺麻醉剂，但仍将其死因正式判定为意外溺亡。

克里斯汀·弗伦奇遇害

在杀害受害者莱斯利·马哈菲之后的十个月，伯纳德不停对霍穆尔卡实施殴打，并接连跟踪且强奸了其他多名受害者。1992 年 4 月复活节周末前的星期四下午，伯纳德决定猎杀下一位“处女”受害者。伯纳德让霍穆尔卡把头发扎成清爽的马尾辫，随后，夫妻二人驾车来到距特里·安德森的失踪地大约半英里远的圣十字天主教高中。伯纳德在此之前已经来这所高中观察过。学校里那些女孩身穿的校服激起了他的性欲：格子短裙和白色上衣，搭配及膝长袜，完完全全是色情和淫秽杂志中的常见主题装扮。

当学生们从校门蜂拥而出时，伯纳德快速扫视着从身边走过的每个女孩，寻找他的理想受害者。他在人群中一眼便看中了 15 岁的克里斯汀·弗伦奇，她表情严肃，一心向学。伯纳德开车悄悄跟踪克里斯汀。当看到克里斯汀一个人独自行走时，伯纳德从她身边驶过并将汽车停在前方的教堂停车场内。在克里斯汀慢慢向汽车方向靠近时，卡拉以问路为由叫她过去。卡拉站在敞开的车门前，在车顶上打开一张地图，请求克里斯汀给她指明现在所处位置。克里斯汀在靠近这对郎才女貌的年轻夫妻时没有感到丝毫恐惧和不安。当克里斯汀开始查看地图时，伯纳德绕到她身后，一把将其推入车内。霍穆尔卡上车控制住车后座上的克里斯汀，伯纳德驾车返回家中。

之后的三天，伯纳德和霍穆尔卡共同对克里斯汀实施了性侵。一如从前，夫妻二人将所有犯罪过程皆记录下来。每到夜晚，伯纳德和霍穆尔卡便不停给克里斯汀服用安眠药物，将她捆绑并关押在衣橱内。

录像中，伯纳德将尿液撒到克里斯汀身上，并试图在其身上排便。他强迫克里斯汀不断重复说：“我是你 15 岁的圣十字会性奴。你是这个世界上最强大的男人。你值得拥有，你想要的……一切……你是如此迷人，如此强大，又如此性感。一切尽在你的掌控之中。没有人可以凌驾于你之上，没有人……你就是国王，是这个世界的主宰。你是这世上最优秀的男人。被你惩罚的感觉真妙。”

伯纳德让霍穆尔卡穿上塔米衣柜里相似的制服并和克里斯汀一起爬到床上。之后，他命令霍穆尔卡和克里斯汀互相给对方口交和手淫。伯纳德如同一个心理变态的电影导演，站在相机后面大声喊出口令：“从底下开始舔，然后一直往上……来吧，说点淫荡的话。”

霍穆尔卡在采访中告诉警察：

“我们穿着几乎一模一样的制服，然后梳妆打扮，过程中笑声不断，好像我们只是准备出去找点乐子的好朋友之类的。保罗命令我们做什么，我们就做什么。我有各种各样的香水小样，她也想试试。”

霍穆尔卡的供述中有一点让人立马生疑：遭受强奸、殴打和奴役的受害者竟然想要试试香水样品！荒谬至极。不过在后来浮出水面的录像中确实有二人谈论香水的画面。当霍穆尔卡和克里斯汀站在台面上摆满化妆品的浴室镜前时，伯纳德按下了摄像机的开机键。

（录像开始。）

霍穆尔卡：那么你喜欢哪种香水呢？

克里斯汀：CK的永恒系列香水或者阿玛尼的。

霍穆尔卡：我也喜欢阿玛尼。我有新款的香水。我还没有用过，不过今天也许我会试试。

伯纳德：好了，女孩们，你们知道我想要你们做什么。你们两个一起撩起短裙。好，现在弯腰，让我看看你们性感的屁股。

（克里斯汀照做了。）

伯纳德：真听话。好了，开始工作。

霍穆尔卡：看看我们都有些什么。

克里斯汀：永恒香水。

霍穆尔卡：噢，永恒香水，我喜欢这个。那是逃避女士香水，我讨厌那瓶香水的味道。

克里斯汀：真的吗？我能闻闻吗？

霍穆尔卡：味道很恶心。

克里斯汀：我从来没用过。

霍穆尔卡：有一天，我在上班时买了一本类似于《家庭教师》的杂志，然后那整本杂志因为其中一页有这个逃避香水的味道而变得恶心难闻。我还有其他牌子，比如这瓶“沈云门香水”。

克里斯汀：我能试试这个吗？

霍穆尔卡：当然可以。

霍穆尔卡在法庭上解释着录像带中的场景，叙述称伯纳德让她和克里斯汀比赛，他指示她们二人挑选化妆品和香水并梳妆打扮。伯纳德解释了游戏规则："身上香味最好闻的就是赢家，赢家将不会与我进行肛交。"

伯纳德：对着相机说。嗯，好看，美翻了。

（伯纳德探身过去闻克里斯汀身上的味道，然后又闻了闻霍穆尔卡。）

伯纳德：这样不行，女士，这个味道不好。

霍穆尔卡：（闻了闻克里斯汀的脖子。）这个香味好。

伯纳德：（走向克里斯汀。）虽然你身上的味道比较香，但我还是要插进你的肛门。毕竟她是我老婆。而且她得到了女童子军积分[①]。

不幸落入伯纳德和霍穆尔卡的魔爪并惨遭3天折磨的受害者克里斯汀·弗伦奇在这段录像中出现了某些离奇的小插曲。录像中有几个画面让人不禁认为克里斯汀并非是被强奸，她并不是打算杀害她的杀人狂魔所囚禁的俘虏。

之所以重现这其中某些令人发指的录像情节是因为它们揭露了受害者在落入连环谋杀犯之手，命悬一线的生死关头时和凶手之间微妙的动态变化。在忍受噩梦般痛苦折磨的过程中，聪明的克里斯汀想方设法操控凶手，试图死里逃生。某一录像片段中是克里斯汀和霍穆尔卡发生性行为的过程。

霍穆尔卡：我喜欢你，克里斯汀。

克里斯汀：我也喜欢你。

---

① 女童子军身穿棕褐色制服，因表现良好而"得分"。

霍穆尔卡：你想找点乐子吗？

克里斯汀：当然想了，没问题。为什么你的牙齿这么齐？

霍穆尔卡：我不知道。你的牙齿呢？

克里斯汀：（咯咯笑）你是笨蛋。

霍穆尔卡：（脱掉克里斯汀的衣服。）不要这么紧张，没事的。

克里斯汀：我在发抖吗？

霍穆尔卡：你没有。试着放松一点，就像在自己家一样。你的腿真美。

克里斯汀：这一只有点短。

霍穆尔卡：没关系。

克里斯汀：我能请你帮个忙吗？在我走之前，能看看你的狗吗？不要让它咬伤我。

（霍穆尔卡抬头看向相机后的伯纳德。）

霍穆尔卡：这件事他说了算。

伯纳德：当然可以，在你离开之前。

克里斯汀：我喜欢狗狗。

伯纳德：我也是。

有人解释说克里斯汀·弗伦奇与罪犯霍穆尔卡和伯纳德之间谈笑风生的行为是其患有斯德哥尔摩综合征的症状体现（受到惊吓且不知所措的被俘虏者开始设身处地为俘虏者着想，对其产生怜悯）。但克里斯汀的情况并不尽然。克里斯汀的对话明确揭示出她保持着警觉，且机智地试图与俘虏者周旋，制造一种俘虏者难以避免将其释放的情景。克里斯汀乐观地说："在我走之前，能看看你的狗吗？"这是试图逃生的勇敢且明智之举。倘若俘虏克里斯汀的连环杀手与伯纳德的人物性格有些微不同，或许她的这一举动会使之有机会获救。

在克里斯汀被俘虏的那段时间，伯纳德曾两次外出购买食物，留下克里斯汀和霍穆尔卡两人独自在家。伯纳德一出门，克里斯汀便拼命哀求霍穆尔卡放她一条生路，但霍穆尔卡拒绝了。

“你对死期将至了解多少？”

在克里斯汀被囚禁的第三天，她开始公然反抗伯纳德，拒绝服从他的任何命令，这显然不是患有斯德哥尔摩综合征的被害者应有的行为模式。之后，伯纳德给克里斯汀看了受害者莱斯利·马哈菲惨遭强奸和折磨的录像，并对克里斯汀说：“你知道这是谁吧？如果你不乖乖按照我说的做，你的下场将和她一样。”

克里斯汀认出录像中的女孩便是之前被报失踪，后来在吉普森湖发现其被肢解尸体的受害者，她惊恐万分。

虽然惊惶不安，但年仅15岁却无所畏惧的克里斯汀依旧拒绝遵从伯纳德那些变态扭曲的要求，她挑衅地反击说：“有些事是值得为此付出生命的。”

伯纳德听后怒不可遏，狠毒地对克里斯汀一顿拳打脚踢。霍穆尔卡和伯纳德再次对她实施了多次强奸，随后，伯纳德又开始对其施以暴力殴打。这段录像的最后几个画面是被捆绑并遭受虐待的克里斯汀倒在地上，几乎不省人事。录像中，她对着伯纳德恶狠狠地说：“我不知道你的妻子如何能够忍受和你这样的人在一起。”

“闭嘴，听懂了吗？给我闭嘴。”伯纳德在关掉摄像机之前说。

很快，伯纳德拿来一根电线并将其缠绕在克里斯汀的喉部。他紧握电线，仔细地控制着力道，直到7分钟之后才让克里斯汀彻底窒息。霍穆尔卡说她听见伯纳德在杀害克里斯汀时在其耳边窃窃私语：“你对死期将至了解多少？”

* * *

倘若在游戏“但丁地狱”里有“自说自话新婚夫妻心理游戏节目”的话，那么伯纳德和霍穆尔卡一定是实力雄厚的明星选手。霍穆尔卡作证称，伯纳德是杀害两名受害者的罪魁祸首，而伯纳德却声称霍穆尔卡在他离开后自作主张杀害了两名受害者。伯纳德说他不想杀掉克里斯汀·弗伦奇，而是想将她作为性奴囚禁起来，但霍穆尔卡心生嫉妒，于是她最终将克里斯汀置于死地。这是有可能的，因为除了《美国杀人魔》外，伯纳德在那时钟爱的另一本书是克里斯汀·麦圭尔和卡拉·诺顿创作的《完美受害者》。这本书记述了一位在加利福尼亚州被一对夫妻绑架并囚禁为性奴长达7年之久的20岁女性受害者的真实犯罪故事。除此之外，受害者莱斯利·马哈菲的尸检报告显示，其背部受重压之后留下的伤痕形状和大小与卡拉的膝盖位置相符。

霍穆尔卡作证说，伯纳德之所以杀掉克里斯汀是因为霍穆尔卡的父母约定当晚到夫妻二人的家中共享晚餐。她声称伯纳德强迫其清理掉案发现场的所有证据。因为死者克里斯汀的头发里或许会残留地毯纤维，但霍穆尔卡不愿意毁掉自己珍爱的地毯，所以她愚蠢地拔掉了克里斯汀的头发并将其存放在一个袋子内。之后，霍穆尔卡和伯纳德将尸体抬进卧室，将其浸入浴缸内。克里斯汀的尸体被清洗得干干净净，因为伯纳德告诉霍穆尔卡，警方可以从肉体表面提取指纹。伯纳德命令霍穆尔卡将克里斯汀阴道及肛门内的精液冲洗干净，此后，伯纳德在壁炉中烧掉了克里斯汀的衣物、头发以及她携带的背包，并清理了所有灰烬。他仔细地将克里斯汀所戴手表的表盘玻璃擦干净，然后摔到地上打碎了。

为制造凶手居住在受害者马哈菲的绑架地——柏林顿的假象，霍穆尔卡和伯纳德决定将克里斯汀的尸体丢弃在莱斯利·马哈菲的墓边，但他们没能找到。最终，夫妻二人将尸体扔进一个非法垃圾场。克里斯汀失踪14天后，其尸体被找到，一丝不挂，头发也被全部拔光。

* * *

接下来的八个月，霍穆尔卡和伯纳德这对雌雄双杀继续逍遥法外。伯纳德依旧对霍穆尔卡暴力相待。他一如既往地出门跟踪并强奸女性。夫妻二人经常召妓进行三人性爱。伯纳德嗜酒成性且几乎每天都会对妻子霍穆尔卡实施殴打，从以往猛捶她的手臂到如今直接打脸，甚至一团一团地扯掉她的头发。有一次，伯纳德将霍穆尔卡扔进冰冷的地下室中，关掉灯并锁住出口，他对着惊恐万分的妻子大吼道："莱斯利的魂魄马上就会来找你报仇！她就在地下室里，就是在那里被我肢解的。"霍穆尔卡一整晚都被锁在伸手不见五指的地下室中。

伯纳德时常驾车带着霍穆尔卡到处转，给她指出他正在跟踪的女性并宣布她们就是下一个强奸对象。有一次，伯纳德一边看着路上的一名女性一边手淫，并要求霍穆尔卡转头看向其他方向。有些时候，他在看着目标受害者时，命令霍穆尔卡给他口交。霍穆尔卡愚蠢无知地追随着他的男人。

“我希望他们可以让我在监狱里打理发型，如果我的头发凌乱不堪，那我宁愿去死。”

伯纳德有一只由坚硬的枪管硬钢制成的美光长柄手电筒，许多警务人员因其照明持久且可直接当作警棍使用而随身携带。在美国，不乏犯罪分子被警察使用美光手电筒殴打致死的案件。当伯纳德开始用美光手电筒对霍穆尔卡实施暴打时，她终于选择了逃离。1993 年 1 月 5 日，全身淤青红肿，伤痕累累的霍穆尔卡出现在父母家门前，夫妇两人立即将女儿送往医院急救室。当晚，伯纳德因殴打妻子而被指控。

为了不让伯纳德找到霍穆尔卡，她的父母将其送往居住在多伦多市的叔叔阿姨家中。同楼的房客给这位眼睛青肿的神秘金发女人起了一个绰号——“浣熊脸”。然而，霍穆尔卡接连几周均外出去舞厅狂欢，并很快找到了一位新情人。霍穆尔卡对自己的过去闭口不提，只是说她正在经历一场“糟糕透顶的离婚风波”。

与此同时，伯纳德独自在空荡的房子里四处走动，大叫着寻找霍穆尔卡的身影。“熊宝贝，你在家吗？卷发女郎卡莉？”伯纳德录制了一盘录像带寄送给霍穆尔卡，他在录像中以死相逼：“我需要你，卡，我爱你，你是我的公主，我的王后，你就是我的一切。如今的我每天都在想你……我现在知道你永远不会再回到我身边了。一想到这个，我就心如刀绞。我希望你能再给我一次机会，让我弥补这一切……我知道你不得不离开，我不会怪你。事实上，这是你能为我做的最好的一件事。你的离开打醒了我，不管当初的我沉浸在什么样的状态中，现在我醒悟了。这让我意识到我心里有多在乎你……你是我人生中最特别的那个人，是的，甚至比塔米更特别。当你知道你已经失去了一切，而且没有任何人可以依靠的时候，死亡之门便是你唯一可以去的地方了……好了，我毁了这段人生，是吗？当我去另一个世界的时候，我会在那里给你更幸福的生活。我会为你打造一些真实美好的东西，当你过来的时候，一切都会是那么美好。你懂我的意思吗？”

这段录像的结尾草率却淫秽龌龊。伯纳德此前早已被列入斯卡伯勒连环强奸案的犯罪嫌疑人名单，当证人对强奸犯的描述与伯纳德相符时，他屈从地将自己的 DNA 样本交给了警方。在霍穆尔卡离开伯纳德三周之后，警方终于拿回了一份 DNA 样本。由于政府资金削减，因而运行这些测试花费了 26 个月之久。保罗·伯纳德，这个彬彬有礼的年轻会计师就是警方苦苦寻找的凶手。警方立即对伯纳德展开了 24 小时的实地监控。螳螂捕蝉，黄雀在后。当伯纳德驾车跟踪女性时，警务人员紧随其后。

警方发现伯纳德居住在尼亚加拉地区后不久，便开始怀疑其与莱斯利·马哈菲以及克里斯汀·弗伦奇的被害有关。案件探员找到卡拉·霍穆尔卡并询问其是否曾经剪掉任何人的头发，以及她是否曾去过克里斯汀遭遇绑架的那个教堂停车场（警方没有向霍穆尔卡说明其询问的原因）。霍穆尔卡面对探员的询问时惊慌不已。1993 年 2 月 17 日，伯纳德被缉拿归案，并被指控在斯卡伯勒犯下多起强奸案。

霍穆尔卡得知此事后彻底崩溃，她向叔叔阿姨坦白了一切。此后，霍穆尔卡的叔叔阿姨立即给她找来一位律师。与此同时，警方开始在伯纳德的房子中搜查作案证据。为防止破坏现场，警方的技术搜查人员穿上如同太空服一样的专业套装，他们砸穿墙壁；在地板上钻孔；扭开管道；扯掉地毯；撬松踢脚板；用真空吸尘器清扫每一根散落的头发和皮棉；扫除每一寸地方的灰尘，收集指纹。警方技术人员在这座位于达尔豪斯港的死亡居所中耗费了 72 天，却几乎未找到任何可证明伯纳德与两名受害者之死相关的证据。

与此同时，卡拉·霍穆尔卡身边的每个人，譬如医生、警察、护士、社会工作者、家人以及朋友皆深信她是一位常年遭受丈夫虐待的妻子，他们对霍穆尔卡在这些罪行中扮演的角色一无所知。在大家眼里，霍穆尔卡是一名受害者。不久之后，霍穆尔卡自己也开始这样认为，她仔细研究受虐妇女综合征和创伤后应激障碍，掌握其术语以及表现症状——何等高明的做法。霍穆尔卡在描述其与伯纳德之间的关系时频繁使用词语“虐待周期”和“习得性无助”，这是丽诺尔·沃克在其1979年的权威著作《受虐女性》中提到的术语。警方无论在何时提起霍穆尔卡遗漏的事情，譬如她主动诱骗无名氏女子并给其下药以供伯纳德强奸一事，她均会声称由于遭受伯纳德虐待而导致其患有创伤后应激性记忆缺失。尽管事实上霍穆尔卡一直居住在父母家中，且与伯纳德只有周末才会相见，但她却声称她无力反抗伯纳德提出让其协助他在圣诞节给自己的宝贝妹妹塔米下药并交由他肆意凌辱的残忍要求。

当卡拉·霍穆尔卡的律师自告奋勇地向检察官提出当事人霍穆尔卡愿意指证伯纳德以争取宽大处理时，因一直未能找到证据证明伯纳德与死者马哈菲和克里斯汀被害有关的检察官毫不犹豫地接受了这一请求。由于霍穆尔卡在庭前对谋杀罪行认罪答辩且主动指证伯纳德，因而在与检察官协商之后，她仅被判处12年有期徒刑。霍穆尔卡将在服刑4年后获得申请假释的资格，若申请被拒，则根据加拿大法律规定，应在服刑期满8年自动依法释放，检察官同意批准她的假释申请。

在霍穆尔卡正与检察官就罪责处罚进行沟通协商时，伯纳德在警方对其达尔豪斯港的住宅停止搜查后立即派律师带着一张他手绘的地图进入房子里。独自一人待在屋中的律师走到楼上的卧室，踩着一堆废弃物品踏入房间，旋松一盏顶灯，将一只手伸进屋顶隔热层底下，然后拿出6卷小的高密度摄像机录像带，这就是警方在这栋小房子中足足花费72天也未能找到的记录伯纳德的确曾对受害者实施强奸和折磨的录像带！律师当即决定向判案法官隐瞒这些录像带的存在，这些罪证直到15个月后才浮出水面。伯纳德的律师在霍穆尔卡与检察官进行交易的前一周便已经找到了这些录像带，倘若他那时主动将其交给检察官，那么也许霍穆尔卡和他们之间也就无需协商任何交易了。

霍穆尔卡指证了伯纳德，将自己装扮成一个受害者的角色。然而，她的证词却几乎没有丝毫必要，因为她和伯纳德共同强奸受害者时所拍摄的那些录像带被纳入法庭证据，但播放对象仅限陪审团，出席庭审的旁观者及媒体只能听音频。陪审团从录像中看出霍穆尔卡自愿参与对受害者的强奸及折磨过程，且乐在其中。但即使如此，他们也无能为力，因为霍穆尔卡和检察官早已在此之前达成交易。

保罗·伯纳德对强奸罪行供认不讳，鉴于录像带已公之于众，他不可能有其他选择。然而，他却否认杀害马哈菲及克里斯汀一事。伯纳德坚称两名受害者是在霍穆尔卡的监管下丧生的。伯纳德在招供即将结束时承认他在性事方面的确存在某些“障碍”。“我不得不沿着街道寻求专业人士的帮助。”伯纳德直截了当地说出这样一句话，他不明白为何法庭中会传出一阵轻蔑的笑声。

伯纳德最终于1995年被判处终身监禁（加拿大没有死刑），且在服刑期满25年之后才有资格申请假释。他似乎不太可能获得假释批准。

霍穆尔卡在进入监狱时给朋友的那些闲聊信件中写道：有些人和你们一样，他们知道这种惨状不是我自己造成的。她写道，服刑期于她而言是学习一些大学课程的好机会：我想告诉你们的是，这里的生活并非大多数人想象的那么糟糕……希望我在这里的这段时间能完成大学学业。四年后我将有资格申请假释，我一定会出狱，一定的！霍穆尔卡对监狱生活唯一的担忧是“我希望他们可以让我在监狱里打理发型，如果我的头发凌乱不堪，那我宁愿去死”。

* * *

霍穆尔卡在服刑四年后没能如愿出狱，八年后也一样。公众的愤怒压倒了霍穆尔卡之前与检察官定下的交易，且各大媒体持续攻击式报道卡拉·霍穆尔卡在监狱中的每次狂欢；她的同性恋情；她和一位因谋杀自己女友而入狱的男性罪犯之间的风流韵事；她在监狱中接受精神病治疗的文件以及其私人信件和照片。这两股气势汹汹的力量迫使有关当局将卡拉继续关押在监狱，直至其服满12年刑期。2005年7月的独立日这天，霍穆尔卡刑满出狱，当天，加拿大媒体铺天盖地地报道此事，全国上下人尽皆知。之后的半年多时间里，各大媒体依旧对霍穆尔卡穷追不舍，但在那之后，媒体开始厌倦，这场风波也逐渐平息。霍穆尔卡如今以蒂尔的名字生活在蒙特利尔，这是她和保罗·伯纳德在被捕前不久使用的新名字，它来源于凯文·贝肯在电影《刀锋冷》中饰演的连环杀手——马丁·蒂尔。蒂尔是霍穆尔卡和伯纳德最欣赏的连环杀手之一。

尽管公众担忧霍穆尔卡会再度做出不法行为或成为另一个连环杀手的罪恶

帮凶，但永远不会再听闻她的任何消息不失为一件好事，除非媒体挖出她在公交车站单纯地等车，而这恰恰正是他们最近做的事情。① 从统计数字上看，迄今为止，尚未发现任何如霍穆尔卡一样备受瞩目且免遭牢狱之灾或释放出狱的女性罪犯再度触犯法律的情况。查伦·加莱戈到如今也一直隐姓埋名地生活着，希望她已痛改前非。

解释霍穆尔卡的行为是一项更为艰难的任务。霍穆尔卡在结识伯纳德之前的种种人生经历与其他连环杀手毫无共同之处（或是心理病态者）。霍穆尔卡在监狱中接受了人类目前所知的所有心理测验，其结果并无异常。她在病态人格测试（简称 PCL–R）中的分数是 5 分，而在该测试中得分不低于 20 分者才会被认定为是心理病态。[211] 而另一方面，由于霍穆尔卡在服刑期间拿到了加拿大皇后大学心理学专业的学位，其中包括偏差心理的课程学习，因此她在测试时或许能随意掌控自己的回答。

霍穆尔卡至今仍是一个谜。与其说她穷凶极恶，不如说她是行尸走肉。她与那些曾和专属钻石俱乐部的朋友们流连过的乏味住宅区和购物商场同样苍白、冷漠。霍穆尔卡认为只有她的野兽男孩才能使之疯狂，她的家庭是一个处于中产阶级的蜂巢，麻木不仁、茫然无措、贪得无厌。她可怜的妹妹塔米在 16 岁生日时想要的不过是一辆保时捷，但这却是大多数中产阶级家庭无力承担的。卡拉·霍穆尔卡能在强奸杀人过程中飞快说出化妆品牌，却无法做出最简单的道德判断。她无法保护妹妹不受凌辱；无法在她力所能及之时放走一个惊恐且遭受虐待的可怜女孩，给她一条生路。她做出正确事情的能力已丧失殆尽。

对霍穆尔卡而言，伯纳德就如同一本廉价爱情小说的封面那般无可挑剔，他是金发碧眼、体格健硕、彬彬有礼的威武痞商。伯纳德的价值观与霍穆尔卡一样空白，而这也使得两人成为天造地设的一对。研究伯纳德的墙板上贴满了昂贵跑车的图片和写着譬如“贫穷是自作自受”、“时间就是金钱”、“金钱永不眠”、“高瞻远瞩，出类拔萃”、“我不应对竞争，我粉碎它”、“贫穷可耻”等标

① 在本书英文版即将印刷之时，加拿大媒体马不停蹄地报道了有关霍穆尔卡的各种谣传：出狱后，霍穆尔卡养了一只狗，并与某男子秘密结婚，两人最近刚刚喜获一位宝贝儿子。2007 年 2 月 8 日，《多伦多太阳报》的爆炸性头条新闻是“告诉我真相并非如此：卡拉当妈妈了！养了一只新狗狗。两年内结婚生子”。

语的便签。《华尔街》是伯纳德最喜欢的电影。

可怕的是，或许卡拉·霍穆尔卡在遇到伯纳德之前从未有过谋杀他人的想法，又或许这样的想法如今早已不复存在，但一和伯纳德相识之后，原本索然无味、茫然空虚的芭比公主却成为了不择手段的杀人狂魔。我们知道这世上还有诸多和保罗·伯纳德一样的人正逍遥法外，但令人不禁好奇的是：这世上究竟有多少如同霍穆尔卡一样道德感失衡的年轻男女正等待着遇见他们的完美搭档呢？

* * *

有人可能会驳斥称伯纳德在结识霍穆尔卡之前未有任何强奸或谋杀犯罪记录，伊恩·布雷迪在遇到迈拉·欣德利之前也是，道格拉斯·克拉克与卡罗尔·邦迪这对雌雄双杀同样不例外。难道是这些女性罪犯如同女人实施谋杀行为时倾向于的那样利用男性罪犯，使之成为代罪羊，以满足自己的杀戮欲望？也许吧。倘若这些男性没有遇见他们的女性同伙，还会继续犯下强奸及杀人罪行吗？很有可能。然而，我们可以明确肯定的是，在现代历史中，尚未有任何一起为人所知的卡拉·霍穆尔卡或迈拉·欣德利，抑或查伦·加莱戈案件类型中没有男性罪犯的参与。（值得一提的例外情况或许要属格温多琳·格拉哈姆和凯瑟琳·梅·伍德这对女同性恋杀人组合了，她们为获得性满足专在一家养老院中迫害老年患者。）

虽然帕特里克·威尔森认为这种情况适用于女性罪犯的受害者以及共谋犯，但他在其对几乎自 1843 年以来每个在英国被处决女性的内政部数据研究中总结道："女性罪犯的丈夫或爱人总是导致谋杀行为发生的一个推动因素，因为就如同珠穆朗玛峰一样，只要他在，就无可避免。同样的情形并不适用于男性暴力犯罪。"[212]

第七章

纳粹杀人魔和曼森杀手女孩
让女性传教信徒成为连环杀手

1975 年的电影《纳粹女魔头之残酷疯淫所》[①] 使我们想起人类长期以来深信不疑的一个观点：女性不会杀人，也不会对他人施以残忍折磨，除非她们是纳粹分子。这部电影的背景题材是纳粹战俘营（实际上是在电影《霍根英雄》的布景场地拍摄的），内容伤风败俗。伊尔斯（扮演者是迪亚尼·索恩）是战俘营的女司令官，她是一个狂躁的性痴，也是纳粹党卫军中一名疯狂的科学家。她享受强迫男性战俘与其发生性行为的过程，而那些不能让她得到性满足的人则会被残忍阉割。除此之外，伊尔斯还在女性战俘身上做医疗实验以测试女性承受痛苦的能力是否在男性之上，自不必说，这样的实验包含了大量对全身裸露的丰满女性施以非人折磨的骇人画面。此类风格并不鲜见。这根植于 20 世纪 50 年代和 60 年代大量趣味低级的探险杂志中，譬如《阿戈西》、《雄鹿》、《人类行动》、《真正的冒险》。这些杂志有时会刊登一些有关于纳粹女性对男性战俘施加恶毒性爱折磨的故事，她们要求男性战俘给予其性满足，战俘能否活命直接取决于他们的表现。

在《纳粹女魔头》之后，意大利电影导演里娜·韦特缪勒以同样的故事题材为背景拍摄了电影《七美人》。主演雪莉·斯托勒（她在电影《蜜月杀手》中扮演玛莎·贝克）演绎了一位要求监犯詹卡洛·吉安尼尼为其提供性爱服务

① 纳粹党卫军——“防卫单元”，德语为 Schutzstaffel，即狂热的德国纳粹准军事组织，他们身穿黑色制服，所戴的帽子上有一个由骷髅头和骨头组合而成的图案，他们是集中营的看守，在第三帝国时期也担任其他职务。

的纳粹集中营司令官。之后 IMDb 网站声称："这是她所拍摄的电影中最令人痛心也是最吸引人的一个场景。"[213]

你们大可无休止地争论男性对长相娇美、金发碧眼的纳粹杀人魔头的性痴迷的意义，但无可厚非的是，它就根植于历史事件中，距今最近的一次事件发生在 1933 年至 1945 年的纳粹德国。

第三帝国时期的国家连环杀人案

如今我们已清楚了并非所有连环杀手皆是男性，且并非所有谋杀行为皆是在性冲动的驱使下而为之。连环杀手包括受利益及权力驱使的类型和黑手党职业杀手，此外，虽然十年前有人辩驳称，军事及大屠杀中的杀手不包含在连环杀手的定义范围之内，但事实并不尽然，尤其是第三帝国时期出现的那些杀手。事实上，第三帝国时期实行的是国家连环谋杀，即连环大屠杀。这或许是有史以来第一个如此行事的国家。

纳粹德国在其横行天下的 12 年间共杀死了约一千两百万人，其中包括在所有受害者中数量近半的犹太人。我们在这里谈论的不是那些死于空中轰炸、围攻、饥荒或失业，抑或是城镇战争中的人，我们谈论的是一对一的集体谋杀行为，即一组杀手拿着小型武器射击受害者的头后部，一枪毙命；绞死受害者；对他们实施残忍殴打；往受害者心脏中注射苯酚；将受害者活活踩死、活活烧死；在他们身上做化学实验致其死亡；实施所谓的"运动"谋杀以及其他骇人听闻的残忍行径。最后，纳粹党人开始利用毒气室实施大屠杀，但这种屠杀行为并不顺利且经常失败。尽管如此，他们还是成功地害死了三百万受害者，剩下的九百万则日复一日地陆续被成千上万的连环杀手残害，一个接一个，一枪接一枪，直到所有受害者均被赶尽杀绝。

长久以来，我们一直相信纳粹党人自称"只是遵从命令"的苍白辩解。我们不会原谅这种说法，但却相信它可以作为一种解释，这也是我们至此之前一直将纳粹战犯排除在连环杀手范畴之外的原因之一。我们假定他们的所有行为皆是不得已而为之；他们的受害者早已被挑选好；倘若他们拒绝执行屠杀令，便会招致可怕的惩戒。最近，学者们将这一见解彻底推翻。现在我们知道了，他们参与直接杀戮皆是自愿而为，且未有任何德国骑兵曾因拒绝射杀手无寸铁的男人、女人或儿童而遭到惩罚。倘若拒绝——有人的确曾拒绝过——他们不会被枪决，不会被送至集中营，甚至不会被送至东方前线，最糟的不过是被战友耻笑“软弱”，或者无法得到晋升机会罢了。

有人将纳粹罪犯划分至军事类型的连环杀手范畴中，认为其是在政治、道德、宗教或意识形态的动机驱使下谋杀那些自认为必须从社会上根除的特定类型受害者，但他们在大多数情况中都不会犯下此等罪行，因为他们是狂热的纳粹分子。历史学家克里斯托弗·勃朗宁研究了一个流动的杀戮团队，他们在波兰的东部乡村追捕并杀害了数以万计的男人、女人甚至儿童，受害者一个接一个地倒在乱葬岗。勃朗宁发现，这些杀手大部分是人近中年的后备警察，普通士兵中只有四分之一的人来自纳粹党。[214] 这个杀戮团队里没有被洗脑、身穿黑色制服的中坚纳粹军队、安全警察大队、特派敢死队，甚至没有义务警员纳粹狂热者，他们只是在位于德国战线后方的波兰乡村地区临时受任的汉堡交通警察。因而勃朗宁将自己这本以此为主题的书命名为《普通人》。

我们逐渐开始有所理解的是，纳粹党有能力在公民身上诱发一种短暂性的精神病态，在这种状态中，心智健全且平凡普通的“正常人”被赋予了在短时期内实施连环谋杀的能力。之所以说短时期，是因为随着时间流逝，很多人开始、精神崩溃、依靠酒精麻痹自我、噩梦连连，甚至了结生命，同时也有人患上一种最近所称的“行凶创伤性应激障碍”，这是一种因实施暴行而引发的创伤后应激障碍。[215] 因此，纳粹军在 1941 年到 1942 年的冬天开始使用毒气室，这样做的目的并非为了提高屠杀效率，而是为了减少行凶者的创伤经历。毒气被视作是一种夺去受害者性命的“人性化”方式，它减少了那些在东方肆虐、杀人无数、手上沾满鲜血的魔头所承受的心理负担。

我们对第三帝国如何使普通人腐化成连环杀手的方式逐渐加深探寻，但却对参与这些杀戮的“普通”女性知之甚少。纳粹德国时期的确有这样的女性存在，虚构电影《纳粹女魔头之残酷疯淫所》在一定程度上真实反映了这一事实。

电影主角伊尔斯是以两个臭名昭著的纳粹女性连环杀手为原型而塑造的人

物形象。这两个女性杀手均是国家的最初产物，她们分别是被称为“布痕瓦尔德的野兽”的伊尔斯·科赫和有“贝尔森的野兽”之称的伊尔玛·格蕾泽。这两名女性纳粹分子皆被指控在自己职权范围外性虐集中营男囚以寻求快感。她们不仅仅是国家培育的连环杀手，她们意志自由且崇尚机会主义，因个人享乐而过度杀戮。就这一点而论，她们或许，从某种程度上而言甚至已经遭到纳粹党谴责。与前面章节中所描写的女性连环杀手同谋大同小异的是，倘若国家没有命令或组织伊尔斯·科赫或伊尔玛·格蕾泽实施这些暴行，她们还会如此吗？这一问题值得深思。

伊尔斯·科赫——布痕瓦尔德的野兽

1947年，一头红发，眼珠碧绿、身材丰满的41岁的伊尔斯·科赫因在布痕瓦尔德集中营犯下滔天罪行而接受审讯，她在任期间，集中营里50000名监犯相继丧生。值得一提的是，伊尔斯因在布痕瓦尔德犯下的不同罪行而分别接受了三次审讯：1943年接受纳粹党审讯；1947年接受美国审讯；1950年接受新西德政府审讯。

伊尔斯·科赫的这三场审判中最引人关注且最令人发指的是美国审讯。有人宣称，作为集中营司令官夫人的伊尔斯会召集新来的监犯并命令他们脱去上衣，之后，她会走进犯人队列中挑出那些身上文身令她欣赏的人，然后将他们全部杀掉并剥掉他们的皮，将文身处的皮肤用以制作譬如灯罩、图册封面、手提包以及手套之类的家居手工艺品。有人断言，她在集中营的家中摆设了用人类拇指骨做成的照明开关以及用人类部分肢体和头部做成的家具和装饰品。据说伊尔斯为装饰新家，狠心杀害了约40名男囚。[216]

伊尔斯家中皆是令人毛骨悚然的家居饰品，这在十年之后“造就”了美国一群真实存在的连环杀手。1957年，在阅读了大量有关人类真实冒险的杂志后，埃德·盖恩用科赫的装饰风格，用他杀害的女性受害者或直接从坟墓中挖出的女尸的肢体部位，采用与伊尔斯同样的方法，装修了自己在威斯康星州独居的农舍。[217]

伊尔斯·科赫的种种行为使得她成为一个独一无二的享乐性欲型连环杀

手，这种类型在女性中极为罕见，她也是现代社会中唯一一个为人所知的此类型女性杀手——通过某种冲动的性变态谋害他人以获得人体部位。在历史记录中与伊尔斯最为接近的是大约 4 个世纪前的伊丽莎白·巴托里。

伊尔斯身上还背负了其他指控。任何一个胆敢望向伊尔斯所在方位的男囚皆会因行为冒失或“性骚扰”而被殴打致死。为了在营地中修建她的私人驯马场，伊尔斯命令一批批监犯日夜工作，直至累死。她在营地中四处走动，上报囚犯们的真实违纪或擅自捏造虚假违纪信息，导致其被活活打死，而她则享受地欣赏着这一切。伊尔斯所面临的这些指控中，存在明显的性倾向，她被称作是“女色情狂”，不过她的所有不当性行为皆局限于营地中其他纳粹官员而非男囚。对伊尔斯收集人体皮肤以及用文身人皮制作灯罩的指控，使得她在其他 30 个和她一起在布痕瓦尔德受审的罪犯中“鹤立鸡群”。这些道德败坏的罪行成为纳粹集体屠杀疯狂行为中最残暴、最极端的象征。多家报纸和杂志再现了用文身人皮制作的皮革块照片（其中一张皮革块上有一对清晰可见的乳头）、萎缩人头以及其他人工制品照片，其中包括据称美国军队在 1945 年解放布痕瓦尔德集中营时找到的用人皮制作的灯罩。电影院中有它的新闻影片。

1947 年，有“布痕瓦尔德的野兽”之称的伊尔斯·科赫被判处终身监禁，但一年后，美国军事机构突然将其刑期缩短至四年，这一决定震惊世界。伊尔斯在服刑一年后只剩下三年牢狱之时，公众压力迫使西德有关当局再次对其进行审讯，此后，伊尔斯被判处死刑。如今出现了一大批伊尔斯·科赫的拥护者，但他们并非皆是新纳粹分子或大屠杀否认者。是的，你已经猜到了，其中一部分人是女权主义者，他们将伊尔斯塑造成男性监犯的受害者，声称他们因她“违背性别定型”而对其进行恶意中伤。[218]

我没有说笑！

背　景

1906 年 9 月 22 日，伊尔斯·科赫在德累斯顿出生，出生时名为伊尔斯·科勒·施尼茨。高中毕业后，伊尔斯在一家书店工作，之后，她成了一位秘书。

1932年5月，伊尔斯加入了纳粹党。这使得她处于两个独有范畴的交界区——在1933年1月，希特勒夺取政权前加入纳粹党，且成为党派内少数女性成员中的一员。当时，纳粹党中的女性占比只有7.8%。[219]第三帝国时期的纳粹党认为，女人除了充当妻子和雅利安士兵母亲的角色外，并无其他用武之地。在德国国内从事譬如学校教师、护士、商店收银员或秘书等非传统工作的女性皆被鼓励回到家中并组建一个纯净种族家庭。

伊尔斯在纳粹党中担任秘书。作为一名深得他人信赖的纳粹党党员，伊尔斯最终于1936年被派遣至靠近柏林的布痕瓦尔德集中营。值得一提的是，德国国内像布痕瓦尔德和萨克森豪森那样的第一代集中营本身并非“死亡之营”。和有“灭绝营地”之称的第二代集中营（譬如位于波兰的特雷布林卡灭绝营、索比堡集中营以及贝尔塞克灭绝营等地，唯一目的是尽可能快地杀掉新到达的被流放者，其中大多数是犹太人和吉普赛人）截然不同的是，德国的第一代集中营往往会留住监犯的性命以对其实施长期监禁。这些集中营确实残忍无比，监犯通常被无情射杀，或日夜劳动甚至被殴打致死，有些人直接被当成实验品。更有甚者，多名监犯被随意杀害只为给更多新到达营地的人腾出位置。然而，这些营地的主要目的是用于关押政治敌对者。纳粹集中营在从1937年建立至1945年4月被同盟国瓦解的93个月存在期内，在布痕瓦尔德迫害了共计五万六千位无辜受害者。[220]在这期间，集中营共关押过24万位监犯，虽然某些人后来在其他营地被杀害，但或许大多数人都在当时逃过一劫。在特雷布林卡、索比堡以及贝尔塞克这三个灭绝营里，21个月内有15万位监犯遭遇迫害，且据我所知，仅有几十人最终得以幸存。不同的营地类型在杀戮环境上也有着天壤之别。1936年，伊尔斯受命去萨克森豪森营地的派遣决定类似于被安排前往一个极度血腥的监狱，但她却不一定在1941年晚秋才正式实行的“大屠杀方案”中承担部分杀戮功能。[221]

伊尔斯在萨克森豪森营地办公室担任秘书期间结识了当时的司令官卡尔－奥托·科赫。随后两人举办了一场党卫军异教婚礼并生下两名子女。1937年，科赫被转移至新开放的布痕瓦尔德营地，他和伊尔斯此后也搬进了营地的新家。美国军队声称在这个房子里发现了令人发指的人皮纪念品。

女权主义者为伊尔斯·科赫辩解

科赫并非营地内的正式官员，她只是营地司令官的妻子。虽然这样的身份赋予了她极大的权力，但这却是非正式的。据德国历史学家亚历山德拉·普瑞泽贝尔所言，这便是伊尔斯在战后被大力告发以及其被指控罪行性堕落性质的首个关键因素。在这位崇尚女权主义的历史学家眼中，伊尔斯被起诉的原因在于其公然藐视了传统的性别角色，且以这样的方式挑衅了男性监犯的男权情结。亚历山德拉驳斥称，身为女性的伊尔斯对“监犯的男性社会”产生了影响。她声称：

> ……在监犯的感知中，伊尔斯·科赫看似浸入了党卫军或特定囚犯长（集中营里负责监督其他监犯劳动的领头监犯）中男性成员所保有的权力领域。在我看来，性别定型确认及违背间的交互作用是1945年之后涌现的“伊尔斯·科赫现象”的根源所在。[222]

只要牵涉到女性谋杀犯，激进的女权主义分子似乎时时刻刻主张称，女性连环杀手从本质上而言皆是压迫性男权制下的社会构建——甚至是仅限于集中营中的男权制社会。对激进的女权主义分子而言，伊尔斯·科赫如同艾琳·维尔诺斯一样，均是男权制的受害者。

“……以一种更得体的方式杀死他们。”

但一切并非如此简单。事实上，纳粹上级已经宣告伊尔斯及其在战争期间担任集中营司令官的丈夫均负有罪责。党卫军司令官卡尔·科赫因被控贪污腐败且为掩盖罪行而蓄意谋杀两名监犯而于1942年被盖世太保抓捕。之后他在党卫军法庭受审且最终被判处死刑。讽刺的是，卡尔·科赫于1945年4月在布痕瓦尔德被党卫军执行死刑，就在营地被解放的前几天。

伊尔斯在党卫军于1943年8月结束战争的前两年被抓捕，虽然她也同样被控贪污腐败，但却在庭审中被宣告无罪释放。（虽然她后来向美国俘虏者申诉，第三帝国以没收犯罪所得的形式查抄了她的大量现金和存款。当时没收总额达到一万两千马克，等同于当今购买力下的三万美元。）

1943年党卫军在内部调查中首次对伊尔斯·科赫提出其用人皮制作灯罩的指控。这是在纳粹行为准则下的犯罪，这种行为准则坚持杀戮应该以礼貌或“体面”的方式进行。即使是拍照也被视为一种严重罪行，虽然成千上万的犯罪者都拍摄下了自己实施暴行时的照片。倘若党卫军成员被发现拍摄暴行实施时的照片或他们在未有上级命令的情况下私自杀害犹太人，或为不正当的个人动机对犹太人进行迫害，便会被审讯或监禁。[223]在一次党卫军军事法庭的审讯中，一名党卫军士兵指证称，党卫军罪犯揪住儿童的头发，提离地面，然后将其射杀致死。他说道：“过了一会，我再也看不下去了，于是我让他停止这样做。我的意思是他不应该拽着那些人的头发，他应该以一种更得体的方式杀死他们。”[224]

最终，这些党卫军罪犯因其在德国休假期间，如同交换名片一般恬不知耻地散播其实施暴行的照片而面临审讯。（某些罪犯将施暴照片寄给自己的妻子、女友以及母亲。）党卫军首领海因里希·希姆莱对于体面杀人这一问题十分重视。在一次演讲中，他对一群高级党卫军杀手说道：“你们当中的绝大多数人对于亲眼看见一百具或者更多尸体整齐排放在眼前的感受并不陌生。在这种情况下，能够做到屹立不动（面临人性弱点的情况除外）并保持体面实属不易。”[225]

换言之，1945年，伊尔斯此前位于布痕瓦尔德的住所中被发现存有以文身人皮制作而成的工艺品，而那时，她已有长达两年的时间未曾居住于此了。此外，伊尔斯在1943年已经因此事接受过调查。倘若伊尔斯的家中果真存有上述这些令她痴迷的战利品，那么党卫军调查员应当早已没收并将其全部销毁，而伊尔斯应当也已遭受严重责罚，不仅仅只因此罪行，更因为她并非党卫军的一员，而只是一名党卫军司令官不值一提的妻子。

有关文身人皮的收藏

尽管美国军事法庭在1947年对伊尔斯·科赫的审讯中，集中主张其谋杀监犯并残忍剥下受害者的文身皮肤以作装饰之用，但伊尔斯·科赫却并未因上述罪行而遭受指控，如同其他党卫军罪犯一样，伊尔斯被起诉的原因是参与“共同犯罪”，杀害、折磨、殴打以及以其他一些卑劣行径对待布痕瓦尔德集中营的监犯。任何与集中营有关联的恶行均足以在无需证明一桩具体案件的情况下对伊尔斯定罪。

所谓文身人皮样本并非空穴来风，它们的确真实存在，且在 1945 年同缩水头部样本一同被发现，其藏匿地点或许是伊尔斯曾经的住所，抑或是集中营里的病理室。事实上，上述这些样本的确有人收藏，而此种收藏竟然获得了纳粹党卫军官方的许可！收藏这些样本的罪犯是埃里希·瓦格纳，他是一名党卫军医生，一直致力于撰写一篇以犯罪行为与文身渴望二者之间的关联为主题的文章。瓦格纳拍下大量身上带有文身的监犯照片，割下他们的文身皮肤（要么是在这些监犯死后，要么是在他们被宣布处死之后），随后清理并保存下来，并非作为装饰之用，而是将其作为学术研究的样本。历史学家普日泽伯指出，伊尔斯·科赫并未参与文身拍摄，甚至可能对于这一文身研究项目的存在一无所知。[226]

在对伊尔斯·科赫的审讯中，一张灯罩的照片被作为呈堂公证，照片中的灯罩被指是由人皮制作而成，摆放于缩水头部样本及保存完好的文身皮肤样本旁，而原本的灯罩显然是被摆错了位置。虽然法医分析结果最终证明那些皮肤样本取自于人体皮肤，但对于伊尔斯的指控证据中却并未有任何关于上述灯罩测试报告的证明。

西特博士是伊尔斯·科赫案件的主要证人之一，他是一名物理学博士，此前也曾是布痕瓦尔德集中营的监犯之一。1939 年 9 月，西特博士被关押进布痕瓦尔德集中营，直至 1945 年 4 月才得以重获自由。他在提供证词时称自己曾在集中营的病理室工作，那些文身皮肤均是从死去的监犯身上活生生割下的，且“这些被割下的文身人皮常常用于制作灯罩、刀鞘以及其他一些物件，以供党卫军使用”。西特博士在法庭上作证称，身上带有文身的监犯在经过伊尔斯·科赫的一番挑选后，被选中的监犯将被带走，随后伊尔斯便将他们残忍杀害，并割下其文身皮肤，这是“人尽皆知”的事实。

不过，西特在接受交叉询问时坦言，他本人从未亲眼见过所谓以人皮制作而成的灯罩，且他对所谓那些被伊尔斯·科赫选中，并最终被杀害，以割下其文身皮肤制作灯罩的监犯也无实际了解。此外，他还坦言，照片中摆放在展示桌上的灯罩也并非他口中用人体皮肤制作而成的那个灯罩。1948 年，在伊尔斯·科赫获得减刑判决后，西特博士给《纽约时报》写了一封信，他在信中如是说道：

> 我是在科赫没落之后才开始在病理室工作的（那时，科赫因贪污腐败而被逮捕）。那时，党卫军的军官们早已摒弃了此前的习惯，不再展示以监犯的文身皮肤制作而成的物品。[227]

西特在信件末尾总结道："这并不是指控伊尔斯·科赫的证据，而是指控那些因选中监犯的文身而将其残忍杀害的集中营党卫军军官的证据。"

然而，即便如此，西特仍旧在信件中就伊尔斯·科赫获得减刑判决一事提出批驳："难道与对于这群杀人犯的严格依据法律意义的公平正义相比，那些死于伊尔斯·科赫这类禽兽之手的受害者的公平正义就如此不值一提吗？"

此处备受争议的"严格依据法律意义的正义"究竟是什么呢？美国军事长官卢修斯·D·克莱将军对其决定减免伊尔斯·科赫刑期的决定作出了解释。他指出"当前证据并不能证明科赫犯下了最初被指控的那些严重军事犯罪行为。具体控告便是她用文身人皮制作灯罩以及其他一些家用品。"[228] 据克莱所称，案件的问题在于美国军事法庭的审判程序不仅认可传闻证据，且认可书面证词，而抗辩方却无权对证人进行交叉询问。

克莱在 1976 年回忆称：

> 我们对伊尔斯·科赫进行了审讯……她被判处终身监禁，而我则将她的刑期缩短至三年。（当时她已经服刑一年。）我们的媒体朋友对这一判决真的无法接受。第一个进入伊尔斯住所的那位记者极富想象，他给伊尔斯起了一个响亮的名字——"布痕瓦尔德的野兽"。这名记者在伊尔斯的住

所里找到一些白色灯罩，于是他在报道中称这些灯罩是由人体皮肤制作而成，他的举动已经将伊尔斯·科赫毁于一旦。

然而，事实证明，所谓的人皮灯罩只不过是由羊皮制作而成，但在审讯中，它却仍旧被视作是人皮灯罩。伊尔斯·科赫几乎不可能得到一场公正的审讯。[229]

这一切皆不能以任何方式淡化纳粹党的恶行或是其所面对为收集监犯的文身皮肤而将他们残忍杀害的指控。犹太大屠杀的否认者声称所谓人皮灯罩最终被证明只是羊皮（至今保存伊尔斯相片集的美国国家档案馆在测试中从未认定相片集封面的绒面革是以何种“动物”皮为原材料制作的）。但毋庸置疑的是，布痕瓦尔德的某些疯狂科学家已然收集了那些文身人皮样本和缩水的头部。营地中的监犯对此事目的一无所知。他们认为那些只是个人的卑鄙行为，且所有样本均被排列摆在他们所鄙夷的伊尔斯·科赫的门阶上。

虽然这或许能让伊尔斯摆脱那些针对性的指控，但却不能免除其作为一位腐败贪污的纳粹司令官妻子，生活在集中营，且犯下其他罪行的罪责。她所背负的其他指控（为达到个人目的剥削监犯，令其日夜劳动；恶毒地向上级告发监犯的违纪行为，致其被惩处甚至处决；以“冒犯”德国女性为由惩罚或谋杀那些胆敢瞥视她的监犯）则具有极大真实性。事实上，这些指控恰恰正是监犯们对伊尔斯产生厌恶的原因所在，而非因为她违背性别角色。高级党卫军人员命令监犯在自己家中做仆人、厨师、管家以及花匠，而党卫军的妻子们则为这些奴仆制定严苛戒律。

最终，伊尔斯对她声称潜藏在其指控背后的臆想“犹太人阴谋”表达了愤怒。伊尔斯是旧时期纳粹党成员，我们不难想象她对被监禁在其丈夫营地中犹太人、共产党员以及其他“国家敌对分子”的态度。伊尔斯被判处死刑固然罪有应得，但她的实际罪行使得她比其他罪犯更为典型，而那些罪犯在 20 世纪 50 年代均得以减刑。

公众对“布痕瓦尔德野兽”的刑期被缩至短短四年（且她在当时已服满一年刑期）的决定引起了强烈抗议，最终导致伊尔斯不得不再次接受审讯，这次负责审判的是新上任的西德法官。此次审讯极具政治色彩。德国国内成立的反希特勒精英组织均被监禁在布痕瓦尔德及类似的集中营中。人数众多的社会民主党和共产党的整个阶层在 1933 年至 1937 年间均是集中营的囚徒，其中许多人依靠在营地中暗中建立势力强大的地下反抗组织而存活下来。这些组织始终保持团结统一，且战后在政治活动方面极为活跃。他们在战后的德国不断崛起，旨在弥补其被纳粹国流放且残暴对待的 12 年流失岁月。如同伊尔斯·科赫这般备受瞩目的纳粹暴徒无论如何也难逃责罚。这些在德国营地里幸存下来的强大联盟为使伊尔斯·科赫再次受审，不遗余力地游说他人且举行抗议活动，最终他们如愿以偿。

被媒体戏称为“灯罩伊尔斯”的科赫于 1950 年 12 月在巴伐利亚再次受审。1952 年，在被证明与一位监犯的死亡有关后，伊尔斯被判处终身监禁。收集文身人皮样本一事并未成为此次审讯的焦点。此后，伊尔斯不断就自己的刑罚提起上诉，她声称所有指控皆是无中生有，但 1967 年时，她终于彻底放弃，61 岁的伊尔斯在狱中悬梁自尽。

伊尔斯作恶多端，最终也算是罪有应得。但那些称她利用人体皮肤做家用装饰并最终使得她声名狼藉的骇人指控或许的确只是无中生有。这些指控让我们不禁回想起有关于伊丽莎白·巴托里用受害者鲜血浸泡身体的杜撰。但如同约翰·福特在其经典作品《双虎屠龙》中所声明的那样：当面临呈现事实还是传说的选择时，传说往往略胜一筹。与历史学家普兹瑞贝尔所谓伊尔斯·科赫因挑衅了营地监犯的男权情结而强行被冠以那些特别指控的女权主义借口同样令人厌恶的，或许是声称这是一项无法如愿轻易驳回的指控这一观点。我们对女性连环杀手作何理解、如何定义，从某种程度上往往由社会构建及包括性别定型在内的政治观点所界定。

伊尔玛·格蕾泽——贝尔森禽兽

与仅仅只是营地司令官妻子的伊尔斯·科赫相比，被称为“贝尔森禽兽”的伊尔玛·格蕾泽可以说是电影《纳粹女魔头之残酷疯淫所》中人物角色的主要现实原型。金发碧眼、年轻漂亮的格蕾泽在集中营中担任女看守。由于女性不允许参加党卫军，因此格蕾泽并非党卫军成员，但却是军中有偿雇佣的女性员工，也称辅助工。格蕾泽年仅 22 岁时便因在集中营系统工作期间犯下多起残忍谋杀案而被当局处以死刑。

从多个方面而言，对伊尔玛·格蕾泽的剖析要更为容易。格蕾泽于 1923 年 10 月 27 日出生在德国北部的梅克伦堡州，家中共有四个兄弟姐妹，其父母阿尔弗雷德和伯特·格蕾泽均是农牧工人。我们对格蕾泽的童年经历知之甚少。1936 年，格蕾泽的母亲在女儿年仅 13 岁时了结生命，撒手西归，她的父亲阿尔弗雷德对纳粹分子憎恶不已，却明智地对此事只字不提。（有消息称他在 1937 年加入了纳粹党。）

伊尔玛 10 岁时，纳粹党开始在德国掌权。她在纳粹学校中受教育，这使得她从小便被灌输种族理论——信奉德国雅利安人的优越性，深信“低人一等的”犹太人和“犹太布尔什维克共济会阴谋”是他们的敌人。伊尔玛从小便开始阅读色彩缤纷但却有着譬如“犹太人是剧毒蘑菇”或“犹太人是狐狸”等书名的儿童书籍，这些书上印着大量颜色过分渲染的插图，皆是金发碧眼、面容可人的德国小孩将长相丑陋、皮肤黝黑、长着鹰钩鼻的犹太小孩赶出学校甚至赶出小镇的画面。

伊尔玛在学校里并不受人追捧，且显然是被欺凌的对象。她孤独落寞的童年生活在连环杀手的经历中实属典型。伊尔玛的姐姐试图辩驳他人对妹妹的指控，她作证称伊尔玛胆小怯懦，遭遇威胁便会迅速逃跑，因而不可能犯下这些暴行。当然了，我们更有发言权。倘若伊尔玛逃跑，那么她或许已积蓄了满腔怒火，而成为营地看守则恰好给了她在手无寸铁的监犯身上报复泄愤的机会。

伊尔玛沉溺于她在德国女青年团（纳粹称之为女童子军）中的活动，或许她正是在这里找到了被人接纳的感觉。在学校里受人排挤的经历导致伊尔玛原本并不优异的成绩更加糟糕。1938 年，15 岁的伊尔玛选择辍学。之后，她在霍亨林辰党卫军疗养院做了两年的护士助理，最后也未能成功当上护士。

或许是伊尔玛糟糕的学习成绩使得她与护士这个职业擦肩而过。1941 年，伊尔玛在霍亨林辰疗养院的上司推举她在党卫军女性集中营中担任某职位。伊尔玛参加了面试，但对方称她年纪太小。一年后，她最终在一家乳牛场找到了一份机器操作员的工作。[230]

1942年，年满18周岁的伊尔玛已经符合进入集中营工作的条件，她成功进入党卫军女性辅助人员军团，这是党卫军中的女性志愿者辅助服务机构，其所提供的服务范围遍及秘书到党卫军监狱和营地监管以及安全警察。伊尔玛声称对所有德国年轻人实行强制雇佣的德国劳动服务机构自行将她安排到这一工作岗位。这不大可能，因为被征召入这一服务机构的女性皆被划分为SS-Kriegshelferinnen（“战争辅助人员”），以将其与略高一等的SS-Helferinnen（“辅助人员”）志愿者区分开来。[231]

1942年7月，伊尔玛在拉文斯布吕克集中营参加了女性看守训练。纳粹集中营看守的理念残酷无情，令人发指：同情或怜悯被视作是软弱的象征。受训者被反复灌输的观点是：被囚禁在集中营里的监犯皆是国家的敌人，必须时刻对他们残忍相待，绝不能手下留情。集中营看守禁止与监犯交流，除非有权威确保监犯能继续无言忍受残忍虐待，这真是心理病态的一种升华。

为确保在对监犯实施折磨或惩罚时无动于衷，不掺杂丝毫情绪，这一任务往往由看守来完成，而非那些安排此行为或上报囚犯违纪行为的人。一般而言，监犯犯下轻微过错时，便会招致用棍棒鞭打25下的最轻处罚，而最严重的则要遭受一千下毒打。这确保了看守人员在安排惩罚时丝毫没有个人或情绪虐待的感性投入，且与此同时，任何一个看守均不能逃脱对监犯实施殴打的任务，即使他们自己并未上报囚犯的违纪行为。每个人必须参与其中。

党卫军看守必须坚定强硬，且必须对受其管辖的监犯们恨之入骨。在户外监督劳动的看守在下雨时不得寻找庇护所。他们必须使自己看起来与那些受其监管的监犯同样强壮或者略胜一筹。

一位在拉文斯布吕克集中营的女性监犯对新到达后即将接受看守人员训练的年轻女孩们回忆如下：

> 新手往往在第一次接触营地时表现得惊惶害怕，一段时间后，她们变得如同上级一般残忍且荒淫。我们中某些人甚至苦中作乐地进行一些小游戏，估量一位新的看守会在多久之后开始奴役囚徒。一位20来岁的小看

守，在初来乍到时对合适的营地“礼仪”一无所知，她甚至在走到一位囚犯面前时说了一句“打扰一下”，但4天后，她掌握了集中营一贯的必要方法，虽然这对她来说还并不熟悉。

一半的看守在鞭打及折磨囚犯的过程中感受到喜悦，尤其是那些手无缚鸡之力、病魔缠身和恐惧胆怯的囚犯，我这样说完全合乎情理。其他看守在对监犯实施殴打时，如同一位农夫在鞭打自己的毛驴那般简单粗暴，有些只是在同伴或党卫军面前表现得尤为明显，以显示自己与他人的一致性。不管怎样，即使是这当中最具人性的看守也在亲眼目睹囚犯被施暴时无动于衷。[232]

无动于衷、对受害者没有主观情绪、没有情感、没有同情心、没有怜悯、没有感觉，他们是自幼在艰苦条件下、严苛戒律下被人工洗脑的精神病态。但在集中营中明目张胆的施暴行为却被纳粹分子视作“不得体”而遭其谴责，真是自相矛盾。实施冷血无情的谋杀行为必须是出于高尚的国家层面原因，而非为达到个人的病态满足。为达个人目的或为获取物质所得（如同伊尔斯·科赫的丈夫一样）而杀人的看守均被送上党卫军法庭且被判处较长刑期或死刑。[233]

伊尔玛的姐姐在庭审中作证称，妹妹伊尔玛身穿营地看守的制服第一次回家探望时，便立即招致父亲一顿毒打并被告知永远不许再回家。

* * *

在拉文斯布吕克工作一年后，伊尔玛于1943年3月被派遣至某些党卫军医生戏称的“肛门世界”——一个相当于40个美国城市街区大小的鬼地方：奥斯威辛死亡集中营。这是融合了强制劳动集中营和巨大灭绝设施的第三代营地。双轨火车道蜿蜒直入营地，每天均有数以万计被放逐的犹太人从成排的拥挤货运火车上陆续走下来，他们从被占领的欧洲地区中（譬如希腊、罗马尼亚、匈牙利、意大利和南斯拉夫等地）最为偏远的小镇和城市被强行运往这里。（生活在德国、波兰、俄罗斯以及欧洲北部和中心地区的大多数犹太人已遭残杀，要么被就地枪杀，要么在第二代灭绝营地中被迫害。）

这些犹太人被强制赶下火车并进入“挑选”之列，可以活下来的人被派往一个方向，而即将面临死亡的人则被派往位于另一个方向的四个与火车站同样大小的巨大焚尸炉或毒气室。如今，我们可从路过当地飞往附近目标地的USAFB-17轰炸机的航拍照片中看到这些杀戮设施。从照片中，我们可以轻易感受到这些位于停靠在轨道附近的火车车厢旁边的杀戮设施规模之大，其中两个巨大的地下毒气室可各容纳1,200到1,500名受害者。

党卫军医生“挑选”出年老的、幼小的、虚弱的以及生病的犹太人并令其步行大约5分钟，来到距离最近的毒气室。不言而喻，判断出谁是奴役劳动的合适人选并不要求某人拥有医疗学位，任何人都能做到。但这些医生如今却通过“挑选”谁死谁活这一举动真正为杀戮行为承担起了责任，使得谋杀符合某位医生要求的医疗程序范围。正如德国“安乐死”项目的负责人维克托·布拉克所说：“注射器在医生手上。”

那些“普通人”，那些一个接一个将无辜小孩及其失声尖叫的母亲的脑袋打开花的警察最终均被认定为精神病患者。纳粹分子发现他们可以在短时间内表现出心理病态，却无法使其长久：杀手们总是被自己的所作所为困扰。所以奥斯威辛集中营的纳粹分子用医学方法处理并流水操作这一程序。这不再是谋杀，手术医师将锋利的手术工具插入病人的身体才是谋杀。这只不过是由专业医生操作进行的“种族优生”罢了。他们是通过彻底消灭那些感染德国人种的“犹太细菌”的方式治愈并净化优良人种。火车舷梯上总是站立着许多医生，且第二批准备接替第一批的换班医生也时刻待命。[234]

我们从中看到的是一种国家性的“假性心理病态”，一种为连环杀戮开脱的伪科学医疗。一位本身是科学家的幸存者声明，舷梯上的医生开始使用一个医疗术语——灭菌疗法①，最初只是戏谑，但之后他们便认真起来：

他们认为自己是在实施“灭菌疗法”，他们甚至会使用这一医疗术语

① 大量灭菌疗法是一种治疗传染性疾病的治疗方法，为了在不对患者造成严重伤害的情况下消灭其体内的致病因子而大量使用某种特定疗法。

的首字母缩写。刚开始只是嘲弄和讽刺，但渐渐地，他们开始用这一缩写表示毒气室，所以无论你在何时看到这个缩写，这就是它所表示的含义。这个短语的自创者是舒曼，他幻想自己是奥斯威辛医生圈中的一位学术分子。[235]

医生们“挑选”的将死人群主要是老年人、中年男女以及不满14岁的儿童。身体健壮的年轻男女和掌握必备技术的人则被送去参加劳动，倘若年轻女性的臂弯中正怀抱着一个婴儿，那么二人将双双被送上死亡之路（总得有人将婴儿抱进毒气室吧）。有时，在舷梯上劳动的监犯会诚恳并谨慎地在年轻母亲耳边窃窃私语，告知其在靠近挑选队列时将孩子转交给年纪稍大的亲戚，如此一来，她便可幸免于难，但她可怜的孩子却始终难逃一死。其他母亲有意谎报孩子的年龄，希望能依靠年龄小这一原因而使其免遭苦力劳动，却不知不觉将自己的孩子推进了唯有死路一条的毒气室。

那些被医生挑中的犹太人将会变成行尸走肉，从舷梯直接被送往毒气室。他们会被带进一个巨大的地下更衣室，准备开始一场“淋浴”。在那里，他们被告知要小心翼翼地将衣物挂在编号的钉子上，并用鞋带将鞋子相互套在一起以免遗失（如此一来，监管人员便可在事后轻易对受害者的衣物进行分类，因为所有衣物皆已量好尺寸且鞋子均成对摆放）。监管人员让他们快速排队进入旁边的淋浴室，以免热水用尽或特意为他们准备的早餐或咖啡变凉。就这样，他们进去了。

一旦监犯们被赶进装着假淋浴头的巨大毒气室，他们身后那扇密封的大门便会突然啪地一声紧紧关上，灯光熄灭了，医疗人员（又是医生）通过屋顶上四个延伸至毒气室内部的金属网开口圆柱往室内倒入氰气丸。氰气是一种工业品，氰气丸一旦与暖空气接触便会释放出大量氰气。这种被称为“齐克隆B”的氢氰酸原用于消灭粮仓内的老鼠，之所以使用气体是为了避免传统农药对谷物或储存设备造成污染。党卫军要求厂家生产一批没有“刺激性”气体警示标志提醒人们的特殊氰气产品。厂家得知后犹豫不决，声称这一行为会危及“齐克隆B”所享有的专利权。但党卫军却坚持要求如此。最终，党卫军如愿获得了一批没有警示标示的特殊定制产品。这种无味气体可导致受害者呼吸和心脏骤停，且血液中氧气耗尽，死亡对所有受害者而言没有痛苦。受害者不会因吸入气体而窒息，他们只是在一阵痉挛抽搐后暴毙。尽管如此，这却是一场令人胆寒的死亡，赤身裸体的受害者们摩肩接踵地拥挤在一起；在伸手不见五指的黑暗中，身边的陌生人接连倒下；通过金属圆柱倒进来的有毒物质越来越多，呼吸或心脏麻痹的人互相紧紧拽住彼此。

这四个焚尸毒气室每天各自可轻易置一万人于死地。杀戮轻而易举，难的是处理尸体。四个焚尸炉加起来，每 24 小时最多只可焚烧 5000 具尸体。但火炉常常出现故障，党卫军不得不在营地周围的开放深坑中焚烧尸体，浓烟滚滚，令人发指。焚烧后的骨灰被碾碎后便由垃圾车运往附近的河流并全部抛洒。奥斯威辛集中营内大约有 110 万到 150 万名受害者遭此残害，其中大多数是犹太人，但也有吉普赛人、波兰人、俄罗斯人以及其他“次等人”。

奥斯威辛营地及其附属地仿似一个小型的奴隶王国，最多的时候共有 15.5 万名登记在册的监犯。他们被逼迫着“处理”尸体、清空毒气室、取出受害者的镶金牙、将死者的财物分类，以便运送回德国供党卫军换取钱财。他们还被安排到支撑这个死亡王国正常运作的厨房、花园、仓库、诊所以及工匠店铺中工作，或者被分成建设小组，不断扩建已然占地宽广的营地边界，以便容纳更多夜以继日被装载而来遭毒杀甚至焚烧的受害者。

“运动”

参加过纳粹女童子军且想在日后成为一名护士的金发女郎伊尔玛·格蕾泽在 19 岁时被安排进入奥斯威辛集中营，监管营地中囚禁着 3 万女性监犯，她们均是在舷梯上被选中可以暂时多活一些时间的女性。换言之，只要她们不生病、不倒下、可以完成分派的工作、不犯任何真实或被捏造的过错，且有幸未遇到某些情绪不佳、无所事事地来回走动寻找与监犯“运动”机会的党卫军人，或如同伊尔玛一样的女性党卫军看守，便可暂时逃过死劫。

“运动”，这是看守们使用的一种说法，意思是为自我消遣而无故对囚犯实施残忍虐待。严格来说，这是违纪行为，但只要看守掌握分寸，避免场面失控，监管人员便会对这一切视若无睹。伊尔玛的“运动”便是命令女性监犯找回被丢到安全线之外的东西，这条安全线位于营地边界，被囚禁的监犯被明令禁止擅自闯入那片区域。一旦有囚犯踏出边界一步，看守们必须一枪击毙，且无需任何鸣枪警告。据称，伊尔玛平均每天用此方式残害 30 名女性监犯，直到有一天，一位党卫军看守拒绝射杀一名受伊尔玛之令闯入死亡地带的女监犯。当时，这名看守被指控违反营地规定，但当党卫军调查组查明真相后，便将其恢复原职，而伊尔玛则被带去问话。[236] 即使对党卫军而言，伊尔玛制造的杀戮数字也实属罕见。

一位幸存的囚犯回忆称，伊尔玛到达奥斯威辛集中营时，看似是“一位约十八九岁的年轻女孩，扎着两个长长的辫子，脸型浑圆饱满”。这名囚犯后来被转移至其他区域，好几个月一直未再见到伊尔玛。当她再次见到伊尔玛时，当初那位年轻女孩惊人的变化让她目瞪口呆。她“身材消瘦了，头发盘成一个小圆髻。身上的制服整整齐齐，她头上戴了一顶帽子，腰间系着皮带并挂有一支枪”。

由于金发碧眼且长相动人，正处花季的伊尔玛成为营地中的焦点人物。有知情人士声称，她成了臭名昭著的约瑟夫·门格勒医生的情人。约瑟夫·门格勒是一位长相俊俏，在战争中受伤的英雄医生，他穿着整齐的制服在舷梯上工作，闲暇时便在侏儒以及双胞胎儿童身上进行令人毛骨悚然的医疗实验。他的其中一项人体实验是企图通过直接向虹膜中注射颜料以改变眼珠颜色。有“死亡天使”之称的门格勒在舷梯上“挑选”受害者时轻松哼唱着舒曼的曲调，或在不使用麻醉剂的情况下从痛苦叫喊的儿童身上抽取骨髓。目击证人称，伊尔玛同门格勒一起站立在舷梯上，她对那些试图绕开挑选或移到后面队列的囚犯残暴地拳打脚踢。

一位被囚禁的医生回忆称，伊尔玛对胸部傲人的女性格外执迷，她不断用鞭子抽打她们的胸部直至其伤口被感染。当医生在对这些被感染的病人进行治疗时，伊尔玛总会出现，在受害者痛苦呻吟时“面无表情地来回摇晃身体”。

伊尔玛随身携带着一根在营地工厂特别定制的玻璃纸鞭，它鞭打在肉体上时疼痛难耐，如刀割一般。伊尔玛命令囚犯们在例行点名时站立好几个小时，倘若任何一名囚犯在站立过程中瘫倒，她便会上前对其进行残忍殴打及踩踏，毫无怜悯之心；她强迫囚犯们跪地长达几个小时之久，一旦有人倒地，便会招致杀身之祸；她骑着自行车在营地里兜圈，用手枪肆意射杀囚犯。

辨别某些证词的真实性并非易事。一位目击证人作证称，伊尔玛身边总是跟着一只德国牧羊犬，她训练它撕咬女性监犯的胸部，倘若有监犯在队伍行进时落后，她便会解开狗绳任其猛扑向落后者。但这似乎不大可能，因为只有驯犬者才有资格掌管特训动物，每只特训犬均由一位驯犬者管理。伊尔玛不可能就这样“借走”一只警卫犬。

据说，门格勒在得知伊尔玛与其他女性监犯有私情后便与之分手，这种事不仅违反了集中营的严格规定，同时也触犯了德国法律。将女性罪犯刻画成某种性变态的方式不禁让人想起人们对伊尔斯·科赫的指控。指证伊尔玛的目击证人大多数皆为女性，倘若我们按照历史学家亚历山德拉的逻辑来看，伊尔玛所背负的同性主义指控或许正是对当时女性禁忌的投影。

1945 年 12 月，在苏联红军到达奥斯威辛后，集中营被勒令关闭。此后，伊尔玛随同囚犯们一起转移至拉文斯布吕克，随后又前往位于贝尔森的临时宿营地。那时，第三帝国逐步衰退瓦解，营地管理当局也基本对过度拥挤、身体虚弱且饥荒难耐的营地人员的需求置之不理。英国军队在解放贝尔森后发现伊尔玛和其他男女看守人员的周围尸横遍野，骨瘦如柴的尸体堆积如山，其中大多数人因斑疹伤寒症而丧命。他们用推土机将一大片七零八散的尸体推进了乱葬岗。伊尔玛被就地抓获，并于 1945 年 9 月与其他 44 名罪犯一起接受审讯。

审讯期间，媒体被这位年仅 21 岁且拥有惊艳面庞的罪犯所吸引。伊尔玛此前自愿选择留在贝尔森，因为她和当地一位党卫军人员坠入爱河，而现在，二人一同站在了法庭上。伊尔玛每天皆会随身携带一把梳子，在中途休庭时小心翼翼地梳理自己的一头金色长卷发。

伊尔玛在庭审中否认某些特殊或耸人听闻的指控，但坦诚承认曾对罪犯实施殴打和凌虐，她声称这是“可以维持秩序”的唯一方法。她否认在奥斯威辛集中营中使用鞭子，声称她“只是”赤手空拳地殴打囚犯罢了，但她承认曾在贝尔森集中营内使用鞭子，因为那里的囚犯肮脏不堪，她不愿意与其有任何肢体接触。

伊尔玛·格蕾泽在审讯中对诉讼程序表现得一脸轻蔑。当检察官播放在贝尔森发现的成堆尸体影像时，她面无表情，冰冷得没有一丝情感。

血债血偿，伊尔玛·格蕾泽被判处绞刑，于 1945 年 12 月 13 日行刑。她是英国在 20 世纪被处以绞刑的罪犯中最年轻的一个。

国家连环杀手的诞生

伊尔玛·格蕾泽对受害者实施殴打及残杀的行为并非是在“遵从命令”，显而易见，她只不过是为所欲为罢了。然而，她某次惊人的杀戮数量使得党委军队自身也认为她过犹不及，因而将其从营地边界调任至另外的岗位。

纳粹集中营中的男女看守必须压制其内心对监犯产生的任何一丝怜悯之心，这是心理病态的一项主要人格特征。他们的是非观念早已丧失殆尽，囚犯们在他们眼中皆是“国家的敌人”。囚犯和看守之间不允许进行任何私下交流。奥斯威辛集中营是一个杀戮王国，在这里，杀戮便是信条。在那样一个环境下被洗脑的伊尔玛·格蕾泽除了成为杀人魔头外，又有何其他选择呢？[①]

纳粹主义是一种情绪高涨的狂热崇拜，但它的意识形态似乎与伊尔斯·科赫及伊尔玛·格蕾泽的犯罪并无瓜葛，且“遵从命令”在这两名女性罪犯的案件中也无关紧要，因为她们基本是遵照自己的意愿行事。历史学家、社会学家以及心理学家一直在竭力解释如此多德国国内的“普通人”最终成为残杀无数受害者的连环杀手的转变过程。我们在此谈论的不是那些坐在办公桌后便可取人性命，却从未目睹其受害者的“平庸之恶”的官僚们，而是成千上万名亲自实施屠杀，任由鲜血溅满其脸颊的人，他们全是连环杀手。

西奥多·阿多诺在其早期理论中提出，某些人在心理上存在一种“权威人

---

① 关于纳粹德国的女性连环杀手有一个更加广为人知的故事：成百上千名医生和护士以安乐死的名义组织了一项医疗谋杀活动，谋杀了至少 15 万名有身体或精神缺陷的德国儿童及成年人。此故事在本书中并无涉猎。

格类型”，它可测试且可通过所谓的 F 尺度进行计分。这种人格包括如下特征：

- 死板恪守传统价值观念
- 对权威人物一味顺从
- 对其他外部团体带有攻击性
- 拒绝自省、反思及创造
- 专注于权力和“强硬韧性”
- 具有破坏能力且愤世嫉俗
- 具有投射心理——一种相信世界上发生着危险阴谋事件的心理倾向
- 对性事过分关注

上述某些特征与在连环杀手身上发现的某些精神病理表现如出一辙。阿多诺认为，法西斯主义者的狂热膜拜运动激励了具有该种人格特征的人通过残忍且暴力对待意识形态与其相悖的外来团队的方式宣泄自我。[237]

这一看法遭到了严厉批判。历史学家齐格蒙特·鲍曼对这种说法不予理会。他争论称，这仿佛是在说：纳粹主义之所以残忍是因为纳粹分子残忍，而纳粹分子之所以残忍是因为残忍的人都成为了纳粹分子。鲍曼排斥阿多诺所谓权威人格类型的原因，在于他认为这种观点暗示了普通人不会实施暴行。[238]

约翰·斯坦纳提出权威人格类型的另外一种版本，即所谓的“沉睡者”。这是一种潜伏性暴力人格，它在遭遇诸如纳粹运动的暴力亚文化群的特定环境时得以释放。[239]

埃文·斯托布接受斯坦纳认为人可具有潜伏性暴力的观点，但他认为所谓的“沉睡者”对大多数人而言只是一种很普通的特性，换言之，所有人类皆具有实施暴力的基本能力。我们每个人体内皆有一颗连环杀手的小种子。斯托布说：“普通思想衍生出邪恶且普通人做出恶行是常事，并非例外。”[240]

鲍曼对斯托布的这一说法不以为然，他驳斥称，大多数人均能恪守社会为其提供的角色。鲍曼严厉批判了认为“错误人格”是残忍行径的罪魁祸首这一观点。鲍曼认为邪恶是在一定情境下产生的，连环杀手并不是自愿为之，他们是被造就出来的。

这一说法有证可寻。斯坦福大学的心理学家菲利普·津巴多进行了一项实验。他建立了一座模拟监狱，利用人格测试在自愿充当看守角色的测试者中过滤掉具有虐待型人格类型的人。在为期六天的实验期内，那些未被测出虐待型人格的志愿者开始快速并逐步加剧其对待及控制囚犯志愿者的残忍手段。津巴多总结称，仅是监狱环境便足以使人做出畸形的反社会行为。

津巴多发现这11名看守志愿者中有三分之一开始表现得残忍且强硬，不断创造折磨囚犯的新方式；一半的人表现强硬，但保持公正且遵守规则，即使他们行为残忍，但并未超越自身原本的凶残程度；只有两名看守与众不同，自始至终未表现出残忍的一面且对囚犯们很友善。

倘若暴行和连环杀戮具有情境性，那么在唾弃伊尔斯·科赫和伊尔玛·格蕾泽这两名纳粹禽兽前，我们需要更加仔细研究琳迪·拉娜·英格兰。出生于肯塔基州的她本是一名工厂工人，后来在IGA超市担任出纳员。在伊拉克拥有后备军人身份且年仅21岁的琳迪因折磨并凌虐被分派至阿布格莱布监狱内的囚犯而进入公众视野，这座监狱早已臭名远扬，且所有囚犯在遭受虐待时皆一丝不挂。琳迪从未对任何一个人下过杀手，但她和格蕾泽之间的区别就在于此吗？琳迪还需多久便可成为和格蕾泽一样的魔头？我们中究竟有多少人体内住着一个等待在适当情境下被释放的连环杀手？转变成连环杀手的过程是否比我们想象中更为简单且容易呢？

曼森邪教组织的漂亮宝贝们——查尔斯的嬉皮士女孩杀手们

让我们从外婆那个年代里黑暗、陈腐、盛行铁丝网的欧洲时期快进到电影《冲浪纳粹必死》诞生的年代——25年之后的阳光加州——查尔斯·曼森开启的大动乱及追随他的那些杀手女孩们。这是上世纪60年代发生在美国西海岸的事，是在怪异时间发生在怪异地点的怪异事件。那时正值大同时代：性爱、毒品、音乐、自由、阳光、大海和乱葬岗被压缩在同一个熔炉中，互相碰撞。

这些女孩大多在青春年少时与曼森相识。20岁出头的她们在一片漆黑的夜色中潜入洛杉矶的高档住宅，将家财万贯的屋主活生生打死、绞死、射杀甚至捅死，用手指头沾上受害者的鲜血，在他们雪白的墙壁和全新的家具上留下血淋淋的标语。其中一名受害者是电影导演罗曼·波兰斯基的妻子莎朗·塔特，初涉影坛的她在遇害时已怀有八个月身孕。查尔斯·曼森本人并未亲手杀害任何一名受害者，甚至未在凶杀现场出现，但他却是这些女性杀手故事中终极的“珠穆朗玛峰”，总是屹立在那里，简单如初。

如今，任何人也无法忘记曼森因犯下七起谋杀案而于 1969 年被判入狱，而他在这几起凶杀案中并未亲自对受害者实施谋杀行为。没错，这的确是事实，但正如某人曾说过的那样：“查尔斯总有办法掩盖真相并将它编织成谎言。”查尔斯所做的是带领一大批年轻女性和少数男性，教化其出生入死地为他完成杀戮。

近 40 年过去了，查尔斯·曼森和那些曼森女人依然在我们头脑中挥之不去。他们是每个在婴儿潮时代出生的人有关另一段早已消逝的美好时光记忆中的黑影。曼森在我们的集体意识中刻画了六十年代的人接受死亡的方式：万字符图案文身从手臂延伸至前额的曼森和他的杀手女孩们在庭审时不断重复地吼叫着：“你为什么不干脆现在把我们全杀了？”每个女孩的前额上均有一个烙印的“X”标记，恰好就在她们的两眼之间。法庭外所有衣衫褴褛且一副嬉皮士模样的曼森女孩赤脚在球场上修建草坪，她们中某些人剃光了所有头发，额头上同样刻着她们自己的“X”标志。几年后，一位曼森女孩将枪口对准了美国总统杰拉尔德·福特。阴暗冷漠的曼森追随者所犯下的其他所有案件至今仍然悬而未决。即使曼森被押进监狱，这场噩梦依旧没有停止。案件资料中有一段记者杰拉尔德·瑞弗拉对曼森的电视专题采访，包括 1989 年即事情过去 20 年后在监狱里的一段现场直播。

杰拉尔德：“你的世界里大多是魔鬼，呃，查尔斯？”

曼森：“好吧，我演，我来当魔鬼。”

杰拉尔德：“你眼里流露出的歉疚比我这辈子见过的任何一个人都要浓烈。”

曼森：“是吗？哦，孩子，这面镜子对你来说会很沉重，不是吗？”

如同我在2007年冬季写过的一样，查尔斯·曼森曾经是且现在仍是一个聪明却刻薄的阴险狡诈之人，但他自始至终从不知道自己在苟且偷安的每一天里都说了些什么，这便是问题所在。尽管如此，曼森却使用华丽的辞藻，以疯狂诗人的激动口吻表达话语。不幸的是，曼森体内深处有一个黑暗肮脏的核在熊熊燃烧。曼森是旧时代的乡巴佬，他8岁起便进入少年管教所，20世纪40年代、整个50年代以及60年代的前六年半一直生活在美国少年管教所和监狱体制中，在那里熬过了一段艰苦岁月。监狱就是他的家。除此之外，曼森和我们中的大多数人并无两样。曼森曾救人性命，那是他生命中美好温馨的时光，但他的生活也有阴暗面，他在那些低沉黑暗的日子里迸发出一股强烈且黑暗的怒气，将那些他曾经救过的人亲手毁灭。

曼森是一股言语的飓风。他那被神圣诚挚赋予强大力量的诗人说唱根植于旧时代宗教的落后传统中，伴随着曾在加州监狱中受山达基教技术和吉他弹奏牢房课程锤炼的言语含混祈祷（一种以语言难懂为主要特征的祈祷）或蛇疗（一种宗教仪式）热诚。曼森过多地拥有了这一切。

曼森直到如今仍激励着一批精英追随者。“ATWA——空气、树木、水、动物[①]”仍是第三代曼森拥护者的箴言，他们中的许多人甚至在六十年代过去很久之后才出生。只要在谷歌上输入关键字“ATWA”，便可进入网络上的那个黑暗王国。ATWA是一种环境学家的原教旨主义——这是对那些砍伐树木、往水里小便甚至非法囚禁曼森的“小猪们”发起的一场幽暗的绿色圣战。

查尔斯·曼森的确曾是位优秀的诗人和作词人，同时也堪称一位哲学家，倘若他出生在如今只要上网搜索亚马逊网站便可轻松购买书籍的年代，倘若他当初能够循规蹈矩，或许早已成为百万富翁。曼森出口成章，他会说出譬如“时间是一场以金钱为筹码的游戏”或“出其不意不会自毙”的金玉良言。但他却终日沉浸在致幻剂和大麻的世界里，他的心智已经受到自身体内过多甲基苯丙胺（一种兴奋剂）的重创，或许是他尿液中的隐吡洛，当这些药物入侵他的思想时，理智和怜悯的所有表象便逐渐被腐蚀。如电影《孤儿乐园》般支离破碎

① ATWA是这几个英文单词的首字母缩写。

的童年生活埋葬着满腔怒火中的残剩情感，这种情感在时运不济时同巧妙的乐句和诗歌一起，从曼森的身体内迸发而出。

查尔斯时而阴郁，时而稚气，他总是身穿粗斜纹棉布和皮革材质衣服，喝着威士忌。他满腔怒火，满嘴胡言乱语，精神扭曲，随身携带博伊刀，这样的他在六十年代时期是监狱的“常客”。查理自诩为“园丁”，在花儿少年中播撒种子，在阿尔塔蒙特地区黑暗的大同时代宣扬性爱。他举办伍德斯托克音乐会，驾着沙丘汽车将这场音乐盛宴带到死谷，呈现给我们。不管男性还是女性皆跟随着查尔斯·曼森踏入深渊，但最终愿意陪他跌入谷底，为他出生入死的大抵还是女性。他们将六十年代呈现在我们眼前，在1969年的最后一个夏季，用沾满鲜血的手指在那个本应纯真的年纪写下污浊的话语。我们永远不会再让六十年代重现，无论是曼森家族还是其他任何事，皆绝无可能。

塔特遇害：“你尝过鲜血的味道吗？暖暖的、黏黏的，味道很好。”

1969年8月8日晚上，一场可怕的噩梦正悄悄向26岁的莎朗·塔特袭来。莎朗是一位美丽善良的女演员，同时也是才华横溢且事业有成的电影导演罗曼·波兰斯基的妻子。罗曼最近刚刚在英格兰给莎朗买了一辆白色的劳斯莱斯，她现在唯一的问题是停放在洛杉矶的那辆红色法拉利正在维修。莎朗正处于临产期，她和丈夫罗曼居住在洛杉矶的一栋出租房屋中，这可不是一般的房屋，它位于贝沙湾的山腰上，独门独户，富丽堂皇，内设豪华游泳池和高级宾馆。这栋房屋的前屋主是演员坎迪斯·伯根和特里·梅尔彻，后者是多丽丝·戴的儿子，是著名唱片制作人和电视制片人。

由于丈夫波兰斯基正在英国忙于电影剧本创作，独自在家的莎朗·塔特便邀请了三位好友到家中过夜。莎朗的这三位好友如同当今的帕丽斯·希尔顿一样，也是令人艳羡的人：阿比盖尔·福尔杰，25岁，她是一家市价数百万的咖啡企业的继承人；福伊泰克·弗莱沃斯基，32岁，他是福尔杰的爱人，也是波兰斯基在波兰结交的朋友；杰·西布林，35岁，他是娱乐圈的一位发型师，也是莎朗·塔特的前男友。

他们虽单调乏味且家财万贯，却也算得上是正派之人。当天晚上，他们很早便上床歇息了，这本该是一个平淡无奇的夜晚，却变成了一场可怕的屠杀。一群吸食毒品后精神癫狂的嬉皮士翻墙而入，将他们赶尽杀绝。

那时大约是晚上十二点半。房屋大门紧锁，但由于那天屋内的婴儿房刚刚进行粉刷，为使油漆快速风干，莎朗特意将房间内的窗户打开。有机可乘的凶杀者们划裂窗户上的屏风后悄悄溜进了房屋，他们自己将其描述为“诡异爬行”。

1992 年曼森假释听证会上的判决官在总结陈词中写道：

> 1969 年 8 月 8 日临近午夜时分，罪犯（曼森）通知其犯罪同伙称该是大干一场的时候了。罪犯指示让犯罪同伙同查尔斯（“特克斯”）·沃森一起执行他所下达的命令。当时的犯罪同伙成员分别是琳达·卡萨比恩、苏珊·阿特金斯和帕特里夏·克兰文科。当坐在车内的犯罪同伙准备离开那片区域时，罪犯通知她们说：“你们知道我的意思。”罪犯的意思是让她们在犯罪现场留下一个记号。随后，犯罪同伙沃森直接驾车来到切洛道后停了车。琳达·卡萨比恩全程一直携带着三把刀和一支手枪。随后，沃森下车切断了现场悬挂在头顶上空的电话线并停放车辆。
>
> 犯罪同伙阿特金斯、帕特里夏和琳达·卡萨比恩此前在车上时，一起坐在车的后座上，之后，坐在前方右侧副驾驶座的沃森拿着一些绳索，独自来到切洛道 10050 号的房屋外。
>
> 受害者史蒂文·帕伦特驾驶的车辆慢慢向通往街道的那扇大门驶来，沃森用手枪威胁史蒂文停车，史蒂文说：“求你不要伤害我，我保证什么都不会说。”沃森对着史蒂文连开五枪，并关掉了车上的引擎。
>
> 随后，所有犯罪同伙一起来到莎朗的房屋前，沃森划开了窗户屏风。琳达·卡萨比恩在外面放风，另一名女性犯罪同伙在通过敞开的窗户进入屋内后，示意其他同伙一同进屋。
>
> 罪犯的犯罪同伙毫无预兆且毫无缘由地杀害了房中所有受害者。受害者阿比盖尔·安·福尔杰身上共有 28 处刺伤痕迹。受害者福伊泰克也因多处刀伤致死，他的左背上有一处枪伤，头上有多处被钝器所伤的痕迹。

受害者莎朗·塔特·波兰斯基和杰·西布林身上均有多处刺伤。

事实上，受害者杰·西布林身上有七处刺伤和一处枪伤；福伊泰克·弗莱沃斯基身中两枪，头部有13处击打所留下的伤痕，且身上共有51处刺伤；莎朗·塔特身上共有16处刺伤，当然，她腹中的孩子还未来得及睁眼看看这个世界，就已被残忍杀害。莎朗和西布林在死之前被悬挂在屋内的一根椽条上。屋子前门用受害者莎朗的鲜血写下了三个字：一群猪。

杀死莎朗·塔特的是年仅21岁的苏珊·阿特金斯，她在曼森家庭中的别名为赛迪·梅·格鲁茨。阿特金斯在自己的证词中称，她将塔特的头夹在腋下，而犯罪同伙正在对其他受害者进行刺杀和踩踏。接下来轮到莎朗受死了。莎朗央求阿特金斯放她一条生路。阿特斯金作证说："她说：'求你放我走吧。我只想生下我的孩子。'我看着她，然后回答说：'我对你没有一点怜悯。'我知道我是在对自己说这句话，而不是她。"

阿特金斯在监狱里向狱友自夸时更加感情横溢，她说她盯着塔特的眼睛并回答："听着，贱人，我不管你是不是要生孩子了。你最好准备好。你马上就要死了，而且我对此没有一点感觉。"

阿特金斯还向她的狱友透露说她在杀死莎朗·塔特后舔了舔沾在手指上的鲜血："哇，真是奇妙！我当时的想法是：品味死亡，然而却赐予生命。你尝过鲜血的味道吗？暖暖的，黏黏的，味道很好。"

阿特金斯将一块毛巾浸入塔特的鲜血中，然后用它在房子的前门上写下了"一群猪"的字样。阿特金斯说她想将塔特未出生的孩子从子宫中取出来并带回去献给查尔斯，但迫于时间有限，她没能如愿。阿特金斯对狱友解释说："你必须心怀真爱，才会为某个人做这样的事……我爱过她。对我来说，夺走她生命的同时，我身体里的一部分也随着死去了。"

这场凶杀案的真相直到很久以后才浮出水面。这场屠杀的新闻报道令人震惊，之后的日子里，各种各样关于邪教或撒但仪式的谣言开始在贝沙湾和好莱坞流传。受害者莎朗的丈夫波兰斯基刚拍完一部以撒但为主题的电影——《罗斯玛丽的婴儿》的事实更加深了人们的这一推测。

拉比安卡夫妇遇害

第二天，即 8 月 10 日晚上约十点半，接到报警的警察迅速赶到居住在卢斯费利斯的夫妇莱诺和罗斯玛丽·拉比安卡家中，这里是洛杉矶城内的一处高档住宅区，位于靠近格里菲斯公园的好莱坞东部地区，房屋的主人夫妇是一家连锁超市的老板，生活阔绰。警方在卧室找到 38 岁的受害者罗斯玛丽，其背部和臀部共有 41 处刺伤。死者脖子上缠绕着一根电话线，其中一处刀伤割断了她的脊椎。罗斯玛丽 44 岁的丈夫莱诺在楼下的客厅被找到，身上有 12 处刀伤和 14 处被大型餐叉所伤后留下的痕迹。他腹部凸起，身体被残忍刻上“战争”两个字。凶手用莱诺的鲜血在房屋的墙壁上写下“去死吧，两头猪”和“上升”的字样，冰箱门上也是血淋淋的“狼狈”两个大字。

以下是曼森假释听证会的记录：

> 1969 年 8 月 10 日，罪犯驾车带着多名犯罪同伙来到靠近受害者莱诺和罗斯玛丽·拉比安卡夫妻二人住宅的地方。罪犯只身进入拉比安卡家中，用手枪指着两名受害者并将其捆绑起来。
>
> 罪犯对受害者声称其只是入室抢劫财物，不会做出任何伤人行为。随后，罪犯返回犯罪同伙所在的汽车内并指示她们进入房内杀死两名受害者。他要求犯罪同伙不要告知受害者其即将面临杀身之祸。
>
> 随后，犯罪同伙查尔斯·沃森、帕特里夏·克兰文科和莱斯利·范·霍腾进入受害者住所，而罪犯则驾车离开现场。犯罪团伙无情地将夫妻二人置于死地。受害者莱诺·拉比安卡的脖颈处和腹部有多处刺伤，他的妻子罗斯玛丽·拉比安卡因脖子和躯干（原文如此）身中多刀死亡。
>
> 犯罪同伙用切肉的餐叉在受害者莱诺·拉比安卡的腹部刻下“战争”两字。以上两处案发现场中出现的词语均是罪犯的犯罪同伙用受害者的鲜血写下的。
>
> 在案件编号为 A-267861 的记录中，罪犯因犯下一级谋杀罪，且数罪并罚后于 1971 年 12 月 13 日被送往监狱服刑。

加里·欣曼遇害

塔特和拉比安卡夫妇不是曼森的第一批受害者，也不是唯一的受害者。

罪犯和犯罪同伙博索莱伊、阿特金斯、布伦纳和戴维斯在以下案件中使用的作案凶器有手枪、匕首和刺刀。罪犯指示犯罪同伙前往身为音乐教育家的受害者加里·艾琳·欣曼的家中并让其转让房产。犯罪同伙遵从了罪犯的指示。1969年7月26日，犯罪同伙在欣曼的房中联系了罪犯。随后，罪犯和戴维斯来到欣曼家中，罪犯用刺刀袭击了欣曼，割掉其右耳的一部分并在其左脸上留下从耳朵一直延伸到嘴角的长长裂痕。之后，罪犯和戴维斯驾驶欣曼的汽车离开了犯罪现场。

1969年7月27日，在经历了长达三天的痛苦折磨后，欣曼被博索莱伊刺穿心脏而死。

1969年7月31日，受害者欣曼在家中被发现，他的心脏被刺穿，胸膛另有一处被刺伤，头顶和右耳各有一处伤口，脸部左边有一道割破耳朵和脸颊的裂痕。

媒体开始疯狂报道如此多年轻女性共谋参与这些令人发指的暴力案件一事，同样吸引他们眼球的还有那些未受到指控的曼森女性追随者在法院大楼外聚集唱歌并示威的画面。

曼森杀人案的犯案类型在连环凶杀史上闻所未闻。曼森既未亲自夺走任何一位受害者的性命，也未在任何受害者死亡之时出现在案发现场，除了某次他在与一位毒贩产生争执后将其杀害以外，但他也从未因此事而遭受任何指控。在所有的曼森杀人案中，塔特和拉比安卡夫妇这两起案件属于连环大屠杀类型——所有罪犯一起作案。某些实际实施曼森连环杀人案件的凶手自身只犯下过一次杀人罪行，而另外的凶手则除了作为同伙参与谋杀以外，自己本身并未有任何杀人记录。在谋杀指控中的头号男性罪犯特克斯·沃森使得这一问题更加扑朔迷离。但最终共有三位女性与曼森一同被判定谋杀罪成立。她们至今仍在监狱。

成为杀人狂魔之前的查尔斯·曼森

这些女性追随者的故事必须要从查理自己的故事讲起。这个拥有众多女性追随者的男人来自一个很远的地方，且在突然开始实施犯罪前曾被关押数十年之久。曼森在审讯中声称的其在 8 岁时便进入监狱，直至 32 岁才得以重获自由一事并非夸夸其谈。1967 年 3 月，曼森被监狱释放，那时，他的确已是 32 岁，此前的 17 年间，他流连于各个管教所、拘留所和监狱，他生命中超过一半的光阴皆在这样的颓唐中一点点消磨。曼森在 8 岁那年因盗窃罪第一次被抓，9 岁时被送往少年管教所，过着囚徒一般的生活。

值得一提的并不是曼森有过多少年牢狱之灾，而是这场监禁生涯从何时开始且他究竟如何度过。查理总爱说他上一次被判 10 年有期徒刑是因为企图偷盗总金额为 37.5 美元的钱财。这的确是事实。曼森企图从信箱中偷取一张支票。盗窃邮件是一项联邦重罪，但曼森被判处缓刑。之后因曼森又接连犯下几次罪行，其刑期自动恢复执行，最终他被判七年有期徒刑。记住我之前的警告："查理总有办法掩盖真相并将它编织成谎言。"

曼森在 1959 年被关进监狱时年仅 24 岁，那时的总统是艾森豪威尔。1967 年，32 岁的曼森刑满出狱，而总统肯尼迪却早已去世。我们还能说什么呢？曼森在监狱里度过了大半个六十年代，也消磨了自己 20 多岁的一大半青春年华。

但曼森并没有虚度他在监狱里的时光，他学习了山达基理论。山达基教会在查理的罪行被媒体披露后进行了调查。FBI 在一次与曼森杀人案不相关的调查中，从教会的安全部门获取了一份内部文件，该文件通过《信息自由法案》被公布。文件内容如下：

（1970 年 6 月 22 日）

《对劳尔·莫拉莱斯的询问报告》，主题：查尔斯·曼森

劳尔：1962 年，劳尔进入位于华盛顿麦克内尔岛的监狱，并与拉斐

特·雷默成为狱友。据称，拉斐特是一位训练有素的山达基听析员（据劳尔推测，他大概已达到了最高水平），劳尔在那时开始接触山达基。那时，拉斐特在监狱中讲课，在一个关押着10名罪犯的牢房中成功聚集了其中七个人，他们皆加入了山达基教。查尔斯·曼森后来也加入这个组织并进行学习，他和狱友一道，学习了拉斐特共计约150小时的课程。课程中涉及的程序有CCH帮助程序（你曾帮助过谁，未帮助过谁）、其他两分程序（这是劳尔的说法，譬如你能应对什么，你不想遭遇什么）和拥有程序（譬如你能拿得出手的东西是什么？看看四周，找到你可以得到的东西，再找找在你可得范围之外的东西）。拉斐特一直为课程做记录。曼森精力格外充沛，在听课时无法自制，有一段时间，他逢人必谈论山达基且滔滔不绝，以至于大家均躲避与其交流。然而一段时间之后，曼森却叫嚣着要远离自己的听析员（劳尔认为他被蹂躏了或是发生了其他什么事）。曼森最终得以成功逃离听析员，独自被关押在单人牢房。监狱管理人员最终对这个组织的奇怪活动心生怀疑并强行将其解散。此后，劳尔于1965年被释放出狱。

1965年到1966年间，拉斐特的妻子在洛杉矶组织接受培训，她与拉斐特早已分道扬镳。劳尔不久前发现他的另一位朋友马文·怀特后来给曼森寄了一些关于催眠术和黑魔法的书（在山达基组织被强行解散之后）。[241]

曼森的故事更加丰富了。曼森在麦克内尔岛监狱服刑期间还学习了吉他。他的吉他老师是少数经历过那个有公敌、雌雄大盗邦妮和克莱德、黑帮成员约翰·迪林杰和机枪手凯利存在的经典纪元后还依然健在的歹徒之一——阿尔文·“诡异”·卡皮斯。卡皮斯曾是臭名昭著的巴克帮派的成员之一，他是阿尔卡特拉斯岛监狱中有史以来监禁刑期最长的一位罪犯。卡皮斯1936年因抢劫银行罪和绑架罪被判处终身监禁，自那以后便一直在监狱服刑。最近，卡皮斯被转移至麦克内尔岛监狱，在这里，他与曼森相识。卡皮斯是一位才华横溢却生性顽劣的吉他手，他将一切都教给了急不可耐的曼森。

* * *

1967年3月21日早上8点15分，曼森从位于长滩的终端岛监狱刑满出狱。我们可以把描写查理刚进监狱时即1959年的世界和他1967年出狱时的世界的各种歌词灌录成唱片，但无需多言。

曼森声称他并不想被释放，事实上，牢狱生活使他感到满足。监狱管理人员在曼森出狱时给了他35美元，这个数字恰恰比他七年前因偷盗而被送往监狱时的数额少2美元50美分。曼森被流放至离监狱所在地不远的洛杉矶。他带着一个装着其当初被捕时所穿衣物的小行李箱，整整三天都待在巴士上。曼森在巴士上睡觉，直到巴士司机将他赶下了车。曼森说这种经历让他不断回忆起被踢出监狱的感觉。之后，曼森一路向北，准备去投靠旧金山的一些旧相识。

1967年3月，正值“夏日之恋”之际，曼森来到了美国反主流文化运动浪潮的中心——旧金山的海特-黑什伯里区一带，那时嬉皮士运动刚刚出现。那是一个充斥着“爱的权力”（“花儿”嬉皮士的口号。）、“要做爱不要作战”、“修身养性、顺应自然、清静无为”、和平集会、静坐抗议、淫乱集会、分享、街头剧、群居团体、地下报纸、艳俗海报、迷幻药和音乐的时代。曼森在此之前甚至没有吸过一口大麻，他只喝杰克丹尼威士忌。其他有关曼森生平的故事纯属谣传和推测性的鬼话。

花儿与迷幻药——在有着成千上万肥美小白兔山谷的曼森

关于查尔斯·曼森究竟如何蜕变成杀人狂魔的故事有两个不同的版本。其中一个版本是曼森在感恩而死乐队于阿瓦隆舞厅举办的一场音乐会上第一次服用LSD迷幻药，他在人潮涌动的舞池中央蜷缩成胎儿姿势，他重生了，随着音乐扭动身体，他那托钵僧瘾君子一样的疯狂旋转引得全场一片热烈掌声。[242]

另一个版本是曼森遇见了一个名叫南希·哈特的年轻女性，她专门伪造支票，之后成为一位民歌歌手。曼森在南希的引导下开始接触LSD迷幻药。南希说，有一年春天的夜晚，她睡在公园里，身上盖了一堆毯子。这时，曼森走过来问她自己能否与她一起钻进毯子里，因为“她身上散发出温暖的热量”。[243]

“查理并不是一个绝佳的爱人，但他却扮演成这样的角色，”哈特回忆说，“他是一个出色的骗子，或许可以说是我这辈子见过或在生意中碰到过的最出色的一个。他和我去各种地方，在旧金山使用空头支票，他会喋喋不休自己掌握的所有诈骗手法。他脑子里的那些东西会让你大开眼界……”

“我们做爱，但是他却对性行为感到厌倦，所以他在感觉累了之后就用笤帚把干我，他还让我用可乐瓶自慰，而且要用两头，而他自己却在一边打飞机。他让我把我的感觉全说出来，让他了解我的感受以及我从他身上，从他的亲密中感觉到了什么。服用迷幻药后，他尤其如此，我们没有任何接触，他也根本不知道眼前正发生着什么。”

南希将第一管迷幻药递到曼森手中时说：“你已经达到那种状态了，你不需要迷幻药，但它会帮助你整理思绪。”在与曼森共度了几天的颓唐时光之后，南希·哈特被警方抓捕，而曼森则继续自行欢愉。

曼森说：“在服用迷幻药后，我对眼前所发生的事情的意识变得更加明朗。我和他们在一起，和他们中的一部分在一起。我们已经成为了彼此的一部分。”

LSD——麦角酸二乙胺，是一种迷幻药。这种迷幻药于 1938 年在瑞士被发现，那时候曼森四岁。这种迷幻药并未引起任何人的兴趣，也未经过任何进一步测试便被存档了。此后，1943 年 4 月 16 日，LSD 的其中一位发现者——在巴塞尔山德士制药实验室工作的化学家艾伯特·霍夫曼博士不小心吸入了少量 LSD。霍夫曼此后在他的书中写道：

> 上周五的下午……我不得不在中途停止实验，回到家中，因为我整个人坐立不安且头晕眼花。回到家后，我躺下休息，然后陷入了一种我并不排斥的神志昏迷状态，我脑子里出现了各种各样让我极度兴奋的幻觉。我进入了一种半清醒状态，双眼紧闭（我感觉日光变得很刺眼），一种非常真实的幻象伴随着万花筒般的绚烂色彩向我袭来。两小时后，这种情况消失了。[244]

LSD 被归入迷幻药之列（迷幻剂的英文名称“hallucinogen”来源于拉丁文中的“halucinari”（神游）和希腊文“genes”（出生）），它也同样被划分为一种幻觉剂（幻觉剂的英文“psychedelic”一词来源于希腊文里的“psyche”（灵魂）和“delos”（肉眼可见的））。

迷幻药使服用者在天然物质中发现“有形的灵魂”，墨西哥和中美洲印第安人早在欧洲人到达以前便将其作为宗教和神秘主义之用。人们在咀嚼乌羽玉芽时会产生幻觉。墨斯卡灵（一种迷幻剂）的原材料便是佩奥特掌（一种仙人掌），它是因最早将其从得克萨斯州和新墨西哥带往北方的梅斯卡勒罗阿帕切人而得名。墨斯卡灵的副作用远小于佩奥特掌。裸盖菇素的药效与此类似，服用裸盖菇素同样会使人产生幻觉，它从一种特殊的蘑菇中提炼而出，即所谓的“神奇蘑菇”，当地的印第安人也将这种蘑菇用于宗教仪式（如今却被西北地区的新新人类狼吞虎咽）。

服用这些物质后所产生的影响难以描述。首先是感觉到时间变慢了，一分钟像十分钟一样漫长，但事物节奏仍旧一如往常；其次，服用者的思考方式和大脑功能发生改变。服用者可能看见声音、闻见颜色、听到味道甚至触碰味觉，还可能灵魂出窍，从外界观察自己。在各个想法之间找到新联系，清晰地领悟自我，洞悉自我。

19 世纪和 20 世纪初的印第安人将佩奥特仙人掌用于治疗酒精中毒及缓解女性绝经后的抑郁症。在巫师的引导下，印第安人开始了解佩奥特掌的作用，许多因失去生育能力而郁郁寡欢的女性找到了她们存在的意义和生活的希望。[245] 和那些模拟“快感”且随着药效消失，感觉逐渐减弱的抗抑郁剂不同，迷幻剂集中于一种寻求大脑发觉的自然思考过程，即使在药效消失之后也能保持精神融合。据说，迷幻剂可以展开某人思维过程的新道路，服用者一旦对这种新道路有所接触，便难以忘却且不依赖于迷幻物质的继续摄入。这恰恰是 20 世纪 50 年代和 60 年代中某些精神科医师将 LSD 视作灵丹妙药的原因。

LSD 的药效比佩奥特仙人掌和墨斯卡灵强一百倍。这是一种效力极强的药物，它所诱发的迷幻之旅可长达 10 小时之久。只有少数人知道药物 LSD 的存在，20 世纪 50 年代和 60 年代，这种药物只在精神科医师的小圈子以及其亲戚朋友中私下买卖。外人对这些交易链一无所知。

与此同时，哈佛大学教授蒂莫西·利里于1960年在墨西哥发现了裸盖菇素蘑菇。利里说："那是一次让我流连忘返的梦幻旅程，回来之后，我就完全变了一个人。你在匆匆瞥过细胞的时空隧道后便不再如从前，在触碰过神秘面纱后亦是如此。"

之后，利里投身于对LSD的研究。1963年，他开始向媒体谈论LSD这种药物的存在。到了1965年，LSD被认定为毒品且其制作与买卖均被法律明令禁止，这一切可多亏了利里。此后，山德士不再制造LSD，而一大批小型的地下实验室却纷纷开始生产这种禁药。LSD风潮立即席卷而来。

1965年，有人在以迷幻剂的治疗用途为探讨焦点的精神病学会议上针对LSD和墨斯卡灵提出以下观点：

> 1. 他们降低病患的防御性，使得被压抑的记忆和相冲突的事物涌现眼前。病患对于这些事件的回忆被提升了，且情感释放更加强烈。
>
> 2. 浮现的事物更易理解，因为冲突在病患眼中成为了视觉画面或形象生动的视觉符号。这种视觉画面或符号大可为病患所接受，因为意识的超脱状态减弱了涌现的罪恶感。
>
> 3. 病患感觉和治疗师更为亲近，于患者而言，心中的那些荒谬感受也更加容易表达。
>
> 4. 警惕性并不会随之降低，在药效消失之后，病患的思考力也重新恢复。
>
> 迷幻剂在专门的治疗程序下似乎的确会产生上述影响，但还有一点是未被经常提及的，那便是病患暗示感受性的急剧增强。换言之，病患对经历本身的批判态度减弱了。这一点也有所帮助，因为各种见解被毫无保留地接受且似乎比未服用药物时更有效。[246]

查尔斯·曼森，这个曾在监狱里度过整整17年光阴的32岁不法分子如今迷上了LSD，崇尚山达基教，在音乐上受到阿尔文·"诡异"·卡皮斯的启蒙，而今的他仿佛是拥有核武器的朝鲜。"园丁"在"花儿少年"中放荡不羁，他们在那个“夏日之恋”的时期疯狂寻找自我，尤其是那些迷茫的年轻女性。就在这时，查尔斯出现了，带着满嘴胡言和满腔怒火，口袋里装满迷幻药。

我们很难说明查尔斯·曼森究竟是在何时将自己转变成如今长发蓬乱的嬉皮士外表的。1967年7月29日，曼森因“扰乱警察办公”的轻微指控而被警方抓捕。那时将近8月，是充斥着大人物、嬉皮士和爱的权力的“夏日之恋”时期，但那时照片上曼森的发型仍是较为保守的风格，头发稍长，前额和头顶的头发略卷曲，完全是五十年代后期润滑工的造型，但整体头发长度修剪到靠近耳朵和脖子的位置。

曼森机智如初，他完全不参与其中。30年后，即1997年，曼森回忆道：

> 当我最后一次出狱时，我知道嬉皮士完全是一堆腐烂的苹果。但我不认为我比他们中最糟的好到哪里去，或比最好的坏到哪里去。这他妈完全是一样的，只是一堆狗屎罢了，所以为什么不用它当肥料，培育一些花朵呢？就在那个时候，我出狱了，我经历了其他事情，之后，我被这些六十年代的孩子所包围。但我并不是一个六十年代的孩子，我是四十年代的。我的英雄是平·克劳斯贝，而不是猫王。[247]

查尔斯·曼森开始关注那些年轻敏感的“花儿少年”，他们独自出现在一个真实的美丽新世界，这是一个以往年轻一代从未经历过的世界，尤其是那些被一味贬损青年和女性的社会旧观念紧紧束缚的女孩们。查尔斯让她们摆脱身上的枷锁，没人有更好的见解，因为这和以往的六十年代完全不同，即使是20来岁的年轻一代。那里不用循规蹈矩，没有往昔与当下的比较，一切似乎皆有可能。

查理曾针对那段日子这样说道：

> 我可以一眼看到街上的这些人，看到他们干净的眼睛。街上这些人和我一样，我们就好像你的咖啡纸杯、汉堡包装袋、散发恶臭的高洁丝护垫和肮脏的橡胶，被生活所弃。他们是四处飘散的垃圾，是黏在你蹲

便器两边和排水孔的屎……我带走了这些被社会抛弃，被你们视为垃圾的人，并且让他们为我所用。为了继续在外面生活，我让他们把水装进罐子里，让事情成功。

浊气乐队的成员埃德·桑德斯说海特区（嬉皮区）的夏日之恋时期自由且美好，“但却有一个弱点：从易受攻击这一点来说，花儿运动仿如一个有着成千上万肥美小白兔却被受伤狼群所包围的山谷”。

当海特－黑什伯里区所有的嬉皮运动在吸毒怪物和摩托车手间泛滥成灾，且在 1967 年寒冷多雾的秋季变得淫秽颓靡，导致很多人染上梅毒之后，曼森带着他的花儿们来到了气候更温暖的洛杉矶。

玛丽·特里萨·布伦纳——曼森家族的女家长

1967 年春季，在曼森带着花儿们前往洛杉矶的六个月前，曼森常常来到加州大学伯克利分校的校门前弹奏吉他谋求生计。曼森在那里拥有了一小批追随者。之后，不知为何，他吸引了相貌平庸、一头红发的 23 岁眼镜妹玛丽·特里萨·布伦纳。1943 年 12 月 17 日，玛丽·特里萨·布伦纳的父母约翰和伊芙琳·布伦纳在威斯康星州的欧克莱尔生下了女儿。玛丽是一位品格良好的天主教徒，她毕业于威斯康星大学的历史专业，最近因工作缘故刚刚搬到加利福尼亚州，在加州大学伯克利分校图书馆担任图书管理员。

玛丽见到曼森后便当场被他迷住。那个春季，感受到嬉皮士校园狂热的玛丽决定放手一试。玛丽将这位具有超凡魅力的街头音乐家邀请到公寓，两人急不可耐地坐上沙发。当天，两人并没有发生性行为，这完全是柏拉图式的关系。之后，曼森开始将各种女孩带到玛丽的公寓行男女之欢。而此时，对这一切神魂颠倒的玛丽也想试试，于是她将曼森引上了床。但曼森仍旧不断带各种女孩回家，最初只是一个，然后两个，最终甚至多达 18 个。就这样，这个家族从玛丽·布伦纳开始，一步步组建而成。它的名称从不是“曼森家族”，这只是媒体的噱头。整个家族的成员自称其为“家庭”。

玛丽·布伦纳是这个家族的女家长，家族成员均亲切地称呼她为“母亲玛丽·曼森”。玛丽为曼森生下了一个孩子，曼森亲自接生并将其取名为迈克尔·呸·呼。在欣曼谋杀案中，多名女性前往受害者欣曼家中并至少目睹（若并未参与暴行）其惨遭三天非人折磨后被刺穿心脏而死，玛丽便是其中之一。

在曼森被确认谋杀塔特和拉比安卡夫妇罪名成立后，此前曾是图书管理员的玛丽于 1971 年卷入一场发生在洛杉矶霍桑大道南侧一家枪支商店内的激烈枪战。玛丽和几个同伙强迫店内的收银员和顾客跪到地板上，随后，将数百件极具杀伤力的武器装入一辆货车。她们计划带上大量武器，劫持 747 号喷气式飞机，借此将曼森从监狱中营救出来。在曼森被释放之前，这架飞机上，每过一小时，便会有一名无辜乘客丧生。在将所需武器洗劫一空后，玛丽和同伙们并未慌忙逃跑，而是开始自相争论她们是否应该将商店内的所有目击者杀光。就在那时，警方接到了商店周围的无声警报。双方开始交火，在经历了足足十分钟的激烈枪战后，这群女性抢劫犯才终于缴械投降。

玛丽开始与雅利安兄弟会（简称 AB）有所瓜葛，这是一个崇尚白人优越主义且极端暴力的犯罪组织。其他几个曼森的追随者在曼森被捕后也开始将目光转移至雅利安兄弟会，且与 AB 的核心创始人关系亲近。1970 年后出现了某种曼森家族的雅利安兄弟会分离派。

玛丽在加里·欣曼被杀一案中指证了其他同伙。她因在霍桑枪支商店犯下抢劫罪而被判入狱，服刑期间，孩子呸·呼由其父母代为照顾。玛丽在刑满出狱后，便默默前往美国中西部地区独自抚养与查尔斯·曼森的儿子，他现在快要年满 40 岁了吧。

莉奈特·艾丽斯·弗罗姆的故事

在玛丽·布伦纳之后的第二个曼森家族女性成员是来自雷东多海滩，勤奋好学的青春少女莉奈特·艾丽斯·弗罗姆。她身材纤细，满脸雀斑。和电影《魔女卡丽》中的西西·史派克类似，弗罗姆在 17 岁时便被飞扬跋扈的父亲赶出家门。

莉奈特出生于 1948 年 10 月 22 日，父母是威廉和妻子海伦·弗罗姆，威廉是一名航空工程师，家中除长女莉奈特以外，另有一儿一女。莉奈特天资聪颖且才华横溢，在校学习期间总是得到 B+ 及 A– 的优秀成绩。她是高中年刊的编辑成员，同时也对诗人狄兰·托马斯了解颇丰。但她的父亲威廉在家中却是一个严厉的控制狂，尤其是对她。莉奈特被一些极其严格的行为准则所捆绑，父亲威廉甚至强迫她与其他家庭成员分开用餐。

莉奈特曾多次离家出走，但最终会返回家中，与母亲和控制欲极强的父亲和解。1966 年，莉奈特在加州海岸各处搭便车，酗酒、嗑药、享男女之欢，这样的颓唐生活却从未让她感到满足。1967 年，莉奈特返回家中并进入埃尔卡米诺学院学习法语、戏剧艺术、心理学和现代舞课程。莉奈特打算努力学习，提高成绩，争取在第二年转入加州大学，但她却和疯狂的父亲再一次分道扬镳，而这也是父女间的最后一别。“我们因为字典上的某个定义而发生争执，就是这么愚蠢荒谬，”莉奈特后来说，“要么听他的，要么就没门。我说：‘是的，但是……’然后他说：‘是的，没有但是。’”[248]

莉奈特走出家门，身上除了学校的教科书以外，什么都没有，她无处可去。莉奈特搭便车来到威尼斯海滩。她在曼森的宣判听证庭上作证称：“那时候我在威尼斯，正坐在路边抹眼泪，这时候一个男人走过来对我说：‘你父亲把你赶出了家门，是不是？’那个人就是查尔斯。”

两人交谈了短短几分钟后，曼森便扮演起成熟明智的父亲角色，他对莉奈特说：“走出一个房间的方式并不是走出那扇门。根本不想走出去，那才是自由。”真酷，莉奈特心想。

曼森称他正向北前往旧金山，倘若莉奈特愿意，便可以同他一起。“什么时候？”“就是现在。”曼森对莉奈特说。莉奈特犹豫不决，她心中仍对曼森抱有一丝怀疑，这时，曼森说：“我不能替你做决定。”说完，曼森走开了。莉奈特大一上半学期的课程只剩下最后三个星期了。她拿起书，跑到了曼森身边。

莉奈特加入了曼森和玛丽·布伦纳。布伦纳如今已经辞去图书管理员的工作，将自己最后的积蓄用于支付三人一起去旧金山门多西诺县的费用。他们三人在门多西诺租了一间小的临海小屋，曼森开始了他的性爱魔法，他攻破玛丽和莉奈特两人的最后防线，最终将她们一起带上床。莉奈特回忆称，在经历过与笨拙的高中男友之间愚蠢的性行为后，和曼森的欢愉让她神魂颠倒。曼森让她感受自己的阴蒂。“那是一个小小的、硬硬的，又非常敏感的东西。”莉奈特说。曼森是第一个给莉奈特口交的情人。

曼森对这个聪明的 17 岁女孩说："事实是，倘若一个男人陷入爱河，他便会让这个女人觉得自己是这世上最漂亮的人。倘若一个女人陷入爱河，她便会接受并感受对方所有的爱，在一次做爱中将自己所有的感觉宣泄出来。"

莉奈特在庭审作证中为曼森辩解道："查尔斯是我们的父亲，他会给我们指明一些事情。我会爬到墙角读书，他会经过我身边，告诉我这本书的内容是什么……他也知道我们的内心想法……他总是一副很快乐的样子，总是那样。有时，他会走进卫生间梳他的头发，而那里面会聚集很多很多人，他们都在看着他，因为他表现得如此享受。"

莉奈特并未参与 1969 年的谋杀案件，但 6 年后，她尝试着弥补这场缺憾。1975 年 9 月，莉奈特在萨克拉门托带着装有子弹的 A5 半自动手枪冲到杰拉尔德·福特总统面前，最后，她在离杰拉尔德仅有两步之遥的地方被特工一举拿下。很快，莉奈特便接受了审讯，并于 9 月因企图刺杀总统的罪名被判处终身监禁。

莉奈特被判终身监禁的刑罚与曼森因偷盗总额为 37.5 美元的钱财而被判七年有期徒刑大同小异。相信莉奈特的确试图射杀总统的人为数不多。事实上，虽然手枪弹匣里有四发子弹，但却并未上膛，这意味着莉奈特想扣下多少次扳机都可以，但并不会有任何一发子弹从枪口飞出。她必须给枪上膛才能对他人造成伤害。莉奈特对武器的使用了如指掌，因此她无知到未进行给 A5 手枪上膛这一必要程序似乎不大可能。另一方面，或许她只是因太过紧张或嗑药太多而忘记上膛，这倒是有可能。倘若莉奈特从未真正打算射杀总统，那为何又会给手枪装上子弹呢？然而，很多人认为莉奈特·弗罗姆最多应被定为袭击罪。莉奈特至今仍在监狱，如今也年近六旬了吧。

苏珊·阿特金斯——性感的赛迪·梅·格鲁茨

苏珊·阿特金斯，后以"性感的赛迪·梅·格鲁茨"被人熟知。阿特金斯在犯下多起谋杀案件时年仅 21 岁，她或许堪称是曼森家族所有成员中最凶残恶毒的一位。在切洛大道的草坪上追赶其中一位逃跑的受害者并将其杀死之后，阿特金斯返回屋内，活活刺死了怀有八个半月身孕的莎朗·塔特。

苏珊·阿特金斯于1948年5月7日出生在加利福尼亚州的圣盖博。阿特金斯家中共有四个孩子，她排行居中，是家中唯一的女孩。阿特金斯的父母终日酗酒，有关当局曾试图将子女四人带离其身边。阿特金斯信仰宗教，内心虔诚，她加入了教堂唱诗班和女童军，在小学时也表现良好。

然而，阿特金斯却感觉自己被整个家庭抛弃了，格格不入。她的父母更偏爱哥哥和弟弟，母亲溺爱最小的弟弟，而父亲则对家中的长子万般宠爱。阿特金斯亲口说："我不喜欢我的母亲。她试着和我相处，但我只是一味拒绝，拒绝与她交流。我也不喜欢我的父亲。不喜欢他们中任何一个人。我不喜欢我的母亲，因为她是一个酒鬼……我的父亲也好不到哪儿去，他也同样是酒鬼，以前还经常暴打母亲。"[249]

1963年，阿特金斯15岁时，她的母亲被诊断出癌症晚期。阿特金斯和整个教堂唱诗班一起在母亲的卧室窗户下唱歌，那时，她的母亲已奄奄一息。然而，阿特金斯的亲戚们回忆起其母亲死亡时说道："苏珊对此几乎漠不关心。"

母亲去世后，阿特金斯开始失去控制，变得愈加野蛮疯狂。阿特金斯的一位朋友说："她似乎对一切都不在乎。比如她母亲去世的时候，她竟没有表现出一丝发自内心的难过。我觉得苏珊对所有事情都是满不在乎的态度。她有点不正常。"

阿特金斯18岁时便离开家门。"刚好就在18岁那天。"阿特金斯说。之后，她虽有几份并不体面的工作，但却时常做出不法行为。阿特金斯因盗窃车辆被警方抓捕后获判缓刑。她多次犯下各种轻微罪行，且经常和同伙一起持枪抢劫。阿特金斯在旧金山当脱衣舞女，住在一栋合租屋中。她同样崇拜恶魔。精神科医生在阿特金斯的量刑听审记录中的报告如下：

……进入了一种她如今自称的魔鬼时期。她和安东·拉维这名撒但崇拜者有来往。①。她参加了女巫安息日的商业表演②，并回忆说她在首演之夜服用了

---

① 拉维是旧金山第一座撒但教堂的创立人，这是一个专为那些钱包鼓鼓但脑袋空空的傻子所创建的伪撒但异教团体。译者注。

② 事实上，恶魔崇拜与巫术之间并无任何关联。要么是精神科医生误将二者联系起来，要么是这次事件的组织者自己将其所筹划的"女巫安息日"描绘如此。译者注。

LSD。阿特金斯被安排在表演时躺在棺材中，她躺在里面时药效发作，产生了幻觉。阿特金斯声称她不想出来，最后导致落幕时间延迟了 15 分钟。她说她感觉到自己鲜活的生命，也感觉到这个丑陋世界的其他所有事物皆已消亡。阿特金斯在之后近 8 个月的时间里继续着她的“魔鬼旅程”。

1967 年夏季的一天，19 岁的阿特金斯在一场派对上结识了查尔斯 · 曼森。阿特金斯回忆称，曼森那时正抱着吉他弹唱，他迷人的声线和那首歌曲的歌词让她心醉神迷。以下为阿特金斯的证词：

当他唱完之后，我上前询问他能否允许我弹弹吉他。他一个字也没有说就将吉他递给了我。

我看着那把吉他，然后将手放上去开始拨弄琴弦。我只知道一个和弦。我心想：我不会弹。

我只是自己心里这样想，并没有说出来，但他转过身来看着我，他看向我的双眼说道：“只要你想弹，你就能弹。”

我就这样看着他，我立马知道了他的身份和他来这里的目的。换句话说，他来这里的目的是为了向我展示他就在我的脑子里，他知道我心里所想的一切，我不可能逃得掉。

哇，以前从未发生过这样的事情，这让我很惊奇。之后我就跟了他。[250]

几天之后，曼森为阿特金斯回到那里：

他说他想跟我做爱。我承认我也想跟他做爱，然后，他叫我脱掉衣服。所以我毫不掩饰地脱掉了衣服，然而眼前却刚好有一个全身镜，我转过了脸。他对我说：“过去看看你自己，你没有什么不好的。你很完美。你一直都是这么完美。”他还说：“你天生就是如此完美，从你孩提时代一直到如今这一刻发生在你身上的所有事情都恰到好处。你从未有过任何过错。你唯一犯下的那些错误都是你的自以为。它们并不是什么过错……”

他问我是否曾和我的父亲做爱。我看向他，然后咯咯笑着，回答说没有。然后他说："你有没有想过和你的父亲做爱？"我回答说："想过，我想我会愿意和他做爱的。"然后他告诉我说："好的，当我们做爱的时候，你就把我想象成是你的父亲，换句话说，在你头脑中想象我就是你父亲的画面。"我按照他的话做了，我确实把他想象成是我的父亲。那是一次非常美妙的经历。[251]

曼森在小苏珊·阿特金斯的身上上演了一场伪山达基教徒式的身心征服。

苏珊·阿特金斯成了性感的赛迪·梅·格鲁茨。阿特金斯跟曼森家族中某位成员生下一个孩子，同样也是曼森亲自接生，他将这个小男孩起名为佐·佐·泽·泽·扎德弗拉克（另有其他来源给出的名字也并没有什么太大差别：泽佐·泽西·扎德弗拉克）。

苏珊·阿特金斯在切洛大道的谋杀案之前早已在1969年7月26日参与了对受害者加里·欣曼实施折磨与残杀的作案过程。32岁的欣曼遇害前曾是洛杉矶的一位音乐老师，且正在加州大学洛杉矶分校攻读社会学的博士学位。他信仰日莲正宗佛教，其名下有好几辆汽车和一台大众露营车。欣曼在托潘加地区颇有名气，搭车者和嬉皮士经常暂住在他家中，1968年，曼森也曾是欣曼家中的暂住客。欣曼可能一直在从事人造迷幻剂的生产，但这一点尚无任何定论。

据目击证人称，7月25日星期五这天，曼森家族中的一位新成员博比·博索莱伊、玛丽·布伦纳和苏珊·阿特金斯带着枪支和刀具前往受害者欣曼的家中。他们向欣曼索要钱财并要求他转让名下所有车辆，欣曼拒绝了。这时，这个恶魔三人组便开始对他实施殴打。后来，未成功得到所需之物的阿特金斯一行人给曼森打了电话。

随后，曼森挥舞着一把剑来到受害者欣曼家中，命令其交出车辆和钱财。当欣曼再次拒绝后，曼森用手中的剑袭击了他，将他的车砍成两半，并在其下颌割开一道很深的伤口，欣曼迅速交出所有车钥匙，曼森在命令漂亮宝贝儿们缝合好欣曼的伤口并继续从他身上榨取钱财后，便驾着其中一辆车离开了现场。

阿特金斯和布伦纳用牙线缝合了欣曼的伤口，之后的周末两天，欣曼一刻不停地遭受着非人虐待，阿特金斯和两名同伙轮流睡觉，轮番对受害者施虐。

欣曼直至周日仍旧未能拿出任何钱财，这时，博索莱伊再次给曼森打了一通电话，据称，曼森在电话里说了“你们知道该怎么做”或“你们知道该怎么做。杀了他，留着他对我们没有任何好处”，亦或是“他知道的太多了”。

曼森坚决否认其曾传达杀害受害者欣曼的任何指示，以下是他的证词：

> 目击证人认为在电话中唯一能将我和欣曼谋杀案联系起来的便是博索莱伊打电话给我，问我应该怎么办，而我告诉他：“你知道该怎么做”。我并没有对他说譬如（提高声调）“你知道该怎么做”之类的话，我告诉他：“伙计，你是一个男人，成熟点吧，年轻人。不要问我该怎么做。自己独立起来，为你自己的行为负责，而不是问我应该怎么做”。[252]

博索莱伊一边大声吼叫着：“社会不需要你，你是一头猪！你死了更好，我是你的哥哥。”一边往欣曼的身上连刺四刀。当欣曼浑身鲜血，即将死亡之时，其中一个杀手女孩将念珠递到他手中，欣曼口中反复唱着：“嗡嘛呢叭咪吽，嗡嘛呢叭咪吽。”这是他佛教宗派的圣歌。

之后，欣曼昏迷不醒，但依然还有呼吸。苏珊·阿特金斯和玛丽·布伦纳轮番用枕头按压欣曼的面部，直至其最终窒息而亡。随后，他们用欣曼的鲜血在墙壁上写上“去死吧，一群猪”，并试图将凶案现场伪装成黑豹党①的恶意袭击。他们甚至在墙壁上留下血迹斑斑的猫爪印。②在处理完现场的一切后，他们驾着受害者欣曼剩余的车辆逃离了现场。

查理的大动乱

在欣曼遇害和塔特谋杀案期间，身在洛杉矶北部的曼森驾驶一辆面包卡车来到海岸，许多目击证人和当时的一张交通罚单证明了其真实性。

---

① 该黑人政党成立于1965年，旨在结束白人的政治统治地位。译者注。

② 这种想法极其愚蠢，因为众所周知，黑豹党在任何一起政治谋杀案中均未曾使用受害者的鲜血书写任何标语或在犯罪现场留下血色猫爪印。

那段时间，曼森正待在大苏尔的伊沙兰学院。伊沙兰曾是（现在依然是）一个私人的“成长中心”，同时也是一个专为从旧金山和洛杉矶远道而来的有钱顾客提供的一处奢华旅游胜地。这里为顾客开办各种各样的研讨会，许多特邀演讲嘉宾在会上讲述东西方哲学，演讲主题从瑜伽到到恶魔崇拜主义，丰富多彩。阿比盖尔·福尔杰经常待在伊沙兰学院。

曼森漫游了名声大噪的好莱坞电影圈和音乐圈。他是所有曾到访海滩男孩乐队鼓手丹尼斯·威尔逊家中的宾客中逗留时间最长的一个。曼森在监狱服刑时认识了因非法持有大麻而招致牢狱之灾的唱片制片人菲尔·考夫曼，考夫曼曾允诺要为曼森制作唱片专辑《谎言》（在曼森接受审讯后，考夫曼确实于1970年制作了这张专辑）。曼森曾与他人的多项交易以及与影视和音乐界重量级人物合作的大好机会均化为泡影。音乐产业本身正逐渐摆脱以往工作室大亨独霸天下的模式，逐渐向街头青年靠近。这样的局势为曼森这样的人提供了许多前所未有的机会。（海滩男孩乐队确实曾录制由曼森创作的一首歌——《不复存在》，这首歌出现在他们《20/20》的唱片集中，歌曲名称被改为《永远学不会不去爱》。）

曼森多次前往伊沙兰学院，他利用内部的热水浴池和温泉举办研讨会，寻找新成员。然而，曼森最后一次去伊沙兰学院却并不顺利。据目击证人保罗·沃森所言，曼森说他“去伊沙兰并为那里的一群顶尖人物弹奏吉他，但他们却将他的音乐拒之门外。有些听众假装自己睡着了，其他人则在说着‘这对我来说太压抑了’、‘这跟我期待的完全不一样’以及‘我根本听不明白’之类的话，更有甚者，一些听众直接起身走了出去。”[253]

星期五一早，曼森垂头丧气地回到了洛杉矶。1969年8月8日，在经历过伊沙兰的事情后，曼森感觉到遭人排斥、受人攻击的难受滋味，此刻他的心情阴郁沉重。莎朗·塔特和她那群朋友们还不知道，他们的生命只剩下最后12个小时了。

在接下来的半年里，曼森和他的家族开始挑起大动乱，他们购买了沙丘汽车并打算在他所预测的白人和黑人之间的种族战争爆发时躲藏在美国死亡谷。曼森用憎恶和恐惧一天天喂养着他的花儿们。后来，检察官断言，曼森称这场种族战争为“狼狈”，或许是受到甲壳虫乐队在《白专》中的同名歌曲启发吧。

可能曼森的脑子被毒品、妄想和那些好莱坞鬼话（不回电话，承诺的交易化为泡影。）搅得一团糟。曼森对他所遇到的不快只字未提，他第二天一觉醒来便会全然忘记，但根据曼森家族中另一深受曼森信任的男性成员特克斯·沃森所言，曼森特地让他当天下午前往制片人特里·梅尔彻在切洛大道的前住所中，并杀掉待在那里的所有人，以此向梅尔彻示以警告。曼森之前和梅尔彻之间达成了某种音乐交易，但却并未如愿进行。梅尔彻其实早已离开那里，那所房子如今的屋主是莎朗·塔特，曼森对这一切心知肚明。曼森指派苏珊·阿特金斯和帕特里夏·克兰文科陪同特克斯一起执行他的命令。

帕特里夏·克兰文科——大馅饼

帕特里夏·克兰文科在18岁那年认识了曼森。帕特里夏之前是长老会主日学校的一名老师，同时也是《圣经》的狂热读者。帕特里夏的长相极为平庸，一张如男人般的面孔且体毛过盛。后来她剃掉头发，显露出两只如水壶把手一样的尖长耳朵。帕特里夏被称为“大馅饼”、“凯蒂”或“阿黄”。

帕特里夏在洛杉矶的曼哈顿海滩长大。她的父亲乔是一名保险代理员，母亲则是一位积极参加教堂和社区活动的家庭主妇。帕特里夏在高中时期成绩优异。随后考入位于阿拉巴马州莫比尔的天主教斯普林菲尔德学院，不幸的是，她仅仅读了半学期便因牢狱之灾而将前途毁于一旦。在帕特里夏被警方抓捕后，她的父母称自己的女儿享受家庭生活且积极参加教堂及学校活动，她完美、平凡、虔诚、天资聪颖、无忧无虑、潜心好学且行为端正，从未惹上过任何麻烦。“帕特非常喜欢阅读《圣经》……我从来没见过她生气或对人表现出恶意的样子……她从不与人争斗……从未在任何动物身上做出任何残忍行为……从未对任何人进行身体暴力……她不是一个脾气火爆的人……当她还很小的时候，醒来第一件事便是随手画点小画或者把玩一些小东西……她会自己一个人安静地玩耍，绝不会制造任何麻烦吵醒我们。她不会哭着哀求任何人扶她起来或为她做任何事……我和她之间从未有过任何矛盾……她没有做出过任何无礼行为……她是一个模范小孩……从来没有做出过什么不法行为……甚至从来没有收到过一张交通罚单。”[254]

真是令人毛骨悚然！

此前曾是主日学校老师的帕特里夏在切洛大道对逃跑出门的受害者阿比盖尔·福尔杰穷追不舍，一直到房屋前面的草坪上，她拿起刀连续 28 次刺向阿比盖尔，此时的阿比盖尔呜咽着说：“不要再刺了，我已经死了。”第二天晚上，这位曾经的主日学校老师在拉比安卡夫妇的房屋中砍断了罗斯玛丽的脊椎，之后她又将一个餐叉插入莱诺·拉比安卡的腹部，不断往里深入并看着叉子摇动。

帕特里夏向监狱内的精神病学家所呈现的自我描述远不如其父母口中那个模范小孩那般美好。帕特里夏说她总是感觉自己不受宠爱，不被需要，她觉得自己长相丑陋且毛发过盛（有人可能也这样认为）。认为自己体形肥胖的帕特里夏在 14 岁那年疯狂节食。她说父母完全控制了她的思想，她表面假装虔诚且好学，内心实则掩藏着“邪恶”可憎的自我。不得不压抑真实自我这一点令她懊恼，而这一腔怒火也必须被掩藏心中。

帕特里夏的父母在她 13 岁时婚姻破裂，但两人声称：“我们的感情破裂不牵涉到孩子。我们没有大吵大闹，而是默默办理了离婚手续，这一场感情变故很私密。孩子绝对没有参与其中，更没有受伤害。”真是怀抱希望的幻想。

帕特里夏通过同住一间公寓且吸食海洛因成瘾的同父异母姐妹（帕特里夏的妹妹又是一个在帕特里夏父母幻想屋檐下的所谓完美小孩，她后来死于吸毒过量）认识了曼森和玛丽·布伦纳。

帕特里夏回忆称，曼森在遇见她时，对她说一切都会好起来的。曼森释放了她一直压抑掩藏的真实自我。他是第一个开着灯与帕特里夏行鱼水之欢的男人，他接受那个多毛“邪恶”的她并带给她欢愉。帕特里夏说：“那天晚上我把头埋在他的膝盖上，我哭了，那是我第一次哭。他就好像是我的爸爸一样。一切都是那么纯净，那么美好……我告诉他，我将誓死追随着他。”她确实如此。

琳达·卡萨比恩——亚娜女巫

曼森命令家族中的新成员琳达·卡萨比恩随同沃森、阿特金斯和帕特里夏一起参与莎朗·塔特谋杀案，琳达是这几个人当中唯一持有驾照的人。琳达于

1949年6月21日出生在缅因州的比迪福德。她的父母在其小时候离婚后各自组建了家庭。琳达在新罕布什尔州的米尔福德长大。

琳达回忆称："我父母经常吵架。我对童年的第一个回忆就是坐在沙发上哭……在我们搬往新罕布什尔之后，父亲终于彻底弃我们而去。我母亲坚持要求父亲在离开前给我买几双鞋子，却遭到他的拒绝。但是他在出门时往我手里塞了几美分。"

琳达记得她父亲驾车来到一家三口曾一起住过的地方看望她。琳达父亲每次来，车上总会坐着另一个女人，琳达本能地对她产生了憎恶。

"我和母亲日渐亲近，我们母女二人相依为命……她会为我做好香蕉卷，给我穿上无袖装并带着我到处跟人炫耀。以前，父亲会在母亲伏在洗衣机上时从后面打她……但我的继父比这更糟。他名叫伯德，他自己有小孩，而且他总是告诉我母亲他的小孩多么优秀，而我多么糟糕。有一天，我对我的继父大吼着说：'你讨厌我，是吗？'他回答说：'是的，我就是讨厌你。'我发疯了，我真的发疯了。"

琳达在小学时是啦啦队队长，也是一位体育健将。然而，她的回忆叙述中却出现了些微扭曲，听着几乎和艾琳·沃尔诺斯的童年生活如出一辙。以下是她的回忆叙述：

> 我们以前经常去河边表演脱衣舞。当时有许多男孩女孩，我们一起在沙子里翻滚，给河里的鸭子喂食，做爱。但当时有一个叫拉里的大眼睛男孩喜欢我，我想我也是喜欢他的吧。但是我们不让他跟我们一起来河边，这让他很生气。有一天，他向老师告发了我们，然后我们就惹上了大麻烦。之后有一天，我认识的一个女孩说我是龌龊的河边女孩，但是那些男孩子都很喜欢我，可能是因为我在他们眼中就是一个河边女孩吧。[255]

琳达16岁时从高中辍学并结婚，但那段婚姻很快便走到尽头。之后，琳达遇到一位名叫罗伯特·卡萨比恩的嬉皮士，两人很快坠入爱河，随后琳达再次步入了婚姻殿堂。婚后，夫妻二人流连于各大公社且环游了整个国家。1968年3月，琳达生下第一个孩子——塔尼娅。之后一年，夫妻二人和查尔斯·米尔顿一起居住在托潘加峡谷，查尔斯和曼森家族的某些成员是熟识。1969年，琳达和罗伯特两人的婚姻支离破碎，她前往牧场看望好友，而这里正是曼森家族所在之地。在和曼森相处一天之后，琳达返回托潘加收拾行李。琳达从米尔顿那里偷了5000美元，她离开罗伯特加入了曼森家族。

琳达并未实施实际的杀戮行为，而是在谋杀案件发生时站在屋外放风，她后来为免除自己的刑罚而指证了同伙罪犯。琳达在被释放后与罗伯特重归于好，两人搬往新罕布什尔州，随后，琳达生下了第二个孩子。

琳达在1971年的一次采访中声称自己是耶稣的狂热崇拜者，她对记者说："与那个男人在一起，自由便成为一个联盟。"琳达一边说，一边指着一张相片，相片中她的床垫上有一个耶稣图案。

1996年，警方在一次搜捕中因发现琳达和其中一个女儿非法持有枪支和毒品而将二人一举抓获。琳达的女儿，亦称"危险女人"，因非法持有可卡因的指控而被判处一年有期徒刑。而琳达·卡萨比恩则被发现非法持有甲基苯丙胺，但由于其同意接受解毒咨询服务而未遭受牢狱之灾。[256]

* * *

曼森在命令几个漂亮宝贝儿前往切洛大道之前曾告诉她们在受害者屋内留下记号。"留下一些与巫师有关的诡异记号。"一行人在星期五晚上驾驶着一辆1959年产的福特汽车穿过圣费尔南多谷来往的车流往好莱坞群山后方驶去。一路上，特克斯和阿特金斯不停吸食毒品（曼森不知道的是，特克斯一向鄙夷苯丙胺这种抗疲劳药），而卡萨比恩和帕特里夏则视而不见。夜晚高耸的群山是一个充满魔力的地方。从一片黑暗中望去，洛杉矶城下两边的霓虹灯向地平线无限延伸，如同一片浩瀚闪烁的电流海洋。在穿过山脊的穆赫兰道后，他们从另一条道路顺沿而下，沿着通往贝沙湾的北贝弗利格伦大道驶去，在日落大道前向东行驶，来到交织在一起的山腰街道。他们将车停靠在山下的切洛大道大门前，带着替换衣物、绳索、刀具和手枪步行前进。他们一行人均穿着曼森要求其为“潜伏”所购买的黑色衣服，他们曾在半夜练习悄无声息地潜入他人的住宅。

琳达虽站在丛林中放哨，但她对屋内所发生的一切并非一无所知。她听见屋内传出的尖叫和扭打声，看见福伊泰克·弗莱沃斯基突然冲出房屋，他惊声尖叫着，鲜血沿着他的身体不断往下流。特克斯和阿特金斯紧追不舍，他们将手中的刀狠狠刺进福伊泰克的身体。福伊泰克试图站起身来，他紧紧抱住花园中的灯柱，如同一只被凶残猎物包围的动物，遍体鳞伤。最终，福伊泰克倒在草坪上，头部分别有13处钝器击打所致的伤痕，全身共有2处枪伤和51处刀伤。

接着，琳达看见阿比盖尔·福尔杰从屋内跑出来，她白色的透明睡衣上有一大片黏稠湿润的红色，帕特里夏挥舞着一把刀追赶着拼命逃跑的阿比盖尔。阿比盖尔没能逃脱死神的魔爪，帕特里夏在草坪上将她杀掉。琳达再也看不下去了。她离开房屋，坐进车内。十分钟后，琳达看见特克斯、阿特金斯和帕特里夏三人如同吸了血的僵尸一般从山上走下来，他们黑色的衣服被鲜血浸湿，手上和脸上沾满了血红色。

莱斯利·范·霍腾——没有绰号的露露

第二天晚上，曼森、特克斯和帕特里夏开车来到莱诺和罗斯玛丽·拉比安卡家中。同他们一起的还有曼森家族中另外一位女性成员——19岁的莱斯利·范·霍腾。莱斯利是出生在长老会家庭的又一个“完美”小孩。莱斯利是一个钟爱蓝色知更鸟和营火会的女孩，同时也是一个名为“职业女儿”的女孩宗教组织的成员。莱斯利的父母共有两个亲生子女，莱斯利是家中的小女儿。莱斯利的父母在她七岁时领养了两名韩国孤儿。

同此前琳达的故事一样，莱斯利的家庭羡煞旁人，一家人信仰宗教，幸福美满。但事实上，莱斯利的父亲常年酗酒，夫妻二人的婚姻生活早已四分五裂。莱斯利14岁时，父母的婚姻彻底破裂，二人分道扬镳。

莱斯利在学校表现良好且受人欢迎，她曾在高中时期荣获“返校节女王”的称号。但莱斯利却过着双面生活。她开始吸食大麻，在当时，大麻对于生活在中产阶级的孩子来说仍属罕见。后来，莱斯利意外怀孕并悄悄做了流产手术。

莱斯利从商业学院毕业后却从未寻求任何工作岗位。最后，她来到旧金山和博比·博索莱伊厮混在一起。博索莱伊长相帅气，是一位明星，曾出演过地下电影制作人肯尼思·安格拍摄的《路西华升天》。博索莱伊和曼森保持着社交往来，渐渐地，他被拖进了曼森家族。博索莱伊带着莱斯利·范·霍腾一起加入家族，臣服于曼森脚下。

曼森并未像对待家族中其他女孩那样给莱斯利取绰号，这让她感觉受到了冷落。除此之外，曼森竟将她拱手让给沃森，这一点让原本因被忽视而沮丧的莱斯利更加郁郁寡欢。当莱斯利听到参与塔特谋杀案的女孩们描述她们的杀人过程时，她决定参与下次谋杀行动，以表自己对曼森的忠心。第二天晚上，莱斯利得到了这个机会。

曼森独自持枪进入受害者罗斯玛丽和莱诺·拉比安卡房内并用手枪控制住夫妻二人，将其捆绑后便驾车离开了，将被捆绑在一起的受害者留给查尔斯·沃森、帕特里夏和莱斯利处置。在解决掉莱诺后，他们三人将一根电线缠绕在罗斯玛丽的喉咙处。沃森和帕特里夏不停将手中的刀刺向罗斯玛丽的身体，而莱斯利则将其按在地上，用枕头捂住其面部。之后，莱斯利协助沃森和帕特里夏清理了屋内的犯案证据，并在墙壁和冰箱上写下“女巫”的标语。在这场杀戮之后，莱斯利终于赢得了一个绰号——露露。

* * *

曼森、帕特里夏、莱斯利和阿特金斯四人一同受审并被判处死刑，但由于死刑制度在 1970 年被暂时废止，这四名罪犯获得了减刑。倘若读者感兴趣，可上网搜索他们假释听证会的完整资料。阿特金斯声称自己彻底找到了耶稣，而其他几名女性罪犯却略逊一筹。她们皆满怀歉意。真是愚蠢可笑。2006 年至 2007 年，她们无数次申请假释听证，但妄想被释放出狱似乎不大可能。

曼森并未就此罢手。有一段时间，他甚至拥有了自己的网站——ATWA.com，但很快便被注销。搜索显示网站已被封锁，但可供出售。如今，其他人利用不同的网址为曼森经营着这一网站，链接进前网站的缓存档案。

查尔斯疯狂行为的控制方法

查尔斯·曼森要求身边的人对他绝对服从，决不能质疑他的一字一句。最初我们怀疑是药物，尤其是 LSD 摧毁了他膝下那些追随者的意志，但事实并非如此，让那些漂亮宝贝们为此赴汤蹈火的是性爱。在海特－黑什伯里区医疗诊所中工作的大卫·史密斯医生亲眼见识过曼森组织，他说："新加入曼森家族的女孩身上带有特定的中产阶级道德品行，而曼森做的第一件事就是发现她们的道德感都被消磨殆尽。这样一来，他便可以消除平常统治我们生活的那些控制因素。"[257] 曼森的那些漂亮宝贝们成为了他的追随者，不受她们中产阶级的背景和教育所牵绊，而恰恰因为这些原因，曼森才得以成功。

曼森利用女孩们控制家族中的男性成员。女孩们通常将男性引诱至曼森的圈套中，之后，女孩们是否将和这些男性发生性行为便只是曼森简单的一句话所决定的了。曼森同样也乐于让家族中的年轻男性引诱其他女孩，因为他清楚地知道，年纪稍长的自己通常会使得年轻女孩避而远之。

曼森对那些不愿臣服于他的女性同样不会诉诸暴力。一个名叫戴安娜·莱克，绰号为"小蛇"的 13 岁女孩因其做爱时扭动的姿势引得曼森懊恼而招致毒打。戴安娜的父母已经成为了嬉皮士，流连于各个公社，且对于她加入曼森家族一事没有任何反对意见。有人曾看见曼森有一次用桌腿殴打戴安娜，另一次则是用电线。（曼森被送进监狱后，"小蛇"被一位地方检察官收养，重新回到校园，如今她已是一家银行的副总裁。这样的结局甚是美好）

曼森曾组织集体淫乱活动。一位目击证人说："所有人都听从曼森的指挥，一切都按照他的意愿进行。"曼森和追随者们一起跳舞，他们搭着彼此的肩膀，跟在曼森身后，像一列长长的火车，慢慢褪去衣物。曼森给追随者们分发 LSD 和乌羽玉，家族所有成员皆在曼森的指示下相互抚摸，集体淫乱。"他以一种美妙的方式点燃这场淫乱聚会，仿佛是在创造一件绝无仅有的雕塑品，但却并非是用泥土，而是用温暖的人体。"

曼森用性爱击垮他人的难堪。他在家族成员面前兽奸了年仅 13 岁的莱克，并给一位年轻男性口交，以显示他自身毫无任何障碍和难堪。

然而，使得曼森家族形成的原因远不止如此，时代因素有时也可成为幕后推手。查尔斯·曼森倘若在如今这个年代要那些花招，或许最多只能换来一阵笑声和一个无所谓的耸肩，但六十年代是一个非常特殊的时代，是一个对于一整代在电视剧《天才小麻烦》陪伴下长大的孩童而言失去童贞的时代。他们不仅服用迷幻剂、吸食大麻、生活淫乱，还会在越南战争、民权行动、校园抗议中丧命，被他们“老爸大过天”的长辈殴打甚至杀害。与那些在第一次世界大战后出现并挑起20年代反叛运动的“迷惘的一代”不同，六十年代的孩子大多与家人相依，他们的创伤并非来自于残酷的战场，而是平凡亲密的城郊家庭，这使得有着类似遭遇的男性和女性相互依偎。那个时代的伪善让一切支离破碎。查尔斯·曼森这样的人在他们眼中的确是如同耶稣一般的救世主。他和那些伪善的人截然不同，他是新兴人类。加入曼森家庭的女性大多在一个具有宗教背景的家庭环境中成长，这一点并非巧合。现代加利福尼亚州的整个社会思潮以寻找新灵性为基石，而曼森曾是这种新灵性的一个中心。

曼森在其量刑判决中说：

你们用牙齿吃饭，毁灭掉所有比你们更美好的事物，你们在同样的方面说你们的孩子多么糟糕甚至控诉他们是凶手。是你们造就了这些孩子如今的模样，是你们让他们沦落到今天这个下场。我只不过是你们每一个人的倒影罢了……这些拿着刀冲向你们的孩子，他们是你们的孩子。是你们教会了他们，而不是我，我什么都没有教，我只是试图帮助他们站起来而已。[258]

这或许是唯一一个查尔斯·曼森未将其转变成谎言的真相吧。

结论篇

甄别具有攻击性的女性

分析女性连环杀手

你的母亲、姐妹、女儿、外婆、妻子、女友、保姆、测量你孩子体温的护士或者是照顾你奶奶的家庭护工是一个伺机而动的连环杀手吗？或许不是，但她有朝一日可能会变成遭人唾弃的恶魔。除了你在喝下她热忱送上的一杯咖啡后感到喉部一阵灼烧感之外，还有其他什么警示迹象呢？

以下是一些警示信号，它们均是我们从案例研究中的女性罪犯身上发现的一些共同行为特性：

- 为提升讲述者在听者眼中的价值或重要性而将故事夸大其词
- 无法控制的说谎行为
- 小偷小摸、使用空头支票、信贷行为不良
- 情绪起伏较大或从温柔亲切、受人尊敬不可逆转地转变为对他人怀有敌意且尖酸刻薄
- 私生活淫乱
- 对死亡和真实犯罪文学有着病态狂热
- 滥用药物或酒精
- 饮食失调或体型肥胖
- 童年时期曾有被虐待经历
- 婚姻破裂

自不必说，上述特性中有许多在数以万计的普通男性和女性身上皆可能存在。换言之，在未有具体情景时的警示信号少之又少。一张空头支票或许只是在结算支票账簿时的大意失误罢了，但在黑寡妇身上，那或许是对暴风雨来临的警示。问题在于要有足够多与具体情景相关的信息。

以下是精神病态者的特征：

- 流于表面的魅力
- 以自我为中心且妄自尊大
- 需要刺激、易于厌倦
- 存在欺诈行为及说谎
- 乐于指挥操纵
- 缺乏懊悔或歉疚之心
- 情绪反应冷淡
- 冷漠无情，缺乏同情心
- 依赖他人或态度极具攻击性
- 自我控制力低下
- 行事冲动
- 缺乏现实的长期目标
- 私生活淫乱

但并非所有精神病态者均是杀人狂魔，这当中许多人，尤其是那些天资聪颖的人，做出各种各样完美的违法犯罪行为，有些是国会的一员，有些则是办公室角落里的白领。

孟乔森综合症候群的确有一些警示信号，但必须再次声明的是，这些信号只有在具体情景中才有所体现。这些警示信号对于那些收集并评估此类信息的医师和医务工作者而言益处匪浅，但对于家庭而言则并未有极大帮助：

- 持续或频繁生病，但病因不明；母亲利用“强加”及最近“记住”的症状或细节使孩子持续成为受害者角色。

- 病史和临床表现存在差异；曾有过譬如遭遇多次强奸等本应导致身体伤害的被虐经历，但医疗检查却未发现任何相关证据；提供与事实相矛盾的信息，譬如警方无法确认的地点。
- 出现儿童离开母亲身边时不会出现的症状或迹象，或儿童在远离母亲身边时对症状回答抱以消极态度。
- 医药治疗在原因不明的情况下一直无法奏效或心理疗法对患病儿童丝毫不起作用。
- 母亲或子女频繁入院接受治疗或医学鉴定，却未有任何明确诊断；母亲频繁让子女接受疾病或药物滥用鉴定，且对积极的鉴定结果流露不满。
- 母亲寸步不离地守在子女床边；坚持在子女接受治疗时待在房间里；过分赞赏医疗人员；对医疗人员产生过度依恋或高度积极地参与其他病人的治疗。
- 母亲乐于让医务人员对子女进行医疗测试，即使是在子女痛苦不堪之时；似乎对于让子女接受针对多次性侵的测试及询问态度积极。
- 频繁比较自己子女与其他家庭子女之间的医疗问题。
- 诉说子女病痛的母亲似乎比患病子女本身更清楚其应有感受。

虽然这对医生颇有帮助，但对于家中孩子的父亲而言却形同虚设。玛莉·贝丝·廷宁的丈夫出门在工厂中工作时，对他子女正在遭受或被称正在遭受的痛苦知道多少呢？即使他知道，他又曾多少次陪同妻子一同参与医生的询问及检查呢？倘若他真的随同妻子前往，那么他又真的能辨别出妻子对医生所说的那些谎言吗？

* * *

一位夏威夷法庭的笔迹审查员金·亚妮塔探索了人们笔迹所揭示的掠夺性性格标志。她在通过书面交流和法庭文件审查分析法庭行为方面已有将近 30 年的丰富经验，此外，她还浏览了许多女性个案杀手和连环杀手的不同笔迹。[259]

当被问及在分析男性和女性笔迹后发现了何种不同之处时，金回答说：

“广义而言，男性和女性或女性和其他女性之间分析差异的范围似乎是杀手人物性格功能的一种风格元素。换言之，这些罪犯的作案手法可被解释为是其特有人格的延伸，这不仅可以反映他们的现实身份，还可以揭露其渴望拥有的身份。

具体而言，男性和女性皆适应了社会的文化期待，因而他们的笔迹使得我们有机会评估其角色中的安乐或不安程度。一贯说来，女性仍扮演着被动性爱，承担养育、照顾、看管、组织及管理责任的角色。由于社会需要男性做出更多自信行为，因而自大、骄傲和攻击性与男性风格愈发息息相关。然而，男性和女性杀手之间的共同点是其社会或心理病态分离的程度相同，这使得他们追求内心愤怒、狂暴和未被满足需要的最大释放，即杀戮行为本身。

男性罪犯和女性罪犯之间最值得一提的差异在于，女性拥有利用精心伪装的表面形象实施消极攻击的能力。女性罪犯轻松自如地扮演着传统角色且被认为只是‘普通人’，她们巧妙地融入社会。如此一来，她们的理想目标更加唾手可得。这种暗中为害的阴险行为使得女性罪犯愈加危险。

某些女性杀手在扮演着传统角色的同时却往往极度渴求得到过度关注。她们或许习惯性地侵犯他人的空间，对社会或个人底线缺乏适度尊重甚至毫不在意。除此之外，女性杀手在情感上往往也表现得极不成熟，如同卡拉·霍穆尔卡一样，她们或许扮演着‘可爱小女孩’的角色，试图吸引妈咪或爹地的注意。女性杀手可能抱有使其价值体系扭曲的重复且强迫性的性思想（卡拉·霍穆尔卡和卡罗尔·邦迪），这一点和某些男性罪犯如出一辙。笔迹审查员在克里斯汀·法林的笔迹中发现了其强迫性复杂的思维方式，这使得她的价值观极度扭曲。

“我在对比男性杀手和女性杀手时发现，这二者之间最显著的区别在于女性杀手在巧妙且精心伪装表面形象方面的能力是男性杀手远不能匹敌的。她们擅长戴上文雅面具，表面魅力逼人，举手投足动人心弦。男性似乎不太关注于角色扮演，而是更多地以性爱操控受害者，且往往会为其‘荣誉’及骄傲实施报复。”[260]

* * *

倘若女性的确如同金所说，拥有利用精心伪装的表面形象实施消极攻击的能力，那么其掠夺性的攻击或许确实无法在一切为时已晚之前显露。男性的攻击行为更明显且更容易发现，男性往往在工作、进行体育锻炼和执行任务时表现出攻击性。我们通过男性的攻击性质以及其攻击对象来对他进行评判。但当那些我们一向认为毫无任何攻击性可言的女性将其攻击完全隐匿之时，要领悟正在发生的事情真相就愈加困难了。在这种情况下，根本毫无任何显而易见的攻击行为可供我们如同对待男性攻击那样以适宜或不适宜的方式进行评判。在一切为时已晚之前，我们丝毫无法察觉。

我们对掠夺性的攻击行为颇有了解（与回应袭击的“情感”攻击截然相反）。[261] 掠夺性的攻击是一个脑部过程。自主的“要么起来战斗，要么仓皇逃跑”觉醒在掠夺性攻击者身上并不多见。虽然这种攻击行为一旦在某些情况下开始进行后便可能在情感及掠夺之间摇摆不定（大多出现在性罪犯身上），但它是一种可控且冷静的攻击。

男性杀手攻击行为不掺杂任何情绪。男性连环杀手称其最为情绪化，他们在实施杀戮行为之前产生一种兴奋感，这种情感往往出现在追踪受害者阶段。杀戮行为本身往往在情感麻木的状态下进行。

女性杀手似乎将兴奋感投注至谋杀行为本身。以珍妮·琼斯、简·托潘和艾琳·沃尔诺斯为例，她们均在实际谋杀中寻求快感。谋杀行为便是她们产生兴奋的关键所在，而非是对这种感觉的后续增强。这即是谋杀可被视为女性连环杀手的主要标志的原因所在。掠夺性暴行经过精心策划，且志在必得，“行为紊乱”的女性连环杀手可说是寥寥无几。大多数女性连环杀手皆在真正实施谋杀之前精心策划，且往往会对目标受害者实施某种欺诈或亲密诱惑。

掠夺性攻击者显示出膨胀的自我价值，他们对自我重要性的浮夸感知与对受害者价值的贬损相平衡。这一点在艾琳·沃尔诺斯、多罗西娅·普恩特、简·托帕和曼森家族的女性杀手身上显而易见：艾琳·沃尔诺斯诋毁其受害者均为“强奸犯”；多罗西娅·普恩特将被其遗弃的受害者视作是对社会毫无价值之人；简·托帕认为其多数受害者年纪过大，不能继续存活于世；而曼森家族的女性杀手则认为其受害者皆是有钱的“猪仔”。

* * *

我们曾试图将女性连环杀手分类为黑寡妇、死亡天使、狂热崇拜的花儿、传教士、同伙、复仇杀手或患有孟乔森症候群的杀手等等，但我们却发现，在许多案件中，将任何一位女性连环杀手归于如此单一的动机范畴似乎皆无可能。

- 艾琳·沃尔诺斯的杀戮是受金钱利益或心中怒火所驱使吗？她是想为以往遭受的虐待而复仇吗？
- 将所有她认为年纪过大，不能继续存活于世的受害者置于死地的简·托帕是一个传教士杀手吗？或者说她是一个复仇型的杀手？或眼看着受害者痛苦死亡并从中获取快感的她是一个虐待型性罪犯？
- 维尔玛·巴菲尔德是为小额金钱利益而杀害他人吗？或者说她是为挽救自己的自尊而掩盖罪行？难道她是因经历子宫切除手术后荷尔蒙紊乱而满腔怒火吗？还是说她是一个患有孟乔森综合症候群的杀手，渴望从她过度依赖的儿子身上寻求关注呢？
- 卡拉·霍穆尔卡是顺从其邪恶丈夫虐待幻想的受害者吗？还是说她是丈夫的灵感女神，利用其发泄自身的掠夺性欲呢？

我们在对男性连环杀手的分析中极少有这样的模糊性。

后 记

我们唯一可以确信的是，几乎所有连环杀手，无论男性或是女性，皆在其童年时期的残忍经历中慢慢酝酿而成，他们最初的身份也是受害者。每个连环杀手均是自己人生经历中的第一个受害者，他们是那些本应被关爱、照顾和养育却遭人抛弃、受人虐待的纯真儿童。至关重要的并非是为他们的可怕行径开脱，而是找到我们可以在其成为杀人狂魔前及时制止的那个点，它就在儿童的内心深处。倘若我们真能如此，或许也不至于酿成惨剧，那该多好。

女权主义者提出的一个观点是不可置否的：我们生活在独裁政治之下，它力图凌驾于我们之上，统治我们，将我们分类，使我们分离。媒体和贸易大厦是它的走狗。这模糊不清的独裁统治鼓励大量消耗、社会堕落和知识退化，面对暴力和恶行默许纵容，麻木不堪，愚蠢至极。女性是它的受害者，男性和儿童同样也是。这里没有种族灭绝，只有政府主导的屠杀——对每一个民众的平等谋杀。不仅是对人类的屠杀，也是对ATWA——空气、树木、水源、动物的屠杀。查尔斯·曼森说过："你要么为ATWA，即生活效力，要么为死亡效力。处理好它，就这样过活或选择逃离，然后死去。"[262]

曼森的话似乎言之有理，因为他作为乡巴佬的痛苦是真实的。骇人听闻的是他的种种行为，但倘若查尔斯可以掩盖真相并将它编织成谎言，那或许我们至少可以接受他的某些痛苦谎言并用其换取真相。决定权在我们手中。

相亲相爱，无论发生什么，绝不以任何理由夺取他人性命。千万不要。

附　录

下表是某些已知的女性连环杀手和其可能犯下的谋杀案数量统计

姓名	确认的受害者数量（括号内表示有可能被杀的受害者数量）
小阿格里皮娜	（100 >）
萨拉·阿尔德雷特	13（15—30）
贝弗利·艾利特	4
苏珊·阿特金斯	9（20 >）
凯瑟琳·阿特金森	4
艾米·阿切尔－吉利根	20（40 >）
玛吉·维尔玛·巴菲尔德	5（6—7）
伊丽莎白·巴托里伯爵	300（ < 650）
玛莎·贝克	4（20）
玛丽·亚历山大·贝克尔	12
贝蒂·卢·比茨	2
玛丽·弗洛拉·贝尔	2
凯特·本德	10（12）
玛丽·贝斯娜	13
凯瑟琳·伯尼	4（8）
埃尔弗里德·布劳恩斯特纳	5 >
塞西尔·邦贝克	3 >
玛莉玛德莲·玛格丽特·德奥贝	50 >
德布拉·丹尼斯·布朗	8

续表

姓名	确认的受害者数量（括号内表示有可能被杀的受害者数量）
玛丽·布伦纳	9（20 >）
朱迪亚斯·安娜·卢·布恩诺阿诺	3
卡罗尔·邦迪	2（6）
玛丽·埃米莉·凯奇	1（6）
帕蒂·坎农	25（>）
苏珊·卡森	3
萨拉·切舍姆	1（10 >）
辛西娅·科夫曼	4（>）
费伊·科普兰	5
玛丽·安·科顿	15—22（+）
特里萨·克罗斯	2（3）
安娜·坎宁安	5
萨拉·达兹利	2（4）
明妮·迪恩	2（3 >）
凯瑟琳娜·德莎耶斯	？（2500）
南希·黑兹尔·多斯	4（11）
阿梅莉亚·戴尔	11 >
伊丽莎白·埃克尔斯	3
玛蒂·恩里克塔	6
埃伦·埃瑟里奇	4
克里斯汀·法林	6
苏珊娜·福泽考什	100 >
康斯坦丝·费希尔	6
凯瑟琳·弗拉纳根	（9）
黛比·弗穆托	6
萨拉·弗里曼	4
卡瑞尔·富盖特	11

续表

姓名	确认的受害者数量（括号内表示有可能被杀的受害者数量）
朱利叶斯·费泽克斯/弗泽科夫人	7（100）
查伦·加莱戈	10
蒂莉·布鲁勒	5
詹妮·卢·吉布斯	5
克里斯汀·吉尔伯特	5 >
艾米·吉利根	9
德尔菲娜·冈萨雷斯	91 >
玛丽·德·杰西·冈萨雷斯	91 >
盖思娜·戈特弗里德	16
格温德琳·格雷厄姆	5
安·格林	2（？）
卡洛琳·格里尔斯	4
玛利亚·格鲁伯	49（300）
贝尔·冈尼斯	16—28（48）
安娜·玛丽·哈恩	5（15 >）
玛格丽特·希金斯	（9）
奥德丽·玛丽·希利	3（4）
迈拉·欣德利	5（10）
卡拉·霍穆尔卡	3（？）
瓦内达·E·霍伊特	5
玛丽·简·约翰逊	4
玛丽·吉娜瑞特	7（8）
海伦妮·杰达多	27 >
玛莎·安·约翰逊	4
珍妮·琼斯	1（47）
伊丽莎·乔伊斯	3
琳达·卡萨比恩	9（20 >）

续表

姓名	确认的受害者数量（括号内表示有可能被杀的受害者数量）
克劳德特·基布尔	3
莎朗·金妮	3
蒂莉·克里梅	9（>）
帕特里夏·克兰文科	9（20>）
克里斯塔·雷曼	3
艾琳·莱多尔夫	49（300）
朱利安娜·利普卡	7（100）
戴安娜·伦布雷拉	6
安杰特·莱尔斯	4
萨拉·梅金	7>
克里斯汀·玛勒薇	7（30）
玛莎·马雷克	4
朗达·贝尔·马丁	6（8）
玛丽·梅	2（14）
斯蒂芬尼娅·梅尔	49（300）
卡洛琳·麦克拉里	11（22）
弗吉尼亚·麦金尼斯	4
黛西·路易莎·C·德·梅尔克	3
瓦莱里娅·麦瑟琳娜	50（>）
玛丽·安·米尔纳	3
艾丽斯·米切尔	< 37
布兰奇·泰勒·摩尔	5
帕特里夏·摩尔	3
朱迪思·安·尼利	12（15）
玛丽·诺埃	8
苏西·欧拉	7（100）
桑德拉·潘科夫	3

续表

姓名	确认的受害者数量（括号内表示有可能被杀的受害者数量）
邦尼·帕克	12（13）
阿列克谢·波波娃夫人	< 300
多罗西娅·普恩特·蒙塔尔沃	9
特里·雷恰尔斯	6（9）
薇拉·瑞兹	35
玛莎·伦德尔	3
萨拉·简·罗宾逊	8
安托瓦妮特·谢里	6（7）
简·斯科特	1（3）
莉迪亚·谢尔曼	10（11 >）
德拉·索伦森	7
玛丽亚姆·索拉姬蒂斯	177
黑尔隆伊玛·斯帕拉	100 >
绍博夫人	7（100）
金杰·泰勒（夫姓麦克拉里）	11（22）
博比·休·特雷尔	12 >
玛莉贝丝·廷宁	9
拉·托伐妮亚	< 600
简·托潘	31（< 100）
莉迪亚·特鲁布拉德	6
黛布拉·休·塔格尔	4
利兹·简·特纳	3
索菲·乌尔西努斯	3
莱斯利·范·霍腾	9（20 >
玛利亚·费尔腾	5
路易丝·瓦尔米耶	10
瓦尔特劳德·瓦格纳	499300

续表

姓名	确认的受害者数量（括号内表示有可能被杀的受害者数量）
蕾切尔·沃尔（化名）	1 >
玛格丽特·沃特斯	16（35）
珍妮·韦伯	8（ < 20）
罗斯玛丽·维斯特	10（18）
多萝西·威廉姆斯	3
斯特拉·威廉姆森	5
凯瑟琳·威尔逊	5（7）
玛莎·哈塞尔·怀斯	3
凯瑟琳·梅·伍德	5
玛莎·伍兹	7
艾琳·卡罗尔·沃尔诺斯	7（ > ）
莉拉·格拉迪丝·扬	（100 > ）
安娜·茨旺齐格	3 >

参考文献

书籍

Theodor Adorno, et al., *The Authoritarian Personality*, New York: Harper & Brothers, 1950.

M.D.S. Ainsworth, et al., *Patterns of Attachment: A Psychological Study of the Strange Situation*, Hillsdale, NJ: Erlbaum, 1978.

Susan Atkins (cowritten by Bob Slosser), *Child of Satan, Child of God*, Logos International: 1977.

Velma Barfield, *Woman on Death Row*, Nashville, TN: Thomas-Nelson Books, 1985.

Zygmunt Bauman, *Modernity and the Holocaust*, Ithaca, NY: Cornell University Press, 1989.

Geoffrey Best, *Mid-Victorian Britain 1851–1875*, New York: Schocken, 1972.

Daniel J. Blackburn, *Human Harvest*, New York: Knightsbridge, 1990.

Jerry Bledsoe, *Death Sentence*, New York: Onyx Books, 1998.

John Bowlby, *Attachment and Loss: Volume 1. Attachment*, New York: Basic Books, 1969.

Ian Brady, *The Gates of Janus*, Los Angeles: Feral House, 2001.

Jess Bravin, *Squeaky: The Life and Times of Lynette Alice Fromme*, New York: St. Martin's Griffith, 1998.

Edward M. Brecher, *Licit and Illicit Drugs*, Boston: Little Brown and Company, 1972.

Daniel Patrick Brown, *The Beautiful Beast*, Ventura, CA: Golden West Historical Publications, 1996.

Daniel Patrick Brown, *The Camp Women: The Female Auxiliaries Who Assisted the SS in Running the Nazi Concentration Camp System*, Atglen, PA: Schiffer Publishing, 2002.

Christopher Browning, *Ordinary Men: Reserve Police Battalion 101 and the Final Solution in Poland*, (2nd Edition), New York: HarperPerennial, 1998.

Christopher Browning, *The Origins of the Final Solution: The Evolution of Nazi Jewish Policy, September 1939–March 1942*, Lincoln, Nebraska/Jerusalem: University of Nebraska Press/Yad Vashem, 2004.

Vincent Bugliosi, *Helter Skelter*, Bantam Books, New York: 1975.

D. Cameron and E. Frazer, *The Lust to Kill: A Feminist Investigation of Sexual Murder*, New York: New York University Press, 1987.

Jane Caputi, *The Age of Sex Crime*, London: Women's Press, 1987.

John Cashman, *The LSD Story,* Greenwich, CT: Fawcett Publications, 1966.
Phyllis Chesler, *Patriarchy: Notes of an Expert Witness,* Monroe, ME: Common Courage Press, 1994.
Hervey Cleckley, *The Mask of Sanity* (5th Edition), privately printed, 1988. http://www.cassiopaea.com/cassiopaea/psychopath.htm
Joyce Egginton, *From Cradle to Grave,* New York: Jove Books, 1990.
Peter Elkind, *The Death Shift,* New York: Onyx Books, 1989.
Louise Farr, *The Sunset Murders,* New York: Pocket Books, 1992.
Jennifer Furio, *Team Killers: A Comparative Study of Collaborative Criminals,* New York: Algora, 2001.
V. Gerbeth, *Practical Homicide Investigations,* Boca Raton, FL: CRC Press, 1996.
John Gilmore and Ron Kenner, *The Garbage People,* Los Angeles: AMOK Books, 1995.
Peter Haining, *Sweeney Todd: The Real Story of the Demon Barber of Fleet Street,* London: Robson Books, 2002.
Lynda Hart, *Fatal Women: Lesbian Sexuality and the Mark of Aggression,* New York–London: Routledge, 1994.
Eric W. Hickey, *Serial Murders and Their Victims* (3rd Edition), Belmont, CA: Wadsworth/Thomson Learning, 2002.
Ronald M. Holmes and Stephen T. Holmes, *Murder in America*, Thousand Oaks, CA, Sage Publications: 1994.
Ronald M. Holmes and Stephen T. Holmes, *Serial Murder* (2nd Edition), Thousand Oaks, CA: Sage Publications, 1998.
Ann Jones, *Women Who Kill,* New York: Fawcett Columbine, 1981.
Ann Jones, *Next Time She Will Be Dead,* New York: Beacon Press, 1994.
Michael Kater, *The Nazi Party,* Cambridge, MA: Harvard University Press, 1983.
Michael D. Kelleher and C. L. Kelleher, *Murder Most Rare,* New York: Dell Books, 1998.
Dolores Kennedy with Robert Nolin, *On a Killing Day,* New York: S.P.I. Books, 1994.
Ernst Klee, Willi Dressen, Volker Riess, *"Those Were the Days": The Holocaust As Seen by the Perpetrators and Bystanders,* London: Hamish Hamilton, 1991.
Shelley Klein, *The Most Evil Women in History,* London: Michael O'Mara Books, 2003.
Judith Knelman, *Twisting in the Wind: The Murderess and the English Press,* Toronto: University of Toronto Press, 1998.
Robert Jay Lifton, *The Nazi Doctors: Medical Killing and the Psychology of Genocide,* New York: HarperCollins, 1986.
Clara Livsey, *The Manson Women,* New York: Richard Marek Publishers, 1980.

J. Reid Maloy, *The Psychopathic Mind: Origins, Dynamics, and Treatment* (2nd Edition), Northvale, NJ: Aronson, 1992.

Raymond T. McNally, *Dracula Was a Woman: In Search of the Blood Countess of Transylvania,* New York: McGraw-Hill, 1983.

Kelly Moore and Dan Reed, *Deadly Medicine,* New York: St. Martin's Press, 1988.

Belinda Morrissey, *When Women Kill: Questions of Agency and Subjectivity,* New York–London: Routledge, 2003.

Joel Norris, *Serial Killers,* New York: Doubleday (Anchor Books) 1989.

Jack Olson, *The Misbegotten Son: A Serial Killer and His Victims,* New York: Island Books, 1993.

Patricia Pearson, *When She Was Bad: How and Why Women Get Away with Murder,* Toronto: Random House Canada, 1998.

Raymond Phillips, *Trial of Joseph Kramer and Forty-four Others (The Belsen Trial)*, London: William Hodge and Company, 1949.

Otto Pollack, *The Criminality of Women,* New York: A. S. Barnes, 1961.

J. Radford and D.E.H. Russell (Eds), *Femicide: The Politics of Women Killing,* New York: Maxwell MacMillan International, 1992.

Robert K. Ressler, Ann W. Burgess, John E. Douglas, *Sexual Homicide: Patterns and Motives*, Lexington, MA: Lexington Books,1988.

Sue Russell, *Lethal Intent,* New York: Pinnacle Books, 2002.

Ed Sanders, *The Family* (Revised and Updated Edition), New York: Signet Books, 1989.

Harold Schechter, *Fatal: The Poisonous Life of a Female Serial Killer,* New York: Pocket Books, 2003.

Lawrence Schiller, *The Killing of Sharon Tate,* New York: New American Library, 1970.

Gitta Sereny, *Cries Unheard,* New York: Henry Holt, 1998.

Patricia Springer, *Blood Rush,* New York: Pinnacle Books, 1994.

Deborah Schurman-Kauflin, *The New Predator: Women Who Kill,* Algora, NY: 2000.

Kerry Segrave, *Women Serial and Mass Murderers,* London: McFarland & Co, 1992.

Mark Seltzer, *Serial Killers: Death and Life in America's Wound Culture,* New York–London: Routledge, 1998.

Stacey L. Shipley and Bruce A. Arrigo, *The Female Homicide Offender,* Upper Saddle River, NJ: Pearson-Prentice Hall, 2004.

Ervin Staub, *The Roots of Evil: The Origins of Genocide and Other Group Violence,* Cambridge, MA: University of Harvard Press, 1989.

Germain Tillion, *Ravensbrück,* Garden City, NY: Doubleday, 1975.

Laszlo Turoczy, *Ungaria suis cum regibus compendio data,* Nagyszombat: 1729.

Peter Vronsky, *Serial Killers: The Method and Madness of Monsters,* New York: Berkley, 2004.

Michael Wagener, *Beiträge zur Philosophischen Anthropologie (Articles on Philosophical Anthropology)*, Vienna: 1796.

Katherine Watson, *Poisoned Lives: English Poisoners and Their Victims*, London: Hambledon and London, 2004.

Emlyn Williams, *Beyond Belief*, London: Pan Books, 1967.

Stephen Williams, *Karla: A Pact with the Devil*, Toronto: Seal Books, 2003.

Colin Wilson and Donald Seamen, *The Serial Killers*, London: Virgin Publishing, 1992.

Patrick Wilson, *Murderess: A Study of Women Executed in Britain Since 1843*, London: Michael Joseph, 1971.

Wayne Wilson, *Good Murders and Bad Murders: A Consumer's Guide in the Age of Information*, Lanham, NC: University Press of America, 1991.

William P. Wood, *The Bone Garden*, New York: Ibooks, 1994.

学术杂志、历史文刊、科学期刊及法医学杂志

Dr. Robert L. Bergman, Head of U.S. Public Health Service for Navajos, *Presentation Paper*, Annual Conference of the American Psychiatric Association: 1971.

Béla Bodó, "The Poisoning Women of Tiszazug," *Journal of Family History*, Vol. 27, No. 1, January 2002.

Steven J. Boros, M.D., and Larry C. Brubaker, "Munchausen Syndrome by Proxy: Case Accounts," *FBI Law Enforcement Bulletin*, Washington D.C.: June, 1992.

Yehoshua R. Buchler, "'Unworthy Behavior': The Case of SS Officer Max Taubner," *Holocaust and Genocide Studies*, Vol. 17, No. 3, Winter 2003.

Jane Caputi. "The New Founding Fathers: The Lore and Lure of the Serial Killer in Contemporary Culture," *Journal of American Culture, 13*, 1–12, 1990.

T. Edwards Clark, M.D., *The Galaxy*, Volume 6, Issue 3, Sept. 1868.

K. E. Cole, G. Fisher, and S. S. Cole, "Women Who Kill: A Sociopsychological Study," *Archives of General Psychiatry*, 19, 1968.

G. Cote and S. Hodgins, "The Prevalence of Major Mental Disorders Among Homicide Offenders," *International Journal of Law and Psychiatry*, No. 15, (1992).

S. A. Egger, "A Working Definition of Serial Murder and the Reductions of Linkage Blindness," *Journal of Police Science and Administration*, 12: 348–357, 1984.

K. Feldman, D. Christopher, and K. Opheim, "Munchausen Syndrome/Bulimia by Proxy: Ipecac as a Toxin in Child Abuse," *Child Abuse & Neglect*, 13, (1989).

A. Frodi, J. Macaulay, and P. R. Thome, "Are Women Always Less Aggressive Than Men?" *Psychological Bulletin* 84 (1977).

Ilsa M. Glazer and Wahipa Abu Ras, "On Aggression, Human Rights, and Hegemonic Discourse: The Case of a Murder for Family Honor in Israel," *Sex Roles* 30:3/4 (February 1994).

Kathryn A. Hanon, "Munchausen's Syndrome by Proxy," *FBI Law Enforcement Bulletin*, Washington, D.C.: December 1991.

Richard L. Jenkins, "The Psychopath or Antisocial Personality," *Journal of Nervous and Mental Diseases,* No. 131, (1960).

Nancy C. Jurik and Russ Winn, "Gender and Homicide: A Comparison of Men and Women Who Kill," *Violence and Victims,* 5:4 (1990).

B. T. Keeney and K. Heide, "Gender Differences in Serial Murderers," *Journal of Interpersonal Violence*, Vol. 9, No. 3, September 1994.

Robert D. Keppel and Richard Walter, "Profiling Killers: A Revised Classification Model for Understanding Sexual Murder," *International Journal of Offender Therapy and Comparative Criminology,* Vol. 43, No. 4, 1999.

Rachel MacNair, "Psychological Reverberations for the Killers: Preliminary Historical Evidence for Perpetration-Induced Traumatic Stress," *Journal of Genocide Research*, Vol. 3, No. 2, 2001.

W.H.J. Martens, "Marcel: A Case Study of a Violent Sexual Psychopath in Remission," *International Journal of Offender Therapy and Comparative Criminology,* 43(3), 1999.

Susan McWhinney, "Petit Treason: Crimes Against the Matriarchy," in Amy Schroder (ed), *Critical Condition: Women on the Edge of Violence,* San Francisco: City Lights Books, 1993.

Roy Meadow, "Management of Munchausen Syndrome by Proxy," *Archives of Disease in Childhood*, 60 (1985).

Roy Meadow, "Munchausen Syndrome by Proxy: The Hinterland of Child Abuse," *Lancet,* 2 (1977).

Roy Meadow, "Munchausen Syndrome by Proxy," *Archives of Disease in Childhood*, 57, (1982).

R. T. Mulder, et al., "Antisocial Women," *Journal of Personality Disorders,* No. 8 (1994).

Alexandra Przyrembel, "Transfixed by an Image: Ilse Koch, the 'Kommandeuse of Buchenwald,'" *German History* Vol. 19, No. 3. (2001).

K. Ravenscroft, Jr., and J. Hochheiser, *Factitious hematuria in a six-year-old girl: A case example of Munchausen syndrome by proxy.* Presented at the Annual Meeting of the American Academy of Child Psychiatry, Chicago, 1980.

D. A. Reiger, J. H. Boyd, et al., "One Month Prevalence of Mental Disorders in the United States," *Archives of General Psychiatry,* No. 45 (1988).

L. N. Robins, *Deviant Children Grow Up,* Baltimore: Williams & Wilkens, 1966.

M. Rutter, "Antisocial Behavior: Developmental Psychopathology Perspectives" in D. M. Stoff, J. Breiling, and J.D.D. Maser (Eds), *Handbook of Antisocial Behavior,* New York: Wiley, 1994.

M. Sigal, I. Carmel, D. Altmark, and P. Silfen, "Munchausen Syndrome by Proxy: A Psychodynamic Analysis," *Medicine and Law*, 7 (1988).

John M. Steiner, "The SS Yesterday and Today: A Sociopsychological View," in Joel E. Dimsdale (Ed), *Survivors, Victims, and Perpetrators: Essays on the Nazi Holocaust*, Washington, D.C.: 1980.

R. Warner, "The Diagnosis of Antisocial and Hysterical Personality Disorders: An Example of Sex Bias," *The Journal of Nervous and Mental Disease*, No. 166 (1978).

Janet I. Warren and Robert R. Hazelwood, "Relational Patterns Associated With Sexual Sadism: A Study of 20 Wives and Girlfriends," *Journal of Family Violence*, Vol. 17, No. 1, March 2002.

R. A. Wesheit, "Female Homicide Offenders: Trends Over Time in an Institutionalized Population," *Justice Quarterly*, Vol. 1, No. 4, 1984.

新闻文章、政府公文、网站及其他文献来源

Amnesty International Execution Alert: February 7, 2000 (http://www.ccadp.org/bettiealert.htm).

CBC News, Canada: "B.C. woman waiting for beating death trial arrested for assault," http://www.cbc.ca/story/canada/national/2004/02/11/ellard_bc040211.html.

Church of Scientology, GS-C Comm; GS-G; D/G Intell U.S., *Compliance Report Re: Manson, Bruce Davis*, 22 June 1970—see: http://bernie.cncfamily.com/sc/Manson_Scientology.htm.

"Information on the Infamous Concentration Camp at Buchenwald," 14 February 1945, in U.S. vs. Josias Prince zu Waldeck, *et al.*, War Crimes Case No. 12–390 (The Buchenwald Case), War Crimes Office, National Archives and Records Service, 1976, Record Group 153, Records of the Judge Advocate General, National Archives, (Washington, D.C.).

Los Angeles County case number A-252156, Statement of Charles Manson, November 19, 1970.

Harland Manchester, "Jane Toppan, Champion Poisoner," *American Mercury*, 49: 340–346, March 1940.

Mind of a Killer CD, Kozel Multimedia, 1995–1998.

New York Times, October 18, 1948, K. Sitte, Letter to the Editor.

New York Times, October 22, 1948, "Clay Stands Firm in Ilse Koch Case."

New York Times, March 10, 1993, A. Quindlen, "Gynocide."

SECONDS, http://web.archive.org/web/19981206222051/ and http://www.sni.net/central/manson/man/interview1.html, 19 December 1997.

Bill Trent, "The Girl Who Was Involved in One of North America's Most Bizarre Mass Murders," *Weekend Magazine, St. Thomas Times Journal*, Ontario, Canada, July 24, 1971.

James Tyson, "Woman's Pending Execution Revives Death Penalty Furor," *Christian Science Monitor*, January 16, 1996.
United Kingdom Parliamentary Papers, 1850 Volume 45.
U.S. Department of Justice, Bureau of Statistics, *Female Homicide Offenders 1976–2002*, http://www.ojp.usdoj.gov/bjs/homicide/gender.htm.

注释

引言

1 Eric W. Hickey, *Serial Murders and Their Victims* (3rd Edition), Belmont, CA: Wadsworth/Thomson Learning, 2002, p. 213.

2 Peter Vronsky, *Serial Killers: The Method and Madness of Monsters*, New York: Berkley, 2004, pp. ix–xix.

3 Hickey, p. 213. (Statistics rounded off.)

4 Michael D. Kelleher and C. L. Kelleher, *Murder Most Rare*, New York: Dell Books, 1998, pp. 287–288.

5 Hickey, p. 215.

6 A. Frodi, J. Macaulay, and P. R. Thome, "Are Women Always Less Aggressive Than Men?" *Psychological Bulletin* 84 (1977), pp. 634–660.

7 Hickey, p. 215.

8 U.S. Department of Justice, Bureau of Statistics, *Female Homicide Offenders 1976–2002*, http://www.ojp.usdoj.gov/bjs/homicide/gender.htm.

9 Stacey L. Shipley and Bruce A. Arrigo, *The Female Homicide Offender*, Upper Saddle River, NJ: Pearson-Prentice Hall, 2004, p. 3.

10 Ann Jones, *Women Who Kill*, New York: Fawcett Columbine, 1981, p. 14.

11 Susan McWhinney, "Petit Treason: Crimes Against the Matriarchy," in Amy Schroder (ed.), *Critical Condition: Women on the Edge of Violence*, San Francisco: City Lights Books, 1993, p. 48.

12 Patricia Pearson, *When She Was Bad: How and Why Women Get Away With Murder*, Toronto: Random House Canada, 1998, p. 229.

13 James Tyson, "Woman's Pending Execution Revives Death Penalty Furor," *Christian Science Monitor*, January 16, 1996, p. 3.

14 Amnesty International Execution Alert: February 7, 2000 (http://www.ccadp.org/bettiealert.htm).

15 http://www.clarkprosecutor.org/html/death/US/smith746.htm.

16 Hickey, p. 224.

17 Nancy C. Jurik and Russ Winn, "Gender and Homicide: A Comparison of Men and Women Who Kill," *Violence and Victims*, 5:4 (1990), pp. 227–242.

18 As reported by Patricia Pearson in *When She Was Bad*, p. 30.

19 D. Cameron and E. Frazer, *The Lust to Kill: A Feminist Investigation of Sexual Murder*, New York: New York University Press, 1987, p. 1.

20 Jane Caputi, *The Age of Sex Crime,* London: Women's Press, 1987, p. 2.

21 Jane Caputi, "The New Founding Fathers: The Lore and Lure of the Serial Killer in Contemporary Culture," *Journal of American Culture, 13,* 1–12, 1990, p. 2.

22 Ann Jones, *Next Time She Will Be Dead,* New York: Beacon Press, 1994, p. 81.

23 Ann Jones, *Women Who Kill,* p. xviii.

24 Ann Jones, *Women Who Kill,* pp. 12–13.

25 Quoted in Susan McWhinney, p. 48.

26 Jane Caputi, *The Age of Sex Crimes,* London: Women's Press, 1987, p. 8.

27 Mary Daly, *Beyond God the Father: Toward a Philosophy of Women's Liberation,* Boston: Beacon Press, 1973, p. 194; A. Quindlen, "Gynocide," *New York Times,* March 10, 1993, p. A19.

28 Jane Caputi, *The Age of Sex Crimes,* London: Women's Press, 1987, p. 2.

29 J. Radford and D.E.H. Russell (eds), *Femicide: The Politics of Women Killing,* New York: Maxwell MacMillan International, 1992.

30 Lynda Hart, *Fatal Women: Lesbian Sexuality and the Mark of Aggression,* New York–London: Routledge, 1994, p. 141.

31 See Jane Caputi and J. Radford, for example.

32 See Vronsky, *Serial Killers,* pp. 23–29 for a detailed treatment of the "5000 victims" myth.

33 Hickey, p. 242.

34 U.S. Department of Justice, Bureau of Statistics, *Female Homicide Offenders 1976–2002,* http://www.ojp.usdoj.gov/bjs/homicide/gender.htm.

35 Belinda Morrissey, *When Women Kill: Questions of Agency and Subjectivity,* New York–London: Routledge, 2003. p. 19.

36 McWhinney, p. 50.

37 Lynda Hart, p. xiii.

38 Ronald M. Holmes and Stephen T. Holmes, *Murder in America,* Thousand Oaks, CA: Sage Publications, 1994.

39 S. A. Egger, "A Working Definition of Serial Murder and the Reductions of Linkage Blindness," *Journal of Police Science and Administration,* 12: 348–357, 1984.

40 V. Gerbeth, *Practical Homicide Investigations,* Boca Raton, FL: CRC Press, 1996.

41 B. T. Keeney and K. Heide, "Gender Differences in Serial Murderers," *Journal of Interpersonal Violence,* Vol. 9, No. 3, September 1994.

42 Helen Morrison, Forensic Psychiatrist, Evaluation Center, Chicago, *Mind of a Killer CD,* Kozel Multimedia, 1995–1998.

43 Deborah Schurman-Kauflin, *The New Predator: Women Who Kill,* New York: Algora Publishing, 2000.

44 Ronald M. Holmes and Stephen T. Holmes, *Serial Murder* (2nd Edition), Thousand Oaks, CA: Sage Publications, 1998. pp. 42–44.

45 Vronsky, pp. 258–267.
46 Patricia Springer, *Blood Rush,* New York: Pinnacle Books, 1994.
47 Robert D. Keppel and Richard Walter, "Profiling Killers: A Revised Classification Model for Understanding Sexual Murder," *International Journal of Offender Therapy and Comparative Criminology,* Vol. 43, No. 4, 1999.
48 See Hickey and Kelleher and Kelleher.
49 K. E. Cole, G. Fisher and S. S. Cole, "Women Who Kill: A Sociopsychological Study," *Archives of General Psychiatry,* 19, 1968. pp. 1–8.
50 Wayne Wilson, *Good Murders and Bad Murders: A Consumer's Guide in the Age of Information,* Lanham, NC: University Press of America, 1991.
51 Kelleher and Kelleher, p. 9.
52 Associated Press, June 1, June 21, 2006.
53 Hickey, p. 221.

第一章

54 Vronsky, pp. xii–xvi.
55 Robert K. Ressler, Ann W. Burgess, John E. Douglas, *Sexual Homicide: Patterns and Motives,* Lexington Books, Lexington, Mass.: 1988, pp. x–xi.
56 Schurman-Kauflin, p. 57.
57 Hickey, p. 139.
58 Hickey, p. 215.
59 Keeney and Heide, p. 389.
60 Hickey, p. 137.
61 Keeney and Heide, p. 389.
62 Schurman-Kauflin, p. 61.
63 Gitta Sereny, *Cries Unheard,* New York: Henry Holt, 1998, p. 109.
64 Hickey, p. 144.
65 Hickey, p. 221.
66 Hickey, p. 221.
67 Hickey, p. 225.
68 R. A. Wesheit, "Female Homicide Offenders: Trends Over Time in an Institutionalized Population," *Justice Quarterly,* Vol. 1, No. 4, 1984, p. 478.
69 Hickey, p. 217.
70 Wesheit, p. 478.
71 Keeney and Heide, p. 391.
72 Ressler, et al., *Sexual Homicide,* pp. 16–19.
73 Patricia Pearson, pp. 17–18.
74 Ilsa M. Glazer and Wahipa Abu Ras, "On Aggression, Human Rights, and Hegemonic Discourse: The Case of a Murder for Family Honor in Israel," *Sex Roles* 30:3/4 (February 1994), pp. 269–302.
75 Otto Pollack, *The Criminality of Women,* New York: A. S. Barnes, 1961.
76 Ressler, et al., *Sexual Homicide*, p. 34.

77 Ressler, et al., *Sexual Homicide*, p. 29.
78 Ressler, et al., *Sexual Homicide*, p. 29.
79 Schurman-Kauflin, p. 87.
80 Schurman-Kauflin, p. 88.
81 For references, see: Martens, W.H.J., "Marcel: A Case Study of a Violent Sexual Psychopath in Remission," *International Journal of Offender Therapy and Comparative Criminology*, 43(3) 1999, p. 392.
82 Jack Olson, *The Misbegotten Son: A Serial Killer and His Victims*, New York: Delacorte Press, 1993, pp. 491–505.
83 Joel Norris, *Serial Killers*, New York: Doubleday (Anchor Books) 1989, pp. 246–247.
84 *Daniel M'Naghten's Case*, 8 Eng. Rep. 718, 722 (H.L. 1843).
85 Richard L. Jenkins, "The Psychopath or Antisocial Personality," *Journal of Nervous and Mental Diseases*, No. 131 (1960), pp. 318–334.
86 Hervey Cleckley, *The Mask of Sanity*, (5th Edition), Privately Printed, 1988. p. 191. http://www.cassiopaea.com/cassiopaea/psychopath.htm.
87 American Psychiatric Association, *Diagnostic and Statistical Manual of Mental Disorders, Quick Reference Guide* (4th Edition), American Psychiatric Association, Washington D.C.: 1994, pp. 649–650.
88 Shipley and Arrigo, p. 44.
89 John Bowlby, *Attachment and Loss: Volume 1. Attachment*, New York: Basic Books, 1969, p. xiii.
90 M.D.S. Ainsworth, et al., *Patterns of Attachment: A Psychological Study of the Strange Situation*, Hillsdale, NJ: Erlbaum, 1978.
91 American Psychiatric Association, p. 118.
92 Shipley and Arrigo, p. 47.
93 D. A. Reiger, J. H. Boyd, et al., "One Month Prevalence of Mental Disorders in the United States," *Archives of General Psychiatry*, No. 45, (1988), pp. 977–986.
94 L. N. Robins, *Deviant Children Grow Up*, Baltimore: Williams & Wilkens, 1966.
95 *CBC News*, Canada: "B.C. woman waiting for beating death trial arrested for assault" http://www.cbc.ca/canada/story/2004/02/11/ellard_bc040211.html.
96 R. Warner, "The Diagnosis of Antisocial and Hysterical Personality Disorders: An Example of Sex Bias," *The Journal of Nervous and Mental Disease*, No. 166 (1978), pp. 839–845.
97 R. T. Mulder, et al., "Antisocial Women," *Journal of Personality Disorders*, No. 8 (1994), pp. 279–287.
98 M. Rutter, "Antisocial Behavior: Developmental Psychopathology Perspectives" in D. M. Stoff, J. Breiling, and J.D.D. Maser (Eds), *Handbook of Antisocial Behavior*, New York: Wiley, 1994, pp. 115–123.
99 Shipley and Arrigo, p. 51.

100 R. T. Mulder.
101 Shipley and Arrigo, p. 52.
102 G. Cote and S. Hodgins, "The Prevalence of Major Mental Disorders Among Homicide Offenders," *International Journal of Law and Psychiatry*, No. 15 (1992), pp. 89–99.
103 Shipley and Arrigo, p. 65.
104 Keppel and Walter, p. 435.

第二章

105 Vronsky, p. 53.
106 *The Bible*, Mark 6:21–29.
107 Vronsky, pp. 43–45.
108 See for example, Shelley Klein, *The Most Evil Women in History*, London: Michael O'Mara Books, 2003.
109 Vronsky, pp. 45–49.
110 Laszlo Turoczy, *Ungaria suis cum regibus compendio data*, Nagyszombat: 1729.
111 Michael Wagener, *Beiträge zur Philosophischen Anthropologie (Articles on Philosophical Anthropology)* Vienna: 1796.
112 Raymond T. McNally, *Dracula Was a Woman: In Search of the Blood Countess of Transylvania*, New York: McGraw-Hill, 1983.
113 McNally, p. 66.
114 State Archives of Hungary, Budapest, *Thurzo, F. 28, Nr. 19.*
115 State Archives of Hungary, Budapest, *Thurzo, F. 28, 2.19.*
116 Peter Haining, *Sweeney Todd: The Real Story of the Demon Barber of Fleet Street*, London: Robson Books, 2002, p. 10–11.
117 T. Edwards Clark, M.D., *The Galaxy*, Volume 6, Issue 3, Sept. 1868.
118 Geoffrey Best, *Mid-Victorian Britain 1851–1875*, New York: Schocken, 1972, p. 224.
119 *Punch* (17), London: 1849, p. 214.
120 Judith Knelman, *Twisting in the Wind: The Murderess and the English Press*, Toronto: University of Toronto Press, 1998, p. 24.
121 Vronsky, pp. 23–29.
122 Quoted in Knelman, p. 52.
123 *Times* (London), 21 September 1846, p. 4.
124 Béla Bodó, "The Poisoning Women of Tiszazug," *Journal of Family History*, Vol. 27, No. 1, January 2002, pp. 40–69.
125 Quoted in Knelman, p. 67.
126 *United Kingdom Parliamentary Papers* 1850, Volume 45, pp. 447–463.
127 Katherine Watson, *Poisoned Lives: English Poisoners and Their Victims*, London: Hambledon and London, 2004, p. 47.
128 Mark Seltzer, *Serial Killers: Death and Life in America's Wound Culture*, New York–London: Routlege, 1998, p. 1.

129 Harold Schechter, *Fatal: The Poisonous Life of a Female Serial Killer*, New York: Pocket Books, 2003, p. 4–5.

130 Schechter, p. 17.

131 Kerry Segrave, *Women Serial and Mass Murderers*, London: McFarland & Co, 1992, p. 252.

132 Schechter, p. 66.

133 Harland Manchester, "Jane Toppan, Champion Poisoner," *American Mercury*, 49: 340–346, March 1940.

第三章

134 Source: www.queerculturalcenter.org/pages/wuronos/intro.html (obsolete); see also: Tracy L. McKee, *Good Girls Do It Too! A Look at the Representation of Women Who Kill in Made-for-TV Movies*, MA Thesis, Concordia University, Montreal: 2000, p. 6.

135 See photos in Sue Russell, *Lethal Intent*, New York: Pinnacle Books, 2002.

136 Ian Brady, *The Gates of Janus*, Los Angeles: Feral House, 2001, pp. 87–88.

137 Aileen Wuornos statement, January 16, 1991.

138 Shipley and Arrigo, pp. 128–129.

139 Schurman-Kauflin, p. 118.

140 Phyllis Chesler, *Patriarchy: Notes of an Expert Witness*, Monroe Maine: Common Courage Press, 1994. Quoting Andrea Dworkin, back cover.

141 *New York Times*, January 8, 1992, p. A1.

142 Chesler, pp. 85–160.

143 Chesler, p. 86.

144 Chesler, p. 95.

145 Vronsky, p. 258.

146 Vronsky, p. 276.

147 Chesler, p. 86.

148 Hickey, p. 215.

149 http://www.phyllis-chesler.com/bio.php.

150 Chesler, p. 95.

151 Chesler, p. 103.

152 Chesler, p. 104.

153 Chesler, p. 104.

154 Russell, p. 160, p. 499.

155 Chesler, p. 127.

156 Russell, p. 457.

157 Chesler, p. 127.

158 Chesler, p. 105.

159 Resler, et al, *Sexual Homicide*, pp. 46–47.

160 Dolores Kennedy with Robert Nolin, *On a Killing Day*, New York: SPI Books, 1994, p. 251.

第四章

161 Chesler, p. 86.
162 Jerry Bledsoe, *Death Sentence*, New York: Onyx Books, 1998, p. 119.
163 Velma Barfield, *Woman on Death Row*, Nashville, TN: Oliver-Nelson Books, 1985, p. 89.
164 Barfield, p. 90.
165 Bledsoe, p. 127.
166 Bledsoe, p. 133.
167 Bledsoe, p. 136.
168 Barfield, p. 26.
169 Barfield, p. 28.
170 Barfield, p. 54.
171 Barfield, p. 59.
172 Barfield, p. 69.
173 Barfield, p. 69.
174 Barfield, p. 84.
175 Barfield, p. 86.
176 Daniel J. Blackburn, *Human Harvest*, New York: Knightsbridge, 1990, p. 153.
177 Blackburn, p. 152.
178 William P. Wood, *The Bone Garden*, New York: Ibooks, 1994, p. 68.
179 California Department of Corrections (Parole) Probation Report, Dorothea Puente, June 1982.
180 Wood, p. 116.
181 California Department of Corrections (Parole) Probation Report, Dorothea Puente, June 1982.
182 Wood, p. 18.
183 http://www/crimelibrary.com/notoriousmurders/women/puente/4.html.

第五章

184 Kelly Moore and Dan Reed, *Deadly Medicine*, New York: St. Martin's Press, 1988, p. 148.
185 Peter Elkind, *The Death Shift*, New York: Onyx Books, 1989, p. 19.
186 Elkind, pp. 22–23.
187 Elkind, p. 67.
188 *New York Times*, "Contempt Asked in Baby Deaths Inquiry," November 4, 1983; *New York Times*, "Investigators Near End of Inquiry into Deaths of Infants at Hospital," April 11, 1984.
189 Steven J. Boros, M.D., and Larry C. Brubaker, "Munchausen Syndrome by Proxy: Case Accounts," *FBI Law Enforcement Bulletin*, Washington D.C.: June 1992.
190 Roy Meadow, "Munchausen Syndrome by Proxy: The Hinterland of Child Abuse," *Lancet*, 2, (1977), pp. 342–345.

191 Roy Meadow, "Munchausen Syndrome by Proxy," *Archives of Disease in Childhood*, 57, (1982), pp. 92–98.
192 Roy Meadow, "Management of Munchausen Syndrome by Proxy," *Archives of Disease in Childhood*, 60, (1985), pp. 385–393.
193 Kathryn A. Hanon, "Munchausen's Syndrome by Proxy," *FBI Law Enforcement Bulletin*, Washington D.C.: December 1991.
194 M. Sigal, I. Carmel, D. Atmark, and P. Silfen, "Munchausen Syndrome by Proxy: A Psychodynamic Analysis," *Medicine and Law*, 7 (1988), pp. 49–56.
195 K. Feldman, D. Christopher, and K. Opheim, "Munchausen Syndrome/Bulimia by Proxy: Ipecac as a Toxin in Child Abuse," *Child Abuse and Neglect*, 13, (1989), pp. 257–261.
196 K. Ravenscroft, Jr., and J. Hochheiser, *Factitious hematuria in a six-year-old girl: A case example of Munchausen syndrome by proxy*. Presented at the Annual Meeting of the American Academy of Child Psychiatry, Chicago, 1980.
197 Joyce Egginton, *From Cradle to Grave*, New York: Jove Books, 1990, p. 340.

第六章

198 Hickey, p. 213.
199 Kelleher and Kelleher, p. 107.
200 Kelleher and Kelleher, p. 108; Hickey, p. 216.
201 Janet I. Warren and Robert R. Hazelwood, "Relational Patterns Associated With Sexual Sadism: A Study of 20 Wives and Girlfriends," *Journal of Family Violence*, Vol. 17, No. 1, March 2002, pp. 75–89.
202 Warren and Hazelwood, p. 79.
203 Warren and Hazelwood, p. 87.
204 Emlyn Williams, *Beyond Belief*, London: Pan Books, 1967, p. 119.
205 Emlyn Williams, p. 120.
206 Vronsky, pp. 165–185.
207 Colin Wilson and Donald Seamen, *The Serial Killers*, Virgin Publishing, London: 1992, p. 238.
208 For the definitive account of both Bundy's and Clark's childhoods, see Louise Farr, *The Sunset Murders*, New York: Pocket Books, 1992.
209 Jennifer Furio, *Team Killers: A Comparative Study of Collaborative Criminals*, New York: Algora, 2001, p. 105; *Globe and Mail*, March 3, 1993, page A6.
210 According to the testimony of Karla Homolka as to what Paul Bernardo told her of the encounter.
211 Stephen Williams, *Karla: A Pact with the Devil*, Toronto: Seal Books, 2003, p. 85.
212 Patrick Wilson, *Murderess: A Study of Women Executed in Britain Since 1843*, London: Michael Joseph, 1971, p. 94.

第七章

213 **http://www.imdb.com/name/nm0831471/bio.**

214 Christopher Browning, *Ordinary Men: Reserve Police Battalion 101 and the Final Solution in Poland* (2nd Edition), New York: HarperPerennial, 1998, p. 48.

215 Rachel MacNair, "Psychological Reverberations for the Killers: Preliminary Historical Evidence for Perpetration-Induced Traumatic Stress," *Journal of Genocide Research*, Vol. 3, No. 2, 2001, pp. 273–282.

216 "Information on the Infamous Concentration Camp at Buchenwald," February 14 1945, in US vs. Josias Prince zu Waldeck, *et al.*, War Crimes Case No. 12–390 (The Buchenwald Case), War Crimes Office, National Archives and Records Service, 1976, Record Group 153, Records of the Judge Advocate General, National Archives (Washington, D.C.) [cited as Buchenwald Case].

217 Vronsky, pp. 185–186.

218 Alexandra Przyrembel, "Transfixed by an Image: Ilse Koch, the 'Kommandeuse of Buchenwald,'" *German History*, Vol. 19, No. 3. (2001), pp. 369–399.

219 Michael Kater, *The Nazi Party*, Cambridge, Mass: Harvard University Press, 1983, pp. 148ff and 254.

220 http://yad-vashem.org.il/odot_pdf/Microsoft%20Word%20-%206088.pdf.

221 See Christopher Browning, *The Origins of the Final Solution: The Evolution of Nazi Jewish Policy, September 1939–March 1942*, Lincoln, Nebraska/Jerusalem: University of Nebraska Press/Yad Vashem, 2004.

222 Przyrembel, p. 376 and pp. 386–387.

223 Yehoshua R. Buchler, "'Unworthy Behavior': The Case of SS Officer Max Taubner," *Holocaust and Genocide Studies*, Vol. 17, No. 3, Winter 2003, pp. 409–429.

224 Ernst Klee, Willi Dressen, Volker Riess, *"Those Were the Days": The Holocaust as Seen by the Perpetrators and Bystanders*, London: Hamish Hamilton, 1991, p. 197.

225 PS-1919, *International Military Tribunal*, Vol. 29, 1948, p. 145.

226 Przyrembel, pp. 383–384.

227 K. Sitte, Letter to the Editor, *New York Times*, October 18, 1948, p. 22.

228 "Clay Stands Firm in Ilse Koch Case," *New York Times*, October 22, 1948.

229 George C. Marshall Research Foundation, Virginia. Videotaped interview with General Lucius Clay, cited by http://www.nizkor.org/features/tech niques of denial/clay-koch-03.html.

230 Daniel Patrick Brown, *The Beautiful Beast*, Ventura, CA: Golden West Historical Publications, 1996, p. 25.

231 Brown, p. 27.

232 Germain Tillion, *Ravensbrück*, Garden City, NY: Doubleday, 1975, pp. 69–70.

233 See for example, Yehoshua R. Buchler, "'Unworthy Behavior': The Case of SS Officer Max Taubner," *Holocaust and Genocide Studies*, Vol. 17, No. 3, Winter 2003, pp. 409–429.

234 See Robert Jay Lifton, *The Nazi Doctors: Medical Killing and the Psychology of Genocide*, New York: HarperCollins, 1986.

235 Lifton, p. 208.

236 Raymond Phillips, *Trial of Joseph Kramer and Forty-four Others (The Belsen Trial)*, London: William Hodge and Company, 1949, p. 706.

237 Theodor Adorno, *The Authoritarian Personality*, New York: Harper & Row, 1950.

238 Zygmunt Bauman, *Modernity and the Holocaust*, Ithaca: Cornell University Press, 1989.

239 John M. Steiner, "The SS Yesterday and Today: A Sociopsychological View," in Joel E. Dimsdale (ed), *Survivors, Victims, and Perpetrators: Essays on the Nazi Holocaust*, Washington D.C.: 1980.

240 Ervin Staub, *The Roots of Evil: The Origins of Genocide and Other Group Violence*, Cambridge: University of Harvard Press, 1989, p. 18.

241 Church of Scientology, GS-C Comm; GS-G; D/G Intell U.S., *Compliance Report Re: Manson, Bruce Davis*, 22 June 1970—see: http://bernie.cncfamily.com/sc/Manson_Scientology.htm.

242 Ed Sanders, *The Family*, [Revised and Updated Edition], New York: Signet Books, 1989, p. 22; and also see Joel Norris, pp. 162–163.

243 John Gilmore and Ron Kenner, *The Garbage People*, AMOK Books, Los Angeles: 1995, pp. 23–24.

244 John Cashman, *The LSD Story*, Greenwich, CT: Fawcett Publications, 1966, p. 31.

245 Paper presented by Dr. Robert L. Bergman, Head of U.S. Public Health Service for Navajos, Annual Conference of the American Psychiatric Association: 1971.

246 Dr. Sidney Cohen quoted in Edward M. Brecher, *Licit and Illicit Drugs*, Little Brown and Company, Boston: 1972, p. 350.

247 Interview with *SECONDS*, http://www.sni.net/central/manson/man/interview1.html, December 19, 1997.

248 Jess Bravin, *Squeaky: The Life and Times of Lynette Alice Fromme*, New York: St. Martin's Griffith, 1998, p.46.

249 Lawrence Schiller, *The Killing of Sharon Tate*, New York: New American Library, 1970, p. 70.

250 Lawrence Schiller, p. 82.

251 Susan Atkins (cowritten by Bob Slosser), *Child of Satan, Child of God*, Logos International: 1977.

252 Life Term Parole Consideration Hearing of Charles Manson, 1992.

253 Vincent Bugliosi, *Helter Skelter*, New York: Bantam Books, 1975, p. 374.

254 Clara Livsey, *The Manson Women*, New York: Richard Marek Publishers, 1980, pp. 204–206.

255 Bill Trent, "The Girl Who Was Involved in One of North America's Most Bizarre Mass Murders," *Weekend Magazine, St Thomas Times Journal*, Ontario, Canada, July 24, 1971.

256 http://www.cielodrive.com/.

257 Quoted in Vincent Bugliosi, pp. 222–223.

258 Los Angeles County case number A-252156, Statement of Charles Manson, November 19, 1970.

结论篇

259 http://www.trialrun.com.

260 Kim Iannetta, e-mail to author, March 24, 2006.

261 See J. Reid Maloy, *The Psychopathic Mind: Origins, Dynamics, and Treatment* (2nd Edition), Northvale, NJ: Aronson, 1992.

后记

262 http://en.wikipedia.org/wiki/ATWA.

图书在版编目（CIP）数据

恶女 /（加）彼得 · 佛伦斯基著；崔玲译 -- 北京：北京时代华文书局，2018.4
书名原文：Female Serial Killers:How and Why Women Become Monsters
ISBN 978-7-5699-2285-1

Ⅰ . ①恶… Ⅱ . ①彼… ②崔… Ⅲ . ①犯罪心理学
Ⅳ . ① D917.2

中国版本图书馆 CIP 数据核字（2018）第 033449 号

北京市版权著作权合同登记号　　图字：01-2016-7277

Peter Vronsky
Female Serial Killers :How and Why Women Become Monsters

恶女：普通女性为何化身连环杀人狂
ENÜ: PUTONG NÜ XING WEIHE HUASHEN LIANHUAN SHARENKUANG

作　　者 | [加] 彼得 · 佛伦斯基
译　　者 | 崔　玲

出 版 人 | 王训海
策划编辑 | 韩　笑　黄思远
责任编辑 | 余　玲　韩　笑
装帧设计 | VIOLET
插图绘制 | 山与涧
责任印制 | 刘　银　范玉洁

出版发行 | 北京时代华文书局 http://www.bjsdsj.com.cn
北京市东城区安定门外大街 136 号皇城国际大厦 A 座 8 楼
邮编：100011　电话：010-64267120　64267397
印　　刷 | 三河市祥达印刷包装有限公司　电话：0316-3656589
（如发现印装质量问题，请与印刷厂联系调换）
开　　本 | 787×1092mm　1/16
印　　张 | 28.5
字　　数 | 434 千字
版　　次 | 2018 年 7 月第 1 版　　2018 年 7 月第 1 次印刷
书　　号 | ISBN 978-7-5699-2285-1

定　　价 | 69.00 元